◆南山大学学術叢書◆

フランス人権宣言の精神

澤登文治

Bunji Sawanobori

成文堂

はしがき

私が一七八九年フランス人権宣言に関する研究に取り組み始めたのは、もう十年以上も前のことになる。元来、私はアメリカ合衆国憲法の制定およびその憲法体制の確立を研究テーマとしてきた。また、今もそうである。であるのに、なぜフランス人権宣言に関する本書が先ず出版されることになったのか。その理由について、少し説明が必要であろう。

新大陸イギリス植民地のアメリカ人が、一七七六年バージニア権利宣言、同年アメリカ独立宣言などにおいて、近代的な基本的人権を文書として明示し、それを自分たちの精神的、また原理的な支えとして運動を展開し、イギリスからの独立を果たし、その後一七九一年にはアメリカ権利章典を打ち出して新生国家アメリカが動き出したという動きに、大変な躍動感やエネルギーをかつて感じた私は、近代人権の誕生を解き明かそうとする自らの課題設定のうちで、まずアメリカ合衆国憲法の制定過程を研究対象とした。そして、イギリス植民地時代末期から一七八七年フィラデルフィアにおける合衆国憲法制定議会の設置に至る経緯や、同議会における議論の経過、そして、そこで完成した連邦憲法草案を各邦議会において批准する手続において浮上してきたアメリカ権利章典の構想とその完成を研究した。しかし、その研究過程において、常に頭の片隅で気になっていたことが一つあった。それが、一七八九年フランス人権宣言と、アメリカ権利章典などアメリカにおけるいくつかの人権文書の関連性であった。

アメリカが一七七六年七月にイギリス本国からの独立を表明すると、イギリスとの間で本格的な交戦状態になったが、アメリカ大陸会議はフランスと同盟条約を結び、フランスからの協力と支援を取り付けるため、ベンジャミン・フランクリンをパリに派遣したし、実際フランス軍人として一七七七年フランスから渡ってきた若きラファイエットは、確かにヨークタウンでイギリス軍を撃破することに貢献し、独立戦争の局面を勝利へと決定付けた。その後、一七八五年からは独立宣言起草者として有名なトマス・ジェファソンが、フランス駐在大使としてパリでラファイエットとの交流を深めている。そのような多くの人的交流の中で、近代人権について多くの意見交換が行なわれたと考えること自体は不自然ではない。

そのような関心が頭の片隅にあった一九九六年に、南山大学の教員向け海外留学制度により、外国滞在の機会を得ることができることになった。そこで、このような関心をさらに明瞭にし、それに対する一定の解決の糸口を見つけるために、まずフランスへ渡航することを決心した。そこでの約一年半の滞在中に、これに関する議論の整理と資料収集を行なうことができた。その成果は本書第二部に表わされているところであるが、ごく一般的な理解では、「フランス人権宣言」は、その他のさまざまなフランス的なものと同様、またはそれ以上に、フランス共和国がその近代史において世界に誇る独自個性的で統一的な思想体系を持つ最重要の文書であり、他国からの影響や示唆などに基づいて作成されたという主張を容易に容認することはまずできないのである。ところが、そこでの一年半の滞在を終えた私は、今度は大西洋の対岸、アメリカのバージニア州で約半年の研究休暇を過ごす機会を得て、まったく異なる捉え方を、これもまた相当ひろく見聞きすることができた。それは、バージニア権利宣言がフランスに渡りフランス人権宣言の基礎をなしたという、時間的に見ても極めて単純明快で分かりやすい理解である。

このように、「フランス人権宣言」という同じ文書に関して、フランスとアメリカそれぞれの国で、まったく対極的な見解が、それぞれの国で正当であるかのように理解され、そのようなものとして語られているのを見るに付け、なお一層、両国のいずれにも位置しない第三者的な、その意味で中立的かつ科学的な見地から分析することの意味を改めて痛感した。そこで本書第一部となる、イェリネックの議論やアメリカでの議論、またフランス人の議論についての整理に、バージニアで半年ほど取り組んだのであった。

もちろん、このような私のフランスおよびアメリカの滞在の順番と本書の構成とは一致しない。しかし、論理的展開としても説明の順番としても、第一部でアメリカとフランスにおける理解の相違、および、これまでのさまざまな議論を正確に整理し、その上で、第二部で――これが本書の採った分析の特徴であるが――実際に「フランス人権宣言」を作成した一七八九年の憲法制定国民議会における議論を、歴史事実の流れの中で把握し分析することにより、「フランス人権宣言」の本質的原理と思想――より一般的には、その精神――を明確にするという仕方が最良であると考えた。したがって、「フランス人権宣言」の成立過程に、より興味がある読者は、本書の第二部をまずご覧いただければよいだろう。また、これに関する議論の整理および課題の発見に、より興味がある読者は、本書の第一部をまずご覧いただければよいだろう。しかし、当然ながら全体の論理の運びを理解し、「フランス人権宣言」が、特にその草案作成の最終段階では、パリ・パルルマン評定官デュポールを中心とする「三十人委員会」の構成員の議論の流れで展開し、そして完成し、また、そのようなものとして、アメリカの諸文書とは性格が大きく異なる独自性と統一性があるとする結論を理解するためには、順番に最初から読んでいただくことが一番であろう。

冒頭で述べたように、この研究は私のもともとの研究関心である「アメリカ合衆国憲法」の制定と「アメリカ合衆国憲法体制の確立」の経緯を明らかにすることから多少わき道へそれたものとなったが、本書の刊行により、一定の結論が得られたと考え、これから本来の研究に戻り、また一定の結論を早めに得るために尽力するのが、私のこれからの課題となる。

この間、つまり一九九六年からこれまでの約十年間、フランスおよびアメリカ、もちろんここ日本においても、研究の機会と研究環境を確保し提供し続けてくれた南山大学ならびにその構成員に第一に感謝しなければならない。さらに、昨今の学術書の厳しい出版情勢の中、本書の刊行のために南山大学学術叢書出版助成を承認してくれた南山学会と、その出版を快諾してくれた成文堂の土子三男取締役に感謝申し上げる。また、出版助成にあたって、読みづらい原稿の審査を引き受け、たくさんの有益なコメントをくださった恩師、そして先輩先生方には、大変なご苦労をおかけすることになった。残念ながら、それぞれのお名前を記して感謝申し上げることは認められていないが、心よりお礼を申し上げる次第である。さらに、フランス滞在中は、Université Aix-Marseille IIIのAndré CERATI, Jean-Louis MESTRE, Gérard LEGIER 諸先生はじめ、多くの先生方にお世話になり、またバージニア滞在中は、Omohundro Institute of Early American History and Culture, College of William and MaryのRonald Hoffman, 同大学ロースクールのJayne Barnard, Dave Douglas 諸先生その他の皆さんに、研究のみならず日々の生活面でも大変お世話になった。ここに記して感謝申し上げたい。

二〇〇七年一月

澤登文治

初出一覧

本書は、書き下ろしである問題の提起、第一部序論および第二部第二章第四節を除くと、多少の加筆および修正はあるものの、基本的にこれまでに公刊した論説にもとづいている。以下に、これまでに公刊した論説と本書との対応を示す。

第一部第一章

「フランス人権宣言とアメリカ権利章典の相互影響に関する一考察（一）」南山法学二二巻二号（一九九八年）二五頁以下

第一部第二章第一節・第二節

「フランス人権宣言とアメリカ権利章典の相互影響に関する一考察（二）」南山法学二二巻三号（一九九八年）六五頁以下

第一部第二章第三〜第七節

「フランス人権宣言とアメリカ権利章典の相互影響に関する一考察（三）」南山法学二二巻四号（一九九九年）三七頁以下

第一部第三章・第一部の小括

「フランス人権宣言とアメリカ権利章典の相互影響に関する一考察（四・完）」南山法学二三巻四号（二〇〇〇年）一頁以下

第二部序論・第二部第一章第一節・第二節

「フランス人権宣言の起草過程に関する一考察―その独自性と統一性―（一）」南山法学二五巻三号（二〇〇一年）一頁以下

第二部第一章第三節

「フランス人権宣言の起草過程に関する一考察―その独自性と統一性―（二）」南山法学二六巻一号（二〇〇二年）六三頁以下

第二部第二章第一節・第二節

「フランス人権宣言の起草過程に関する一考察―その独自性と統一性―（三）」南山法学二七巻四号（二〇〇四年）四九頁以下

第二部第二章第三節

「フランス人権宣言の起草過程に関する一考察―その独自性と統一性―（四）」南山法学二八巻一号（二〇〇四年）三五頁以下

第二部第二章第五節

「フランス人権宣言の起草過程に関する一考察―その独自性と統一性―（五）」南山法学二九巻二号（二〇〇六年）五七頁以下

結　論

「フランス人権宣言の起草過程に関する一考察―その独自性と統一性―（六・完）」南山法学三〇巻一号（二〇〇六年）一頁以下

目　次

第二部　フランス人権宣言の独自性と統一性

問題の提起

一　近代人権文書

一七、一八世紀、近代の夜明けに誕生した近代人権については、多くの書物に解説が記載されている。それらの中で、近代人権の源はどこにあるものと理解されているだろうか。代表的なものについて調べてみよう。

たとえば、杉原泰雄『人権の歴史』（岩波書店、一九九二年）はつぎのように説く。一二一五年マグナ・カルタが「古来の権利・自由」を国王と封臣との間で文書により確認する制度を決定的に確立したものの、そこで確認された「古来の権利・自由」は、「普遍的な人間の権利」、「人間が生まれながらにして持っている自然権」、また、「立法権にも対抗できる権利」など、近代人権としての特徴を具備していなかった。(1) 近代人権が誕生するためには、「ヨーロッパ一七、一八世紀の自然法思想の助けが必要」(2)であり、さらに数世紀待たねばならなかった。近代人権は、古来の権利・自由が「一七、一八世紀の自然法思想によって鍛えられ、アメリカの独立革命とフランス革命の中で近代市民憲法に導入された」(3)ものである、と。つまり、マグナ・カルタに代表されるようなイングランドの「古来の権利・自由」が、古代ギリシア、ローマの哲学に発祥し中世キリスト教神学によって体系化され、近代啓蒙主義哲学において神学から独立し、イギリスではホッブズ、ロック、フランスではモンテスキュー、ルソーら代表的思想家それぞれの個性を通して独自の発展を遂げた自然法思想により、理念的に基礎づけられ、来るべき時代の実定法の指導原理と位置づけられて、その後のアメリカ独立革命およびフランス大革命の時期に制定された権利章典、人権宣言、憲法などの文書において新生国家の法体系の根本理念、基本原理として誕生したということになろう。

また、佐藤幸治『憲法〔第三版〕』（青林書院、一九九五年）においても、マグナ・カルタに表明された「イギリス古来の歴史的な権利・自由」が、「グロチウスをその父とするといわれる近代自然法思想という〝環境〟の下に、やがて『人権』へと成長発展」[4]し、一七七六年のバージニア権利章典および一七九一年アメリカ権利章典に結実するとする。すなわち、アメリカ「独立革命期の一七七六年六月一二日、バージニア権利章典が採択されたが、これは、言葉の厳密な意味で人権宣言と称しうるものをはじめて明らかにしたものであった。…人権宣言は他の邦の憲法中でも掲げられ、そして一七八八年発効の合衆国憲法の修正条項として、いわゆる『権利章典』（一〇ヵ条）が一七九一年に発効した」[5]と。そして、フランス人権宣言については、「こうしてアメリカ革命期の人権宣言の影響をうけて、また、ルソーなどこの国固有の思想的な力につき動かされて、フランスでも一七八九年に『人および市民の権利宣言』が生まれた」[6]とする。

つまり、上記いずれの書物においても、近代人権保障の文書誕生の系譜はこう理解されている。すなわち、一二一五年マグナ・カルタによって初めて明確な文書に表現されたイギリス古来の権利・自由が、その後啓蒙期自然法思想の影響をうけて変容しながら一六二八年権利請願、一六七九年人身保護法および一六八九年権利章典を経て、大西洋を渡り一七七六年バージニア権利章典、独立宣言、一七九一年アメリカ権利章典へと受け継がれた。また、バージニア権利章典からアメリカ権利章典誕生の過程で、バージニア権利章典は大西洋を渡り、一七八九年フランス人権宣言へと結実したと。そして、このような経緯でフランス人権宣言が誕生したことについては、わが国憲法学では、それほどの疑問もなくほぼ当然のこととして理解されているようである。

ところで、以上のように近代人権の濫觴とされるアメリカ権利章典とフランス人権宣言とがほぼ同じ時期に相次いで誕生したことと、両者がいずれも啓蒙主義自然法思想の影響をうけていることとを併せて考えると、両者は思想的にも文章構造上もほぼ同じ、あるいは極めて似ているであろう、そしてアメリカ権利章典がフランス人権宣言に先行して制定されたことからみて、後者は前者を先例ないし手本とし前者を継受する形で作られたものであろう、という推測が自然に生まれてくるのは、人間の思考のこれまた極めて自然な動きといえるだろう。佐藤幸治が、「アメリカ革命期の人権宣言の影響を受けて」フランスでも人権宣言が生まれた、と述べているのは、このような思考の表れと思われる。そしてこれが、日本憲法学のほぼ定説と考えられる(7)。

ただし、佐藤幸治は慎重にも、さらに「ルソーなどこの国固有の思想的な力につき動かされて」と付け加え、フランス人権宣言にはアメリカ権利章典と異なるフランス的個性が存在することをも、併せて認めている。問題は、アメリカ権利章典とルソーなどフランス固有の思想的力とのいずれが、フランス人権宣言の内容を決める上で、より強い、より重要な、あるいはより根本的な要因であったのか、ということである。

後で詳しく説明するように、人権宣言制定運動の中心人物の一人であったラファイエットがアメリカ独立革命の戦いに参加したことや、同じく中心的指導者だったムニエやデュポールらがイギリス法についてかなりの知識を持っていたことなどから、彼らがアンシャン・レジームの法改革のために真っ先に憲法と人権宣言を制定しようと考えた際に、イギリスやアメリカの先例、特にバージニア権利章典から、大きな刺激と示唆を受けたことは、疑う余地がない。しかし、そうだからと言って、宣言の根本理念と実定法の基礎となるべき原理、およびそれら全体からなる宣言の全体的体系構造まで、そっくりそのまま模倣したことには、当然にはならないはずである。けれども従来は、佐藤幸治自身の考えはわからないが一般的理解では、アメリカ権利章典の基本理念とされたロックらの思想も、フランス人を人権宣言へとつき動かしたルソーらの思想も、漠然と「自然法思想」という同一の概念で一括りにしたまま、両者の違いとその違いが権利章典と人権宣言との内容の決定に、それぞれどう影響したか、その影響がそれぞれの内容の本質に関わるものだったか否かを、ほとんど検討してこなかった。このため、フランス大革命の指導者たちが人権宣言の制定を思い立ったことに対する、アメリカ権利章典の影響だけがクローズ・アップされた結果、あたかもその影響が人権宣言の内容にも当然及んだであろうという独断が生じたものと考えられる。

また、権利章典と人権宣言の内容を比較すると、確かに、表現の自由や令状主義、所有権の保障など、両文書には共通する人権規定が少なからず見出される。たとえば「表現の自由」は、バージニア権利章典第一二条、アメリカ憲法修正第一条、および、フランス人権宣言第一〇条に共通に見出されるし、「令状主義」はそれぞれの第一〇条、第四条、および、第七条に、さらに「所有権の保障」は、それぞれ、第一条、第五条、そして、第一七条において共通して規定されているのである(8)。

このような条文規定の類似性に着目して議論を展開し、フランス人権宣言が内容的にも、バージニア権利章典などのアメリカ人権文書の影響を受けて作られたと主張するのが、イェリネックである。そしてこの説が、ドイツ国法学の圧倒的影響下にあった戦前のわが国憲法学に無検討無批判に受け容れられたことが、上記のような系譜論の定説化を決定づけた要因の一つであることも、否定できない。

二　近代人権文書の源は同じか

しかし、条文規定の部分的な類似だけから、直ちに両人権文書の内容的な影響・被影響関係を導き出すことは、論理の飛躍である。なぜなら、第一に、内容的に一致しない他の諸規定も存在している以上、それらも併せて考察するのでなければ、両文書が全体として根本理念と体系構造を等しくしているか否かは、分かるはずがない。第二に、両文書に内容的に共通の規定の存在することは、後に制定された文書が前に制定された文書の影響によって作られたことを、直ちに意味するものではない。両文書に共通の規定は、制定される以前から、すでにアメリカとフランスとで共通して広く知られていた思想や理念とそれに基づいて広く唱道されていた法の改革案が、それぞれの国の社会的政治的な特殊状況に応じて、別途無関係に実現されたのかもしれない。

そこでまず、第一の点を検討すると、アメリカの人権文書には、なるほど根本理念および実定法の基本原理として、自然権不可侵（独立宣言第一段、バージニア権利章典第一条(9)）、権力の人民帰属（独立宣言第二段、バージニア権利章典第二条(10)）、デュー・プロセス（合衆国憲法修正〈権利章典〉第五条(11)）が規定されている。しかし、そこには、「法律は一般意思の表現である」（フランス人権宣言第六条）というフランス人権宣言の根本理念、基礎原理が存在しない。「一般意思」は、ディドロの『百科全書』の自然法の項で最初に用いられ、個人の私的利益追求意思である特殊意思と区別され、全人類に一般的で共通の利益を平等に求める意思として、自然法の根拠とされたものであって、本来は特殊意思と並んで、各個人の現実の意思に、直接的本質的に内在するものである。[12] ルソーはこの思想に一捻りを加えて、各個人が全員一致の社会契約によって、自己を共同体に譲渡して国家という単一人格を設立することにより、一般意思はそのまま国家の意思となり、法律はその意思の表現であることによって各個人に服従を強制するが、この服従は、各個人が自己の特殊意思を捨てて自己に内在する一般意思に従うことであるから、個人の自由の抑圧ではなくて「自由への強制」であると説いた。[13]

しかし、一般意思は本来各個人の意思に一般的かつ共通に内在するものであるから、これを法律という文書に表現するためには、全個人またはその代表者が合議した結果、一致して一般意思と認めたものを法文化する手続が必要である。これが人権宣言第六条の主旨にほかならない。そして、各個人の私的利益の追求が、法律として表現された一般意思の公的利益追求意思と矛盾・背反するときには、法律のみがこれを禁止し違反者に刑罰を科すことができる（人権宣言第四条）。[14] また、法律＝一般意思が追求する人類に一般的で共通の利益とは、全人類を構成する各個人のすべてが平等に享受すべき利益、すなわち自由・安全および生活に必要な財産であるから（同第二条）、[15] 法律はこれを各個人の生得的で不可侵の権利、すなわち人権として平等に保障し（第一条、二条、一〇条、一一条、一七条）、人権を侵害する行為を、かつそれのみを、人権侵害＝犯罪として禁止し侵害者を処罰する（第五条）。言い換えれば、法律が犯罪として禁止し処罰しうるものは、人権侵害行為とその行為者自身に限られる。そこから、法律によらなければ刑罰を科しえず、また科刑の前提となる手続を行ないえないという「罪刑法定主義」および「デュー・プロセス」の原則が導かれる（第七条、八条、九条）。権力者がこれらの原則にそむき権力を用いて人権侵害（＝圧制）を行なえば、各個人にはこれに抵抗する権利が認められる（第二条）。このように、フランス人権宣言は、ディドロ、ルソーらの生粋のフランス思想に基づきつつ、これをさらに発展させて、一般意思を基本理念とする一元的統一的な法体系の基本原則をコンパクトに表明したものである。

フランス人権宣言が、人権の根拠を、各個人にあまねく共通に内在する一般意思に置いているのに対して、バージニア権利章典は、ホッブズ、ロックらの功利論的自然法思想に依拠して、各個人の特殊意思すなわち財産の取得・所有と幸福・安全を追求・獲得する手段を伴う生命と自由の享受という私的利益の追求意思を、最大限に満たすこと、つまり最大限の幸福を政府の根本目的とする。そして、政府がこの目的に違背しないことを効果的に保障し、違背したときは、政府を改変しあるいは廃止する権利を多数者に認める。(以上、バージニア権利章典第一条および三条。[16])それゆえ、フランス人権宣言のように「すべての市民」ではなく、社会に対して恒久的かつ共通の利害と愛着を持つ人々の全部または代表の同意無しには、政府は課税や財産の剥奪をなしえず(第六条)[17]、デュー・プロセスと陪審員の判定によらなければ、訴追され処罰され自由を奪われえず(第八条ないし一一条)[18]、言論・出版の自由を制限されえず(第一二条)[19]、信仰の自由を奪われえない(第一六条)[20]と規定する。このように、フランス人権宣言と類似して天賦不可侵の人権、議会制統治機構、デュー・プロセス、思想伝達(言論出版)の自由、信教の自由を定めていても、その基づく理念を異にし、そのため文書全体の体系構造における位置づけおよび意味については深く考えないで、イングランド歴代の人権文書の中から、新しい政治機構にとって必要と判断した条項を、適宜抜粋して登載したに過ぎないようにもみえる。

つぎに第二点について検討する。確かに、表現の自由や令状主義や所有権保障が人権文書に登載された時期は、アメリカの方がフランスより早い。しかし史実に徴すると、これらの法原則の確立を求める世論や運動は、バージニア権利章典制定のずっと以前から、両国ともあい並んで盛んに唱えられ行なわれてきたものであるから、両文書はそれぞれ、国民のその声を規範として取り入れたものであって、独立革命がフランス大革命に先行したために、革命文書である人権文書への登載が先後したに過ぎないのである。

すなわち、フランスでは、国王や大臣が何の手続も経ないで、封緘逮捕状により身柄の拘束や租税の徴収を行なったことへの批判は古くから盛んに行なわれ、大革命前夜には多くの反体制派が、封緘逮捕状によってバスティーユ監獄に拘禁されて、王権の圧制の象徴となっていた。そのため、パリの民衆によるバスティーユ攻略が、王政崩壊を告げる狼煙と受け取られて、全国的な農民暴動が勃発し、その衝撃（大恐怖）によって革命機運が一気に盛り上がるきっかけとなったのである。また、王権の言論・出版の自由に対する抑圧も古くから問題となっており、たとえばディドロやルソーも出版禁止や追放を受けたが、一七五〇年に出版監督長官となったマルゼルブの助けにより、『エミール』や『百科全書』を出版することができた(21)。

さらに注意すべき点を挙げると、財産権は人権の概念規定（人権宣言第二条）のほかにも、令状主義、罪刑法定主義、市民自身またはその代表の課税同意権（バージニア権利章典第六条、人権宣言第一二、一三、一四条）により、米仏いずれの人権文書でも保障されているが、その保障を制限する原理は、両者間に根本的・本質的な違いがある。すなわち、権利章典には、その根本理念である人民の「最大限の幸福」からは財産権を制限する原理を導き出すことができないので、社会的弱者の保護を意味する絶対王政の政治理念である「公共の福祉」という語を借用している（第三条）。これに対して人権宣言は、財産権の制限原理を宣言自身の根本理念である一般意思から直接導き出す。すなわち、一般意思の追求目的は全市民に一般的かつ共通の利益であるが、人権宣言第一七条は、これを「公の必要性」と表現し、財産権がこれと両立しないときには、没収しうると定めているのである(22)。この点でも、体系構造の一元性と一貫性において、人権宣言は権利章典に優っている。

以上のように、バージニア権利章典とフランス人権宣言とは、異なる根本理念に基づき異なる体系構造を持って作られた、それぞれ極めて独自個性的な文書であり、一方に存在するが他方には無い多くの規定を含んでおり、いくつかの類似点もあることにはあるが、市民がそれを要望するに至った歴史的事情はまったく異なっており、一方が他方を真似て作ったに過ぎないものではない。わが国法学の定説である人権宣言の系譜論は、文書の内容に関しては、全面的に再考するべきものと考える。

では、このような根本的・本質的な違い、言い換えれば両文書それぞれの強い独自性、個性はどこから生じたのか。この疑問に対して最初に思い浮かぶ答えは、各文書の自然権＝天賦人権思想が、アメリカは、本国イギリスに生まれ育ったホッブズ、ロックらの功利論に基づき、フランスは母国で生まれ育ったディドロ、ルソーらの一般意思論に基づくものであったことからの理論的必然だ、ということであろう。しかしそれは、文書の体系構造における論理的必然性を、そのまま歴史的必然性に置き換えた単純な観念論に過ぎない。法律文書は、無数の生身の人間たちの社会的・歴史的営為の結集によって生み出されるものであり、その根本理念も体系構造も、彼らの議論、策略、時には力を用いる闘いの最終成果として作り出されるものである。それゆえ、米仏両人権文書それぞれの独自性、個性の由って来るところを深く知るためには、それぞれの文書の採択に向かって、それぞれの国民を突き動かしていった社会と歴史の動向を、その出発点から採択に至るまで一貫して尋ね、その動向を背景にしながら同時に自らその動向をリードした人々の活動の軌跡、そしてその果てに大詰めの採択審議に直接係ることになった人々の策謀と議論の一部始終を解明しなければならない。克明な解明に先立ち、大体の見通しを立てるために、概説的歴史書の記述にしたがってその経過を要約すると、つぎのようになる。

すなわち、バージニア権利章典は、一七七六年アメリカ独立宣言に先立つこと一カ月、イギリスから独立したアメリカにおける十三のイギリス植民地が瓦解せぬよう結束を固め、それらが一致協働して一つの国家として再出発する基礎固めとなった。つまり、本国から独立し、十三の植民地が独立した邦となるためには、各邦が憲法を制定する必要があったが、憲法の目的を示す人権文書がまず示されねばならなかった。これをジョージ・メイスンやジェームズ・マディソンらがバージニア議会において可決させたのが、バージニア権利章典である。そしてその後、独立宣言が出されると、バージニア以外の邦もこれに倣って各邦憲法の制定作業を開始するが、その作業のうちに、同様の人権保障規定を設けていったのである。

このように、イギリスから独立を果たすと同時に、一国家を形成するための基礎単位としての諸邦の形成を可能とする憲法を制定するという作業の流れの中で、イギリスからの独立の原因が何であったかを考察し、イギリス本国によって無視され、侵害された、イギリス議会制の原則およびイギリス人としての自由と権利を、再度自らの憲法のうちに確認し保障するために、それらを規定することは忘れられてはならなかったのである。したがって、特に自由選挙による議会制が定められ、議会の同意を得ない課税が厳に禁じられ（バージニア権利章典第六条）、また、人々の自由の最後の砦となる陪審裁判を受ける権利が保障され（同八条）、他の邦憲法にも基本的な事柄として規定されていったのである。

要するに、バージニアは、当初よりアメリカにおけるイギリス植民地のうちで最も歴史のある代表的な邦として、イギリス本国からの独立を先導し、また独立後のアメリカのあり方をいち早く考察し、各邦を基盤とした新生国家アメリカの体制を形作り、他の邦に提示していく中で、植民地人にも認められてきた伝統的な「イギリス人としての自由と権利」をモデルとしたし、またそのことによってイギリスからの独立と新国家設立を正当化したのである。

ところが独立を果したアメリカの各邦の連合体制（＝連合規約体制）は、あまりにも各邦の主権を尊重しすぎたために、一国家アメリカとしての機能が果たしづらかった。そこで一七八七年になると、バージニア議会は、「連合体制」から脱皮してより中央集権的な国家体制である「連邦制」国家を目指して、憲法制定議会の開催にこぎつけ、同年アメリカ合衆国憲法本文草案七箇条の採択にいたる。しかし、この草案を発効させるためには、全邦の五分の四の批准が必要であった。この全邦における憲法草案審議の過程で、国家の骨格、すなわち統治機構を規定する憲法本文だけでなく、そのように中央集権化した連邦国家から人々の自由と権利を保障するための、アメリカ版「権利章典」が必要であると主張する、批准反対派（＝アンタイ・フェデラリスト）の運動が強く発生した。そこでアメリカにおけるこのような不安定な状況を早急に解決するために、ジェームズ・マディソンは、連邦政府が諸邦の人々に対して保障する自由と権利のカタログとして「権利章典修正条項」の案を作成し、一七九一年にその効力を発生させることができたのである。

したがって、「バージニア権利章典」に始まるアメリカにおける権利章典制定の経緯は、イギリス本国からの独立とその後の邦および邦を基盤とする連合体制を形作るために、植民地人が「イギリス人としての自由と権利」を逆説的に用いたことがそのきっかけであり、その基礎には、マグナ・カルタおよびジョン・ロックの自然権とそれに基づく統治形態が存在した。そして、「アメリカ合衆国憲法権利章典」は、憲法草案本文の批准をめぐる議論の中で、連邦政府から保障されるべき人々の自由と権利を規定する必要性が主張されたのを受けて、「バージニア権利章典」およびその他の邦において制定されていた人権規定を集約化して制定された。したがって、陪審裁判を受ける権利（修正第五条、第六条）[23]、財産権の保障（同第五条）[24]など、伝統的な自由と権利が規定されると同時に、邦を基盤として国家が形成されたことを確認するための連邦制の規定が設けられたのである（同第一〇条）[25]。

これに対してフランスにおける近代人権の保障、すなわちフランス人権宣言の成立経過はどのようなものであったか。

本書第二部において検討するように、一七八〇年代になってフランス国家の財政状況が危機的な状況であることが判明してくる。この財政危機を、新規国債の発行でしのごうとした財務総監カロンヌは、一六二八年以来一度も開催されていなかった名士会を一七八七年に一五〇年ぶりに開催し、そこでこの件を諮り国債発行を実現しようとしたが、ラファイエットらの反対により、あえなく失敗し、財務総監を罷免され、イギリスへ逃亡する羽目になる。その後任の財務総監ブリエンヌは、この名士会を解散することには成功したものの、名士会の解散は、国家の財政状況を立て直すための根本的問題解決にはならなかったから、同年に新たに「印紙税案」を作成してこれをパリ・パルルマンに提案する。しかし、これに対してパリ・パルルマンは強く反対し、その結果ブリエンヌの別の課税案である二〇分の一税を承認することと引き換えに、廃案とさせた。その後もブリエンヌの財政立て直し案の提案は続き、結局はカロンヌと同様に国債の発行しか手立ては考え付かなかったのである。こうして名士会に代わって、オルレアン公爵とデュポールらを中心とするパリ・パルルマンが、パリ市民の支持を受けながら王権に対する抵抗を繰り広げていくが、その過程で、一六一四年以来開催されたことがなかった「全国三部会」を開催して、そこに国債の発行を諮るべきだとする主張が展開されていく。しかし実は、一六〇年余り開催されていなかった「全国三部会」の開催を、パルルマンにおける革新的貴族が主張することは、つまり、一六〇余年、第三身分であるフランス人民との接点を切り離し、第一身分と第二身分の特権階級のみで国家財政を含む国政全般をおこなってきた、その国家のあり方自体を根本的に問い直すことを主張することに他ならなかったのである。

そこに農村部を中心とした凶作と飢饉がフランス全土とフランス全人民に打撃を加えるという緊急事態が発生した。これにより、「全国三部会」は、国家の財政危機を克服するための財務総監による国債発行を認めるために人民の一部の者を召集するというだけの単純な性格のものから、フランス全土とフランス全人民を主体とする一大改革の牽引車に変貌し、事態はフランス大革命へと一気に展開することになった。すなわち、開催後間もなく、「全国三部会」から第三身分と革新的貴族が、投票方法をめぐって離脱し、新たに「国民議会」を構成し、「球戯場の誓い」を立て、立憲君主制を基本とする憲法体制を確立するための議会へと変容していく。ここで、憲法の議論を開始する前提として、その目的と理念・原理を定める「人権宣言」の作成が日程に上ってくる。これを全国的な運動として構成するために、「全国三部会」開催に備えてオルレアン公爵とデュポールを中心に「三十人委員会（la Société des Trente）」などに集結したパリ・パルルマン評議員など、革新的貴族が考案したのは、「全国三部会」に対する全国各地の地方代表を選出するフランス全土の地方における選挙の過程で、カイエ、すなわち陳情書を作成させ、選出された代表者に、これを「全国三部会」、後の「国民議会」に提出させ、そこに記載された全国各地方の要望を、「国民議会」において取捨選択した上取り纏めて、全体としての人権宣言を作成するという手法であった。この作業によって、フランス人権宣言は、フランス全国の人民に支えられた、全国的基盤を有するものになると考えられたのである。このために、オルレアン公爵および「三十人委員会」代表のデュポールは、陳情書の雛形となる基本的な筋書きを、全国各地に配布していた。

こうして「国民議会」に寄せられた六万余りに上る全国からの陳情書には、人権宣言の最終案に見出されることになるいくつもの共通項目が存在した。たとえば、天賦人権思想に裏打ちされて、人は生まれながらにすべて権利において平等であること、それら権利すなわち自由権、所有権などの自然権の保障を、一般意思の表現である法律の定立に基づいて確保すること、特に人身の自由については法律に定められた公正な手続によらなければ剥奪されないこと、また所有権については公共の用に供される場合でかつ正当な補償がなければ奪われないこと、などである。「国民議会」はそれら陳情書を参照しつつ、代表が作成し提出した人権宣言草案を検討していく。つまり一七八九年七月には、ラファイエットの作成した人権宣言草案を鏑矢として、シエイエス、ムニエらが作成した草案が順次提案されていく。さらに、バスティーユ陥落を機に、大恐怖が全国に伝播していくと、その恐怖を取り除くために、早急に中世的な封建特権を廃止するとともに、「人権宣言」を含む憲法の制定を急がなければならないことがさらに強く認識され、ラファイエット、シエイエス、ムニエらの草案のほかに、これらを総合して一つに纏めるべくミラボーらの五人委員会草案が提案され審議されたが、大恐怖を収拾するために八月四日夜、封建的特権廃止決議を行なったことにより、「国民議会」の主導権が穏健改革派から急進改革派へと大きく変わった。そのため、穏健派代表が作成した上記の諸草案はすべて否決され、急進派の主導下に同年八月二〇日には「第六部会草案」を審議の対象とすることが決定され、逐条審議により「人権宣言」は、一気に、確実に完成へと導かれることになっていったのである。

このように、アメリカとフランスにおいて近代人権文書が時期を同じくして作成されたとは言え、ごく簡単にその歴史的背景や社会的背景を概観しただけでも、まったく異なる状況の中でそれぞれの文書作成作業が進行していったことが見て取れる。であれば、そのように異なる状況の下で異なる人々が、異なる目標で集まり、異なる経緯と審議の結果作成された文書は、異質のものと捉えるのがむしろ自然ではないだろうか。以上で明らかになった諸事実を総合すれば、米仏の近代人権文書は、基礎理念においても、体系構造においても、個々の規定の比較においても、さらにそれらが作られた社会的歴史的背景とその下で展開された作成の具体的な経緯においても、明確に異なっており、それぞれの経緯が互いに刺激しあって作成への情熱を高揚させあった点を別にすれば、それぞれ極めて独創的・個性的な特徴を持つ異質の文書であって、その間に模倣とか継受とかの一方向的な関係を見出すことは不可能である。ところが、先にも触れ、また本書第一部で詳しく考察するように、ドイツ人学者であるイェリネックが一八九五年に初版として『人権宣言論』を出版し、フランス人権宣言はバージニア権利章典等のアメリカ権利章典から影響を受けて作成されたもの、つまり独自でオリジナリティーのあるものではないと主張したことの影響からか、その後のフランス人学者ブトゥミーの反対論の展開にもかかわらず、わが国では先に見たように、現在でも、バージニア権利章典等のアメリカ権利章典の影響の下フランス人権宣言が作成されたという理解が、ごく一般的に通用しているように思われる。(26)

三　近代人権文書の源を考察することは有用か

このような指摘に対して、ことによるとつぎのような異論が出るかもしれない。すなわち、近代人権の二つの源泉、アメリカ権利章典とフランス人権宣言は、なるほどかなり異質なものだったかもしれない。しかし、以来二百数十年をかけて、近代人権が全世界全人類の共有財産となってきた過程で、その異質性はほとんど濾し取られ、今、世界は、国家、民族、宗教、階級の違いを超えた一つの普遍的な人権の観念を共有している。ブトゥミーのようなフランス人なら、国民的自尊心から両人権文書の異質性を論証することに意義があるだろうが、学問的には、そしてまた実生活上も、それを論証することにいまさら如何ほどの意義があろうか、と。

だが果たして、世界は今、一つの普遍的な人権の観念を共有しているだろうか。答えは否である。今、世界が共有しているのは、人権という言葉であって、人権の観念すなわちその意味内容ではない。わが国における新しい人権の提唱や、時として国家間の紛争ともなるような、世界で日々起きつつある現実の出来事が、最も雄弁にそのことを物語っている。(27)「人権」という言葉を使用することによって一定の価値観も同様に享有していると考えてしまいがちであるが、実は意味内容は共有していないという状況がこうして生じる背景には、「人権」という言葉だけがその本質・意味内容を置き去りにして世界中に広まり、各人、各階級、各集団、各国、各民族が、自分の利害に一致する意味をその言葉にほしいままに盛り込んで、我田引水的に濫用しているという現実があるのではないか。(28)

さらに、フランス憲法史固有の観点からも、フランス人権宣言の精神および本質を明らかにすることは、つぎのような点で重要性を有すると言えよう。すなわち、人権宣言はその三年後に制定されることになる一七九一年憲法の冒頭部分に取り込まれ「一体化」する。そこにおいて、人権宣言では一義的でなかった、たとえば代表原理は、一旦、直接民主制を排除した「代表制」の意味でのみ用いられ、「市民みずから」法律の形成に関与する可能性（宣言第六条）が否定され、主権原理として国民主権が採用されることになる。しかしこの一七九一年憲法は、革命の激動のなか短命に終わり、翌九二年には、国民公会に一七九三年憲法となる新憲法制定の作業が委ねられる。そして多くの点で一七九一年憲法と対照的な一七九三年憲法が制定されるが、ここでは直接民主制および人民主権原理が採られると同時に、一七八九年人権宣言および一七九一年憲法にはなかった「営業の自由」が「中間団体」を完全に否定する動きの中で承認されることになる。ただし一七九三年憲法は施行されることなく、ジャコバン独裁へと展開していく。

以上のように一七八九年から一七九三年という短期間に、異質の憲法が誕生したことに関して、一七八九年人権宣言から一七九一年憲法の時期を「上からの改革」の時期とし、それ以後一七九三年憲法までを「下からの改革」と位置づける支配的な理解の仕方もあれば、一七九三年憲法を恐怖政治への逸脱として批判的に位置づけ、一七八九年人権宣言および一七九一年憲法の正当性を強調する「修正派」の立場も存在する。(29)

このように、フランス人権宣言とその後の憲法史の中における人権理論および憲法の性格の展開を把握し理解するに当たっては、その出発点となったフランス人権宣言自体を、その作成の基礎となった議論および思想の分析を通して、本質から解明することが不可欠となることは容易に理解されよう。

それゆえ、近代人権の出発点、その初心表明にほかならないアメリカ権利章典とフランス人権宣言の本質・意味内容を、改めて徹底的に究明し、両者の比較の中から全人類に共通普遍の要素を再発見することを以って、人権をめぐるさまざまな課題解明の第一歩としなければならない。

四　本書の構成と視点

以上のような基本的問題関心から本書は、アメリカ権利章典（単に、一七九一年の「アメリカ憲法修正条項権利章典」のみならず、その基礎とされた一七七六年「バージニア権利章典」、場合によっては「独立宣言」も含むものとする）およびフランス人権宣言が、近代人権の根本的な文書である事実を前提としつつ、それらはアメリカとフランスの両国における二つの独立した歴史的状況および社会的発展の経過の中で生まれた、二つの独立かつ独創的な近代人権文書であることを明らかにするとともに、両者が異質でありながら同時に、全人類に行くべき道を指し示す永遠普遍の道標たりえた理由を明らかにすることを試みる。

そのために、本書第一部においては、イェリネックとブトゥミーとの間で繰り広げられた、アメリカ権利章典とフランス人権宣言の関係に関する議論の検討を行ない、両文書の条文に示される内容および文言の類似性に注目するイェリネックの手法によって、フランス人権宣言の独自性は否定される、と明確に主張できるか否かを考察する。

考察の結果、その答えが否であることを踏まえて、第二部においては、それではフランス人権宣言はどのような経緯および経過で誕生したのかについて、それが作成された歴史的社会的背景を分析しつつ、以下の事実を明らかにしていく。すなわち、「全国三部会」召集のかなり前から、相当数の革新的な貴族と彼らに同調するブルジョワたちの同志的集まりの間で、封建制度に代えて全国民を主体とする新しい政治機構を作り、その中心に憲法と人権宣言を置くという改革構想と、それを実現する方法として、国王に迫って「全国三部会」を開催させ、そこで憲法と人権宣言を議決する計画が練られていた。そして計画通り「全国三部会」が開かれ、当初は同志中のブルジョワを主力とする穏健改革派の提出した人権宣言草案を中心に人権宣言審議が開始されたが、バスティーユ攻略、大恐怖など封建制度の根幹を揺るがす出来事が相次いで突発したため、その機に乗じて急進改革派が、封建的特権の全面廃止決議を成功させ、勢いに乗じて一挙に議会の主導権を握り、国民の最大限の幸福を統治の目的とするイギリス功利論の政治哲学に傾斜した穏健派の人権宣言草案をことごとく否決し、これに替えて急進派のかねての腹案だったルソー一般意思理論に基づく近代法治主義的人権保障体系として、人権宣言を採択することに成功した。それゆえ、フランス人権宣言は、根本理念とそれに基づく全体的体系構造においては、英米権利章典の影響を意識的に排除して、フランス生粋のルソー一般意思論に基づく近代法治主義的統治の根本原理と基本構造を創設したものである。しかし他面において、英米権利章典の規定の中から、法治主義原理に適合するものは体系のしかるべき場所に巧みに取り入れたこと、中でも特に、英米の「代表による議会政治」の仕組みを、立法手続すなわち法律を一般意思の表現として定めるための一般意思確認手続と結合することによって、「一般意思は代表できない」とするルソーの考えを斥け、ルソー原理主義が陥りがちな極左的夢想論を排除した。これによって人権宣言は、そのときまで英米とフランスあるいは西ヨーロッパ大陸諸国とでそれぞれ異なる道を歩んできた人権思想の二つの流れを、一つに合流させ見事に総合・止揚した作品として、国や民族や宗教や階級を超えて全人類を導く永遠普遍の道標となり、諸国憲法の規定や世界人権宣言に継受されて、今も燦然と輝き続けているのである。

（1）　杉原泰雄『人権の歴史』（岩波書店、一九九二年）八―九、一三、一六頁。

(2) 同前、一四頁。
(3) 同前、一六頁。
(4) 佐藤幸治『憲法〔第三版〕』（青林書院、一九九五年）三八二頁。
(5) 同前三八三頁。
(6) 同前。
(7) その他の代表例として二つ例示しておきたい。奥平康弘『憲法Ⅲ』（有斐閣、一九九三年）一〇頁は、つぎのように述べ、特にイギリスおよびアメリカからの一定の影響を指摘している。すなわち、「イギリスに端を発しアメリカに向かって吹いた風と似たような思想的トレンドが、フランス絶対主義の、すなわち大革命直前のアンシャン・レジーム下のフランスに向かっても流れていた。フランスにあっては、近世ヨーロッパの自然法思想が帯有していた自然権の考えを土壌にしつつ、イギリス的な『権利』法制に影響あるいは刺戟を受けながら、モンテスキュー、ヴォルテールあるいはルソーその他の百科全書派の啓蒙思想家たちは、『人権』思想を抱懐し、これを著作によって表出した。やがて大革命に結集した政治勢力は、こうした啓蒙的『人権』思想をバックにして、アメリカにおける各種権利宣言の経験を踏まえ、一七八九年『ひとおよび市民の権利宣言』を高らかに宣揚したのである」と。また、芦部信喜著、高橋和之補訂『憲法〔第三版〕』（岩波書店、二〇〇四年）七四頁は、つぎのように述べ、アメリカ諸州憲法とフランス人権宣言とは、「同じ思想」の下に制定されたとする。すなわち、近代的な「憲法〔であるアメリカ諸州憲法〕は、社会契約説の影響の下で制定され、人権を生来の前国家的な自然権として宣言し、保障した。…一七八九年のフランス人権宣言も、アメリカ諸州憲法の人権宣言と同じ思想に基づいて制定された」と。ただし、両者の重要な相違点をつぎの二点に認める。すなわち、「両国の人権宣言はその基本思想を同じくするが、①アメリカの人権宣言はイギリス人の伝統的な諸自由を自然法的に基礎づけ確認したものであるのに対し、フランス人権宣言は新しい綱領的な性格を持つ人権を抽象的に描いたものであること、②フランスでは『法律は一般意思の表明である』という立法権優位の思想によって、『立法権をも拘束する人間に固有の権利』という自然権の思想の意味が相対化され、人権は主として行政権の恣意を抑制する原理だと考えられたことなど、重要な違いもある」と。
(8) バージニア権利章典の翻訳は、高木八尺・末延三次・宮沢俊義編『人権宣言集』（岩波書店、一九五七年）一〇八―一一二頁（以下、単に『人権宣言集』）、アメリカ合衆国憲法修正条項の翻訳は、樋口陽一・吉田善明編『解説　世界憲法集〔第四版〕』（三省堂、二〇〇一年）六〇―六六頁（以下、単に『解説　世界憲法集』）、フランス人権宣言の翻訳は、『人権宣言集』一三〇―一三三頁を参照した。

(9) アメリカ独立宣言（一七七六年）第一段「人類の発展過程に、一国民が、従来、他国民の下に存した結合の政治的紐帯を断ち、自然の法と自然の神の法とにより賦与される自立平等の地位を、世界の諸強国のあいだに占めることが必要となる場合に、その国民が分立を余儀なくさせられた理由を声明することは、人類一般の意見に対して抱く当然の尊重の結果である。」、バージニア権利章典（一七七六年）第一条「すべて人は生来ひとしく自由かつ独立しており、一定の生来の権利を有するものである。…」『人権宣言集』一一四、一〇九頁。

(10) 独立宣言第二段「われわれは、自明の真理として、すべての人は平等に造られ、造物主によって、一定の奪いがたい天賦の権利を付与され、その中に生命、自由および幸福の追求の含まれることを信ずる。また、これらの権利を確保するために人類のあいだに政府が組織されたこと、そしてその正当な権力は被治者の同意に由来するものであることを信ずる。…」、バージニア権利章典第二条「すべて権力は人民に存し、したがって人民に由来するものである。…」『人権宣言集』同頁。

(11) 修正第五条「…何人も、刑事事件において自己に不利益な証人となることを強制されることはなく、また法の適正な過程（due process of law）によらずに、生命、自由または財産を奪われることはない。…」『解説　世界憲法集』六一頁。

(12) 桑原武夫訳編『ディドロ、ダランベール編　百科全書』（岩波書店、一九七一年）「自然法（Droit naturel）」二〇六—二一二頁、および「項目解説」四〇五頁。

(13) ルソー、桑原武夫・前川貞次郎訳『社会契約論』（岩波書店、一九八五年）「第一編第六章社会契約について」三五頁。ルソーいわく、「社会契約を空虚な法規としないために、この契約は、何びとにせよ一般意〔思〕への服従を拒むものは、団体全体によってそれに服従するように強制されるという約束を、暗黙のうちに含んでいる。そして、この約束だけが他の約束に効力を与えうるのである。このことは、（市民は）自由であるように強制される、ということ以外のいかなることをも意味していない。なぜなら、そうしたことこそ、各市民を祖国に引き渡すことによって、彼をすべての個人的従属から保護する条件であり、政治機関の装置と運動を生みだす条件であり、市民としてのさまざまの約束を合法的なものとする唯一の条件であるからだ。この条件がなければ、市民としてのさまざまの約束は、不合理な圧政的なものとなり、恐るべき悪用におちいりやすくなるであろう。」と。

(14) 人権宣言第四条「自由は、他人を害しないすべてをなし得ることに存する。その結果各人の自然権の行使は、社会の他の構成員にこれら同種の権利の享有を確保すること以外の限界を持たない。これらの限界は、法によってのみ、規定することができる。」『人権宣言集』一三一頁。

(15) 人権宣言第二条「あらゆる政治的結社の目的は、人の消滅することない自然権を保全することである。これらの権利は、自由・所有権・安全および圧制への抵抗である。」同前。

(16)『人権宣言集』一〇九頁。「第三条　政府というものは、人民、国家もしくは社会の利益、保護および安全のために樹立されている。あるいは、そう樹立されるべきものである。政府の形態は各様であるが、最大限の幸福と安寧とをもたらし得、また失政の危険に対する保障が最も効果的なものが、その最善のものである。いかなる政府でも、それがこれらの目的に反するか、あるいは不〔十分〕であることが〔認〕められた場合には、社会の多数のものは、その政府を改良し、変改し、あるいは廃止する権利を有する。この権利は疑う余地のない、人に譲ることのできない、また棄てることのできないものである。ただし、この〔権利の行使〕方法は公共の福祉に最もよく貢献し得ると判断されるものでなければならない。」

(17)『人権宣言集』一一〇頁。「第六条　議会において人民の代表として奉仕すべき人々の選挙は自由でなければならない。社会に対し、恒久的な共通の利害をもち、また愛着を有することを示すに足る、〔十分〕なる証拠を有するすべての人は、選挙権を有する。彼ら自身の同意、またはかくして選出された彼らの代表の同意なしには、公共の用途のために、課税し、またはその財産を剝奪することはできない。また、同様に彼らが公共の福祉のために同意しない限り、いかなる法律によっても、束縛することはできない。」

(18)『人権宣言集』一一〇―一一一頁。「第八条　すべての重罪またはその他の犯罪の訴追に際しては、人はその告発の理由および性質を訊ね、訴追者および証人と対面し、自己に有利な証拠を要求し、また近隣の公平なる陪審員による迅速なる公判をうけ、これらの陪審員の全員一致の同意によらなければ、有罪の判決を受けることのない権利を有する。また、何人も自己に不利な証拠の提出を強制されることはない。また、国法ないし陪審員の判定による以外には、その自由を奪われることはない。　第九条　過大な額の保釈金を要求し、または過重なる罰金を科することはできない。また残虐で異常な刑罰を科してはならない。　第一〇条　役人あるいはその令状伝達人に、犯行の証拠なくして容疑ある場所を捜索することを命じたり、また特定の記名がない、あるいはその犯罪が明示されていないか、証拠づけられていない一人ないし多数の人々の逮捕を命ずる一般逮捕状は、過酷かつ圧制的であり、発布されてはならない。　第一一条　財産に関する紛争および個人間の訴訟においては、古来よりの陪審裁判が最もすぐれており、神聖なものとされなければならない。」

(19)『人権宣言集』一一一頁。「第一二条　言論出版の自由は、自由の有力なる防塞の一つであって、これを制限するものは、専制的政府といわなければならない。」

(20)『人権宣言集』一一二頁。「第一六条　宗教、あるいは創造主に対する礼拝およびその様式は、武力や暴力によってではなく、ただ理性と信念によってのみ指示されえるものである。それ故、すべて人は良心の命ずるところにしたがって、自由に宗教を信仰する平等の権利を有する。お互いに、他に対してはキリスト教的忍耐、愛情および慈悲を〔果〕たすことはすべての人の義務である。」

(21) 桑原武夫訳編、前出注（12）『百科全書』「『百科全書』について」三八九—三九九頁。

(22) 『人権宣言集』一三三頁。「フランス人権宣言第一七条　所有権は、一の神聖で不可侵の権利であるから、何人も適法に確認された公の必要性が明白にそれを要求する場合で、かつ事前の正当な補償の条件の下でなければ、これを奪われることがない。」

(23) 修正第五条「何人も、大陪審の告発または起訴によらなければ、死刑を科せられる罪その他の破廉恥罪につき責を負わされることはない。…」修正第六条「すべての刑事上の訴追において、被告人は、犯罪が行なわれた州およびあらかじめ法律によって定められた地区の公平な陪審による迅速な公開の裁判を受け、かつ事件の性質と原因とについて告知を受ける権利を有する。…」『解説　世界憲法集』六一—六二頁。

(24) 修正第五条「…何人も、正当な補償なしに、私有財産を公共の用のために徴収されることはない。」『解説　世界憲法集』六二頁。

(25) 修正第一〇条「この憲法によって合衆国に委任されず、また州に対して禁止されていない権限は、それぞれの州または人民に留保される。」同前。

(26) また、わが国だけでなくアメリカにおいても、バージニア権利章典などアメリカの人権文書がフランスに多大な影響を与えたものと、一般的に理解されている。たとえば、A. E. Dick Howard, "Influence of the American Constitution Abroad (Update)," in Leonard W. Levy, Kenneth L. Karst ed., *Encyclopedia of the American Constitution, Second Edition* (Macmillan Reference USA, 2000), 1366は、つぎのように記述する。すなわち、「アメリカ憲法モデルは、近代憲法の時代の当初から、世界中の憲法主義の様相変化において最重要のもの（centerpiece）であった。バージニア権利章典は、フランスの人権宣言に深い影響を与え（profoundly influence）たし、またアメリカ初期の州憲法は一七九一年のフランス国民議会における最初のフランス憲法の議論において、参照された（invoked）」のである、と。

(27) たとえば、ある強大国が、独裁者による人権弾圧から人民を救うためと称して、ある弱小国を武力で占領・支配すると、被占領国の国民および他の諸国・諸民族の政府や民衆のかなりの部分が、その占領・支配は侵略であり、被占領国国民の人権への迫害であると非難し、結集して、武力による抵抗とその支援を続けている。ある国の世論や裁判所が、ある宗教の教祖を国際的テロリストの象徴として描いた風刺画の情報誌掲載を、表現の自由の名において支持すると、その宗教を信奉する諸国・諸民族の政府や民衆が、これを人権に名を借りた信仰に対する攻撃、信教の自由の侵害だと非難する。このように、人権の観念の不一致は、国際紛争の大きな火種の一つにさえなっている。そしてわが国内では、近年憲法改正論議とも絡んで、「日本国憲法は人権ばかり定めて、国民の義務をまったく定めていない」、「人権は個人の自由だけを謳って、自由に伴う責任をまったく忘れている」、治安の悪化や犯罪の凶暴化の一因として、「今の法律は犯罪者や被疑者の人権を保護し過ぎて、彼らを追求し指弾する官憲の手を縛りマスコミの口を封じている」など、人権の本質・意味内容の無理解に基づく人権への批判・非難が、政界やマスコミから盛んに発信されて、世論にもかなりの影響を与えている。また、国際関係や社会生活のめまぐるしい変化・複雑化に伴い、人権の問題は国際的にも国内的にも、従来と異なるさまざまな形で日常的に取り上げられ、さらに環境権、犯罪被害者の権利など新種の人権や、人道に対する罪とそれを裁く国際刑事裁判所の設置など新種の人権侵害とその対策が登場したことも含め、全人類に関わるもの、特定の人々に関わるものなど、どのような形のものであれ、人権が問題にされない日はまずないほど、人権の本質・意味内容を改めて問い直すことの重要性はますます増大している。

(28)　これに関する示唆的な論考として、辻村みよ子「人権の観念」『講座　憲法学3　権利の保障【1】』（日本評論社、一九九四年）一二—四一頁。

(29)　一七九一年および一七九三年フランス憲法の叙述、ならびにそれらと一七八九年人権宣言との関連などについては、樋口陽一『現代法律学全集36　比較憲法〔全訂第三版〕』（青林書院、一九九二年）五七—八四頁、辻村、前注（28）、二八—三〇頁、辻村みよ子『人権の普遍性と歴史性』（創文社、一九九二年）七—一七、二二—四七頁などを参照。

第一部　アメリカ権利章典とフランス人権宣言の比較に関する論争

序論

「問題の提起」において示したように、「フランス人権宣言は、アメリカ権利章典（『独立宣言』『バージニア権利章典』『アメリカ憲法修正条項権利章典』など）から多大な影響を受けて作られたものであり、フランス独自のものではないから、フランス人権宣言の本質および意味内容も独自のものではない」という、現在のわが国の法学説で定説となっている理解、そしてまた、アメリカにおいても一般的となっている理解は、実は条文上の類似点以外には、それほど確固たる根拠を有するものではないことを明らかにすることが、第一部の目的である。そして、近代人権文書であるフランス人権宣言は、アメリカ権利章典と同様に、独立かつ独創的な文書であることを明らかにするという本書の最終目標の第一歩として、このような基本命題を最初に提唱したイェリネックの主張、および、それに対するブトゥミーの反論によって構成される両者の論争を検討し（第一章）、イェリネックの主張の根拠が正当とは言えないことを示す。さらに、イェリネック＝ブトゥミーの論争の後に、フランスの学者によって繰り広げられた議論を考察し（第二章）、両者の論争がいかに大きな波紋をフランスに及ぼしたかを理解するとともに、それらフランスでの議論が、アメリカではいかに議論されてきたかを検討し（第三章）、すでにアメリカでは、自国の権利章典がフランスに強い影響を及ぼしたことを前提にした議論のみが展開されていることを明らかにする。その結果、フランス人権宣言の独自性と統一性を論証するためには、それが作成された社会的状況と作成の経緯を含む、一七八九年当時の議論を検討することの必要性が明らかとなり、本書第二部でその検討を行なうことになるのである。

それでは以下、論争の火付け役となった、イェリネックの議論を検討することから論を起こすことにしよう。

第一章　イェリネックとブトゥミーの議論

第一節　イェリネックの議論

ドイツ公法学者、ゲオルグ・イェリネック（Georg Jellinek）は一八九五年に『人権宣言論』を著わし、フランス人権宣言の起源が、フランスの思想に存在するのではなく、アメリカの諸権利章典、ひいては、ヨーロッパ特にルターの宗教改革に存することを主張した。これは、一九〇二年にフランス語に翻訳されフランスで広く読まれることになったが、同国では、国の威信が傷つけられたかのような、大きな反響・反論を呼ぶことになった。このイェリネックの議論は、おおよそ、つぎのようなものであった。すなわち、一七八九年フランス人権宣言の起源は、ルソーの社会契約論等、フランス固有の思想にあるのではなく、むしろアメリカ独立当時の各邦、特に一七七六年バージニア権利章典にこそある、と。そして、さらにその起源として考えられるのは、宗教改革であると主張した。

まず最初にイェリネックは、フランスで一般的に人権宣言の起源として考えられてきた、ルソーの社会契約論が、そもそも人権宣言や権利宣言にはなじまない性格の理論であるとする。すなわち、社会契約論は、人民の一般意思の表明がすなわち法であり、これにより国家を構成するとするから、法は一般意思を有する人民すべてに発するものであり、かつ、人民すべてに対してその効力を有することになる。そして、一般意思により国家が形成されると同時に、その人民たちは、今度は一般意思により、自分たちの権利の限界を定められることになる。社会契約により「個人は国家〔との関係〕に入ると同時に、権利のひとかけらも自身のために保有しなくなる。つまり、権利として彼が有するすべては、一般意思から授かるのである。そしてそれのみが権利の限界を定め、それはいかなる権力によっても法的に制限を受けず、また受けることができないのである」[1]と。

こうして、個人は一般意思のもとに服従するものとなり、自由な存在としては存在しえなくなるから、社会契約論は、個人の自由・権利を宣言する人権宣言や権利章典とは、基本的に矛盾する理論であるとして、つぎのように述べる。すなわち、「社会契約論の原理は、あらゆる人権宣言に、絶対的に反するものである。なぜなら、これら原理からは、個人の権利が導かれるのではなく、法的に限界のない一般意思の全権限が導かれるからである。」と。つまり、フランス人権宣言の起源として、ルソーの社会契約論は不可能であり、何か別のものに求めなければならない。「ルソーの著作が、この宣言のいくつかの形式に、一定のスタイル上の影響を与えたというのは真理であるが、しかし宣言自身の観念は、必然的に他の源から発するのである」[2]と。そこで彼が、フランス人権宣言の起源としてつぎに考察対象にしたのは、アメリカ独立宣言、そして、アメリカ独立諸邦の人権宣言、特にバージニアの権利章典であった。

まず、アメリカ独立宣言については、それが自明の真理としてあげる一定の事柄以外には、何ら人権宣言的な要素がない上、この部分はあまりにも一般的であるため、フランス人権宣言に対し影響力があったとは考えられないとする。それら自明の真理である一定の事柄とはすなわち、人は生まれながらにして平等であること、創造主から不可侵の権利を授かっていること、つまり生命・自由・幸福の追求の権利を有すること、また、政府はこの目的のために造られ、政府がこの目的に反する場合には、人民はこれを破壊する権限を有すること、である。そしてこのように独立宣言のフランス人権宣言への影響力を否定する考えを、イェリネックは、ラファイエットの『回想録』から得たと言う。すなわち、独立宣言の「この提案は、あまりにも一般的な言葉で述べられているので、そこに法体系の全体を見いだすこと、あるいは、それをそこから導き出すことは容易ではない。したがって、これがフランス人権宣言のモデルであったことは、最初からありそうもない。この推論は、ラファイエットのおかげで確かなものとなる。その『回想録』の一節には、……〔フランス〕憲法制定国民議会に提出した彼の草案の中に、彼が視野に入れたモデルの存在が示されている(3)」と。そして、独立宣言については、ラファイエットが言うには、「国民主権の原理および政府の体系（la forme）を変更する権利が表明されているにすぎない。その他の権利は〔イギリス本国による〕権利侵害を記す列挙中に、暗示的な仕方で（d'une manière implicite）表明されているのみである(4)」と。このようにして、イェリネックは、ラファイエット草案の中に、独立宣言の影響がないことから、フランス人権宣言にもその影響はなかったものとしたのである。

つぎにイェリネックは、独立宣言以前に各植民地議会で作られ、議会における人民の代表者に対して強制力を有する、諸権利宣言・人権宣言が、フランス人権宣言に与えた影響力について考察する。特にバージニア権利章典の影響力が絶大であったことをつぎのように述べる。すなわち、「バージニアの宣言とその他の特定のアメリカの邦の宣言が、ラファイエット草案の源（la source）であった。それら宣言は、彼のみに影響を与えたのではなく、人権宣言を採択することを望んでいたすべての人々に影響を与えたのである。〔フランスの各地方議会からの〕カイエ（les cahiers＝「陳情書」）もそれらの影響下にあった(5)」と。そして、このような現象が当時のフランスでいかにして可能だったかというと、外交官として活躍していたベンジャミン・フランクリンが、それらアメリカの諸邦権利宣言を、フランス語に翻訳して出版していたという事実によるとする(6)。

このような事実からイェリネックは、つぎのように結論づける。「フランス人権宣言は、全体として、アメリカの諸『権利章典』あるいは〔バージニア〕『権利章典』を真似たものである。陳情書にあるものから、国民議会に提出された二一個の草案に至るまで、フランスにおける宣言の草案すべては、おおよそアメリカの観念を発展させたものである(7)」と。

これに続いてイェリネックは、この推論を検証するために、フランス人権宣言が出された一七八九年までに、バージニアはじめアメリカ独立諸邦において出された七つの権利宣言および権利章典とフランス人権宣言との、逐条的文言比較を行ない、フランス人権宣言の条項はすべて、アメリカのいずれかの権利宣言または権利章典にすでに存在していたもので、それらの模倣にすぎないことを立証した。すなわち、「フランス人は、単にアメリカの〔権利〕概念を採用したのみならず、それらが大西洋の反対側で表明されていた形式（la forme）も採用したのである」[8]と。

それでは翻って、バージニアはじめアメリカ各邦の権利宣言および権利章典は、どこに淵源するのか。イェリネックは、イギリスの一六八九年「権利章典」、一六七九年「人身保護法」、一六二七年「権利の請願」そして一二一五年「マグナ・カルタ」に起源を見いだそうとするこれまでの一般的考えに異論をはさむ。一方では、一般的に、「マグナ・カルタ」や「権利章典」の規定が直接的にアメリカの諸「権利章典」に導入されていることを認めつつも、他方で、多くの点では異なることを述べる。すなわち、イギリスの諸文書は、臣民と国王との関係において、具体的な場面において、臣民が有してきた具体的な権利・利益を確認するものであったのに対し、バージニアはじめアメリカの諸「権利章典」は、自然の確信から生ずる、すべての人民のために、あらゆる将来において保障される原理を謳っている、とする。そしてイギリスにおいては、そのように臣民と国王との関係を規律することに議論の中心が置かれていたから、議会が最高権限を持ち、その立法もまた同様の価値を持ったのに対し、アメリカの諸宣言は、通常の立法府権限の上に存在する規律を含んでいるとする[9]。このように、これら二つの異なる国の法原理には、それぞれ異なる特徴があることを指摘する。つまり、アメリカの諸「権利章典」は、自然的に、人の性質として、不可譲不可侵の権利を有することを宣言するが、「イギリスの法律はこれらすべてを無視している。イギリスの法律は、永遠かつ自然の法を再認識することを望まず、〔その代わりに〕祖先に起因する『イギリス人民の、否定できない、古代の法』を再確認する[10]」とする。このようにイギリスで、臣民と国王との関係において国王により認められてきた臣民の自由・権利は、国王により法律で確認され、世襲するものとして受け継がれ、その時代の臣民は、その利益を出生の時から享受したので、その法律はその意味では確かに生まれながらの自由と権利であるから「出生権（birthright）」であった。しかし、これはアメリカの諸「権利章典」に見られる、自然権思想に基づく、生まれながらの自由平等、不可譲不可侵の権利概念とはかけ離れていることになる。

その後ジョン・ロックが自然権・社会契約論を打ち立て、また、ブラックストーンが人の絶対的権利の理論を、はじめて一七六五年の『コメンタリー（*Commentaries*）』に発表する。イェリネックによると、「ブラックストーンは、安全、所有そして自由が、イギリス人すべてにとっての絶対的権利であり、これらは、人の自然的自由から、法律により一般利益のために課された制限を差し引いた残りのすべてであると言う[11]」。しかし、このような新たな権利概念のイギリスでの出現にもかかわらず、その権利が上記三つにほぼ限定されていたこと、権利の享有がイギリス人に限られていたことから、人はすべて生まれながらに絶対的に自由であり、様々な不可譲不可侵の権利を有すると謳う、アメリカの諸「権利章典」の起源に、これらはなりえないと考え、イェリネックは再び自問する。すなわち、「アメリカ法のこのような見方はどこから来るのだろうか。イギリス法からでないことは確かだ。その当時の自然法の概念の中に、その源を探さなければならないようだ[12]」と。

そこで彼が注目したのは、イギリスにおける宗教改革および新たな信仰である。彼によれば、イギリスでの一六世紀末の宗教上の動き、特に教会と国家を分離する傾向、および、神と信者との間の直接的契約が宗教の基盤であるとする信仰概念の登場などから、個人主義そして個人の信仰の自由を導き出す「修道会主義（congrégationalisme）」＝後の「独立主義（Indépendentisme）」が、宗教上の民主主義を生み出したのである。つまり、国家から自由な存在となった教会は、その地域の宗教的事柄を、自治的かつ独立的に、イエス・キリストの直接的権威のもとで取り扱うようになる。そして、その教会と信者とは、個々の契約的なつながりであるから、教会の独立自由のみでなく、個人の信仰の自由も、この点から導き出される、とする。これと同様の考えは、教会のみでなく、政治分野にも広がる。すなわち、「すべての政治的結社は、教会と同様の仕方で、つまり、すべての結社は元来主権的である構成員の間で交わされる、契約の産物として、捉えられる[13]」と。

このような信仰の自由、および、社会契約の考えは、後に一六四七年にはじめて、水平派（Levellers）により憲法草案として議会に提案されたことがあった。しかし、イギリスでは、それ以上の発展は見られなかったのである。すなわち、「これはイギリスにおける、宗教の自由に自然権を認めた最初の法律草案であったが、最後のものとなった[14]」と。

これとは異なった方法であったが、アメリカ植民地においても、宗教上の発展がみられた。一六二〇年の「メイフラワー誓約（Mayflower Compact）」は有名な例だが、一六三一年に、マサチューセッツ植民地セイラムの一元的宗教体制から離脱したロジャー・ウィリアムズは、新天地プロビデンス（Providence）で、完全な政教分離を打ち立てるとともに、「完全な宗教の自由」を、単にキリスト教徒のみならず、その他の宗教にも同様に認めた例も知られている。そしてこの体制は、一六四〇年代にチャールズ二世により憲章として認められるに至る。また、ジョン・ロックが作成した一六六九年ノース・カロライナ憲法は、異端者に対する「宗教的寛容」を基礎にしていた。さらに一六六四年にはニュージャージーで、また、一六六五年にはニューヨークで、同様に、宗教上の「良心の自由」が認められた。さらに一六八三年には、ウィリアム・ペンがペンシルバニアで、「宗教の自由」を宣言する憲法を作成している。ペンはこれをもとに、一七〇一年には新たな憲法を作成し、「良心の自由」を保障する[15]。その後ウィリアム三世は、マサチューセッツのカトリック以外のすべてのキリスト教徒に対して、「良心の自由」を憲章で認めた。

このような多くの例を挙げながら、イェリネックは、「宗教の自由」、「良心の自由」が、アメリカで憲法上認められるようになったことを、つぎのように述べる。すなわち、「こうして宗教に関する自由が、おおよそ広い範囲で、アメリカの憲法上、容認を受けた。政治的宗教的な大運動に、密接に関連するこの原理は、……人が宗教上《良心の自由》と《思想の自由》を有するという自然権の存在を導き出す。この二つの自由は、国家に優越する権利を構成し、国家に侵害され得ないのである[16]」と。さらに、アメリカにおける自然権の発生の基礎が、こうして、国家あるいはイギリスからの遺産にあるのではなく、まさに宗教、特に福音書にあったことを、こう述べる。すなわち、「この権利は『相続（inhéritance）』ではない。……それを宣言したのは、国家ではなく、福音書（l'Evangile）であった[17]」と。

以上のような検討を通してイェリネックは、アメリカでの自然権は、その起源をイギリスに有するのではなく、アメリカでの宗教的経験に有すると結論づける。すなわち、「これら不可譲かつ不可侵の権利、つまり個人の自然権を、立法上認める考えは、政治的起源を有する考えではなく、宗教的起源を有するものなのだ[18]」と。

続いてイェリネックは、時代を進めてその後の一八世紀には、アメリカの植民地人が、イギリス人として生まれながらにして有するとされてきた、自由と権利の考えに、変化が生じ始めたとする。つまり、「それ〔権利および自由〕はもはや、人に発すると考えられるのではなく、神そして自然から発するものと考えられるようになった[19]」と。その性質のみならず、さらに、内容についても変化が生じ、それまで自由・財産のみが自然権と考えられていたところ、新たにいくつもの権利が、この概念の中に入れられることになったとする。これは、一七六四年に出版された、ジェイムズ・オーティスの『イギリス植民地の権利』において、明らかにされたとする。すなわち、「イギリス議会が、アメリカのすべての憲章を無効であると宣言するときが来るかも知れない。しかしその時でも、人として、そして市民としての植民地人の、自然にして固有・不可分の権利（the natural, inherent and inseparable rights）は存続する[20]」と。このようにしてアメリカ人は、強化された自分たちの自然権を、本国議会の絶対的権力に対抗させ、一七七六年の独立宣言および同年のバージニア権利章典において、列挙して宣言したのであった。

以上のようにしてイェリネックは、フランスの君主制下では権利の実践あるいは権利の内容の明確化が存在しなかったということを、おそらく大前提にして、アメリカの各邦、特にバージニアの権利章典を基礎にしながら、フランス人権宣言は起草されたものと結論づけた。その一方で、その基礎となったアメリカの諸権利宣言は、一定の限度において、イギリス人の権利を引き継いできているが、それ以上に、自然権思想の植民地への導入の結果として、植民地の経験から実践的な権利概念を構成し、宣言の内容として列挙するに至った事実に注目するのである。こうしてイェリネックによれば、アメリカの権利宣言・権利章典とフランスの人権宣言の大きな差は、実践に裏打ちされているか、そうでないか、にあるのである。すなわち、「アメリカ人は、すでに彼らが有していた権利を、すべての自由な人民に共通の《永遠の遺産（patrimoine éternel)》として、表明した。これに対しフランス人は、まだ彼らが有していない、一般原理に合致すべき諸制度を欲したのである。ここに、アメリカの宣言とフランスの宣言との間の、最も重要な相違が存在する。アメリカでは、実際的諸制度が、個人の権利の厳粛な認識に先立って存在しているのに対し、フランスでは、諸制度がその認識に追従したのである[21]」と。

第二節　ブトゥミーの議論

一八九五年にドイツ語で発表された、以上のような内容の、イェリネックの論文は、一九〇二年にジョルジュ・ファルディによりフランス語に訳され、フランスでも公表された。するとたちまち、フランス側から反論がまきおこった。その先頭を切ったのが、以下に見る、政治専門学校（l'Ecole libre des science politiques）の創設者かつ学長のエミール・ブトゥミー（Emile Boutmy）であった。

ブトゥミーは第一に、「ルソーの哲学、そして社会契約論が、人権宣言の条項の多くの部分に影響を与えたこと」を論証する。先の論文において、イェリネックは、ルソーの社会契約論は人権宣言になじまない理論であるから、フランス人権宣言の基礎にはなりえないと主張していたが、これに対してブトゥミーはつぎのように反論する。すなわち、イェリネックは、社会契約により「個人は、国家〔との関係〕に入ると同時に、権利のひとかけらも自身のために保有しなくなる」と主張するが、実は、「他者の権利と同等の権利を、各々が享受することを確保するために」、個人と個人が契約を結ぶのが社会契約であるから、「市民は契約前よりも、契約後の方がより自由になる」[22]のである、と。そして、この社会契約により作られることになる主権は、決して無制限のものではなく、一定の枠が存在するから、まったくの恣意に行動することが許されるわけではなく、社会契約論に基づく社会において、個人の自由を保障することは、決して矛盾することではないとして、つぎのように述べる。すなわち、「原理的に、主権の恣意の外に置かれた、固定的で確固たる何か（quelque chose de fixe et d'arrêté）が存在するのである。その何かが、人権宣言の主題を構成することができる唯一のものである」[23]と。ここから、「社会契約論の原理が障害となることなく、人権宣言を構成すること」ができるのだとする。否、逆に、そもそも、主権は「人民と同一のものである」から、障害になる可能性すらないとする。

こうして、ルソーは執筆当時、社会契約論と人権宣言との間に、基本的対立（d'antagonisme essentiel）があるという認識を持っていなかったことを、ブトゥミーは論証する。しかし他方、ブトゥミーはそこから直ちに、人権宣言がすべてルソーの思想で構成されていると結論づけるのではなく、もっと大きな視点からこれを観察する。すなわち、「人権宣言の誕生は、ルソーによるのでもロックによるのでもなく、またアメリカの諸人権宣言によるのでも独立宣言によるのでもなく、分割しえない一つの原因（d'une cause indivisible）の結果なのである。つまり、一八世紀における精神の偉大なる運動（le grand mouvement des esprits）である」[24]、と。さらに各論的な議論としてブトゥミーは、一七八九年七月一一日にラファイエットがその人権宣言草案を国民議会に提出した事実をもって、イェリネックがアメリカの諸「権利章典」の影響をフランス人権宣言上に認める実証的根拠にしていることを批判して、つぎのように述べる。つまり、イェリネックがこれを言おうとするなら、ラファイエットが草案を提出したときに行なった、提案説明の演説において、「アメリカの権利章典について明白な言及（mention expresses）」がされているはずだから、これにイェリネックも触れなければならないが、実際には、その演説においてこのような言及はなされていなかった。そこでイェリネックは、この点を補強すべく、一七八九年から、かなり後の『ラファイエット回想録（*Les Mémoires de La Fayette*）』の記述を、引き合いに出している。しかし、「ラファイエットがその宣言（草案）を提出したときに、アメリカの権利章典について語ることを省略したことがはっきりしている以上、その何年も後に、彼がバージニア憲法を所持していたという記憶と、この宣言（草案）とを、密接に関連させ、それを〔宣言成立の〕理由にさえしているというのは、まったく正しくない[25]」と。さらにブトゥミーは、イェリネックがアメリカの権利章典の影響が認められる明らかな例として取り上げた、二つの陳情書を見た結果、何もそのような事柄は見いだせないとした。また、全部で二一の宣言草案が国民議会に提出されたが、その内の一つにしか、そしてほんの短く一度きりしか、バージニア憲法については言及されていないことも、ブトゥミーは突き止めたのである。

さらにフランス人権宣言とアメリカの諸「権利章典」との比較検討という、イェリネックが用いた方法論について、ブトゥミーは批判を試みる。まず、イェリネックは、アメリカの七つ、八つの「権利章典」から、「最もフランスの宣言に近い条項を切り取るが、かけ離れたものについては、無視したのである[26]」と。そして、『フランスの条項の半分がアメリカのテキストから借用されたという衝撃をわれわれに与えることは不可能ではなかったろうが、その一方で、もっと正確な比較を、諸憲法各々について、〔切り取った断片としてではなく〕全体として、連続的に（successivement）行なったなら、たとえばその類似（les analogies）は、一〇％か五％の割に縮減しただろう」と述べ、条項の文言にのみとらわれてフランス人権宣言を観察することの不適当さを主張した。そして、このような文言上の類似性が生ずる原因は、両文書とも、当時の新しい考えに、その源を有していたからであるとブトゥミーは述べる。すなわち、「二つのテキストそれぞれは、抽象的なスタイル、つまり、一八世紀の様式（la mode）で表現されたほぼ同一的な観念を、それぞれの国の精神からくみ取ったのではなく、その時代の精神（l'esprit de son temps）からくみ取ったのである[27]」と。

しかし、同一的観念が両者の源であるとしても、だからといってブトゥミーは、両人権文書に非常に密接な同一性が存在することを肯定するわけではない。両者は異なる時代背景のもとに、異なる目的を持って作られたので、文章の語調（ton）や法的効果が大きく異なるとする。すなわち、「それら〔両文書〕は、同一の家系（la même famille）ではなく、また、同一の精神に動かされたのでもなく、異なる目的でそれぞれ提案されたのである」と。[28]

こうして源は同一的なものであっても、具体的両文書の同一性を否定した後に、ブトゥミーは、イェリネックが行なったように、逐条比較考察に移るが、ここでは、すべて網羅的に論述するよりは、最も重要で、かつ、ブトゥミーの反論の典型的なものと思われる、フランス人権宣言第一条の比較に関する考察、および、後にイェリネックがその再反論で取り上げる同宣言第一〇条の比較に関する考察のみに限定する方が簡便であるから、これについて論ずるに留めよう。

まず、フランス人権宣言第一条は、「人は、自由かつ権利において平等なものとして生まれ生存する。（naissent et demeurent libres et égaux）。社会的区別は、共通の利益（l'utilité commune）の上にしか設けることができない」とするが、イェリネックがこれに最も類似的なアメリカの宣言として引用した条文は、「すべて人は生来等しく自由かつ独立である（equally free and independent）」という、バージニア権利章典第一条であった点に、ブトゥミーは注目する。つまり、前者の「平等なものとして生まれ生存する」が、後者においては、そこでの主要な概念である形容詞、「自由かつ独立である」を修飾する副詞、「等しく（equally）」に変化したことにより、その形容詞の背後に隠されてしまい、フランス人権宣言のように、平易明白に「平等」ということが表現されていない、したがって、両者が同一の概念であると考えることは困難である、と。[29] しかしその一方でブトゥミーは、これについて、このような表現は、当時のアメリカ人が、平等に関して無関心であったことを意味せず、単に当時のアメリカの社会状況により、表現が異なったものだとする。つまり、「これはごく当然に、アメリカ社会の基本的条件（des conditions fondamentales）の結果であった。……アメリカにおいては、どこに不平等が生まれえただろうか？それを見ることはなかったし、思いつくことすらなかった。平等については、だれも気にかけていなかったのだ。平等は単に、自由と独立のコロラリーとして出てくるのみだ」と。[30] 他方、アメリカの宣言で提示されている「自由かつ独立」は、イギリス本国の主権との対抗関係から、ことさらに必要な概念であったから、これを確認することが重要な課題であった。したがって、アメリカの宣言ではこれらを主要な内容としているが、フランスにおいては、そのような対外的対抗関係は存在しなかったので、このような表現は見られないのだ、とする。また、同じような視点から、フランス人権宣言第一条に規定されているもう一つの概念、「社会的区別の排除」は、それまでの社会における人と人との関係で障害となってきた、身分と階級の区別を排除することが、その当時のフランスにおいて非常に重要な課題だったから、こうして第一条の中に置かれているが、他方のアメリカでは、当時は社会的区別の存在を念頭に置く必要はなく、仮にこれがあったとすれば、公務員など、一定の人物や階級に対する、手当支給や特権付与の排除のみであったから、これ以外の社会的区別の排除は宣言されていないとする。

こうしてブトゥミーは、それぞれの社会状況を考慮に入れることにより、異なる趣旨目的がそれぞれ存在したのであり、たとえ類似的な表現が見いだされたとしても、両者に同一性を認めることはできないとしたのである。すなわち、「要するに、フランス人権宣言第一条の中に見られるのは、二つの概念であり、それらのいずれも、イェリネックが引用したアメリカの文書には見いだされない[31]」と。

つぎに、宗教的意見の自由に関してブトゥミーは以下のように理解する。つまり、人の意見の自由を保障するフランス人権宣言第一〇条が、アメリカの諸宣言の該当条文の文言に比較して、非常に短いことを認めた上で、それには深い意図があってのことであると述べる。すなわち、「フランスの同時期の哲学は、様々の宗教的信仰の遙か上位に高められた（infiniment élevée）ものである、少なくともそのように思いこまれていたのである。したがって、哲学が、キリスト教、および、数世紀の間に受容したその様々な形態を、上から眺めていたのだ。しかしその尊大さは、無神論にまでは及ばなかったが、無神論の合法性は明らかに認めていた。しかし忘れてはならないのは、フランス〔人権宣言〕のテキストには、この問題の重大さを覆い隠すための、一種、計算された短さが存在したことだ。哲学者たちは、自分たちのことを世論が理解しているか否か、あまり確信を持てないでいたし、また、世論と矛盾することを恐れていたようである」[32]と。つまり、フランス人権宣言第一〇条の文言と、イェリネックが比較するためにそれに最も類似している条文として引用したニュー・ハンプシャーのそれが、一見似ているように思われるのは、前者が短いことに起因するようだが、それはフランス固有の条件によるものであると主張したのである。

続いて、フランス人権宣言の模範となった、アメリカの諸「権利章典」の諸権利の源を、イェリネックが、宗教改革以来の「良心の自由」に求め、そこから他の権利が派生するとし、その源をアメリカで築いた例として、ロジャー・ウィリアムズを引いていることについて、ブトゥミーは以下のように反論する。すなわち、「ロジャー・ウィリアムズは、植民地の精神を代表するものではなかった。……絶対的自由の体制のもとに、ロード・アイランドで〔ロジャー・ウィリアムズにより〕作られたその社会は、アメリカ全体にとってのスキャンダルねただったのである」[33]と。そして、諸権利章典の基礎として、アメリカ全域で確立されていたとする「良心の自由」をイェリネックが用いたことについては、これを否定し、「宗教的寛容」がむしろ基礎であったとする。すなわち、「その当時のアメリカのほぼ全域にわたり確立されたのは、良心の自由ではなく、……寛容（la tolérance）であった。この寛容は、各社会のグループの、経済的条件に基礎づけられた論理のうちにその存在理由（sa cause）を有していた。第一に、各グループが感じていた必要性のうち最大のものは、人口の増大、人の確保であった。……それら〔諸宗派〕を区別なく（indistinctement）受け入れることは、各植民地の経済目的にかなうものではなかっただろうか〔いや、かなうものであった〕。少なくとも、社会の大部分が執拗な偏見を抱いてはいなかったところの、諸宗派の受入については、である」[34]と。こうして結論としてブトゥミーは、「ロジャー・ウィリアムズの中途挫折した試みや宗教改革よりは、むしろ、一方では一八世紀の精神が、また他方では経済的理由が、アメリカにおける《宗教の自由》を産み、これを急速に発展させたのである」と述べる。

ブトゥミーは、つぎに、このような個人の自由と権利について考察した後、「市民としての自由・政治上の自由（des libertés civiles et politiques）」について論述する。まず、イェリネックは、ボストンのサミュエル・アダムズを引用して、市民としての権利は一二一五年「マグナ・カルタ」、および、一六八九年「権利章典」を継受したものであり、アメリカで独自に発展したものではないことを強調していた。すなわち、サミュエル・アダムズの宣言草案では、植民地人は、「人として、自由と財産の権利の行使を享受し、キリスト教徒として宗教の自由を享受し、そして、市民として『マグナ・カルタ』および一六八九年『権利章典』により保障された権利を享受する[35]」としており、イェリネックはこれに倣って、もう少し具体的に、植民地人が通常の自然権のほかに、その後得た権利を、つぎのように述べていた。すなわち、植民地の権利章典は「一定の数の新しい権利を付与していた。これら権利は、最近のイギリスの行為により個人の自由が被害を受けたその違反に対応している。つまり、集会の権利、出版の自由と居住移住の自由に関する権利である[36]」と。しかし、これに対し、ブトゥミーはこのような継承関係を否定し、アメリカでは独特の方法で誕生したと主張する。まず、その原因として、特に、ニュー・イングランド地方の植民地では、社会の組織上の問題があげられるとする。つまり、「彼らは、ヨーロッパからイギリス国王への忠誠（allégeance）を携えてきた。しかし、この国王は彼らにとっては名目上の権威でしかなかったから、彼らは実効的な権威を必要としていた。もしこれが、自分たちが構成する共同体それ自身（communauté même）でないとすれば、彼らはどこにこれを見いだせば良かったのだろうか[37]」と。こうして自分たちが新天地において構成する共同体が、新たな権威となり、そこにすべての人々が参加し、知事、財務長官、判事、行政官などを選出する仕組みができあがってくる。これがアメリカのデモクラシーの原点であり、ここから、社会的関係における様々な権利が生まれ成長したと、ブトゥミーは主張するのであった。また、このようなニュー・イングランドの例は特殊な例であるとすれば、他に、貴族的性格を留めていたバージニアを観察すべきであるとして、そこへのイギリスからのジェントリーの移住を説明して、そこでもやはり同様に、社会的権利が平等に成長したことを述べる。すなわち、そこには明らかに、新たな貴族（une nouvelle noblesse）の要素、特権貴族の要素が存在した。しかし、これら入植者たちは、彼らの周囲のますます増加する人々に自分たちの特権を認識させるべく、何にその基礎を置くことができたろうか、どの権威に頼ったら良かったのか。……アメリカにおいては、世襲の免除もなければ、それを認める有効な王権もないのだ。入植者たちは、ヨーロッパからは、アメリカの状況がそれについては殊に反対的であるところのカーストの元（rudiments）しか持ってこなかったという、特に好意的な条件下にあった。そのため、これはすぐに消滅したのである。……つまり、あらゆる自由はアメリカの土地において自然的に誕生した。これらの自由は、したがって、『宗教の自由』が予め確立していることを必要としなかったし、後に生まれる自由に模範を提供する必要もなかった。それらは、他のものと同じ権威を持って自ら（pour son compte）誕生したのである[38]」と。

こうして「市民としての自由・政治上の自由」の起源として、アメリカ独自の誕生と発展を主張した後、ブトゥミーは、イェリネックがアメリカにおける最も基本的な権利であるとし、そこから他のすべての自由と権利が派生するとした「宗教の自由」および、そこから派生する権利、つまり「集会と結社の権利」「出版の自由」「裁判上の自由」について論じている。彼によれば、これらの権利と自由は、「歴史的あるいは神秘的要素（éléments historiques ou mystiques）」を含む国家にとっては、非常に難問であった。というのも、これらをもとにして、国家に対する批判や反対が人々から持ち上がったときには、これら要素は合理的な反論の能力を持っていないので、それら批判や反対に対抗できないからである。そこでこれらの権利と自由の武装を解こうとする傾向が国家権力の側にあったが、共和国においては様相を異にした。つまり、「純粋に理性的な要素（des éléments purement rationnels）」が、歴史的・神秘的要素に置き換わり、政府の原理が人々の議論に委ねられることになったのだ、と。すなわち、「出版、集会、結社はすぐに権力の信用を失墜（discréditer）させたであろう。これに対し、共和国の場合のように、『歴史的・神秘的要素』が、『純粋に理性的要素』に置き換えられたところでは逆に、政府の諸原理を、人々の議論と論争に（aux controverses et aux disputations）委ねることに何の不都合も見られないのである[39]」と。それでは、このように、共和国を創出する傾向を有する、「理性的要素」は、どこから誕生したのか。彼は言う、それら要素は「一八世紀の偉大なる源からくみ取られたのである。そしてわれわれはそこに再度、自然権の激しい潮流を見いだすのである[40]」と。

結論としてブトゥミーは、つぎのように述べる。すなわち、「思想家の才能がすべてをなしたのではない。社会的環境と状況（le milieu social et les circonstances）が彼とともに半分は存在した。そして、この環境こそが、偉大なる精神（les grands esprits）が一見自由に取ったかに見える方向を、ほぼ常に、支配的に決定していたのである。そのため私は、ルターの概念が、一世紀を飛び越えて、ロジャー・ウィリアムズの概念の中に存在することや、もう一世紀飛び越えて北アメリカの諸宣言の中に固定されたとすること、そしてそこから、フランスの宣言に移行したとすることを、信じないのである。……すべての伝統の破壊者、そして、自然権の創造者である、一八世紀全体が、多くの感覚と活力（pleines de sens et de vigueur）を有するこの結論に、その名を銘記するよう求められねばならないものと、私は信ずる[41]」と。

第三節　イェリネックの反論

ブトゥミーの反論に対するイェリネックの再反論は、まず、ブトゥミーが自分の課題を十分に理解していないと言うことに始まる。すなわち、ブトゥミーは「私の議論の肝心要の部分、重要な点を見逃している[42]」と。イェリネックによれば自分の議論の中心部分は、「人権宣言が、ヨーロッパ諸国の法史上に与えた影響」であり、「フランスは、われわれの近代憲法のうちに見いだされる個人の権利の再認識を表明し、公法の原理の中にそれを打ち立てたことにより、全世界に贈り物を捧げたのである」と認めている。また、「フランス人権宣言は、国家に直面した個人の地位に対して果たした絶大な影響を、浮き彫りにしたのである[43]」とする。しかし、彼が言うには、ブトゥミーはこの問題には何も触れていない。そして、自分が「議論を開始したいと望んだのは、公法とその歴史の分野においてであったが、ブトゥミー氏は、私とは別の観点に身をおいていた」ので、「お互いに理解し合うことができなかった[44]」と。

このような一般的な観察の後にイェリネックは、ブトゥミーが一八世紀フランス、特にルソーの「哲学的精神（l'esprit philosophique）」に、諸権利の起源を見いだそうとすることに反論を企てる。すなわち、「もしこの見解が正しいのであれば、権利宣言について語られるのは、なぜ常にアメリカ革命からなのか……ルソーの『社会契約論』が出版された一七六二年から、四分の一世紀の間、フランス人がこの学説を吸収しようとしなかったことをどう説明するのか。また、この間、これを紙上の理論に留め、異なる権利のリストを作成しなかったのをどう説明するのか[45]」と。結局のところ、「ルソーはじめ、フランスの哲学者たちは、一般的自由（la Liberté en général）の伝道者であって、個別的自由（des libertês particulières）のそれではなかった」と言う。

さらに、このような一般的自由の表明であれば、ドイツにおいてもルソー以前に、すでになされていたとしてつぎのように言う。すなわち、「ドイツにおいても、ルソー以前に、彼よりもさらに重要な結果をもたらした人物が、自由は人の本質それ自身である（l'essence même de l'homme）、《奪うことができないという点において人間に固有のものである》と宣言していた。私が言いたいのは、ヴォルフ（Wolff）のことで、一八世紀の思想家そして政治著作家に対するその影響は絶大であり、そこからルソー自身免れないのだ[46]」と。つまり、ルソーはじめフランスの思想家、著作家が一八世紀に産んだとする思想それ自体、フランス固有のものではないから、たとえ人権宣言がルソーの思想の影響下で作成されたものであるとしても、そのルソー自身がヴォルフの強い影響を受けている以上、その人権宣言もフランス固有のものではありえないと主張したのである。それでは、どこからこれが誕生しえたのかというと、イェリネックによれば、「一八世紀の哲学的思想それだけが、フランス人権宣言を生む力を有したのではなく、アメリカ革命のような歴史的事件をかいくぐる必要があったのである。……アメリカなしでは、そして異なる邦の憲法なしでは、確かに自由に関する哲学を有していたかも知れないが、自由に関するこのような立法は、決してなかっただろう[47]」と。

さらに、イェリネックは自分の前論文での主張を、今度はフランス人の歴史家オラール（Aulard）の著作を引用しながら補強し、フランス人権宣言へのベンジャミン・フランクリンの影響を強調する。すなわち、フランス人は「フランクリンのような偉大かつ合理的な共和主義者を愛し崇拝していた。共和制アメリカは、イギリス君主主義に勝るとも劣らず、流行であった（à la mode）[48]」と。さらに、アメリカの邦憲法等は、多くのフランス人に読まれ、これが最終的に、決定的な影響力を有していたと述べる。すなわち、「共和制の歴史で特に重要なのは、フランス大革命の二〇年前には、開明されたフランス人（les Français éclairés）は、新合衆国の諸憲法をすでに読んでいたことである。『……バージニアの人民の権利宣言は、ほぼ将来のフランスの人権宣言であった。……彼ら〔フランス人〕の思想が実現可能であると思われはじめ、抵抗できないほど普及し始めたのは、アメリカ革命からであった[49]』」と。

またイェリネックは、いくつもの条文から構成されている点で、形式的にもアメリカ独立宣言とは異なる、諸邦憲法とその人権宣言・権利章典に着目し、フランス人権宣言が影響を受けたのは後者からであることを、再度強調する。すなわち、「フランス人権宣言は、独立宣言と異なり、一連の条項から（en une suite d'articles）成り立っているが、このことは、前者に、後者とはまったく別の法的性格を付与し、前者が生まれたのは、諸邦の宣言からであることを如実に示している。フランス人は、自明の真理（self-evident）を表現することを重要視せず、立法者を指導する原理を、法的規範に移し替えたのである。この性格は、アメリカの諸宣言以前にはどこにも存在せず、イギリスの権利章典の中にすらなかったものである[50]」と。

また人権宣言第一〇条の「宗教上の寛容」に関してブトゥミーが、「一八世紀フランス哲学はアメリカ思想を超越しており、キリスト教より高い位置から観察していた」から、無神論を含め、宗教的意見の自由を認めたのであり、アメリカの、たとえばニュー・ハンプシャーの同様の条文を模倣したわけではない、としたことについて、イェリネックは再反論をする。すなわち、宗教的意見の自由＝宗教的寛容が、この第一〇条によって、「良心の自由」の代わりに宣言されたその理由は、フランスではカトリックが支配的であり、これが道徳とみなされていたからである、と。イェリネックはこのことを、先のオラールを引用して証明する。すなわち、「カトリックは、『非常に純粋な道徳の上に基礎を置くので、〔社会道徳秩序の〕最上位に位置させないわけにはいかない』と、……憲法制定国民議会のヴラン（Voulland）は述べた。そのために、《良心の自由》を宣言する代わりに、国民議会は、第一〇条で、《宗教的寛容》を宣言するに留めた（八月二三日）のである」[51]と。つまり、ブトゥミーの言うように、哲学がキリスト教の上位にあり、その観点から諸宗派の存在を認めようという意図から、この第一〇条が設けられたのではなく、カトリックの信仰およびその道徳心を基本に据えながら、アメリカ的「寛容」条文を取り入れたことから、少々後ろ向きの文言、すなわち「たとえそれが宗教上のものであったとしても、その意見のゆえに不安にさせられてはならない」という条文になったのだ、と。

さらに基本的な問題関心として、イェリネックが法学者として重要視したのは、「宗教の自由」が、「立法府の文書（un document législatif）のうちに、人権として認識されたのは、歴史の中のどの時点であるかを知ることであって、「その概念の歴史的展開ではなかった」[52]と言う。そしてそのような文書は、まさにロード・アイランドの憲章だったのである。であるのにブトゥミーの方は、その問題関心を理解せず、アメリカでは「宗教の自由」ではなく、「宗教的寛容」が重要なものとして認識されていたとか、ロジャー・ウィリアムズの思想や行動が後世に与えた影響は少なかったなど、的外れな反論を行なっているとして、イェリネックはこれらを排除したのである。

第四節　若干の考察

以上が、イェリネックとブトゥミーの議論の概要である。要するに前者は、フランス人権宣言の独自性を否定し、特にアメリカの独立諸邦の人権宣言および権利章典を、その基礎あるいは起源と考えるのに対し、後者は、まったく反対に、そのような他からの影響を否定し、ヨーロッパ、特にフランスにおける一八世紀啓蒙思想全体の産物として、これを捉えることにより、フランス人権宣言が歴史的にも世界的にも独自の基礎と意義を有し、そのために、その後、世界各地で普遍的なものとして受容されたのだとする。しかし両者の議論が、些細な点から重要な点まで、多くの点でかみ合っていないことは、イェリネック自身、気づいていたところであり、その再反論の論文の中でもこれを明確に指摘していた。すなわち、「私はフランス人が、アメリカの宣言を盲従的に写したとは言っていない。ただ、モデルとしてそれらを考えたのだ、と言ったまでである」[53]と。また、さらに重要なところでは、「私は、常に法的形式（la forme juridique）について語っていたのであり、概念の基礎（le fond des idées）について語ってはいなかった」[54]と述べ、両者が法あるいは権利を、そもそも、異なる観点から見ていた事実を指摘する。

しかし、その直後にイェリネックは、たとえ概念の内容を自分が語っていたとしても、やはり両者には隔たりが存在したであろうことを、つぎのように述べる。すなわち、「しかし、自由権のこの総体の内容に関してさえ、我々、つまりブトゥミー氏と私の間は、深い溝によって隔てられたであろう」と。そしてその理由は、イェリネックの、法・権利・自由に関する思想とブトゥミーのそれとが大きくかけ離れているからである。イェリネックは、自由はそれ自身固定的なものではありえず、人間の行動に先行する制限（restrictions antérieures）に対する否定でしかない、と考える。つまりこのような先行的制限は、国家およびその権力によって加えられるものであり、自由とは、国家とそれに直面する（vis-à-vis）個人という構造において、前者の権力の行使が後者に対して否定される部分として誕生し、意義を有するものでありうる、ということになる。すなわち、「われわれに自由の概念の鍵を与えてくれるのは、唯一この説明のみである。この説明のみが、そこから誕生する権利の実践的価値（la valeur pratique）を浮き彫りにしてくれる。現代の人民のすべての自由そしてすべての権利が存在するのは、この国家の恣意に対する制限の中においてなのである」(55)と。

このような国家および自由概念に照らしてイェリネックが、近代的自由と権利のリストあるいはカタログとして、イギリス本国との対抗関係から、イギリス本国の恣意的権力を否定し、そこに植民地人の自由と権利を確保する目的で人権宣言・権利章典を作成した、アメリカ諸邦の人権宣言・権利章典をモデルとして思い浮かべたことは、まったく納得のいくことである。これに対して、ブトゥミーは、フランス人の学者として、そもそも人が人であるが故に自然権を有する、とする自然権思想のみを、近代的自由・権利の根幹・基本そして出発点として理解していたであろうから、このような内容の自由と権利を謳ったものとして、フランス人権宣言を捉え、その起源については、フランス独自のものであると言わざるをえなかったのである。

確かに「形式」を観察すれば、アメリカ諸邦の人権カタログとフランス人権宣言の間には共通性が見いだされよう。しかし、事の重要性は、そのような形式がどこで誕生し、どこでどのように受け容れられたかを確定することより、むしろ、一八世紀啓蒙思想、すなわち「概念の内容」の誕生と、その普及の経緯、そして、それが人権宣言という法的文書に固定されたという疑い難き現象が、アメリカ諸邦の権利宣言とフランス人権宣言のそれぞれにおいて、どのようにして可能であったか、ということを検討することに認められるであろう。つまり、イェリネックがフランス人権宣言に対するアメリカ諸邦の宣言の影響の存在を立証するにあたり、形式的部分あるいは文言上の類似に、ことさらに焦点を当てようとしている事実は、その裏に潜む「概念の基礎」に光が当てられた場合には、そのような影響の影が薄くなることを懸念してのことだったかも知れない。そしてこのような「概念の内容」を考察の対象にして、フランス人権宣言の起源が、フランスにあることを立証しようとしたのが、一九〇四年に初版発行された、『一七八九年人の権利の宣言の起源』の著者、マルカジであった。以下、章を改めて、マルカジの議論、および、その後のフランスの学者の議論を検討していこう。

〈第一章　注〉

（1）Document, George Jellinek, "La Déclaration des Droits de l'homme et du citoyen, Contribution à l'histoire du droit constitutionnel moderne," *Revue française d'Histoire des idées politiques*, 1995, at 106. ただし、本書が依拠したこのフランス語版は、初版の翻訳であり、後の議論を踏まえてイェリネック自身が修正・補足を施し、また、新たに一章を加えて一九〇四年に刊行した第二版、あるいは、息子であるヴァルター・イェリネックにより一九一九年に刊行された第三版ではない。これは、後にブトゥミーが反論を出版する際に依拠したのが初版だったので、本書でもこれを参照し、これに依拠してイェリネックの議論を構成することが、ブトゥミーの議論を概観する関係上、公平だと思われるからである。また、本文中の引用日本語訳は、筆者がフランス語訳初版を訳出したものであるが、その際、初版、第二版、第三版の違いを明確にしながらドイツ語版をもとに翻訳した、初宿正典編訳『イェリネック対ブトミー　人権宣言論』（みすず書房、一九九五年）（以下、初宿『人権宣言論』と表記）の該当箇所それぞれを参考にした。また、イェリネックの議論をこれに先立って要約し紹介した文献として、深瀬忠一「一七八九年人権宣言研究序説（一）」北大法学論集一四巻三・四号がある。

（2）*Id.* at 107.　初宿『人権宣言論』三八頁。

（3）*Id.* at 108.　初宿『人権宣言論』四三頁。また、『回想録』とは、*Mémoires, correspondances et manuscrits du général Lafayette, vol. II*, Paris, 1837, p. 305である。

（4）*Id.* at 108-109.　初宿『人権宣言論』四三頁。

（5）*Id.* at 109.　初宿『人権宣言論』四四頁。

（6）一七七八年にはスイスで、フランクリンに献呈された翻訳が、一般に出版されていたし（Recueil des lois constitutives des colonies anglaises, confédérées sous la dénomination d'Etats-Unis de l'Amérique septentrionale.）、また、一七八三年にはフランクリン自身のイニシアティブにより、別の翻訳が作られていたということである。*See*, *id*. 初宿『人権宣言論』四四頁。

（7）*Id.* at 110.　初宿『人権宣言論』四八頁。

（8）*Id.* at 118.　初宿『人権宣言論』六九頁。また、アメリカの諸宣言の基本的権利概念が、相互に、ほぼ、あるいは時に、まったく同じものであることを、つぎのように言う。すなわち、「同じ〔権利の〕提案は、『諸権利章典』の非常に多くのものにおいて、異なる形式でなされていた」と（*id.* at 112. 初宿『人権宣言論』五四頁）。これを言うことにより、イェリネックは、各邦の権利宣言・権利章典の条文をすべて合計すれば、かなりの数になるし、それだけ多くの異なる権利が表明されていたなら、フランス人権宣言に表明された全一七条の権利は、偶然的にどこかの邦のいずれかの条文に該当しても不思議はない、とする批判を避け、実際には、バージニアに倣って作られた、その他の邦の権利章典も、いくつかの限られた、かなり同一的な権利概念を表明していたものであり、相互に何ら関係なく無作為的に多数の権利を表明していたのではないこと、したがって、フランス人権宣言全一七条と、それらとの同一性には、偶然性の要素は含まれていなかったことを、証明しようとしたのである。

(9) *Id.* at 120. 初宿『人権宣言論』七五頁。
(10) *Id.* at 121. 初宿『人権宣言論』七六頁。
(11) *Id.* at 123, note 66. 初宿『人権宣言論』八〇頁、および、八五頁注（25）参照。
(12) *Id.* at 124. 初宿『人権宣言論』八〇―八一頁。
(13) *Id.* at 125. 初宿『人権宣言論』八七頁。
(14) *Id.* at 126. 初宿『人権宣言論』八九頁。
(15) *Id.* at 130-131. 初宿『人権宣言論』八九―九七頁。
(16) *Id. at* 131. 初宿『人権宣言論』九八頁。
(17) *Id.* 初宿『人権宣言論』九八頁。
(18) *Id.* at 132. 初宿『人権宣言論』九九頁。
(19) *Id.* at 133. 初宿『人権宣言論』一一六頁。
(20) *Id.* at 134, footnote 104. バンクロフト（Bancroft）による引用。初宿『人権宣言論』一一七頁。
(21) *Id.* at 137. 初宿『人権宣言論』一二一頁。また、ゲルマン法の影響が、近代的自由と権利の概念に、おおよそ存在するというイェリネックの考えはこれに続いて説明されている。これを簡単に説明すると以下のようになる。すなわち、イギリス法上の権利章典にせよ、アメリカの諸権利宣言にせよ、そこで保障される自由・権利は、国家と個人という局面において捉えられる。この捉え方には、大きくつぎの二つの側面が存在する。一つは、個人の権利は、国家の譲歩（une concession）あるいは承認（une autorisation）の結果であるという考え方である。これは国家絶対主義の観念を基礎にしていると言えよう。もう一つは、国家はこうして権利を作り出すのみでなく、一般利益に合致する限り、個人を自由にしておくという考え方だが、しかし、この自由は国家が作るのではなく、国家によって確認される（reconnue et constatée）にすぎないのである。これは特にゲルマン法の概念に合致しており、公権力が段階的に発展したという歴史事実に対応している。ここで、最初の側面は、歴史的法ではない自然法の考えに適合的であるのに対し、二つ目の側面は、歴史的事実をふまえた歴史法の理論である。自然法理論はこの二つの側面の両方を、権利として理解し、権利と自由の二つに分けることをしない誤謬に陥った。このような権利と自由の構成および国家と個人の関係を、歴史的に明確にしつつ展開した、ゲルマン法の影響のもとに、近代の自由と権利の概念は存在し、したがって、これをもとにイギリスもアメリカも人権宣言等を、起草したのである、と。

(22) *Id*. at 143. 初宿『人権宣言論』一四二頁。ブトゥミーによる、ルソーの言葉の引用である。
(23) *Id*. at 144. 初宿『人権宣言論』一四二頁。
(24) *Id*. at 145. 初宿『人権宣言論』一四五頁。
(25) *Id*. at 146. 初宿『人権宣言論』一四六頁。
(26) *Id*. at 147. 初宿『人権宣言論』一四八頁。
(27) *Id*. at 149. 初宿『人権宣言論』一五一頁。ここで言う「抽象的スタイル」とは、格言（maximes）である。ブトゥミーは言う。「格言は、一八世紀のユニフォームのようなものであった。一般的に思考し、一般的表現で（en phrases générales）説明するのはその当時の規則であり、少なくとも様式であった」と（*id*. at 148. 初宿『人権宣言論』一五〇頁。）。
(28) *Id*. at 149. 初宿『人権宣言論』一五二頁。両者の相違を敷衍してブトゥミーはこう述べる。「フランス人権宣言は、表現すべき一般的観念にしか関心のなかった哲学者によって、無駄なく大胆な文体で書かれている。〔これに対して〕アメリカの権利章典は、要求者の役に立ちうるいかなる便法も見逃さないように注意を払う法律家により、また訴訟不受理事由などの反対が唱えられ、その訴追に反対されたりすることがないよう、いかなる弱点もないように注意を払う法律家により、少々細心かつ饒舌な言語で（cette langue un peu méticuleuse et copieuse）作成されていたのである。……これほど似ていない二つの文書はこの世にはない」と。
(29) *Id*. at 150. 初宿『人権宣言論』一五三頁。
(30) *Id*. 初宿『人権宣言論』一五三頁。
(31) *Id*. 初宿『人権宣言論』一五四頁。
(32) *Id*. at 156. 初宿『人権宣言論』一六四―一六五頁。
(33) *Id*. at 160-161. 初宿『人権宣言論』一七八頁。

(34) *Id.* at 161. 初宿『人権宣言論』一七八頁。一方、「良心の自由」についてブトゥミーは、これを大革命以前の時代にすでに獲得されていたもので、宗教改革によるものではないとする。つまり、キリスト教は個人個人の魂の存在を認め、その個人の救済を人生の一重大事とした。このような実質的「良心の自由」を含むテーゼを、宗教改革は再確認したのみであったが、宗教改革はそれに、救済に必要な「信仰の情熱」を付け加えた。そのために、福音書の純粋原理へ復帰することで、「良心の自由」を生むはずだったのに、その機会をつぶすことになったのである、と。宗教改革によっては「良心の自由」は誕生しなかったが、カトリックの歴史の流れからこれが生まれたとするのである。

(35) *Id.* at 135. 初宿『人権宣言論』一一八頁。

(36) *Id.* 初宿『人権宣言論』一一九頁。

(37) *Id.* at 162. 初宿『人権宣言論』一七五—一七六頁。

(38) *Id.* at 163. 初宿『人権宣言論』一七六—一七七頁。

(39) *Id.* at 164. 初宿『人権宣言論』一七八頁。

(40) *Id.* 初宿『人権宣言論』一七九頁。

(41) *Id.* at 165. 初宿『人権宣言論』一八一頁。

(42) *Id.* at 167. 初宿『人権宣言論』一八九頁。

(43) *Id.* at 168. 初宿『人権宣言論』一八九—一九〇頁。

(44) *Id.* 初宿『人権宣言論』一九〇頁。

(45) *Id.* at 169. 初宿『人権宣言論』一九〇頁。

(46) *Id.* 初宿『人権宣言論』一九一—一九二頁。また、《　》内の日本語訳は、同所の初宿訳をそのまま引用。

(47) *Id.* at 170. 初宿『人権宣言論』一九二頁。

(48) *Id.* 初宿『人権宣言論』一九二頁。これは、イェリネックによるオラールの著作、*Histoire politique de la Révolution française*, Paris, 1901, p.19-21 からの引用である。

(49) *Id.* at 171. 初宿『人権宣言論』一九四頁。前半はイェリネックの言葉、後半『　』内はオラールからの引用である。

(50) *Id.* 初宿『人権宣言論』一九五頁。

(51) *Id.* at 172-173. 初宿『人権宣言論』一九八頁。

(52) *Id.* at 175. 初宿『人権宣言論』二〇三頁。

(53) *Id.* at 173. 初宿『人権宣言論』一九九頁。

(54) *Id.* at 177. 初宿『人権宣言論』二〇六頁。

(55) *Id.* 初宿『人権宣言論』二〇七頁。

第二章　フランスにおけるその後の議論の展開

前章では、イェリネックとブトゥミーの間で展開した議論を概観したが、その後この両者の議論がきっかけとなって、さらに多くの論者により、様々な議論が闘わされていった。こうしてこの分野における研究がさらに発展し、フランス人権宣言の起源が徐々に明らかにされていったのである。したがって、本章および次章では、フランス人権宣言およびアメリカ権利章典・権利宣言等の源泉を考察する研究において、その後、イェリネックとブトゥミー二人の間の議論が、フランスおよびアメリカでどのように受け容れられたか、あるいは拒絶されたかを概観し、現在の両国では、これら近代人権文書の淵源はそれぞれどこに求められるものと理解されているのか明らかにしていく。

そのために、イェリネック対ブトゥミーの議論の直後から両国で繰り広げられ進展していった賛否両論の議論を、以下、時間軸に沿って見ていく。まず、便宜上、フランスにおける議論を概観し、つぎに章を改めて、アメリカでの議論の発展を見ていくことにする。

まず、フランスにおいては、両者の議論の直後に、フランスのツーロンの学者ヴァンサン・マルカジ（Vincent Marcaggi）が、ブトゥミーの議論をおおよそ擁護し、フランス人権宣言の起源として、フランス独自固有の思想、特に、重農主義思想の強い影響が考えられることを主張した。したがって本章では、マルカジによるフランス人権宣言フランス起源論を第一節で考察する。さらに第二節においては、同様にフランス人学者で、当初はマルカジと同様、フランス起源論に傾倒していたものの、後に態度を改めたジャック・ゴデショ（Jacques Godechot）の議論を見る。そして第三節では、このようにジャック・ゴデショに強い影響を与え、またその後、多くの研究者の研究の方向にも多大な影響を及ぼした、ジルベール・シナール（Gilbert Chinard）のいくつかの論文を検討する。彼は、フランス人権宣言に対するアメリカ人権文書からの強い影響を、一次資料である古文書を論証の基礎として、実証的に証明しようとしたのであった。さらに第四節では、その後、フランス人権宣言二百周年を契機にフランスで、イェリネックとブトゥミー両者の議論およびその後の議論を振り返る論文がいくつも発表されたが、この機会に新しい議論を展開した、ギーセン大学教授で、ドイツ民法およびドイツ・ヨーロッパ法史の研究者、ディートヘルム・クリッペル（Diethelm Klippel）の議論を考察する。(1) そして最後に、人権宣言に関するフランスでの最近の研究成果として、パリ第二大学教授、ステファン・リアルス（Stéphane Rials）およびパリ第一大学教授、クロード・フォーレン（Claude Fohlen）の見解を、それぞれ第五節および第六節で検討しよう。

第一節　マルカジの見解

マルカジは、『一七八九年人の権利の宣言の諸起源（第二版）(2)』において、フランス人権宣言の起源に関するイェリネックの議論、すなわち、フランス人権宣言の起源は、アメリカの諸邦権利章典、ひいては、ドイツでの宗教改革がもたらしたルター派の伝統であり、フランスの思想ではないとする主張を論駁し、フランスの起源を打ち立てようとする。以下、マルカジの議論を、彼の著述の順を追って検討することにしよう。

1　アメリカの起源

まず、『一七八九年人の権利の宣言の諸起源（第二版）』の第一章、「アメリカの起源」において、マルカジは、アメリカ諸権利章典の起源を分析することにより、フランス人権宣言の起源との明確な峻別を試みる。

最初に「アメリカ独立宣言」については、イェリネックと同様に、その後世への影響はなかったことをつぎのように述べる。すなわち、「この宣言は、一定の権利を列挙しつつも、一つの提案しかしていない。またその提案は、非常に一般的な言葉で表現されているので、権利の体系をそこに見いだし、あるいは、そこから発生させることは困難である。したがって、フランス人権宣言のモデルとして、これが使われたのではなさそうであると、アプリオリに認識することに、皆同意するだろう(3)」と。

つぎに、ラファイエットが、一七八九年七月一一日に人権宣言草案を国民議会に提案したことに関しては、その時点では、まだ後述のフランス人学者シナールによって、ラファイエットとジェファソンとの関係が立証されていない段階だったので、それほどの言及は見られない。つまり、人権宣言草案を提案した時点でのラファイエットの演説には、何らアメリカの諸宣言に関する言及は見られず、それは後に彼が著した『回想録』にはじめて見られるものであることを明らかにするにとどまっていた。すなわち、「ラファイエットは、国民議会に対してその草案を提案し支持した時には、アメリカの『権利章典』を何ら暗示していなかった」にもかかわらず、「その『回想録』においては、アメリカの例に全体的に着想を得たことを、宣言するのを躊躇しなかった(4)」と。つまり、国民議会に草案を提案した時のラファイエットの頭には、実は、アメリカ諸宣言のことはなく、後に『回想録』を執筆したときに思いついたものだと指摘しているのである。

しかしこの点に関しては、後述のように、シナールの発見の検討によってさらに明らかになるが、人権宣言の草案作成に当たってラファイエットは、ジェファソンと共同作業を行なっており、そのため、その草案には一貫してアメリカ諸権利章典の強い影響が存在したことが、推定されるとするのである。

この点は後に詳しく検討することとし、マルカジはつぎに、両文書の決定的相違点をあげる。すなわち、「フランス人権宣言は解釈により、上位、普遍的かつ不変的立法として提示され、したがって哲学的様相を持つ作品であるのに対し、アメリカの諸文書は、逆に、伝統主義的かつ現実的性格を有し、彼らに固有のものである。こうして

〔両者間に〕人々が打ち立てることを望んだ、完全な同化（assimilation）を困難にした」[5]と。そして、アメリカの諸権利章典の起源はイギリスにこそ存在することを、イギリスの文書とアメリカのそれらとの類似点から主張する。すなわち、「類似はただ単に基礎にあるだけでなく、また、形式にも存在する。あらゆるところで、同じ表現、同じ単語が使われている。諸宣言はお互いに真似をしあったように見える。というのは、それらは皆、同じ共通のモデルを真似したためだ」[6]と。そこから、さらにアメリカの歴史学者スティーブンスの言葉を借り、つぎのように結論する。すなわち、「イギリスの憲法原理は、アメリカの憲法原理になったのだ」[7]と。

それにもかかわらず、マルカジは、フランス人権宣言とアメリカの諸文書との間の類似点を、両文書が自然法思想の影響のもとに誕生したことに認める。つまり、アメリカの権利章典には、イギリスの伝統にはなかった、ある新しさが存在し、それがフランス人権宣言に接近させているると言うのである。そして、そのような接近のために仲介役を果したのが、自然法学派のロック、あるいはその後に登場するブラックストーンである、とする。すなわち、「ブラックストーンは、ロックの後、個人の主観的権利の表明において、人の絶対的権利の理論を確立した」[8]と。これに基づき、植民地の人々はイギリスに対して抗議を繰り広げていったが、このような動きは一七八九年のフランスの状況に似ていると言う。すなわち、「この植民地における動きは、一七八九年のフランスの精神的状況との類似性に欠けるとは思われない、ある精神的状態を作った。」そして、このような精神的な類似状況を基礎にして、ある程度似た文書ができあがった可能性があることを、つぎのように言う。すなわち、「その言葉の一般性により、また、その表明の普遍性により、いくつかの〔アメリカの〕宣言は、自然法の理論がしみこんだフランスの宣言のように見受けられる」と。しかし、そこからすぐに同一性を帰結するのではなく、これらアメリカの宣言には、ある意図的な働きがあったとする。つまり、「アメリカ人は、自然権とイギリス法とを、自ら進んで混合した（confondu）のである」[9]と。そしてこの混合は、ブラックストーンの著作によって全アメリカに広がった。すなわち、「自然法とイギリス法の混合は、ブラックストーンのおかげでアメリカ全体に広まった。そしてこれは、すべての公式の文書の中に書き留められたのである。つまり、だれもが、ある憲章を持ち出す時には、それと同時に、自然権を持ち出したのである。…また、権利について語る時には、それが『自然的かつ合憲的（naturel et constitutionnel）』であると、〔植民地人が〕表現したことは、驚くに足りない。…結局のところ、自然権は、アメリカ人にとっては、イギリス支配のもとに生まれたあらゆる個人に対して、自然によって付与された権利でしかなかった、と言うことができよう[10]」と。つまり、それまではイギリス国王が、特定の人物あるいは集団のために、憲章等の文書によりはじめて認めた自由および特権など、一定の個人の主観的権利を、ブラックストーンは、すべての人に共通の絶対的な権利に拡大しようとしたのだが、アメリカ植民地人はブラックストーンのその考えの中に、さらに自然権をも付け加えることにより、一層多くの自由と権利を、植民地人のために確保することに成功したのである。

しかしこのようなアメリカにおける自然権の捉え方は、フランス人権宣言の自然権の捉え方とは根本的に異なっていた。つまり、アメリカでは、イギリス法の伝統に加えられた「追加的タイトル（un titre complémentaire）」でしかなかった。すなわち、「アメリカのどの宣言も、その表面上の一般的な性格にもかかわらず、フランスにおいて後に出現することになる宣言がそうであるように、地球上のすべての住民に共通の権利を構成するという望みは、なかったのである。…認識されていたように、邦の境界において、〔その邦で〕宣言された原理の効力は、停止したのである。しかし、これは一七八九年のフランス人権宣言の精神でも目的でもなかった」と。要するに他方のフランスでは、「自然権は、個人に新しく認められた権利を正当化するために、すべての人類の名の下に制憲者により援用された、独特のタイトル（le titre unique）である」と理解されていたのである[11]。こうしてマルカジは、フランス人権宣言の起源がアメリカの諸宣言であることを、この点からも否定するのである。

そこでつぎに、それではフランス人権宣言の起源として考えられるものは他に何があるかというと、ルソーに代表される社会契約論なので、これの真実性をマルカジは検討している。つぎにこの点を検討していこう。

2　社会契約論

一般的に、フランス人権宣言の基礎を成す思想として、ボルテールやルソーの自然法、および、社会契約論が語られることを大前提として、マルカジは、それは誤解に基づいていることを証明しようとしている。まず、簡単にルソーの社会契約論の骨子を概略し、つぎのように説明する。すなわち、「ルソーが理解する社会契約とは、人々が、自然状態を放棄しながら、すべての権利を共通のものとし、共同体にそれを託する行為である。…〔彼自身の言葉を借りると〕『われわれの一人一人が、その人格とその権力すべてを、一般意思の最高指揮のもとに、共通のものとすること』である。その構成員それぞれに属する権利を信託された社会は、すべての権力を有し、主権者であり（"toute puissante : c'est le souverain"）、それの上位には何もないのである[12]」と。一般意思の指揮のもとに構成される、主権的存在たる社会と、その構成員との関係に、いかにして人権宣言が出現してくるのか。そこに一つの疑問が浮かんでくる。すなわち、「人権宣言それ自身、ルソーの考えに従い、社会契約の文面（le libellé）そのままであり、それ以外の何物でもないというのは、本当だろうか[13]」と。この疑問は、人権宣言の個人主義的性格を考える時に出現する。つまり、人権宣言の基本には、その前文から理解できるように、「人のみが現実存在で、行動において自由、かつ、その結果に対して有責である」という個人主義の考えがあり、そこから、「市民それぞれに、自由にその能力を発展させ、そのために、自分自身を前進させることを、その本人に委ねることが必要」となるのである[14]、と。この人権宣言の基本的思想である個人主義的発想が、ルソーの見解と一致するのだろうか。この疑問を解決すべく、マルカジはさらに検討を進める。

彼によれば、ルソーの社会契約論の重要性は、「不可譲の主権（la souveraineté inaliénable）」の創出にある。ルソー曰く、「主権は、一般意〔思〕の行使にほかならぬのだから、これを譲り渡すことは決してできない…。また…主権とは集合的存在にほかならないから、それはこの集合的存在そのものによってしか代表されえない…。権力は譲りわたすこともできよう、しかし、〔一般〕意〔思〕はそうはできない[15]」と。ここから、この絶対的主権は誰によっても代表されえず、また、一般意思も同様であることになる。すなわち、「人民の代議士（les deputés）は、…一般意〔思〕の代表者（représentants）ではないし、代表者たりえない。彼らは、人民の使用人（commissionaires）でしかない。彼らは、何ひとつとして決定的な取りきめをなしえない。人民がみずから（en personne）承認したものでない法律は、すべて無効であり、断じて法律ではない[16]」と。つまりルソーの社会契約論によれば、直接民主制の議会しか、可能でないことになる。ここからマルカジは、「ルソーの中に、大革命を触発した、極度の個人主義の先駆性（le précurseur）を見いだすことは困難[17]」であると言うのである。というのも、絶対的主権を持つ「共同体が、すべての権利を持っており、個人はその何も持っていないからだ[18]」と。このようにしてマルカジは、イェリネックと同様に、ルソーの社会契約論が、フランス人権宣言の基礎的思想や原理に直接的影響を与えたことを否定するのであった。そして、つぎにマルカジが検討するのは、フランス人権宣言に、宗教的な起源を見いだすことができるか否か、である。

3　宗教的起源

イェリネックは、前章で概観したその議論の中で、ルター派の宗教的思想がアメリカ植民地における人権の確立に大きな影響を与えた旨、主張していたが、これを論駁する議論を、マルカジは、その著作の第三章において行なっている。マルカジによれば、イェリネックの理解では、ロジャー・ウィリアムズらがマサチューセッツを去り、一六三五年頃にプロビデンスの町を建設した時に、彼らは自然法を理解していたし、また、宗教的自由の認識をも有していた。そして彼らは、宗教分野にとどまらず政治的分野においても、それら自由と権利を実行したのである。そしてこれが、後のアメリカにおける不可侵の個人の人権の基礎となった。それではこのようなロジャー・ウィリアムズら「独立派」の思想的起源はどこにあるかというと、それはドイツのルター派にある、とイェリネックは言うのであった。

しかし、マルカジは、このような宗教改革の思想から、宗教的自由が生まれ、さらにそこからその他の権利が派生したとするイェリネックのこの主張を、根本から否定する。彼の否定の根拠はつぎのようである。すなわち、──その当時においては、ルター派においてもカルバン派においても、信仰告白の強制が行なわれており、ここからルター派は、社会的に優越的地位を獲得し、貴族的傾向を有するようになったし、カルバン派は、権力に対するキリスト教の絶対的な服従を伝授しつつ、権力を利用して力を伸ばそうとした。したがって、ルター派から、すべての個人にその信教の自由を認めるという、いわゆる宗教の自由が出てくるはずはないし、また、カルバン派からも、権力を利用して異端者を迫害することは考えられても、異端者にも宗教的良心の自由を認めるという、個人の権利の保障が出てくるはずはない。すなわち、「カルバン派によって、良心の自由が個人の権利として宣言されたということは、疑わしい以上のことである。〔仮に良心の自由を認めていたというなら〕これは、カルバン自身が〔スペインの医学者・神学者である〕セルベトゥス（Servet）を異端とし、これに死刑を執行することに何ら躊躇しなかったという事実に、うまく適合しなかったであろう[19]」と。

結局、マルカジが述べるところでは、「イェリネック氏の理論は、出発点から、理論的に不正確を生じていたようである。…現実には、植民地で、宗教の自由が何の制限もなく認められたのは、むしろ非常にまれなことであった。…当時のイギリス植民地において、良心の自由に関しても、個人の自然権が、つまり、不可譲の権利かつ国家の影響から絶対的に保護されている権利が、存在しえたと考える観念は見いだされない[20]」と。このように、植民地においてすら、宗教の自由は権利としていまだ構成されていなかったのだから、イェリネックの言うようにフランス人権宣言がこれを模倣しえたはずはない。つまり、カトリックが宗教のほぼ全部を占めていたフランスにおける、人権宣言の作成において、さまざまな宗教、宗派の自由な信仰を、権利として認めることに、どれ程の重要性や関心が見いだされたであろうか。すなわち、フランス人権宣言を作成した国民議会構成員は、「良心の自由と同時に、諸宗派の自由（la liberté du culte）を当然のこととして含まねばならない、宗教の自由の原理について、最後まで貫くことは敢えてしなかった[21]」と。つまり、フランス人権宣言においては、宗教の自由はそれほど重要な問題として関心を呼んでいたのではなく、単に、カトリックの信仰において、教会によって事実として認められてきた既存の信教上の状態を、法的に文書で確認することのみで、当時のフランス人は満足していた、と。

　つぎにその著書の第四章においてマルカジは、アンシャン・レジーム下のエタ・ジェネロ（Les Etats-Généraux＝全国三部会。以下、「全国三部会」と表記する。）とパルルマン（Les Parlements）が、フランス人権宣言の作成において果たした役割を検討しているので、これを概観することにしよう。

4　「全国三部会」とパルルマン

アンシャン・レジーム下で、「全国三部会」とパルルマンの両機関は以下のようにして、国王の権力に制限を加える力を身につけることに成功していた。まず、「全国三部会」は、毎会期の終了時に、国政全般について、王権の執行に対する抗議として、「カイエ（les cahiers de doléances）」つまり、「陳情書」を国王に提出することにより、また、パルルマンは、国王が作成した法律の執行を拒否することをも含む、「法令の登録と建言の権利（droit d'enregistrement et de remontrances）」を用いることにより、それぞれ国王執行権と立法権を制限した。特に後者、パルルマンは、その権利を使うことで、国王立法権を実質上、立法提案権に格下げしていたのである[22]。

　さらにこのパルルマンは、大革命前の一七八八年五月三日には、いくつかの権利を明確にする宣言を公表していた。すなわち、「全国三部会」を通じてその承認の下に、強制によるのではなく自らの意思で「援助金（les subsides）」を納める国民の権利、法律により指定された「本来の裁判官（les juges naturels）」以外の裁判官の前に、連れ出されることのない市民の権利、そして、資格ある裁判官の掌中に直ちにおかれるのでなければ逮捕されない権利、などである。しかしこのような宣言は、その時に突然出現したものではなく、その基礎はすでに、その二世紀前の一六四八年に形作られつつあったのである。すなわち、この年にパルルマンは、法秩序（ordre légal）の必要性を宣言し、それぞれの市民が有する一定の不可侵の原則を打ち立てていたのである。[23]

しかしこれらの先例的な宣言や文書が、一七八九年の人権宣言に果たした直接的影響力、あるいは、その役割に関しては、マルカジはこれをかなり限定的にしか理解しないようである。すなわち、「そこに、一七八九年に、彼らが全精力をもって確認することになる、いくつかの原理の芽があることに、異議を差し挟むことはしかねるが、すべての他の諸原理がそこから発生する、あるいはそこから発生させられるところの主要な観念、つまり、人の人格に関する観念（l'idée de la personnalité humaine）を、全国三部会は、捕まえなかったし、捕まえることができなかったのである。…したがって、彼らは、未だに、個人を国家に対置することを考えない、中世の観念の帝国のもとに生活していたのである[24]」と。そして、彼らが自分たちの要求を、強制的に国王に聞き入れさせる術を、彼らがまだ知らなかったことをつぎのように述べる。すなわち、「彼らの要求は聞き入れられなかった。そして、彼らは、自分たちが有し、慣習的に執行していた課税の可決権が、国王をして、自分たちの召集を、ひんぱんにかつ近接して行なわせることができるものであることを、利用することを知らなかったのである[25]」と。その後一六世紀の後半には、課税を「全国三部会」の定期的な承認に付するべきであるとする考えが出てくるが、その当時の自由主義的精神が最大限要求しえたのは、新たなる課税に関して承認を取らねばならないとする程度であり、既存の諸税に関して、定期的承認権を要求するまでには及ばなかったようである。

その後、「全国三部会」は、一六一四年に閉鎖され、大革命直前の一七八九年六月まで召集されないことになるが、その間、これに代わって王権に対する歯止めの役割を果たしたのが、パルルマンであった。パルルマンは先述のように、そこでの登録が完了しない限り、いかなる法律も効力を発しないことを基本とする「法令登録権」を利用し、国王立法権を制限することができた。そしてこの法令登録権が、「堅固な壁（un mur d'airain）」として、人民の安全を確保することに、ある程度役立ったとされている。しかし、これを可能にするためには、パルルマンはパリのそれを中心に、全国各地のパルルマンを組織として一体として構成し、一つの機関あるいは権力として行動する必要があった。そのために、ある法律あるいは国王勅令でさえ、全国どこでも効力を発生させるためには、国王はすべてのパルルマンで法令登録を行なわなければならない、としていたのである。(26)

さて、このような経過で王権に対する「堅固な壁」となったパルルマンは、一七八八年五月三日に、先述の諸権利の宣言を公布したのだが、マルカジの主張では、パルルマンが大革命および人権宣言のために果たした役割も、「全国三部会」の場合と同様に、相当限定的な、あるいは、懐疑的なものでしかない。その理由の一つは、パルルマンは自己の利益を追求する目的で行動していたように見受けられる事実があるからである。もう一つの理由は、大革命直前にパルルマンは、国王勅令により改革を受けており、法令の登録権はじめ、それまで王権の制限のために有効に利用してきた権限を、相当失ってしまったからである。

まず、一つめの理由に関して挙げられている事実は、つぎのようなものであった。すなわち、その宣言の二年前に、国王がパルルマン構成員を含めた広範囲の人民に対する課税（centième denier＝百分の一税）を提案したとき、パルルマンはその「建言」の中で、他の人民に対する課税に関しては特に抗議をしなかったにもかかわらず、自分たちパルルマン裁判所（la Cour）構成員に対する課税に対しては厳重に抗議し、その額をほとんど無にさせた、というものである。(27)

さらに二つめの理由については、つぎのような事実をあげる。すなわち、ルイ一六世の時代の晩年には、オルドナンスの登録のために国王自らパルルマンの座につき、パルルマンの登録拒否を覆す「親裁座（lits de justice）」がしばしば行なわれ、パルルマンの「法令登録権」が実質的に国王により無視され、脆弱化する状況があった。そして、パルルマンがそれまで持っていた強力な権限が、次第に弱められていくこのような状況を背景にして、一七八八年には、勅令により、「法令登録権」がついに、パルルマンから取り上げられるに至ったのである。さらにパルルマンというこの組織の名称自体、「全権裁判所（La Cour Plénière）」と変えられ、その機関としての実体自体、変更を余儀なくされたのである。しかし、この時のパルルマンには、すでに、このような王権の動きに対抗して、反旗を翻す行動力さえなくなっていたのだ、と。[28]

さらにマルカジは、大革命直前の一七八八年の前述の宣言に関しても、一番めの理由における非難と同様に、パルルマンは自己の利益のためにこれを出したにすぎない、その証拠に、その条文の大方は、パルルマン構成員の利益に関するものであり、例外は最初の条文、すなわち、援助金の支出に同意を与える「全国三部会」の権限に関する表明ぐらいだったとする。[29]

以上の考察から、マルカジは、「全国三部会」とパルルマンという、アンシャン・レジーム下の二つの重要な機関が、王権に対抗的に存在したという事実、あるいは、その陳情書、建言書、そして宣言が、全面的ではないにせよある程度は王権の執行に制限を加えることに成功した事実、それらいずれの事実をも、フランス人権宣言成立の基礎的起源として位置づけることは困難であるとする。そこで彼がつぎに目を向けたのは、一八世紀当時の哲学、すなわち自然法学派の役割である。

5　自然法学派

グロティウスそしてプーフェンドルフに始まる自然法学派が、フランス人権宣言の作成に果たした思想的役割を高く評価するマルカジは、この学派の歴史的流れを概略しながら、その主要な観念を解説する。すなわち、自然状態の人間は、適切な自己保存のために適切な力を用いることができ、自らの長あるいは主人になるいかなるものをも想定しない、完全な自由の状態に存在する。ただし、この自然状態を規律するための自然の法律（la loi de nature）が存在し、これにはだれもが従わねばならない。では、この自然の法律はいかにして発見されるかというと、「自己自身を自省しさえすればよい」のである。というのは、「自然法（le droit naturel）の原理を発見するために、もっとも要点を得ており、もっとも簡便な方法は、注意をもって、人の性質（la nature）、人の構成（la constitution）、そして、人の傾向（les inclinations）を考察することだからである[30]」と。

このような人間自身の考察から、重要な帰結がもたらされる。すなわち、「表面的なあらゆる相違にもかかわらず、自然はすべての人間にとって同じなのである。彼らはすべて同じ理性を持ち、同じ能力を持ち、たった一つの目的を持っている。したがって自然法は各自に強制的につぎのことを命令することになる。すなわち、『自然的に平等のものとして、そして、自分と同様の人間として、自分自身と同様に他人を評価し取り扱うこと』である[31]」と。このようにして、近代的人権の基礎を形作る、個人の平等の観念を、人の自然状態に見いだすと、つぎにこの経緯で導き出されるのは、自由の観念である。すなわち、プーフェンドルフの言葉を借用してマルカジは、「人はすべて平等であり、すべて同様に自由なのである。」さらに、「原始的状態においては、〔自由を拘束することになる〕主権も臣民も、主人も、奴隷も存在しない。これらすべては自然においては知られていないのである[32]」と述べる。

以上のように、自然法学派は、自然状態から、まず、人の平等と自由を導き出すが、ここからさらに、第三の属性である、所有を導く。当初の自然状態においては、人はすべての物を共同で所有しており、各個人は自然的義務を果たすために必要な限度でのみ、それを利用する権利を持っていた。ところが、人口が増えるにしたがってこの状態は機能しなくなる。そして、「人は一定の事物を個人的に所有することの利点と必要性を感じるようになり、所有権が生まれた[33]」のである。この所有権を含む自然権は、自然状態から脱して市民社会が構成された後にも維持されねばならないものとして、この学派により確立されたのである。

ただし、自然権の自然状態における成立から、市民社会におけるそれの維持と確保のためには、さらにいくつかの工夫をする必要があった。これを理論づけたのが、バッテル、ロックなど、後の自然法学派であった。彼らは、市民社会を構成する目的を、自然権の確保および幸福の達成とし、そのための手段や制度を考察した。すなわち、この目的のためには「首長、立法者そして裁判官が必要となる。これは、自然状態に有利となるいくらかの制限なしには機能しない。立法者が最善と考える〔自然権の〕利用ができるように、自然的自由と平等は、社会の掌中におかれなければならない。しかし、最初に社会を構成する者は、『こうして彼らの自然的特権を委ねるにあたり、自分たちの身体、自由、所有がよりよく確保できるようにという意図しかもっていなかった。そして、社会の権限が、あるいは、自分たちが構成した立法権限が、公共善（le bien public）がそれを要求する以上に拡張されることを、決して想定してはいないのである[34]』」と。こうして、最初に社会を構成した人々は、最大限の自然法を確保すべく、社会には、最小限の必要的譲渡しか認めなかったのである。

以上の論述から明らかなように、自然権の基礎概念を含む、グロティウスの思想の多くのものが、フランス人権宣言には見いだされると、マルカジは主張する。特に、「自然権の力と、社会の中の個人に存すると考えられる個人の重要性」が人権宣言には存在する[35]、と。この自然権の力および個人の社会における重要性の認識から、大革命時に、フランス人権宣言において表明された多くの原理が導き出されたのである。たとえば、意見および良心の自由、課税における平等、そして、所有権の不可侵性などがそれである[36]。これら基礎概念が、プーフェンドルフやロックそしてヴォルフらの著作によって、ヨーロッパ全土に啓蒙されていったのである。このような全ヨーロッパ的な思想の動きが、フランスにおいて受け入れられた土壌は、重農主義によって作られたが、その点についてマルカジはつぎに考察を行なっている。以下、これを概観しよう。

6　重農主義学派

フランソワ・ケネー（François Quesnay）を中心に発展した重農主義学派は、その出発点を、自然により作られた上位の社会秩序（un ordre social supérieur）に求める。そして人は、その自然が定めた目的に到達するため、その社会秩序＝主権的権威に服することになる。すなわち、「社会を構成する第一の法律を創造する力は、全権威（le Tout-Puissant）のみに存する。それは宇宙の一般的秩序の中で、すべてを規律し、すべてを用意した。人にできるのはそれに無秩序を加えることだけである。すべての法律は自然によって作られ、そしてすべてはその原始的、永遠的そして不変の法律に含まれている」[37]と。そして彼らは、法律を二つの種類に分類する。一つは、自然的法律で、すべての社会に基本的かつ共通のもので、もう一つは、実定法で、それぞれの政府に特有のものである。後者は、ケネーに言わせると、「原始的法律の正確な演繹、あるいは、それの単純な注釈でしかない」[38]のである。つまり基本となる法律は、前者、自然的法律である。このような基本的原理は、先のグロティウスら、自然法学派の思想からくみ取っているが、フランス大革命の動きの中において、重農主義学派の占めた主要な影響力に注意する必要があると、マルカジは言うのである。

その影響力を最大限に発揮できた理由の一つには、重農主義学体系の基礎に、個人の尊重があったことである。すなわち、「人は、その人格（sa personne）の所有者であり、あらゆる攻撃から人を保護するのである。彼は自分の器官と自分の能力を自由に利用することができる。つまり、だれにも妨害されずに、自分の肉体的・知的属性を自由に使うことができるのである。この、人格を所有するということは、自然により、もっとも不可侵の方法で、彼に認められているのである。というのは、これが彼の幸福と彼の保存とを確保するための、唯一の方法だからである」[39]と。この原理から、あらゆる個人の権利が生ずる。まず、「人格の所有から、人格の自由（la liberté personnelle）が生ずる。」そして、そこから、自分の肉体的・知的能力を利用することによって得た果実を収得し、保存、備蓄、処分する自由が生ずる。こうして、動産に関する所有が誕生するが、ここからさらに、その動産の処分権が生まれ、また、土地についても、その財産を利用して不動産を獲得することができるようになる。ここから、その処分権として、不動産の相続などに関する権利が生まれるのである[40]。これら、人格・動産・不動産の所有権、および、それらの処分権から、さらに重農主義学派は、重要な権利を派生させるが、それが労働の権利、特に、農業に関する労働の権利であった。チュルゴーの言葉を借りて、マルカジは、この重要性をつぎのように表現する。すなわち、「労働する権利はすべての人の所有物（la propriété）である。それは、すべての所有物のうちで、もっとも最初の、もっとも神聖な、そして、もっとも時効にかからないものである」[41]と。労働により土地から得られた生産物を自由に、好む方法で処分する権利が、さらにここから生まれてくる。しかし、コンドルセ（Condorcet）によると、一つだけ、これには限界がある。すなわち、「この自由な処分に対する唯一の制限は、他者の安全、自由、そして、一般的な権利を害しうることを、何もしてはならないことである」と。ここから、国家権力の介入の余地が出てくるのである。すなわち「政府の存続（la subsistance publique）を確保するという優越的理由により、権威はいつでも、しかじかの耕作を命じ、あるいは禁止するために介入した」[42]と。

重農主義学派は、以上のような、所有権およびそれから派生してくる経済的な権利のみを主張したのではなく、さらにその他の権利・自由についてもその重要性を主張している。たとえば、宗教的寛容（la tolérance）については、チュルゴーの書簡が知られており、これをもとに、マルカジは宗教的寛容が重農主義学派により認められていたことを述べる。[43]さらに、出版の自由についても、重農主義学派はこれを認めていた。これは、書く権利（le droit d'écrire）に基づいていると言うが、この書く権利は「時代の進展および書くことを学ぶ我々の働きにより得られた、我々の所有物」であるとしている。

そして、これら宗教的寛容および出版の自由を含む諸権利が重農主義学派により主張されたのは、ボルテールや百科全書学派が、さまざまな自由を布教し始めた頃と、時を同じくしたのである。彼らの動きと合体して、重農主義学派はさらに、刑事法の改革、拷問と没収の廃止、刑罰の適切性（modération）、均一性（égalité）、個別性（personnalité）を要求し、個人の自由を防御しようとしたのである。

ところでこの重農主義学派の特徴は、単にこれらの権利・自由を人の自然状態から導き出し、優越的なものとしただけではなく、さらに、これらを人々に啓蒙する運動へと発展させたことにある。しかし、この目的のために彼らが必要と感じたのは、社会的権力、あるいは、権威であった。そこから中国の専制的政府が理想的であるという、奇妙な結論へ彼らは導かれていったのである。[44]しかし、これは、重農主義学派が、王権神授説による、絶対王権のほぼ絶頂期に誕生したという、回避しがたい歴史的制約を受けていた事実に鑑みると、個人の所有権、その他の自由・権利を保障する上で、ほかにより良い方法は見いだしえなかったことは、想像に難くない。すなわち、「重農主義学派は、果敢にも憲法制定国民議会に自然権の権威を示し、これを知らしめる必要性を明らかにしたが、この点を疑問視することは困難のようである」[45]とマルカジは述べている。

つぎに彼は、この重農主義学派の理論が、いかにして国民議会の代表たちの間に浸透していったのかを概観する。

7　重農主義の布教

重農主義学派が「その当時の社会において支配的な地位を占める」ことができたのは、その大々的な布教活動が重要な役割を果たしたからである。たとえば、デュポン・ド・ヌムール（Dupont de Nemours）は、『農業ジャーナル（Journal de l'Agriculture）』の発行を任され、これには、ケネー、ミラボー以外にも、メルシエ・ド・ラ・リヴィエール（Mercier de la Rivière）や、レトロズヌ（Letrosne）、そして、デュポン・ド・ヌムール自身も投稿した。その後一七六六年には、デュポン・ド・ヌムールに代わり、ボドー神父（l'abbé Baudeau）が、このジャーナルの発行を担当し、新たに、『市民の暦（Ephémérides du citoyen）』という題名の機関誌に再編することになった。これは一七七二年に一旦中断されたが、その二年後の一七七四年、チュルゴーが閣僚に就任した際に、その記念として再開された。ここまでの重農主義学派による出版第一期は、非常に生産的であり、これにより、全ヨーロッパに重農主義の名およびその思想は広まり、会員を増やすことができたのである。すなわち、「これら小冊子により、重農主義理論は全ヨーロッパに広められ、あらゆるところで会員を作ったのである」[46]と。特にフランス国内においては、その勢力の拡大は顕著で、重農主義の「最優秀著作物の要約が、その同胞により、あらゆるところで配布された。チュルゴーは、リムザン（Limousin）およびブリエンヌ（Brienne）でこれを広め、また、トゥルーズ（Toulouse）の大司教は南フランスで、レトロズヌはオルレアンで布教した。…三千冊の『政治社会の自然的本質的秩序（Ordre naturel et essentiel des sociétés politiques）』が数カ月で売られたが、これはその当時としては、異常なことであった」[47]

と。

その後一七七四年にチュルゴーが閣僚（財務総監）に就任して後は、チュルゴーはその権力を利用しつつ、重農主義理論を法制化し、社会・経済・政治改革を急激に進め、チュルゴーの協力者であるデュポン・ド・ヌムールおよびコンドルセは、さらにこれらの重農主義的社会の動きを、フランス人権宣言に結実させるべく、全体的状況を整えていったのである。(48)

まず、チュルゴーは、一七七四年の決定（un arrêt）において、穀物の自由な流通を約束し、また、一七七六年には、勅令により、コルベ賦役（les corvées）を廃止し、政府による、不動産に対する尊重を確認した。(49) この「不動産に対する尊重」の中には、具体的にはつぎのことが含まれていた。すなわち、公共サービスの必要性が個人にその財産の譲歩を強制する場合、それによりその個人が害を被らないようにすること、つまり、譲歩を強制されたその財産分の対価を政府が補償することである。そして、このようにすることが正義であるとしたのである。このような社会的な改革についてマルカジは、つぎのように述べる。すなわち、「人格的所有、動産所有、不動産所有が、チュルゴーが政権に登場したことによって、法令で、すべての人に保障されることになったのである(50)」と。

また、デュポン・ド・ヌムールは、重農主義の拡大のために、先の『農業ジャーナル』および『市民の暦』の発行にたずさわり、かつ、ポーランドにおいて、布教に努めていた。さらに、「全国三部会」の代表に選出されてからは、陳情書を作成し、人権宣言の草案をそこに提示している。

さらに、コンドルセは、チュルゴーの側近として、社会・経済の分野のみでなく、政治の分野でも活躍した。コンドルセの活躍で特に注目に値するのは、「当時非常に野蛮であった、刑事法の改革」であった。この改革のために彼は、一七七五年、コルベールがそれより以前に作成し、当時施行されていた刑法典に対する危惧を、『刑事法に関する考察（Réflexions sur la jurisprudence criminelle）』という著作にまとめている。また、彼の著作はそれのみではなく、一七八六年には、「自然権の享受とその発展のみに、社会における人の幸福は存在する」という、重農主義学派の考えを取り入れた著作を発表している(51)。

このようにして、重農主義学派が当時のフランス社会の改革、あるいは、封建制度の打破に対して果たした役割を、マルカジは高く評価する。そしてそこに、フランス人権宣言に関する重農主義の強い影響を見いだすのである。すなわち、「ケネーとその学派は、八月四日の決議の準備のために、大きな役割を果たした。そして、封建制度の廃止と人権の宣言は、非常に密接に関係しているので、…前者を引き起こした者たちが、後者を〔国民議会に〕採択させることに力強く貢献しなかったと理解することは、困難のようである(52)」と。そこでつぎに、マルカジは、八月四日の封建的特権廃止決議およびフランス人権宣言の起草に直接的に関係してくる、フランス各地方からの陳情書について、それに対する重農主義の影響を中心に考察を進める。

8　陳情書と草案

各地方からの陳情書および人権宣言草案には、その当時の「フランス国家の精神の状態」を読みとることができ、そこに重農主義的理論を見いだそうとするのが、マルカジの意図である。とはいえ、一般的に考えられているように、ルソーの思想のフランス全体への浸透を看過することはできないのであって、これについてまず、マルカジも触れざるをえなかった。すなわち「この当時に出版された政治的冊子の多くに、彼〔＝ルソー〕の影響があることを疑うことはできない。すでに何度か述べたように、『公法の格言（Maximes du droit public）』に、《国王は人民のためにあり、人民が国王のためにあるのではない》と明言するものがあるのである。また、ほかには、君主制の起源をさかのぼり、…《国王と法律は、その権威を、国民の祈願の一致（l'unanimité des vœux de la nation）という同一の源から、受け取っている》とする格言もある。…これらすべてが、強力に、ルソーの理論をフランス全土に広め、そして全人民に知らしめ、また一定の重要な見地からすると、それが陳情書の起草に与えた影響は否定しがたいものとなったのである(53)」と。

しかし、ルソーの思想の影響は限定的に理解すべきで、それよりむしろ、先に見た重農主義の思想の影響の方が、陳情書および人権宣言草案には強くみられるとマルカジは主張する。すなわち、「国民主権へと絞り込まれるすべては、確かに、ルソーから一本の直線で帰結される。〔国民主権という〕この部分は、その天才的才能により作り出されており、確かに偉大なことであるが、しかし、これを誇張してはならないのである。また実際、ルソーの功績を縮減することなく、一七八九年には、重農主義の影響の方が、彼のそれより、より重大であったことを再認識しうるのである(54)」と。それではどのようにしてこれが可能であったかというと、つぎのような経緯によってである。すなわち、ケネーら重農主義学派が、特に問題にしたのは、莫大な宮廷費等を捻出するために租税を徴収する目的で、がんじがらめにフランス経済に規制をかけ、自由な経済活動を停滞させ、これにより逆に経済を破滅に向かわせていた、当時の重商主義経済政策であり、これを何らかの方法で廃止し経済生活の改善を図ることは、当時の農民やブルジョワの最大の関心事であった。したがって、この重商主義政策こそが、このような重大な社会・経済問題の元凶であると主張し、生産者の重視、ひいては、先に見た労働の自由、耕作の自由、そして、通商の自由を目指して改革していこうとするケネーやチュルゴーらの重農主義が、これらの人々の間に受け容れられないわけはなかったのである。そして、この重農主義思想を受け入れたこれらの人々が、陳情書および人権宣言の草案を作成し、自らの代表者に、「全国三部会」へ提出させた。これらこそが、封建的特権廃止の八月四日の決議、八月二六日の人権宣言へと結実したのである。したがって、ここに、重農主義の重要性が見いだされるとするのである。すなわち、「これら〔各地方からの〕草案、そして、後に一定の代表により、また自ら個人の名前で国民議会に提出された草案を調べてみると、議論の余地無く、重農主義の原理の影響が、顕著に浮き上がってくるのである(55)」と。一方、ルソーの社会契約論から導き出される、契約により作られた社会の絶対性の原理は、これら多くの陳情書および草案において超越され、社会は個人の権利を尊重し保護するためのみに構成されているという、新しい社会契約論で貫徹されていると言う(56)。すなわち、「我々は、ルソーにより強く推奨された国家の絶対権力

(l'omnipotence de l'Etat) から、遠く離れたところにいる。個人の権利の尊重は、すべての草案の基礎であり、ルソーの社会契約は、すでに示したように、一定の限度において、それの否定なのである」[57]と。こうして、所有権が他のすべての権利に先立ち、そこからすべての権利が導き出されるとする重農主義の思想を、ルソーの社会契約論が超越されたものと理解し、この点につきタルジェ草案第三条を引用しながら表現している。すなわち、一七八九年の人々にとっては、「人の生命、身体、自由、幸福、および、個人が排他的に処分すべき物事すべては、その個人の所有物であり、その個人の権利を構成する」[58]と。

以上のように、ルソーの思想をも超越した重農主義思想が、当時の全フランスに浸透し、これをもとに多くの陳情書および宣言草案が作られ、「全国三部会」に提出された。そして、これらをもとに、「全国三部会」は、フランス人権宣言を作成すべく議論を展開していったのである。このように解して、マルカジは一七八九年の国民議会の議論の進展についてつぎのように考察する。

9　予備作業

フランス人権宣言の作成に関する国民議会の議論の検討は、本書第二部において行なうので、詳細はそちらに譲り、ここではマルカジの主張に沿って、彼の言葉を引用しながら、いかに重農主義が国民議会の審議に対して強い影響力を発揮したと言うのか、概略を見るにとどめる。[59]

まず、八月二〇日のヴォルネー (Volney) の演説の中に、マルカジは重農主義の痕跡を見いだす。ヴォルネーはその演説で、当時のフランスの状況が耐え難きものとなっていることをつぎのように述べた。すなわち「長年、人民の貢献は散財され続け、国庫は底をつき、〔人々の〕安全、自由、そして、所有はひどい方法で侵されてきた」[60]と。ここに、マルカジは、「重農主義者により人格の基礎であると考えられてきた、三つの権利が列挙されていることを見いだすことができる」と述べ、重農主義思想を再確認するのである。[61]この点は、先に見た、重農主義学派創始者のケネーの原理にも、もちろん見られたものであるが、一七八九年のこのヴォルネーの演説をきっかけに、これら権利は、人権宣言第二条に結実する。すなわち、「すべての政治的結合の目的は、人の、時効によって消滅することのない自然的諸権利の保全にある。これらの諸権利とは、自由、所有、安全、および、圧制への抵抗である」と。

さらに、それより先の七月一一日に草案を提出したラファイエット自身の考えに関しても、重農主義の影響があると言う。すなわち、「ラファイエットが、重農主義の原理の影響を受けていたことを示すことは不可能ではない。…ケネーがしたであろうように、彼はつぎのように宣言しているのだ。つまり、『国民が自由を愛するようになるためには、国民が自由を知ることで充分である』[62]」と。すなわち、ケネーと同じように、ラファイエットも、権利の概念を人民に啓蒙することの重要性を説いているのである。このように、フランス人権宣言の前文が、「公の不幸と政府の腐敗」の唯一の原因は、人の権利についての無知であると宣言しているのは、ラファイエットをも含む重農主義学派が、人権の概念を啓蒙することに力を注いだ結果であると言うのである。否、逆に、重農主義学派は、このフランス人権宣言を公布することにより、人権を啓蒙しようとしたのだとマルカジは言う。すなわち、「フランス人権宣言は、その起草者たちにより、ケネーにより表明された教えを人々に与える一つの方法として、考えられ、」また、「このような〔無知の〕状態を収拾するために人権宣言は作成されたので、ある代表たちは、その宣言が、村々、裁判所そして教会にさえ、貼りだされるよう要求したのである。さらに、バルナーヴは、それが《国家の公教理（catéchisme national）》になることを望んだ[63]」のだと。

10　マルカジの結論

以上マルカジの議論を概観してきたが、要約するまでもなく、彼はフランス人権宣言の起源を、フランスの理論である重農主義に求め、これを論証しようとしたのである。すなわち、そのほかの起源として考慮に値する、アメリカの権利章典や、イギリスの自然法理論などを、彼はほぼすべて排除していると言えよう。すなわち、「一七八九年フランス人権宣言は、フランスの作品である。全くフランス国内的観念（préoccupations toutes nationales）のもとに誕生した、その哲学的様相を持つ性格および普遍的性格は、アメリカのさまざまの法的文書に関係づけられることを認めないのである。…アメリカの諸宣言は、当時のフランス人にとっては、新発見であり、重農主義者がそれまでに表明してきた自然権についての、公的・私的知識を広めるためには好都合な方法であると映ったことを認める方が、より合理的なようにも思われる。…しかし、同時に、アメリカの前例なしでも、この重農主義の観念は、否応なく、そしてそれ自身で、多少後になったにせよ、フランス人を、一七八九年に到達した地点まで導いたであろう(64)」と。

このようなマルカジの詳細な論証に基づくフランス人権宣言フランス起源論は、その後のフランス人研究者に多大な勇気を与えた。事実、一八五〇年代にジルベール・シナールにより、重要古文書の電撃的発見に裏付けられたアメリカ起源論が発表されるまでは、少なくともフランスでは、このようなフランス起源論が支配的であった。この意味で、つぎに検討するジャック・ゴデショは、フランス起源論からアメリカ起源論への、過渡期的論者と言えよう。実際これから検討するように、彼は、ジルベール・シナールの諸論文登場により、自己の見解の変更を余儀なくされたのである。

第二節　ジャック・ゴデショの見解

トゥルーズ大学教授のジャック・ゴデショ（Jacques Godechot）は、一九五一年のその著書、『革命および帝政下のフランスの制度（*Les Institutions de la France sous la Révolution et l'Empire*）』の第三章、「人と市民の権利の宣言」第一節「起源（Les origines）」において、フランス人権宣言の起源を論じている。まず、イェリネックの議論と同様、一七七六年七月四日の独立宣言のフランス人権宣言に対する影響力を否定したうえで、その後の諸邦の権利章典が何らかの影響を与えた可能性を示唆する。すなわち、可能性としては、「フランス人権宣言のモデルとして役に立ちえたのは、結局、〔アメリカ独立宣言の〕この短い列挙ではなく、独立宣言に付随して、あるいはこれに従って作られた、アメリカ諸邦の憲法に先立つ、多くの人権宣言だったのである[65]」と。しかし、可能性としてそうであっても、また、フランス人権宣言の全条項がアメリカ諸邦の宣言の条文によりほぼ覆い尽くされているとは言っても、そのことから直ちに、前者が後者に影響されたものと見ることはできないとしてつぎのように述べる。「確かに、これら〔=アメリカ諸邦の〕六つの宣言全体を調べてみると、フランス人権宣言のほとんどすべての条文が、すでにそこに見いだされることを認識しなければならない。しかし、このことは、フランスの憲法制定者たちが、一七八九年のフランスではあまり知られていなかった物事〔=諸邦の宣言〕の全体から、着想を得たということを、何ら証明しないのである[66]」と。そこから、むしろ、フランス人権宣言と諸邦の宣言の相違点に着目することになる。すなわち、「アメリカの諸宣言とフランスの宣言との間には、本質的な差がある。アメリカ諸宣言には、プラグマティズムが非常に浸透しており、権利侵害を受けた市民が裁判所で救済を求められるように作られている。これに反して、一七八九年フランス人権宣言は、真の宣言文（un véritable morceau oratoire）であり、哲学的かつ政治的原理の表明である。したがって、もし影響があったとしても、〔フランス人権宣言がアメリカ諸宣言を〕やみくもに模倣した、という観念を取ることはできないであろう[67]」と。

このようにアメリカからの影響力を、ほぼ否定的に捉えた上で、ゴデショはさらに、一六八九年のイギリス「権利章典」や、イェリネックが言うプロテスタント的概念が、フランス人権宣言に影響力を及ぼしたことも否定する。こうして彼は、フランス人権宣言の誕生が、「フランスの歴史的先例（les précédents historiques français）」に関係するところが多いと主張する考え方に傾倒していったのである。以下、この点に関する彼の議論を概観しよう。

1　フランスの歴史的先例

ゴデショによれば、フランスの歴史において何度か、人権思想を明確にする出来事が存在した。それらは、あるいは抗議の形で、あるいは建言の形で、人民により表明されており、それらの集積が、フランス革命時に、「フランスの法的かつ歴史的古い伝統」として、アドリアン・デュポール（Adrien Duport）、デュラン＝メイヤン（Durand-Maillane）、トゥレ（Thouret）あるいはトロンシェ（Tronchet）などの活躍により、人権宣言として結実したのである。その経緯を彼はつぎのように説明する。すなわち——

「一三五五年以来、全国三部会は、自由の名の下に、『徴発権（droit de prise）』つまり、王室の徴用に対する抗議を受理してきた。また、一四八四年に「全国三部会」で、フィリップ・ポ（Philippe Pot）とマスラン（Masselin）は、人民は、『人民の選んだ者によって、王国を統治する権利を有する』こと、そして、課税につき同意する権利を有することを、宣言した。しかし、人の権利の宣言を予告したのは、一八世紀の、最高法廷（les cours souveraines）の諸建言であった。パリ・パルルマンの一七五五年の建言は、王国の『不変の（immuables）』基本法（les lois fondamentales）を暗示し、また、一七七六年五月四日のそれは、『正義の第一の規則は、各人に属するものを各人に保障するという、自然法の基本規則（règle fondamentale du droit naturel）である』と表明した。また、一七七一年二月一八日には、援護院（la Cour des aides）が、『神は、その臣民に、彼らの生活の確保（la sûreté de leur vie）、彼らの人格の自由（la liberté de leur personne）、そして、彼らの財産の平穏な所有権（la tranquille propriété de leurs biens）を約束するためにしか、国王の頭上に王冠を授けない。フランスには、…〔国王やその他の者にではなく〕国民に属する、いくつかの不可侵の権利が存在するのだ』と、宣言していた[68]」と。そして、大革命の一年あまり前の一七八八年五月三日には、パリ・パルルマンが、王国の基本法を新たに列挙した。すなわち「いかなる方法でも、自分たちの本来の裁判官（ses juges naturels）以外の裁判官の前に引き出されることのない、それぞれの市民の権利…それなしでは他の権利が意味のないものとなる権利、つまり、それがどのような命令であれ、資格ある裁判官の掌中に遅滞なく置かれるためにしか、命令により逮捕されない権利」である。ゴデショによると、これらが一七八九年のフランス人権宣言に大きな影響を与えたのである。すなわち、「これら異なる建言のうちに八九年の人々の様式を確認できないことがあるだろうか〔いや、確認できる〕(69)」と。

これらの建言と同様に、フランス人権宣言に対する大きな影響として、ゴデショがさらに挙げるのは、それまでの哲学者であった。たとえば、グロティウス、プーフェンドルフ、そして、それらの自然法思想を仲介者としてその当時に伝えた、ロック、ボルテール、ルソー、および、百科全書学者、特にその多くが憲法制定にたずさわった、フィジオクラート、つまり、重農主義学者であった。それら重農主義学者の中でも大きな働きをしたのは、一七八八年に『専制に関する諸概念（Idées sur le despotisme）』を著わし、「人の自然権すべてを厳粛に宣言する、一つの宣言という形に集大成した(70)」コンドルセであった。この著書においてコンドルセは、立法権の限界をつぎのように定め、専制を制限しようとする。すなわち、「立法権は、どのような形で制度化されようと、これら条文のいかなるものにも反するいかなる命令をも、発することはできない。」そして、「全国三部会」の最初の仕事は、これら自然権を明確に認識させることであるとした。ここから、各地からの陳情書が「全国三部会」の代表に発せられ、人権宣言を作成する運びになる。「したがって、多くの『陳情書』が、全国三部会の代表に、『封建的権利』にもともしばしば対立する『人の権利の宣言』を起草するように、明確に要求したことは、驚くことではない(71)」と。

以上のように、ゴデショの一九五一年の時点での議論の概要は、フランス人権宣言は、むしろ、フランス固有の歴史的できごと、つまり、一七八九年に先立つ、いくつかの建言、さらに、多くの自然法哲学者の思想に影響された多くの陳情書などに、その起源を見いだすことができるのであって、イギリスやアメリカの諸権利章典など、他国の人権文書に負うところは否定される、というものであった。

2　アメリカ起源論への傾倒

しかし、イギリス・アメリカの人権文書からの影響をほぼ否定的に理解するゴデショのこの見解は、一九七八年二月にフランスで行なわれたフランス人権宣言二百周年記念の討論会での彼のコメントにおいて明確に修正されている。この変化には、後述するシナールの一九五四年の論文、『人と市民の権利の宣言のアメリカ起源に関する覚え書き《Notes on the American Origins of the "Déclaration des droits de l'homme et du citoyen"》』が大きな影響を及ぼしている。すなわち、ゴデショ曰く、「シナール氏のこの論文は、要するに、アメリカの諸宣言がフランスの宣言に与えた影響は、フランスの制度に関する著書〔『革命および帝政下のフランスの制度』（一九五一年）〕を私が書いていた頃に私が信じていたよりも、ずっと制限的ではない（beaucoup moins limitée）と、私に考えさせる」[72]と。つまり、シナールのいくつもの文書の発見により、ゴデショ自身、先述の自分の著作にもかかわらず、フランスの国民議会代表者たちは、アメリカの諸権利章典からの影響をかなり受けていたと考えるようになったと言うのである。

それではつぎに、ジャック・ゴデショに、このような見解の変更を余儀なくさせた、ジルベール・シナールのいくつもの文書の発見とはいかなるものだったのかを、つぎの第三節で検討していこう。

第三節　ジルベール・シナールの発見

本章第一節で検討したマルカジのように、フランス人権宣言の起源をアメリカの諸邦権利章典に求めるイェリネックの議論を否定し、フランス人権宣言の成立をフランス独自の歴史や哲学に負うところが非常に大きいと主張する論者が存在する一方、フランス人学者の中にも、フランス人権宣言に対するアメリカの諸権利章典の、直接的かつ主要な影響力の存在を認め、その意味で、フランス人権宣言の独自性を控えめに見る必要があると主張する者も存在した。そして、この論者の論証は、前節でみたとおり、当初フランス起源論を唱えていたゴデショの立場を変更させるまでの影響力を有した。したがって本節では、そのような重大な影響を及ぼすことになった論者、ジルベール・シナール（Gilbert Chinard）の諸論文を考察する。

1　『一七七八年と一七八三年、「アメリカ数州の政府の構成あるいは憲法」のフランス語訳に関する覚え書き（一九四三年）』

アメリカ諸宣言の影響力を重要視する、イェリネック以後の数々の論者の中でも、代表的な存在は『ラファイェットとジェファソンの書簡』(73)の編者でもある、ジルベール・シナールである。彼は、この『覚え書き』において、当時現存した多くの文書の編纂、分析から、一七七七年から一七七九年までの間に、ラ・ロシュフーコー・ダンヴィル（La Rochefoucauld d'Enville）公爵の働きにより、アメリカ諸邦の憲法のうち六つのものが、フランス語に翻訳され、フランスの出版物、『英米事情（*Les affaires d'Angleterre et d'Amérique*）』に出版されていたことを明らかにした。そして、これらフランス語訳された文書をさらに研究した結果、シナールは、イェリネックとブトゥミーの論争の基本的な喰い違いの理由の一つには、両者が異なる文書を参照しながら、それぞれ議論していたという事実が考えられることを示した。すなわち、当時のフランスにおいて、フランス語訳として一般的に流布していたバージニア権利章典は、一七七六年六月一二日の全一六箇条からなる最終的な公式のものではなく、六月一日付の全一八箇条からなるその草案であり、後者、つまり草案を、ブトゥミーは議論の基礎にしていたが、他方、ドイツのイェリネックは、前者、つまり公式のバージニア権利章典を、その議論の基礎にしていたと言うのである。この点は重要なので、少し敷衍して述べよう。

フランスにおいて、『英米事情』にバージニア権利章典のフランス語訳を出版したラ・ロシュフーコーは、まさにこの六月一日草案を翻訳していたのだが、この経緯は、シナールによりつぎのように説明される。すなわち、「運命の奇妙な一撃により、一七七六年の夏の間にロンドンに到着し、ジョン・アルモン（John Almon）により〔"Remembrancer"に〕出版されたのは、この草案であって、最終テキストではなかった。…フランクリンへの書簡から見られるように、ラ・ロシュフーコーにより〔フランス語訳のために〕用いられたテキストはこれ〔つまり、"Remembrancer"に載せられた版〕だったのだ[74]」と。そして、六月一日草案と六月一二日の公式権利章典とを比較するために、シナールは、一八箇条からなる草案全文を引用している。しかし、このような奇妙な現象は、イギリス、フランス両国に留まらず、アメリカ国内においても一般的に見られたという。すなわち、「この版が『英米事情』に出版されたことは、単にこの草案の奇妙な運命の始まりを示したにすぎなかった。当然の事ながら、これはルニエ（Regnier）によって、一七七八年の『選集（Recueil）』に再度出版されたし、また、一般的にペンシルバニアの権利宣言の起草者として認められている者〔＝ベンジャミン・フランクリン〕の手に、公式テキストが届かなかったと認めるのでなければ、フランクリンの監督のもとに出版された、半公式全集に、何の修正も加えられることなしに、再度、草案が〔公式宣言として〕出版されたという事実も、さらに説明が困難である。…こうしている間に、つまり公式の一六箇条のテキストがないままに、一八箇条からなる草案が、フランスのみならず、アメリカにおいても、権威あるものと考えられていったのである[75]」と。

この経緯の証拠としてまずシナールがあげるのは、つぎのような事実である。すなわち、官職の世襲制を禁じるマサチューセッツ宣言第六条は、バージニア権利章典草案第四条およびその公式権利章典第四条に、文言上も酷似している。したがって、マサチューセッツ宣言はバージニアの草案あるいは公式宣言を手本にしたと推定される。しかしつぎに、刑罰の不遡及原則を規定するマサチューセッツ宣言第二六条が、バージニア権利章典草案第九条には酷似するものの、採択された一六箇条からなる公式のバージニア権利章典には、同様の規定は存在しなくなっている事実を指摘する。つまり、マサチューセッツが、バージニアの六月一日の草案をモデルにしたからこそ、その草案には存在するが公式権利章典からは削除されている条文が、マサチューセッツの宣言には存在すると言うのである。すなわち、「このような条文は、最終的なバージニア宣言には見られないが、しかし、草案の第九条に似ていることは明白である」[76]と。ここから、すでに第一章で検討したように、バージニアの公式権利章典とフランス人権宣言の条文比較を行なうイェリネックの認識と、ブトゥミーはじめ、ラ・ロシュフーコーのフランス語訳、あるいはジョン・アルモンの版を参照した者の認識との間には、ずれが生じたのである。すなわち、イェリネックは、刑罰不遡及原則を規定するフランス人権宣言第八条のパラレルとして、ニュー・ハンプシャー第一八条、メリーランド第一四条および第一五条のみをあげているが、もしも、彼がバージニア六月一日草案を参照していたならば、バージニア議会によって「採択された権利章典には維持されなかった、草案第九条と比較していたに違いない」[77]と。

つぎに、シナールは、フランス人権宣言との関わりで特に重要である、「宗教の自由」を保障する条文について、バージニア権利章典の六月一日草案と、六月一二日の最終的な公式の権利章典とを比較し、両者における重要な違いに着目する。まず、すでにみたように、イェリネックは法律の留保を伴いつつ規定するフランス人権宣言第一〇条の元として、ニュー・ハンプシャー第五条のみをあげていた。この条文は、宗教の自由を認めつつ、「ただし、彼が、その宗教的崇拝において、公の平和を乱さず、他の者を乱さない限りにおいて」という、留保の文言をおいていた。しかし、「もしもイェリネックが、バージニア六月一日草案を参照していたなら、『宗教色のもとに、何人も平和、幸福、そして社会の安全を乱さないならば…』という、バージニア権利章典の最終版では消えてしまった文言を見つけ〔これも人権宣言第一〇条の元として引用し〕たに違いない」[78]と。

ここから、シナールは、つぎのように結論する。すなわち、「メリーランドとニュー・ハンプシャー、また、フランスの国民議会は、これら〔自分たちの宣言〕の条文を、公式の〔バージニア権利章典の〕テキストからではなく、その草案から採ったことを示すものとして、これ〔ら一連の現象〕を解釈することができよう。…エミール・

ブトゥミーが、イェリネックとの論争で参考にしたのは、このテキスト〔＝草案の条文〕であった。ここから、ドイツ人法学者は一六箇条の〔正式〕宣言を引用し、フランスの社会学者は一八箇条の草案から引用するという、奇妙な結果が導かれたのだ。道理で、彼らはお互い同意できないはずだ！[79]」と。しかし、すでに第一章において検討したように、ブトゥミーとイェリネックの論争の根本的な原因は、ただ単に、参照し引用したテキストが異なるものであったというだけの事実に還元できるものではない。そこには両者の時代的地理的研究背景の相違が、より大きな要因として働いていたのである。また、「一七八九年のフランス人権宣言は、明らかに、一七七六年六月一二日にバージニア議会により可決された権利章典ではなく、その草案の産物（offshoot）だったのである[80]」とシナールは結論づけ、イェリネック以外の一般には、アメリカ、フランスを問わず、バージニア権利章典の草案が参照されていたから、フランス人権宣言第一〇条が法律の留保を伴う宗教の自由を保障して、バージニア正式権利章典のようにほぼ無条件のそれを保障しなかったことは、何ら不思議ではなく、むしろ道理であることを、暗に示したのである。

さらにシナールは、つぎなる研究において、それまでラファイエットのみにより作成されたものと考えられていたラファイエット草案は、実は、それが国民議会に提出される一七八九年七月一一日以前に、ラファイエットとジェファソンがこれについて議論し、ジェファソン自ら修正を加えている事実から、かなりの程度で、ジェファソンから影響を受けていたと考えられることを示した。これが、『フランス人権宣言とアメリカの先例（*La Déclaration des droits de l'homme et ses antécédents américains*）』（一九四五年、ワシントン）であった。さらに彼はその後、一九五四年に、一七九一年当時のフランスで匿名のもとに出版された論文を発掘し、これにより、アメリカ諸宣言の諸条項が、フランス人権宣言の各条文に、いかに重大な影響を及ぼしたと考えられるかを立証した。これが、『人と市民の権利の宣言のアメリカ起源に関する覚え書き（Notes on the American Origins of the "Déclaration des droits de l'homme et du citoyen"[81]）』であった。以下、これらの著作の概要を、順次検討していこう。

2 『フランス人権宣言とアメリカの先例（一九四五年）』

シナールはこの著作において、まず、つぎの事実を確認する。すなわち、アメリカ独立宣言に示された自由の思想は、先に述べた『英米事情』により、フランス革命以前のフランスに徐々に浸透しつつあったこと、そしてその証拠は、一七七八年にルイ一六世がアメリカと同盟条約を締結したとき、その記念としてアメリカ独立宣言と諸邦権利宣言の集大成たる『自由の法典（*le Code de la Liberté*）』という書物が出版され、これが同盟結成に尽力したフランクリンに捧げられた、という事実であると。このようにフランスにアメリカの自由の基本的理解が浸透していったことにより、たとえば国民議会の代表の一人、コンドルセはその考えに影響されたというのである(82)。

ついでシナールは、フランス革命当時、一七八九年の国民議会の議論や決議に対する、アメリカの自由思想の影響について考察する。最初に、同年七月九日のムニエ（Mounier）の提案には、人権宣言を憲法の前文として最初に設けるべきであるとの報告が含まれていたことを示す。そしてこのムニエが、「独立宣言自身の形式を複製し、翻訳した張本人だ」と述べ、そこにアメリカ独立宣言の形式的影響を認めようとする(83)。

さらにその二日後、七月一一日にラファイエットが提案した人権宣言草案を考察してシナールは、その草案に対するアメリカの影響をつぎのように表現する。すなわち、「ラファイエットは〔この時〕アメリカの前例も、…権利章典も引き合いには出さなかったが、彼はアメリカと密接な関係を持つものと認識されていた（étroitement identifié avec l'Amérique）ので、彼が提案した草案と、当時のほとんどの代表者に知られていたアメリカの〔諸宣言の〕原典とのあいだに、明白な類似性（les ressemblances évidentes）を直ちに認めないにわけにはいかなかった(84)」と。

さらに事実的な証明として彼は、つぎのような事柄を挙げて、ラファイエットとアメリカとの、そして特にジェファソンとのつながりを明確にする。すなわち、「今日の我々には、ワシントンにある議会図書館に保存されている文書から、ラファイエットが国民議会にその草案を提案する以前に、その本文をジェファソンに提示していることが分かっている。また、ジェファソンがラファイエットの起草した草案に付加した、鉛筆書きの注釈と修正（les annotations et les corrections）を示す、貴重な文書を殊更に調査することもできる」[85]と。

さらにフランス人権宣言とジェファソンとの強い関係を示す、もう一つの事実的な証明としてシナールがあげるのは、憲法委員会の座長であった、シャンピオン・ド・シセ（Champion de Cicé）とジェファソンとの交流であった。すなわち、「同様に我々が知っているのは、憲法委員会の座長であるシャンピオン・ド・シセが、彼の同僚の名で、ジェファソンを委員会に出席するよう招待していたこと、そして、記憶すべき一機会においては少なくとも、アメリカの独立宣言を起草したまさにその人〔つまりジェファソン〕の住居において、その委員会のメンバーの何人かが集まった、ということである」と。しかし、ジェファソンはそのような交流において自分の考えを強制したり、影響力を行使したりすることは極力避けていたという事実についても、シナールは公平に言及する。すなわち、「ジェファソンが常に確認していたことは、自分にはその議論に参加することは禁じられており、熱心に興味をもって立ち会う立会人として、そこに列席するにとどめなければならないということであった」と。しかし、このようにジェファソンが自己抑制的な態度をとることを確認していた、という事実にもかかわらず、シナールは、実際には彼の影響が少なくはなかったはずであると主張する。すなわち、「彼が委員会の何人かのメンバーと持った特別な会話において、彼がそれまでよりももっと遠慮を示しただろうことは、同様に確かなことではない[86]」と。そしてこのようなジェファソンの影響があったからこそ、七月二七日にシャンピオン・ド・シセは、国民議会に対する委員会第一報告において、つぎのような表現を用いることができたと言うのである。すなわち――

「地球の別の地で誕生した〔人権宣言を憲法に付加するという〕この崇高な考えは、まず我々の間に移植されなければならない。というのは、北アメリカに自由をもたらした一連のできごとに、我々も貢献したからだ。アメリカは、我々がいかなる原理に基づいて我々の自由を保持しなければならないかを、教えてくれている[87]」と。

その後、国民議会は紆余曲折を経た後、結果的に八月二〇日になってようやく、ムニエの提案に基づいて人権宣言をまとめ始めた。そしてこのムニエの提案が、アメリカ独立宣言とアメリカの自由思想の影響を強く受けた、先述のラファイエット草案に酷似するものであったとシナールは主張する。「ほとんど何の議論もなく採択されたのは、ムニエが提案した草案（rédaction）だった。それは、七月一一日にラファイエットにより提案されたものに非常に似通っており、それまでに提案された他のすべての草案より以上に、アメリカの諸宣言、特にバージニア宣言を思い起こさせるものだった」[88]と。このようにして、このムニエの八月二〇日草案を基礎に、八月二六日に誕生したフランス人権宣言は、当然のことながらアメリカの自由思想の影響を強く受けたものであると結論づけたのである。その後シナールは、さらに、アメリカからの影響を裏付ける資料を発見した。これをつぎに概観しよう。

3　『人と市民の権利の宣言のアメリカ起源に関する覚え書き（一九五四年）』

一七九〇年から週刊で、合計五七回にわたってフランスで発刊された『革命の友（*L'Ami de la Révolution*）』（別名『フィリピック＝Philippiques』）の、三つの巻を一つにまとめて一七九一年に発行されたのが、『人と市民の権利の宣言・〈自由の第三年（*L'An Troisième de la Liberté*）版〉』であった。シナールが発見したのは、これの第二版であった。

さてその『革命の友 第一巻』では、フランス人を革命へと駆り立てるべく呼びかけがなされている。すなわち、「あなたたちはアメリカにおいて自由の政府の基礎を築いた。しかし自分たちの政府を打ち立てる術を知らぬのか。あなたたちが励ましたアメリカ人たちを見よ。彼らは、あなたたちが彼らのためにしたことを、あなたたち自身のためにするよう、呼びかけている。彼らは幸せをもたらす憲法を享受している。…あなたたちは彼らを真似する力もないのか！」[89]と。

その後、第一〇巻において、はじめてフランス人権宣言に関する記述が始まるが、その導入部分は第一〇巻と第一一巻に当てられている。そして第一二巻において、詳細な分析が行なわれている。すなわちシナールの解説によると、「第一二巻は、六六頁からなるが、宣言のそれぞれの条文に関する詳細な分析からなっている。そして、フランスのテキストとアメリカの権利の宣言との間の類似について、特別な強調がなされている」[90]と。それにもかかわらず、その編者によるこの分析の意図は、フランス人権宣言のアメリカ起源論を裏付けることではなく、むしろ、フランス人権宣言の絶対的な優越性を示すことであったという事実を、シナールはつぎのように表現する。すなわち、アメリカ諸権利宣言との類似性にもかかわらず、「フランス人権宣言は、それに先立つあらゆる〔人権〕憲章（charters）に、『知性においても、正確さにおいても、そして慎重さにおいても』遙かに優越しているという事実を、彼〔＝編者〕は示そうとしていたのだ」[91]と。

実は、シナールが発見したという先述の『人と市民の権利の宣言〔第二版〕』と題する書物とは、これら一〇、一一そして一二巻の三巻を、ルイ一六世が憲法を批准する一七九一年九月一四日以前に、一つの書物としてまとめて発行した第一版を、刷り直したものだったのである。

つぎにシナールは、この『覚え書き』で、『人と市民の権利の宣言〔第二版〕』の部分部分を引用しながら解説を加えている。まず、はじめの導入部分で、その書物の編者は、人権宣言の必要性を訴えて、マグナ・カルタ、人身保護令（Habeas corpus）、イギリス権利章典、そしてアメリカ合衆国諸権利章典の連結点（rallying point）となるべく、フランス人権宣言は準備された、と主張している旨述べ、そこからは「国民議会により採択されたテキストに対する何のオリジナリティーの主張も見られない」とする。つまり、「自然および社会契約にその起源を発するこれらの権利は、未だ不完全な人間組織を発展させるために努力した、哲学者たちにより教えられたものである」[92]と。つぎにその同じ導入部分の後半で、さらに他の人権文書との比較において、フランス人権宣言はそれらに倣って構成されているから、より完全であると主張している。すなわち、他の人権宣言の文書は「すべて不完全である。しかし、国民議会のそれは何ものをも省いていない。それは、もっとも賢明な原理から構成されている。それはちょうど、賢明なミツバチが、花々から抽出したもっともおいしい汁から、蜂蜜を作るようなものである」[93]と。この編者はつまり、フランス人権宣言が、それまでのいくつもの外国の人権文書を参考にしながら、もれなく良いところだけを抽出して作られたことを認めつつも、それゆえの完全性が、フランス人権宣言を最高のものとしていることを述べているのである。特にアメリカの諸権利章典との関係では、それらアメリカ諸文書が、その時その場限りの事象に対処するための条文を多く含んでいるのに対し、フランス人権宣言は、いつどこででも普遍的に適用可能な、一般的原理を扱う条文で主に構成されているとする。すなわち、その編者が言うには、フランス人権宣言は、「いかなる政府のもとに彼が生存していようとも、あらゆる人間の権利を確保させる(94)」と。

つぎに、シナールはさらに論を進め、この編者は導入部分につぐこの書物の本文において、フランス人権宣言の各条文と、その他の人権文書との、特にアメリカ各邦の権利宣言の条文との、比較対照を行なっているとし、その『覚え書き』にその部分のすべてを引用している。この手法をシナールは、「イェリネックの漠然たる先達（obscure predecessor）」と呼び、「もしも彼（＝編者）の仕事が、彼が望んでいたように広められ、研究されていたなら、おそらく、要点のない多くの論議や役に立たない論争を、控えることができたであろうに(95)」と述べ、その功績を評価する。

その比較対照の後に、シナールは、この編者の思想的背景を簡単に分析しつつ、彼がフランス人権宣言の起源に関する論証を企てるのでもなく、またある学派に傾倒するのでもないとし、単に彼が事実的にコメントを加えている部分を引用する。すなわち、「市民諸君、この宣言（＝フランス人権宣言）は我々が創造したものではない。我々はこれを、最も文明化された諸人民の諸法から採った。ただ形式のみが新しいのだ(96)」と。さらに、シナールは彼の言葉を引用しながら、フランス人権宣言の独自性を否定する。すなわち、「フランス人権宣言は、突然の着想によるものではない。それは、『国民議会の、疲れを知らない勤勉な構成員』による、これら過去の経験（precedents）すべての研究の結果なのである(97)」と。

以上のようにしてシナールは、まず『一七七八年と一七八三年、「アメリカ数州の政府の構成あるいは憲法」のフランス語訳に関する覚え書き』(一九四三年)により、アメリカ独立宣言その他のアメリカの人権文書が広くフランスにおいても革命前にすでに読まれていたこと、そして、イェリネックが参照したバージニアの権利章典は全一六条からなる正式の権利章典であったのに対し、ブトゥミーが参照したものは全一八条のその草案であったことを明らかにした。ついで『フランス人権宣言とアメリカの先例』(一九四五年)においては、フランス国民議会において重要な役割を果たしたラファイエット、ムニエ、シャンピオン・ド・シセらは、ジェファソンとの交流関係を通じて、彼から思想的にも相当の影響を受けていたことを明らかにした。最後に、『人と市民の権利の宣言のアメリカ起源に関する覚え書き』(一九五四年)において、一七九〇年当時、一般的にフランス人権宣言は、アメリカ諸権利章典をはじめ、その他の哲学的思想を基本に据えつつ作られたものであり、独自性はないものと認識されていたことを、当時の著作物を分析することにより明らかにした。こうして結果としてシナールは、一方でフランス人権宣言の独自性を否定しつつ、これに対するアメリカ諸権利章典の直接的かつ重要な影響を、諸々の一次資料を基に立証しようとしたと言うことができよう。そして先述のように、シナールのこれら論文に接したジャック・ゴデショは実際、それまで自分が主張していたフランス起源論を放棄し、アメリカ起源論へと傾倒していったのである。

このようなアメリカ起源論への傾倒が一九五〇年代に見られたものの、フランス革命二百周年を契機とする一九八〇年代から九〇年代にかけては、それまでの議論とは異なる性格の議論が登場してくる。それではつぎに、このような新しい性格を示す論者の研究成果を検討しよう。

第四節　ディートヘルム・クリッペルの議論

ギーセン大学の民法・ドイツ法史学者クリッペル（Diethelm Klippel）は、フランス人権宣言二百周年記念の機会に、イェリネックとブトゥミーの議論を振り返りつつ、一九世紀ドイツの人権論の成果をもふまえながら、自らの考えをフランスの学術雑誌に披露した。それが、「イェリネック＝ブトゥミー間の論争――科学的議論かそれともナショナリズムの衝突か」と題する論文であった。[98] この論文においてクリッペルは、まず両者の議論の中心的な問題を、つぎの二点に集約することから自らの作業を開始する。その一つは、彼ら二人の「異なる観念は何で構成されているのか、そして、その時代との関係でそれらをどのように説明しなければならないのか」である。もう一つは、両者の議論が、「人権の年代記（l'historiographie）に果たした役割」を明らかにすること、つまり、「二人の議論が今日どのような価値を有するか」[99]が問題となる、とする。

まず一つめの問題に関しては、さらに二人の議論を二つの点にまとめることができるとクリッペルは分析する。すなわち、まず一つめは、両者ともにその問題関心は、フランス「人権宣言に対する決定的影響は何であったかを知ること、つまり、一八世紀哲学と人権宣言との間には、いかなる関係が存在したか。そしてもう一つは、アメリカ革命のそれに対する影響、特に諸権利章典の影響はどのようなものであったかを知ることであった。[100]」この最初の問題点についてクリッペルは、二人の学者がそれぞれ提示した、ルソー思想がフランス人権宣言に対して与えた影響について、その考えをまとめる。つまり、第一章で検討したように、イェリネックは、ルソーの社会契約論が導くところは、「個人の権利の完全な放棄（aliénation）」であるから、それが人権宣言の基礎概念にはなりえない、そして、フランス人権宣言の基礎はアメリカの諸権利宣言・権利章典であった、と主張したのに対し、ブトゥミーは、ルソーの思想に人権宣言と矛盾するところはなく、ルソーの思想が宣言に対し最も重要な影響を与えた、と反論したのであった。そしてイェリネックは、その再反論で、これにさらに付け加えて、そもそも自然権思想の起源自体、ルソーの思想にあるのではなく、むしろドイツのクリスチャン・ヴォルフの思想の方が自然権思想の起源としては重要であると述べると同時に、ルソーすらヴォルフの思想の影響下にあったとし、たとえルソーの影響がフランス人権宣言に認められるとしても、そのルソーの思想の独自性それ自体を、そもそも否定したのであった。[101]

このようにして、「一八世紀哲学の、人権宣言に対する影響力に関する、二人の思想家の理解の相違点」を明らかにした後、クリッペルは、最初の問題点のうちの二つめの関心点、つまり、「アメリカ革命、および、諸権利章典の、フランス人権宣言に対する影響に関する、両者の考えの相違点」を明らかにする。すなわち、アメリカの諸権利章典がフランス人権宣言に与えた影響を否定しようとするブトゥミーは、それでも両文書に類似点が存在する理由を、両文書ともに、当時の同じ啓蒙思想に影響を受けたためだ、としていた。また、イェリネックの用いた方法論に関しても、ブトゥミーは、その正当性を否定して、単なる条文の文言比較では不十分であると主張していたのであった。これに対してイェリネックはその反論で、彼が問題にしていたのは、実は法的実効性の問題であった、つまり、「どのような経緯で、法的規範のカタログとして基本的人権が規定されるに至ったかを見ることであって、一般的・不正確な自由の概念の起源は問題ではなかった」[102]と主張していた。この相違点は、すでに第一章第三節「イェリネックの反論」で考察しているので、ここではその内容には触れないが、クリッペルは、両学者のこれらの点に批判の矛先を向ける。すなわち、イェリネックが「用いた資料（les sources）も、そして、彼の行なった、フランス人権宣言と権利章典との比較も、イェリネックが導こうと欲したほどの重要な結論には、我々を導きはしない。また、彼の研究方向は、法の歴史へ向けられていたという、彼の記述すら説得的ではない。というのは、法的実効性の問題にしても、せいぜい付け足し的（accessoirement）にしか述べられておらず、そのために、彼の法律の条文の用い方は、ブトゥミーの用いた概念の歴史的方法、および、その内容と、大して変わらないのである」[103]と。

続いてクリッペルは、このような両者の対立的論争において、一種のナショナリズムが働いていたという仮説を打ち出す。すなわち、イェリネックはその反論で、自分の研究は「国家的虚栄（vanité nationale）の感情を満足させること」を、目的としているのではない、と言い切っているものの、「その論争のうちには、ナショナリズムの刻印が押された単純な抗争が、たやすく看破できる」と。しかし、クリッペルによれば、これは「ナショナリズム」と言うよりはむしろ、「フランスとドイツの研究の発展（の相違）に決定づけられた、〔異なる〕立場（les positions）に起因する、両者のアイデンティフィケーション」なのである。[104] つまり、ブトゥミーにとっては、人権概念の基礎となった一八世紀精神の誕生において、ルソーなどのフランス哲学が大きな役割を果たしていたことは、自明の事実であり、それに矛盾するイェリネックのような理論は、「人権の創造において、フランス哲学が果たした重要な役割に対する攻撃」である、とみなされたのである。[105] これに対してイェリネックが、宗教改革など中世の思想やゲルマンの自由精神に、近代的自由概念の起源を求めた理由は、つぎのようなドイツ特有の学問状況に見いだされるとクリッペルは論述する。すなわち、「一九世紀から二〇世紀にかけての、ドイツにおける自由と基本的人権の政治的観念の歴史に関する研究は、ヨーロッパ的な、そしてドイツ的な、いくつかの伝統の観点を失い、それに対する嫌悪をもって考察された。…このような『特別な道（Sonderweg）』が出てきたことで、啓蒙的ヨーロッパ・ドイツ哲学は、後ろに追いやられた。またこのことは、一八世紀終わりに生まれたドイツ自由主義的自然法（un droit naturel libéral allemand）についても同様であった。…この点について大変重要なのは、クルト・ヴォルツエンドルフ（Kurt Wolzendorff）により、自然法の議論が、権威を失墜（la dévaluation）させられたことであった」[106] と。このような、ドイツにおける、法学研究の歴史的状況からイェリネックは、近代的自由と権利の起源を考えるときに、ドイツでは攻撃の対象となっていた自然法にこれを求めることを意識的に回避し、中世およびゲルマンの自由精神に求めた、と言うのであった。

さてクリッペルはつぎに、大きな問題点の二つめ、すなわち、「これら二人の思想家の論争が基本的人権思想の歴史的研究に与えた意義」に関する考察を行なう。まずイェリネックの、「宗教的自由」から他のすべての自由と権利を導き出す基本的テーゼを否定して彼は、「一つの基本的人権から発して、歴史的に他のすべての基本的人権が発展していったとする問題設定は、現実的角度からは、まずい設定である[107]」と述べる。というのは、そもそもこれを権利として構成することに問題があるからである。すなわち、「近代当初の君主制国家においてすら、それが特権と解釈される限りにおいて、人の活動の一定分野は、それに対する侵害から保護されえたのである。たとえばそれは、移住の自由であり、宗教の自由であり、良心の自由であった。ここに、特権と基本的人権との関係の問題、また、国家からの免除と人権との関係の問題が提示されるのである。…多くの理由により、これらを基本的人権の先祖であると考えることは、留保なしには、してはならないのである[108]」と。また、イェリネックが、法的テキストに考察の関心を集中する革新者であったことが逆に、彼の弱点でもあるとする。「というのは、彼が参照する資料の異なる法的形態（les différentes formes juridiques des sources）が、研究されていないからである。つまり、それらの目的、その背景が、基本権の内容と関係を有するからだ。これらが解決されねばならなかった問題なのだ。また、方法の観点からは、イェリネックは、概念の歴史（une histoire des idées）よりもさらに進むことはほとんどなかったのである[109]」と。

こうしてクリッペルは、イェリネックのテーゼ、および、ブトゥミーとの間の論争が、その後の研究に与えた影響を過大評価することはできないとする。その理由は、現代的観点からみると、問題提起の仕方、方法そして内容とも、時代遅れの古いものだからだと言う。この点を、三点に敷衍する。

まず第一に、イェリネック、ブトゥミー両者とも、フランス人権宣言の起源に関して、唯一の観点から有効な説明ができるものと考えているが、「今日、明確にされていることは、フランス人権宣言を決定づけたのが、あるいはアメリカの諸権利章典、あるいは一八世紀の哲学、という〔択一的なもの〕ではなく、むしろ、その他多くの要素であると同時に、また、これら両者であるということである[110]」と。つまり、クリッペルは、両者が前提としていた仮定および問題設定に疑問を挟んだのである。第二に、「たとえそれが非常に重要な要素であるにしても、アメリカの諸権利章典そしてフランス人権宣言の起源（la genèse）に問題関心を結晶させることは、基本的人権を文書化した宣言が実は、人権の歴史の一要素でしかないと捉える原理から出発する、その他の問題提起を長年にわたって妨害した」と言う。つまり、問題の設定および方法に問題があったため、その後に与えた悪影響をむしろ懸念するのである。第三に、「今日、一八世紀の精神、あるいは、アメリカないしイギリスの古い法的テキストを参照することで、だれも満足はできない。これらを参照した上で、正確な方法で相互関係を研究すること〔が重要〕である。つまり、特権としての法的テキストの性質を問題とし、それらと近代的基本権との関係を考察しなければならない。同様に、もう一つ例をあげれば、自由と人権に関する概念の性質を、政治理論の歴史と概念の歴史の中で問題設定しなければならない」と述べ、新しい現代的な研究方法を示唆したのである[一一]。

そこで、彼は、ここ二〇年間のドイツでの基本権あるいは自由の概念に関する研究の発展を、三つの分野ごとに概説する。すなわち、第一の分野は、一七八九年以前の国家の自然権の理論、第二の分野は、自由主義的性質（nature libérale）の政治的自然権の出現と発展、そして第三の分野は、政治的自由と基本権による、自然権の概念への到達である。まず第一分野については、つぎのように解明する。すなわち、人は社会契約のうちに生まれながらに持つ権利（les droits innés）を表明し、これにより社会・国家を構成するが、生まれながらに持つ権利は国家に対する抵抗能力を持たない。つまり、権力の任意に任されている、残された自然的自由（un résidu de liberté naturelle）が国家には存在する。そしてこの自然権のキーワードは、「共通善（le bien commun）」「幸福（le bonheur）」そして「良好な治安（bonne police）」である。これは同時に、重商主義絶対国家の目的の、政治的基礎でもあった。このような一七八〇年までのドイツにおける自然権思想は、クリスチャン・ヴォルフを含めて、おおよそこの潮流にあったと言える。しかし、クリッペルが説明するところでは、このような潮流が主流だったとしても、一八世紀ドイツの政治思想すべてがこれを支持していたわけではない。国家において「市民的自由（liberté civile）」を強調する方向に理論的枠組みを持っていこうとしたもの、あるいは、個人と国家の間に新しい関係を構築した重農主義者（physiocrates）も存在した。彼によると、特にこの重農主義が、ドイツにおける人権の理論の前提を基本的に変化させたのである。つまり、この考えによると、人の自然権は国家においても単に制限できるというものではない。というのは、国家の目的は人の権利の無制限の保障とその享受にあるからだ、と。そして、クリッペルはこのような、フランス革命以前のドイツでの人権思想の発展から、国家・社会と個人との間の、新しい力関係を理解することができる、と言うのである。[112]

つぎに、ドイツにおける自由主義的性質の基本権概念については、これが研究上発展をみたのは一八世紀の最後の一〇年間であったという。多くの影響をカントの思想から受け、詳細な人権カタログができあがった。最後に、このような新しいドイツにおける人権の概念は、旧自然権概念を攻撃するとクリッペルは言う。というのは、新自然法概念は、旧自然権概念のように自然状態にある人に関して自然権を構築するのではなく、国家内の人に関して構築することの方がむしろ重要だと考えたからである。つまり、旧来の自然権は、人間の性質（la nature humaine）を基礎に人権を構成するが、人間の性質は国家内でも不変であるから、国家内でこれを変更することは人権と矛盾してしまうのである。こうしてドイツでは、新自然権思想が「人権の科学（science des droits de l'homme）」となり、一八四八年まで、自由主義的憲法論の固定的目的となったのである。

以上を総括してクリッペルは、イェリネックとブトゥミーの人権宣言に関する議論を、つぎの四点に要約する。まず第一点は、彼らの議論の後、三つの研究がこの研究領域を発展させたこと。それら三つの研究とは、「すべての人権の出発点としての宗教の自由の問題」、「アメリカ諸権利章典のフランス人権宣言に対する影響」そして「政治理論、特に自然権理論の影響」であった。第二点として、両者の研究は、現代的観点からは、内容的には異なるものの、方法論的にはほとんど同じであり、異なる国家的観点を基礎にしている。つまり、イェリネックは「自由・権利そして国家」という特殊ゲルマン的伝統を有するイデオロギー的自由主義の側面を反映させて議論しているのに対し、ブトゥミーは、一八世紀フランス哲学が重要であることを、暗黙の了解のうちに議論に反映させているのである。第三点は、彼らの用いた方法論に関するものである。クリッペルによると、諸人権宣言は、人権の歴史の中での一段階、あるいは、一要素でしかなく、それのみの研究はもはや興味を持たれない。むしろ、重要な諸要素の正確なメカニズムの方が興味深い、と。最後に、両者の議論を、だからといって古いものとして片付けるのではなく、その科学的結果と認識論的限界を、歴史的に再度位置づけることが必要なのである、と主張する。そしてこの作業によって、両者の違いは、時の経過とともに、最小限化され、同時に、相似点が最大化されてくるのだ、と。(113)

確かに、クリッペルのこの論文により、イェリネックとブトゥミーの議論に、新たな視点が見いだされたことは否定しがたい。すなわち、両者の議論がどのような前提に立っていたのか、そしてそこから、どのように異なる結論が導き出されることになったのか、つまり、異なる国で教育を受け、研究を重ねてきた両者の根本的な、学問上の基礎や背景の相違と、それがもたらす両者の研究結果の相違が浮き彫りにされたと考えられる。しかし、それではクリッペル自身は、そのような一種の国家的・時代的研究枠組みに条件づけられずに、自らの主張を繰り広げていたのだろうか。彼は、これらの枠組や領域を越えて、新しい議論の再構成を主張しているが、その主張ほどには、決定的なドイツ的研究要素から解放されているわけではないように思われる。たとえば、イェリネックがさまざまな基本的人権の誕生を、「宗教の自由」に求めたことに対する反論の一つとして、クリッペルは、基本権と国家権力から与えられた一定限度の自由領域＝特権との区別が重要で、そのような特権と考えられたものを基本権の起源と考えることの正当性を疑問視し、「宗教の自由」も特権として成立したものである以上、基本権の起源とすることはできないはずだと言うが、このような国家対市民社会、国家対個人という枠組みで、基本権はじめ、近代の歴史を考察しようとする姿勢は、イェリネックと同様にドイツ的思考枠組みを脱していない、とは言えないだろうか。むしろ、特権と考えられてきたものは、君主制国家の枠組みでは、まだ自然権として認められ難かったがゆえに、国家あるいは君主からの恩寵として、取りあえずは同様の効果を期待できる特権という名で、同様の保護を受けるに甘んじていた、と考えることは、非科学的だろうか。また、そのような特権であった「宗教の自由」は、その他の特権としてクリッペルにより扱われた、「良心の自由」や「移住の自由」とともに、いかにしてその後、近代の諸人権文書で、人権として認められることになったと言うのだろうか。それは、自然権思想の発展とその影響によってであることは間違いなかろう。しかし彼は、その自然権的発想を基礎にした重農主義ですら、今日一般的に確証されているように、フランスの多くの学者を起源にするものではなく、ドイツ固有のものであると断言しているのである。さらに、人権宣言が確かに人権の歴史の一要素あるいは一段階でしかないとしても、クリッペル自身がそれを認めるように、それが重要な一要素、一段階である以上、それの起源に関する研究が、その意義まで失われなければならないものではなかろう。というのは、どのような形で人権の歴史を語ろうとも、その重要な部分、あるいは重要な一要素、一段階として、起源の問題を含めて、フランス人権宣言自体を問題にすることは、避けて通れないからである。

それではつぎに、アメリカ諸権利章典とフランス人権宣言の間の関係に関する新しい研究傾向を示していると考えられるもう一人のフランス人学者、ステファン・リアルス教授の主張を概観しよう。

第五節　ステファン・リアルスの見解

パリ第二（法経社会科学）大学法学部教授のリアルス（Stéphane Rials）は、一九八八年のその著書、『人と市民の権利宣言（*La déclaration des droits de l'homme et du citoyen*）』の第二章「宣言の精神（L'esprit de la Déclaration）」において、「フランスの宣言とアメリカの諸宣言：ブトゥミーとイェリネック、引き分けになる」[114]と題する項目を設けて、両思想家の議論を検討している。

1　フランス人権宣言に対するアメリカ諸宣言の影響について

リアルスは、ブトゥミーの、イェリネックに対する批判の弱点を承知した上で、イェリネックの、「宗教の自由」をすべての基本的人権の基礎とする考えに、さらなる批判を加える。すなわち、「確かに、彼〔＝ブトゥミー〕は、多くの点に関して、その論敵の筋道に基本的批判を加えることができなかったが、それは、まだその当時、人権の神学的原型（la matrice-théologique-des droits de l'homme）は、おそらく所有権（Dominium）にあるのであって、アメリカにおいてすらその観念がまだ漸進的にしか確立していなかったところの良心の自由ではないということが、理解されていなかったからではないのか。それに加えてさらに述べるならば、植民地人とイギリス母国との間の火薬に火をつけたのは、明らかに、財政上の問題であって、宗教上の問題ではなかったのである[115]」と。

リアルスのイェリネックに対する批判で、真新しい観点と言えば、これぐらいであるが、そこから単刀直入に、彼は、両者の論争を引き分けとしている。すなわち、「ブトゥミーの一般的な立場が、結局、より確実であるように長い間思われてきたが、我々はもはやそのようには考えていない。しかし、やはり表層的であるイェリネックの証明も、それ以上に我々の信念を揺るがせることはない。両者に引き分けの軍配を揚げねばなるまい[116]」と。

そして一応の彼の結論は、アメリカの諸権利章典からの、フランス人権宣言に対する影響力が、一定程度、確かに認められるということである。すなわち、「一定の影響が、アメリカの宣言からフランスの宣言上にあったということは、疑いの余地がない」と。そしてその理由は、アメリカの文書は、当時、フランス語に翻訳され、フランス人によって読まれていたこと、そして、それを念頭に置きつつ草案が作られ、また、国民議会で議論されていたという事実である。「新国家〔アメリカ〕の宣言は翻訳され、フランスにおいて配布された。…七月一一日に、はじめて〔国民〕議会に提出された、あるべき正式の形式を整えたラファイエットの草案は、知られているように、ジェファソンの助言を取り入れて推敲されたものだった。そのラファイエットはじめ多くの憲法制定〔国民〕議会代表の念頭には、彼自身アメリカ独立戦争の旧戦士でもあったマチュー・ド・モンモランシー（Mathieu de Montmorency）の、八月一日の表現を借りると、『アメリカの例（les exemples de l'Amérique）』が置かれていたのである」(117)と。また、別の論者、シャンピオン・ド・シセは、すでにみたように七月二七日の国民議会への報告で、人権宣言の採択に関して熱弁を振るっている。そこにはアメリカをモデルにすることが表現されていたのである。リアルスはその熱弁の一部を引用しているので、ここで再度それを確認しよう。すなわち――

「地球の別の地で誕生した〔人権宣言を憲法に付加するという〕この崇高な考えは、まず我々の間に移植されなければならない。というのは、北アメリカに自由をもたらした一連のできごとに、我々も貢献したからだ。アメリカは、我々がいかなる原理に基づいて我々の自由を保持しなければならないかを、教えてくれている。かつては鉄しか、そこから持ってこなかった新世界だが、今日、我々の直面する不幸から我々自身を保護することを、教えてくれている」(118)と。

このように、ラファイエットの人権宣言草案ばかりでなく、そのほかのいくつもの草案でも、アメリカの諸権利章典の影響が見受けられるとする。すなわち、「一七八九年に頒布されていたいくつかの〔人権〕宣言の草案は、明らかにアメリカの〔権利〕宣言に着想を得ていた。しかも、ラファイエットやムニエの草案だけでなく、シエイエスのそれも含めて、多くのものは、あちこちに、明確な表現上の収集さえ見られる。」そして、その例として、「しばしばルソー的と言われる、憲法の修正を可能にする条項が、一七八九年のいくつかの〔フランスの〕草案以前に、アメリカの宣言（バージニア権利章典三条、ペンシルバニア五条、メリーランド四条など）には、はっきりと表明されていた（圧制への抵抗の原理と混在する仕方ではあるが）」ことを、あげる。(119)

2　両文書に対するロック思想などの影響について

リアルスによれば、このような「断片的な類似」から、イェリネックの表層的な理論ができあがったわけだが、リアルスはそこにとどまらず、さらに考察を進め、その結果、両文書の起源の最大要因として、ロックの思想に立ち戻るべきだとする。すなわち、「大西洋の両側の諸宣言の根源は、…今日、アメリカと同様にフランスでも支配的である考えとは異なり、十分に拡大されたロック思想の原理、そして、その似かよった教義的腐植土（un humus doctrinal voisin）の中に、認められる[120]」と。しかし、ロックの思想原理、あるいは、それを継承発展させた大方のロック思想といえども、「自然的社会的政治的環境」の影響を多分に受けており、アメリカとフランスでは異なる仕方で働いたのである。つまり、「アメリカ人は、ブラックストーンを濫用したし、フランス人は、〔重農主義の創始者である〕ケネーや唯物論的感覚論者（sensualistes matérialistes）の著作、および、ルソーの著作を濫用した。」そして、さらに両国の思想家が修得した法律はそれぞれ、旧来のコモン・ローと大陸法であったことから、最終的に誕生した二つの文書は、同一のものではなくなっていたことをつぎのように表現する。すなわち、「見かけは双子であるこれらの文書は偽の双子（faux jumeaux）ですらなく、単に兄弟なだけだ。それも半兄弟でもなく、まして偽の兄弟でもない。彼らには多少異なった教育と指導が与えられたのだ[121]」と。

つぎにリアルスは、このような経緯で誕生したこれら二つの文書の、基本的相違とその原因について、考察する。すなわち、「イギリスの旧植民地の諸宣言は、…我々〔＝フランス〕の宣言よりも、より現代的ではなく、また、奇妙なことに、我々の宣言よりもより不均一（hétérogène）であるにもかかわらず、より曖昧ではない、そういうシェマを打ち立てた。非常におおざっぱに、そして、全体的な歴史主義の見地（globalement historiciste）から述べれば、それら〔アメリカの諸宣言〕は、イギリスの自由と、フランスの自由とを分かつ線上に位置する」と。このような中間的な地位を設定した上で、アメリカ諸権利章典の、権利救済に関する具体的特徴を述べる。すなわち、「独立宣言やイギリスの自由に関する基本的文書などより、これらアメリカの諸〔邦〕宣言の方が、より抽象的であるとしても、それらは、そのフランスの兄弟〔＝フランス人権宣言〕よりも権利の具体的保障、特に裁判権の保障（garanties juridictionnelles）については、明らかに気を遣っている。…つまり、アメリカ諸宣言は、イギリスの権利手続の概念に依存（tributaire）した状態であった[122]」と。さらにこの事情を敷衍してリアルスは、つぎのように説明する。「アメリカの諸宣言は確かに、普遍主義的な主張（une prêtention universaliste）を有していたが、我々の〔フランス人権〕宣言に比較すると、わずか（moindre）であり、そして、より排他的（exclusive）ではなかった。そして、もしもアメリカの諸宣言が、自然法にそのすべての場所を譲れば、それが、イギリスの環境（le climat britannique）の中で受け容られることは、歴史的に特異であるということを理解していたから、その国の非常に特徴的な法、つまり、『国土の法（Law of the Land）』、そして、さらに有名な『コモン・ロー』を援用することをためらわなかったのである[123]」と。

3　アメリカ諸宣言とイギリス、コモン・ローの影響

このように、アメリカの諸宣言では、自然法の影響を受けて普遍的な基本的権利の主張をするとともに、他方では、常に母国イギリスを念頭に置き、それが自分たちの要求を受け容れざるをえないように、歴史的イギリス法の観念と手続に則りつつ、その主張を展開したというのが、リアルスの理解である。これが、スタンプ・アクト決議（一七六五年）であり、また、タウンゼンド収入法に関する一七六七年のマサチューセッツ回状であり、さらに、一七七六年第一回大陸会議決議であった、と。

すなわち、スタンプ・アクト決議では、バージニア植民地の人民は、「常にその享受と所有を、グレート・ブリテンの人民によって、確保され保持されてきた、すべての自由、特権、免税そして免除」を携えてきたことを宣言することで、旧来のイギリス法から決別するものではないことを明らかにしていた。また、マサチューセッツの、タウンゼンド収入法に関する回状では、「人の財産は絶対的にその者の財産であり、だれもそれらを、その者の同

意なしに奪い取る権利を有さないということが、基本法のタイトルにおいてイギリス憲法に刻み込まれ、全王国の臣民によって神聖かつ取り消されないものと考えられてきたのであれば、この植民地〔＝マサチューセッツ〕の臣民が、この憲法上の自然権を主張し維持することができないことがあるのか〔いや、ない〕」と述べ、自分たちが自然権を保有しており、これがイギリス憲法上も承認されているものであることを主張した。そして、第一回大陸会議決議も、同様に自然権およびイギリス法の二面性を植民地人が有することを宣言しているとする。すなわち、「北アメリカのイギリス植民地住民は…自然の不変の法として、イギリス憲法の原理として、そして、異なる憲章ないし規約として、〔諸権利・自由を〕保有する」[124]と。

以上を総合してリアルスは、アメリカの諸権利章典が受けた多くの影響のうちでも特に、イギリスの古来の法、つまり、コモン・ローのそれを強調するのであった。すなわち、「アメリカの諸宣言の起草者は、イギリス世界の〔コモン・ローなどの〕法的モニュメントと、合理主義的切断をすることを決断しなかったし、また、『イギリス的自由（libertés anglaises）』にとても似た子孫であるところの『アメリカ的自由（libertés américaines）』の、厳格かつ排他的な歴史的特殊性のみを取ることも決断しなかった」[125]と。

これがリアルスの、アメリカの諸権利章典とフランス人権宣言の相互関係および両者の起源に関する、おおよその見解である。要するに、アメリカはイギリス思想、あるいはロック思想に支えられて、人権に関する宣言を構成したのに対し、フランスでは、その時期の同様の自然法思想の別の表現であるところの、ケネーや唯物論的感覚主義者やルソーなどの強い影響のもとに、強力な封建権力ブルボン王朝の存在という特殊フランス的な土壌で、そこからの解放の象徴として人権宣言が完成したものと考え、アメリカからの直接的影響がそれほどあったわけではない、と主張するのである。そして、イェリネックが行なった両文書の比較考察に関しては、これら表層的類似点が多くみられることは、まさに形式的な観点にすぎず、多くを証明しないとした。確かに、国民議会の発言の中には、アメリカの諸人権文書に言及するものがあり、また、歴史上フランスがアメリカの独立を助け、その時から人的交流があった事実、および、アメリカ諸邦の権利章典のフランス語訳が存在する事実など、一見すると時代的に少し遅れるフランス人権宣言に対して、アメリカ諸人権文書が何らかの直接的影響を与えた可能性があるかのように思われるが、これを大筋において否定し、ロック思想自体およびその周辺のロック主義の思想がそれぞれの土壌で進展したものの影響と、それぞれの歴史的社会的状況が影響して、「兄弟的な」二つの種類の人権文書ができたと主張するのである。

さて、このようにロック思想、ロック主義を基本に据えて一八世紀の人権文書を説明しようとするリアルスの主張に対して、同じフランス人権宣言二百周年の機会に、さらに形式的側面、特に、フランス、アメリカそれぞれが対抗関係にあった相手方との関係から、両国の人権文書の相違を明らかにし、結論的にフランス人権宣言の独自性を主張する、フランス人学者フォーレン教授の見解をつぎに概観しよう。

第六節　クロード・フォーレンの見解

パリ第一大学でアメリカ研究に携わるフォーレン（Claude Fohlen）教授の見解の特徴は、フランス人権宣言とアメリカ諸権利章典の文書の間に、おおよその兄弟関係（la filiation）を認めつつ、フランス人権宣言のオリジナリティーを強調しようとするところにある。そのためにまず、イェリネックの議論を、フランス革命研究の第一人者であるジョルジュ・ルフェーブル（Georges Lefebvre）の言葉を借りて排除する。ルフェーブルが言うには、「イェリネックの議論は、時間を超越した（intomporel）性格を装っている。つまり、観念を研究する歴史家には極めてありふれた（trop ordinaire）考えだ。しかし、フランス人権宣言の定まった哲学的価値は、人権宣言の形式にブルジョワ的思考様式と利害が介入しているということである」[126]と。

そしてイェリネックはじめ、フランス人権宣言にはアメリカ諸権利章典の影響が強かったと主張する論者が、特に、ジェファソンとラファイエットの交流を通じてこれが可能であったと主張する点に関しては、これを過大評価することを戒める。つまり、一七八九年一月二日から七月一一日までの間のジェファソンとラファイエットの思想的交流のもとにラファイエット草案は誕生したということが、揺るがぬ事実であるとしても、その後、フランス人権宣言が、実際に採択された八月二六日までの間にどのような議論が国民議会で繰り広げられ、その結果その草案がどのような扱いを受けたのかを明らかにしない限り、アメリカ諸権利章典の影響がフランス人権宣言にあるとは正確には言えないと主張するのである。この主張を裏付けるべくフォーレンは、七月一一日から八月二六日までのこの時期を、三つの段階に分けて論ずる。まず第一段階は、ジェファソンの力を借りてラファイエットが人権宣言草案を作った後、国民衛兵（la Garde Nationale）の司令官に任命され、任務を実行するべく議論に参加できなくなった時期である。この時期には彼らの影響が国民議会にあった可能性は少ないと見る。その後の第二段階、つまり、七月二七日から八月一八日の間は、ラファイエット草案がムニエ草案とともに、委員会にかけられ、さらにシエイエスらの新しい草案も準備され、いよいよ人権宣言に関する議論が始まったのもつかの間、八月四日夜には、封建的特権放棄の宣言が採択され、また、その他の代表は、人権宣言の前に憲法を制定すべきだと主張するなど、草案の審議はほとんど進んでおらず、ラファイエット草案の影響が見られる時期ではない。そして最後の第三段階は、八月一八日から二六日であるが、先の三つの草案を、妥協と修正により換骨奪胎し、最終草案を構成したので、アメリカとフランス「両世界における英雄に対する参照は、変形したのである」[127]と。つまり、草案を提出したラファイエットの影響すらかなり限定的に理解しており、まして、その草案の推敲を助けたジェファソン、あるいは、そのほかのアメリカの諸権利章典の直接的影響については、ほぼ無きに等しきものと考えたのである。

さらに、フランス人権宣言が憲法に先立ち設けられたことを、フランスのオリジナリティーであるとして、フォーレンはつぎのように述べる。「フランスの代表者の進路は、ある程度、オリジナルなものであった。というのは、彼らは、将来の憲法に厳粛な宣言を戴かせることで、全世界の目に人権を明確にしたからである。最初から彼らは、原理の上にこれを考えていたのであり、都合により（de l'opportunité）構成したのではない[128]」と。そしてアメリカについて言及があるのは、自分たちの人権宣言をいかなる形式で作成するかという問題について参考にするためのみであり、人権宣言の原理的な側面は、すでに自分たちの間で解決済みであった。つまりアメリカを参照した事実、あるいは、それについて議論した事実は、形式面の問題にとどまるのであり、厳密な意味での影響というものではないと主張する。すなわち、「人権宣言が先か、憲法が先か。この二つの選択肢をめぐって、アメリカが参照された。最終的には、宣言に優先権が与えられた。それは、原理上の理由からであり、また、議会を取り巻く非常に入り組んだその時の状況においては、憲法の起草と異なり、宣言の方が迅速に作成可能だったからである」と。また、先述のシャンピオン・ド・シセの弟に当たる、ジャン＝バプチスト＝マリ・シャンピオン・ド・シセ（Jean-Baptiste-Marie Champion de Cicé）が言うには、「北アメリカの例というのは、決定的な（concluant）ものではない。というのは、この国は、所有者、耕作者、平等市民しか提供するものがない。したがって、まず、…あなたたちは平等だ、という前に、〔フランスにおいては〕我々の間の人々を互いに近づける法律〔＝フランス人権宣言〕を打ち立てることから始めなければならない[129]」と。

ここからさらにフォーレンは、アメリカの諸権利章典とフランス人権宣言の相違を明確にし、フランス人権宣言の独自性を主張するのであった。まず、フランス人権宣言においては、その正式のタイトルが示すように、「人と市民」（l'homme et le citoyen）の区別が行なわれている。すなわち、「フランス人権宣言は、人と市民を同時に扱っており、ここから二重の言及『人と市民の権利』が生まれてくるが、これはアメリカには決して現われていない。これは、つぎの二つを認識していることによる。つまり、一つは、一八世紀哲学にとって貴重であったところの、自然権から発し、アメリカでもしばしば参照された、自然存在である人である。もう一つは政治的存在、市民であり、爾後、アンシャン・レジームの臣民に取って代わるものとなったものである。この区別は、アメリカの諸権利章典の起草者によってはなされなかった。というのは、イギリスの主権からアメリカの主権への変更のみが問題だったからである[130]」と。

さらに「良心の自由」に関する相違として彼が述べるのは、フランス人権宣言においては、キリスト教、あるいは神という文言さえ用いることを避けて、いかなる宗教的良心であれ、すべて対等に扱うように見えるが、アメリカの諸権利章典では、これが不明確になっている点である。ただし、バージニア権利章典についてのみ、限定的にキリスト教を対象にしていることが理解できるとする。すなわち、「あらゆるアメリカの宣言がこれ（＝良心の自由）を明白に認識していたわけではない。たとえ、最も古いバージニアの宣言が、これをつぎのような形式で確認していたとしてもである。つまり、『何人も自己の宗教を、それが命ずるところに合致するように、自由に信仰する同様の権利を有する。そして、すべてのものは、隣人に対して、キリスト教の寛容、愛そして慈悲を示す義務を負う』（第一六条）と。これに対してフランス人権宣言の起草者たちは、まず、その前文あるいは条文で、「神」に言及する必要があるか否か自問し、最終的に、前文で、『理論的神（la déité）』は認識するが、それでもそれを、ある一つの宗教に結びつけることができないような、つぎのような曖昧な表現を用いた。すなわち、『最高存在（l'Être suprême）の前に、かつ、その庇護のもとに〔人権を宣言する〕』と。

しかしその一方で、フランスでは国民の絶対的多数がカトリック教徒であり、そもそも、「宗教上の良心の自由」という概念が奇妙なものであり、このような前文の文言により、すべての宗派（les cultes）の自由を認める覚悟があったかというと、必ずしもそうではなかったようである。というのは、最終的に宣言第一〇条となる「意見の自由」においては、「宗教的なものであれ」、個人の意見は尊重される旨を宣言するが、これには法律の留保がついているからである。すなわち、宣言第一〇条は、「何人も、その意見の表明が法律によって定められた公の秩序を乱さない限り、たとえ宗教上のものであっても、その意見について不安を持たないようにされなければならない」と規定する。フォーレンによると、この点に、フランス人権宣言の精神が表現されている。すなわち、「法律は、良心の自由の表現を制限する余地がある。この原則の確認は、一般意思の表明に含まれている」[131]と。要するに法律は、一般意思の表明であり、すべてはこれに服することになる、というルソー主義が、人権宣言を貫徹しており、宗教の自由、意見の自由もこれから漏れず、法律の制限に服する可能性があるのである。そして、その法律は、おそらくは大半がカトリック教徒の代表者で構成される国民議会により可決されるのである。

最後に、両者の相違点のうちで重大なものとしてフォーレンが示すのは、「幸福の追求」の保障がフランス人権宣言には存在しないことである。バージニアの権利章典および独立宣言の中には、「幸福の追求」が認められており、同様にこれらの影響を受けているラファイエットの草案の内にも、不可侵で時効にかからない権利の一つとして、「満足感の追求（la recherche du bien-être）と圧制への抵抗」が入れられていた。さらに、タルジェ（Target）の草案、ムニエの草案、そして、第六部会（le Sixième bureau）の草案の中にも、同様の記述が見られた[132]。にもかかわらず、これが最終的な人権宣言の中に結実しなかったのは、所有権の原理と適合しないと考えられたからだ、とフォーレンは述べる。すなわち、「幸福への権利は、それが所有の獲得を意味する限りにおいて、所有権の保障に矛盾するように思われた。所有を享受する者に所有権を保障し、同時に、それを享受しない者にもこれを約束することはできなかったのである」[133]と。

以上の考察からフォーレンは、つぎのように結論する。すなわち、当時のフランス人たちが、アメリカの権利章典、特にバージニア権利章典を読んでいたことは疑いの余地のないことであるし、また、ラファイエットがジェファソンからの影響をなにがしか受けていたことも疑いの余地はない。しかしそれにもかかわらず、「八月二六日の人権宣言最終草案は、文言においてもその精神においても（à la fois dans la lettre et dans l'esprit）、〔アメリカの諸宣言とは〕非常に異なる。〔フランス人権宣言の〕起草者たちは、アメリカの宣言には決してなかった、普遍的性格（un caractère universel）を自らの作品に付与するために、長い前文がそれを強化しているところの、厳粛な性格（un caractère de solennité）を、その作品に与えたのである。国家の中に主権が存在すること、そして、その国家が、議会を通じて、法律の中に化体することを考えて、彼らは〔立法府が制限を加えることができるよう〕立法制限(des restrictions législatives)に門戸を開いておいたのである」と。(134)

以上のようにフォーレンは、アメリカの人権文書とフランス人権宣言との間には大きな相違が存在することを、それぞれの国が当時置かれていた歴史状況、歴史文脈から捉え直そうとした。つまり、フランス人権宣言を作成した国民議会の議事進行の段階を大まかに振り返りながら、当時のフランス固有の歴史的社会的状況を反映しながら動態的に人権宣言は構成されたのであり、ジェファソンの影響を受けたラファイエット草案がそのいずれかの段階において、強力な思想的影響を及ぼす余地があったことをほぼ否定した。また、宗教的良心の自由や幸福追求権などアメリカ諸権利章典にみられる特定の自由と権利を、フランス人権宣言に条文化するか否か、あるいは、どのような文言にするかに関する議会での議論を考察し、やはり、フランス独自の歴史的社会的思想的状況に基づきながら国民議会は判断をしていったのであり、何かよそからの借り物を継ぎ合わせて構成したものではないことを論証しようとしたのであった。

第七節　若干の考察

以上本章においては、イェリネック対ブトゥミーの論争の後、人権宣言二百周年を契機に、主にフランス人学者によってフランスにおいて発展した議論の概略を考察してきた。これを簡単にまとめるとつぎのようになろう。

すなわち、フランス人権宣言の独自性を主張するマルカジは、イェリネックの唱えたアメリカ諸権利章典起源論を否定し、その思想的起源をケネーが創始者であるフランス重農主義に求め、かつ、その運動要因をチュルゴー、コンドルセなど、重農主義思想に傾倒した政治家の布教政策に見いだし、これら二つが一体となって人権宣言は誕生可能であったとした。また、ジャック・ゴデショも同様に、少なくとも当初は、フランス人権宣言の哲学的性格が、プラグマティズムの性格を有するアメリカ諸宣言と一線を画しており、後者に着想を得て、あるいはそれを模倣して前者は作られたのではなく、やはり重農主義思想を基礎に構成された建言や陳情書にこそ、フランス人権宣言の起源は認められると主張した。しかし彼はその後、ジルベール・シナールのいくつかの論文に触れたことにより、アメリカ起源論へと傾倒していった。

このシナールの諸論文は、おおよそつぎの事実を明確にしたものであった。すなわち――

当時フランスではベンジャミン・フランクリンの働きにより、アメリカの諸権利章典、特にバージニア権利章典が翻訳され広く読まれていた。しかしその翻訳されたバージニア権利章典は正式の文書ではなく草案であった。これを顕著に示すのが、宗教的良心の自由を定めた、フランス人権宣言第一〇条であった。さらに、フランス国民議会に草案を提出したラファイエットの、ジェファソンとのつながりを示すことにより、ラファイエット草案に対するジェファソンの思想の影響を、ひいてはフランス人権宣言全体に対する影響を主張した。

このようなアメリカ起源論への傾向に対して、ドイツ人学者クリッペルは、イェリネックとブトゥミーの論争に立ち返り、両者は異なる国における異なる研究基盤の上で議論していたために合致点を見いだすことができなかったのであり、今日から考えると、両者の、特に議論の方法には相違点とともに類似点も多く存在する。したがって、どちらが正しいという観点ではなく、諸人権文書を人権の歴史の中の一段階・一要素と捉え、その後のその他の重要要素も含めて、正確な人権の発展メカニズムを解明し、再構築することがより重要だとして、異なる議論の方向付けをしようとした。

つぎに、ステファン・リアルスは、同様に再度イェリネックとブトゥミーの議論に立ち返りながら、両者の類似点をある程度認め、かつ、ロック思想とロック主義の影響がアメリカとフランスという別の土地において、異なる社会状況を反映しつつ両人権文書は作られたもので、両者は「双子のような、兄弟のような」文書であるとした。

つまり、ロック思想から育まれた自然法思想が、アメリカにおいてはイギリスとの対抗関係において直接的に諸権利章典の作成に作用したのに対し、フランスにおいては、ブルボン王朝という封建権力が存在する中、ケネーやルソーなどによりこれが別の表現を用いて表明され、フランス人権宣言に結実したのである、と。

最後にフォーレンは、シナールはじめアメリカ諸権利章典のフランス人権宣言への影響を主張する論者が、ジェファソンとラファイエットとの間に交流が存在した事実から、ラファイエット草案にジェファソンの思想が反映されていたことを、その大きな論拠とする点につき、国民議会におけるラファイエット草案の影響力の有無から判断しようとする。つまり、確かにラファイエットはおそらくジェファソンの影響を受けつつ草案を用意し、これを国民議会に提出したが、その後の議会での議論において、これがそのまま最終的なフランス人権宣言へと収斂されていったのではなく、その他多くの草案も参考にしながら、また妥協と修正を経て最終草案はできあがったものであることを、国民議会の議論をある程度検証しながら主張した。したがってラファイエットがジェファソンと相談の上で自らの草案を作成し提案したという事実は、何らアメリカ諸権利章典のフランス人権宣言に対する影響を証明しはしない、とするのだ。また彼は、ここからさらに、フランス人権宣言においてはルソー主義が貫徹しており、一般意思の表明としての法律が主権的最高地位を占めるため、良心の自由ですら法律による制限の余地があるのに対し、アメリカではイギリス本国議会から自分たち植民地政府への主権の変更という観点こそが重要で、逆に自分たちの立法府に対してすら警戒心が強く、法律に最高地位を認めることはなかった事実から、両者に決定的な相違を見いだす。そして、フランス人権宣言のフランス固有の起源として、このようなルソー主義を唱えるのであった。

以上の代表的論者の捉え方について簡単に評価めいた考察を行なうとつぎのようになろう。マルカジも初期のゴデショも、フランス人権宣言の起源を何かある一定のものに見いだすことが可能であるという仮定の下に、それぞれ重農主義、あるいは、その他のフランス哲学にこれを求めたが、国民議会の流動的動態的議論とその経過についてはまったく注意を払っていなかった。しかしフランス人権宣言が作成されたのは、良きにつけ悪しきにつけ、それらフランス哲学に条件づけられてはいたものの、ほとんど皆無の状態から新たに近代的人権を構成する目的で提案を行ない、議論を行ない、修正を行ない、妥協をした国民議会代表者達の活発な活動にこそ、直接的な起源はあるのだから、これを検討することを省略するべきではなかっただろう。またシナールは、アメリカの諸権利章典がフランス語に翻訳されていた事実、あるいはジェファソンがフランス人と交流していたという事実など、いくつかの事実からアメリカの強い影響力を結論づけようとするが、彼も同様に、国民議会での議論にはまったく関心を払っておらず、ひたすらアメリカの諸権利章典とフランス人権宣言の文言上の類似点を示し、あるいは影響を及ぼした状況にあったことを論証するにとどまっている。つぎに議論の方向に多少変化を付けたクリッペルは、人権宣言の問題を人権の歴史の一つの段階としてしか捉えないことで、フランス人権宣言の起源についてほとんど論じようとはしなかった。確かに人権の全体に関する見方を没却して起源の問題のみに拘泥することには、大した重要性を認めがたいかもしれないが、だからと言って、フランス人権宣言の起源について何ら検討しないという研究方向では、単なる問題回避にすぎないから、人権の歴史の最重要の一段階としてこれを認識することから再検討する必要があろう。リアルスに関しては、大筋で自然法思想に起源を求め、アメリカ、フランス両者の特徴を明らかにすることによって独自性を強調するが、大々的な問題として特にフランス人権宣言の起源について論ずることはしなかった。フォーレンは、国民議会での議論の進展についてはじめて注意を払い、いかなる草案が採択され何が排除されたかなどについてもある程度の検討を行なった。その意味で新たな起源の論証方法として画期的であると評価できるが、如何せん、その議論は大胆かつ概略的で、分析が十分に深いとは言いがたい。したがってこのような観点からの国民議会の議論の流れ、経過などに関するさらなる分析がなされなければならないだろう。

それではつぎに、イェリネックによって、フランス人権宣言のモデルとなったと主張されたアメリカ諸権利章典それ自身が生まれたアメリカにおいては、その影響力についてどのように議論され理解されているのか。これを検討するのが、次章の課題となる。

〈第二章　注〉

（1）"La Polèmique entre Jellinek et Boutmy—Une controverse scientifique ou un conflit de nationalismes ?" *Revue française d'Histoire des idées politiques*, 1995. これは、Bernadette Chaussade-Klein により、ドイツ語からフランス語に訳され出版されたものである。

（2）Vincent Marcagi, *Les Origines de la Déclaration des Droits de l'Homme de 1789*, 2e éd., Paris, 1912. 初版は、ドクター論文をそのまま一九〇四年に出版したものであるが、この第二版はそれに加筆変更を加えたものということである。本書は、この第二版をもとにしている。

（3）*Id.* at 11.

（4）*Id.* at 12-13. しかし、マルカジは、このことから当時のフランス人たちが、アメリカにおける一連のできごとに無関心だったことにはならないとする。むしろ、大きな敬意の念さえ持っていたことを説明する。すなわち、「逆にフランス人のアメリカの諸制度に対する敬意は非常に大きかった。」また、「アメリカの独立戦争はわれわれの国にも着想を与えた……共和制アメリカは、イギリス君主制と同様あるいはそれ以上に、流行であった（à la mode）」（*id.* at 14）と。

（5）*Id.* at. 15. そしてアメリカの、「伝統主義的性格」というのは、彼によると、イギリスのそれぞれの人権文書を継承しているということである。つまり、「一六二八年には、イギリス議会はその当時の国王に、エドワード一世の治世の制定法には、王国の自由人の同意なしには、いかなる税も課すことはできないというものが存在することを、確認させた。また、大憲章によれば、いかなる有産市民も、同僚の合法的判決によるのでなければ、投獄され、その自由および特権を剥奪されることはなかったことを、確認させた。さらに、エドワード三世の治世の第二八年には、イギリス議会の権限により、何人も正当に弁護されることを認められた後でなければ、逮捕され、あるいは、投獄されることはないことを、確認させた。……さらに後には、ジャック一世の手から権利章典を勝ち取ったのは、無視された古来の権利の名の下においてであった。……大憲章それ自身も、さらに遠方にその起源を有する。というのは、それはヘンリ一世の憲章をさらに細かく、再確認したものだったからだ。そのヘンリ一世の憲章もまた、エドワードの法律に、結びつけられるのだ。……イギリス人にとっては、伝統がすべてであった。これはまた……アメリカ人の感情でもあった。」（*id.* at 16-18）と。

（6）*Id*. at 20.

（7）*Id*. at 22. Stevens, *Sources of the constitution of the United-States considered in relation to colonial and englisch history* からの引用ということである。さらにその後、マルカジは、アメリカの諸宣言の実際性、現実性について言及している。彼によれば、フランス人権宣言と区別されるこの性格も、伝統により銘記されたものである。つまり、権利を侵害された者が、裁判所に救済を求めることのできるようなシステムが、用意されているということである。すなわち、「アメリカにおいては……単に、言葉の文字通りの意味において、タイトルを創造することを提案していたのである。タイトル、つまり、それぞれの市民が、それよって、無視された権利を要求することができるもの、である」（*id*. at 36）と。

（8）*Id*. at 38-39.

（9）*Id*. at 40.

（10）*Id*. at 41-42.

（11）*Id*. at 43-44.

（12）*Id*. at 53.

（13）*Id*.

（14）*Id*. at 54.

（15）*Quoted* by Marcaggi in *id*. at 56. Jean-Jacque Rousseau, *Du Contrat Social*, livre III, ch. I. 日本語訳は、桑原武夫／前川貞次郎『社会契約論』（岩波書店、一九五四年）四二頁からの引用。

（16）*Quoted* by Marcaggi in *id*. at 57. Rousseau, *id*., livre III, ch.XV. 日本語訳、桑原／前川、前注一三三頁。

（17）*Id*. at 59.

（18）*Id*. at 61.

（19）*Id*. at 75.

（20）*Id*. at 76-77. また、宗教改革によってもたらされたものは、そのような制度上の変化すなわち政治的自由ではなく、むしろ、純粋に知的な変化すなわち哲学的自由であった、とマルカジは主張する（*id*. at 81-82）。

（21）*Id*. at 81.

（22）*Id*. at 83-84.「全国三部会」の抗議は、社会的、司法的、立法的改革など、国政すべてにわたっており、細かく調査され、議論されていた。ただし、この「全国三部会」も、一六一四年から大革命直前までの長い間にわたり、閉鎖状態が続いた。そのためにますます、パルルマンの国王に対する制限が、大きな意味を持っていたのである。ではこのパルルマンの「法令登録権」はどのように機能したのか。国王は作成した法令を、登録させるべくパルルマンに提出する。パルルマンはこれを形式的に受け付けて登録するのではなく、実質的に討論を行ない、これを拒否することができた。この拒否には、単なる全面拒否と、一定の条文に留保をつけたり、あるいは修正を条件に承認したりなど、部分的拒否がありえた。拒否の場合には、国王に対する建言にその理由を記すか、代表を送って口頭でそれを伝えねばならなかった。このような拒否権の発動は、「緩やかな変革（une évolution lente)」と考えることができたのである（*id.* at 100.）。

(23) *Id.* at 85. さらにマルカジは、当時の最高裁判所（Les Cours souveraines）すら、「憲法的憲章として構成された、一連の条文」を作成し、これを国王に認めさせ、一六四八年七月三一日に国王宣言として公表させた事実を挙げている。

(24) *Id.* at 87.

(25) *Id.* at 92. その後一四〇〇年代に何度か、この忘れられかけていた課税同意権が確認されることがあった。さらにその後大革命当時までは、国王がこれを無視した場合には、常に確認が行なわれるようになった。

(26) *Id.* at 97. しかしこれも、国王からの反発がなかったわけではもちろんない。ルイ一五世は、王国裁判所（Cours du royaume）を結集してこれに対抗し、立法権は自分自身のみに存在すると宣言したのである。しかしパルルマン側は、常に「自らは君主制の基本法の守護者であると明言した」のである（*id.* at 98.）。

(27) *Id.* at 104. また、この点についてマルカジはさらに、歴史家エスマン（Esmein）の言葉を借りて、つぎのように説明する。すなわち、パルルマンは、「自分たちの仲間の特権を守るためであれば、すべてを危険にさらす用意があった」と。このようにパルルマンには、一種の同族的「エゴイスム」があり、これが大きな行動原因、目的であったとマルカジは主張する（*id.* at 103.）。

(28) *Id.* at 105.

(29) *Id.* at 106-107. そのほか、先に本文で述べたように、市民の司法手続上の権利を認める条文もあるが、マルカジはこれについても、同胞市民のためというよりは、自分たちパルルマン裁判所構成員が、大衆により逮捕され集団的に追及されることのないよう、自らの安全を確保するためであった、と主張する。

(30) *Id.* at 110-111. マルカジによる、プーフェンドルフの言葉の引用。

(31) *Id.* at 112. 二重鍵括弧はプーフェンドルフの言葉をマルカジが引用した部分である。

(32) *Id.* at 114.

(33) *Id*. at 115. ここで誕生した個人の所有権は、人の意思（la volonté des hommes）の働きにより誕生したものであり、純粋な自然法に属するものではないことに注意する必要がある。しかし、一旦所有権が誕生するやいなや、「それは自然法の規則にさえなり、人に固有のものとして（en propre）属するものを取ることは犯罪になる。」その理由は、「より便利でより快適な生活をもたらすために、人に固有の物の構成と自然法の目的が、そのような制度を要求するから」である（*id*. at 116.）。
(34) *Id*. at 119. 二重鍵括弧内は、ロックおよびヴォルフの言葉を、マルカジが引用したものである。
(35) *Id*. at 120.
(36) *Id*. at 121. ただし、必要最低限の制限を、国家がその必要性を理由に、所有権者に対し、正当な補償のもとに加えることの可能性は、グロティウス、プーフェンドルフそしてロックの三者すべてにより、認められていた。さらに、近代的政府組織の基礎を成す三権分立についても、ロックの著作を通じて、フランス国民議会の代表者は、その必要性を理解していたとする。
(37) *Id*. at 134.
(38) *Id*. at 135.
(39) *Id*. at 138.
(40) *Id*. at 139.
(41) *Id*. at 140. 一七七四年の同業組合を廃止する勅令前文からの引用。
(42) *Id*. at 141.
(43) *Id*. チュルゴーによると、「いかなる宗教も、信仰の服従（la soumission des consciences）についてしか権利を有しない。各人の利益は救いに関して、孤立的（isolé）である。人はその信仰においては、証人および判断者として、神のみを有し、国家、社会あるいは人々の集団は、宗教の選択に関しては何者でもない。それらは、どれかを恣意的に採用する権利を有するものではないのである」と（Lettres sur la tolérance, *Œuvres*, t. II, p. 675, *quoted* by Marcaggi at *id*.）。
(44) *Id*. at 144-145. この点が、後にトクヴィルにより、その著作"*L'Ancien Régime et la Révolution*"（『旧体制と大革命』）において、重大な誤謬として批判の対象にされた。アレクシス・ド・トクヴィル、小山勉訳『旧体制と大革命』（ちくま学芸文庫、一九九八年）第三部第三章「フランス人はどうして、自由よりも先に改革を望んだのか」三三五—三五二頁、特に中国のくだりについては三四三頁を参照。
(45) *Id*. at 148.
(46) *Id*. at 153.

(47) *Id.* at 154-155.

(48) *Id.* at 156. 実際、「チュルゴーの登場は、重農学派に、活動を倍増させる機会を与えた。……新しい閣僚の出現は、将来に対する充分な保障を与えたのである。」

(49) *Id.* at 157.

(50) *Id.* at 158.

(51) *Id.* at 164.

(52) *Id.* at 175.

(53) *Id.* at 179-180.

(54) *Id.* at 180-181.

(55) *Id.* at 186.

(56) *Id.* at 188-189. その例として、シエイエスとラボー・ド・サンテティエンヌ（Rabaud de Saint Etienne）の草案の一部を引用している。前者は、つぎのような言葉によって、社会の構成は個人の権利の保護のためであることを表現した。すなわち、「社会的統一（union sociale）のすべては、……その目的として、人および市民の権利を、表明し、保障し、そして、これを拡大することしか、有し得ない」と。さらに後者も同様、「法律あるいは社会を構成するために人の間で可決された強制的協定（conventions obligatoires）の目的は、彼らをより強くそしてより幸せにすることである。……人は社会に入るときに、すべての権利をそこに持ってきている。……したがって、人は、その自由もその所有も犠牲にはしておらず、結局、人はその権利と呼ばれるものをいかなる仕方においても犠牲にはしていないのである。……彼は権利を保存し拡張するために、社会に持ち込んだのである」と。

(57) *Id.* at 190. また、ルソーの影響を受けていると考えられるいくつかの陳情書や草案においても、社会契約の後に国民主権の原理を確保し、これにより議会の会期の決定を市民の意思に委ね、法律の絶対性を制限しようとする。そして、このように市民がその所有権を守るために、議会の会期に対し有する力を「自然的、時効にかからぬ、不可侵かつ神聖な」権利であると、これら陳情書や草案が主張する点をマルカジは、「重農主義の影響」と考えるのである。

(58) *Id.* at 193, note 2. この注によると、第一三条となっているが、実際は第三条のようである。タルジェ案は、*Archives Parlementaires*, 1ʳᵉ série, tome 8〔以下、*AP*：8〕, 288. 本書第二部第二章第三節㈠七月二七日の注参照。

(59) 議論のさらに詳しい内容については、Stéphane Rials, *La déclaration de droits de l'homme et du citoyen*, Paris, 1988 at 130

-271.

(60) Marcaggi, *supra* note (2) at 209. この演説は、séance du 20 août, *AP* : 8, 462. からの引用である。

(61) Marcaggi, *id*. at 209-210.

(62) *Id*. at 212.

(63) *Id*. at 216-217. バルナーヴの発言は、八月一日の議会におけるものということである。*AP*, 8 : 32.

(64) Marcaggi, *id*. at 223-224.

(65) Jacques Godechot, *Les Institutions de la France sous la Révolution et l'Empire*, Paris, 1951, p. 27.

(66) *Id*.

(67) *Id*.

(68) *Id*. at 28.

(69) *Id*.

(70) *Id*. at 29.

(71) *Id*. また、パリ、ネヴェール (Nevers)、シャヴァンヌ (Chavannes)、レンヌ (Rennes) の第三身分の陳情書は、宣言の草案も含んでいた。その中でももっとも正確な陳情書は、経済学者デュポン・ド・ヌムールにより作成されたものであった。そしてこれが、すべての裁判所において、登録され、何度も教会で出版され、子供の教育のための教科書の中にも挿入された、ということである。このデュポン・ド・ヌムールに関しては、先に論じたマルカジも評価していた。本章、「第一節　マルカジの見解、7　重農主義の布教」参照。

(72) *La Révolution Américaine et l'Europe, Colloques internationaux du Centre National de la Recherche Scientifique*, No577, 21-25 février 1978, Paris-Toulouse, éd., CNRS, Paris, 1979, p. 365.

(73) *The Letters of Lafayette and Jefferson, with an introduction and notes by Gilbert Chinard*, The Johns Hopkins Press, Baltimore, Maryland, Les Belles Letters, Paris, 1929.

(74) Gilbert Chinard, "Notes on the French Translations of the "Forms of Government or Constitutions of the Several United States" 1778 and 1783," *American Philosophical Society Year Book 1943*, p.100.

(75) *Id*. at 102-103.

(76) *Id*. at 104.

(77) *Id*.

(78) *Id*. at 105. 六月一日の草案の文言は次の通りである。(下線部は、正式文書の文言上変化が見られる部分。)「18. That religion, or the duty which we owe to our Creator, and the manner of discharging it, can be directed only by reason and conviction, not by force or violence ; and therefore, that all men should enjoy the fullest toleration in the exercise of religion, according to the dictates of conscience, unpunished and unrestrained by the magistrate, unless, under colour of religion, any man disturb the peace, the happiness or safety of society. And that it is the mutual duty of all to practice christian forbearance, love and charity, towards each other.」そして、最終的な公式の権利章典の文言は次の通りである。「16. That religion, or the duty which we owe to our CREATOR, and the manner of discharging it, can be directed only by reason and conviction, not by force or violence ; and therefore all men are equally entitled to the free exercise of religion, according to the dictates of conscience ; and that it is the mutual duty of all to practise Christian forbearance, love, and charity, towards each other.」

(79) *Id*. 最終的に、フランスに初めて正式のバージニア権利章典が紹介されたのは、一九一二年にマルカジ(V. Marcaggi)が出版した、"*Les origines de la Dĕclaration de droits de l'homme de 1789*," (Paris, 1912) の付録においてであった。この事情をシナールはつぎのように述べる。すなわち、「それは最終的に、マルカジによって、その『フランス人権宣言の起源(*Les origines de la Dĕclaration de droits de l'homme de 1789*)』の研究の付録において与えられた。私の知る限り、それがフランスで印刷された、唯一の版である」と。

(80) *Id*.

(81) Gilbert Chinard, "Notes on the American Origins of the Dĕclaration des droits de l'homme et du citoyen," *Proceedings of the American Philosophical Society, 1954*, vol. 98, at 383-396.

(82) Gilbert Chinard, *La Dĕclaration des droits de l'homme et ses antĕcĕdents amĕricains*, Institut Française de Washington, 1945, at 11-13.

(83) *Id*. at 15.

(84) *Id*. at 15-16.

(85) *Id*. at 16.

(86) *Id*. at 20-21.

(87) *Id.* at 22.
(88) *Id.*
(89) Chinard, *supra* note (81) at 385.
(90) *Id.* at 387. 実際に標題の頁には、おそらくは副題としてであるが、つぎのような記述がある。「国民議会により宣言され、国王により批准された、人と市民の権利の宣言、いくつかの古代そして現代の人民の法と、特に、主としてアメリカ合衆国の宣言と、比較される。」しかしこれが後に『人と市民の権利の宣言・〈自由の第三年（*L'An Troisième de la Liberté*）版〉』として、一つの本にまとめられたときには、「国王により批准された」という文言はなくなっていたということである（*id.* at 388）。
(91) *Id.* at 387.
(92) *Id.* at 389. その例として、その編者は、アリストテレス、キケロ、ホッブス、プーフェンドルフ、バーベイラック、グロティウス、ヴォルフ、ブラマーキ、ルソー、およびマーブリーをあげていた。『人と市民の権利の宣言・〈自由の第三年（*L'An Troisième de la Liberté*）版〉』原本の一五頁。
(93) *Id.* 原本の二三―二四頁からの、シナールによる引用部分。
(94) *Id.* 原本、二九頁からの引用。
(95) *Id.*
(96) *Id.* at 393. 原本、三四頁からの引用。
(97) *Id.* 二重鍵括弧は原本、七一頁の言葉。
(98) Diethelm Klippel, "La polémique entre Jellinek et Boutmy," *Revue française d'Histoire des idées politiques, 1995*, at 80.
(99) *Id.* at 80.
(100) *Id.* at 81.
(101) 本書前述、第一章第三節「イェリネックの反論」参照。
(102) Document, George Jellinek, "La Déclaration des Droits de l'homme et du Citoyen, Contribution à L'histoire du droit constitutionnel moderne," *Revue française d'Histoire des idées politiques, 1995*, at 175.
(103) Klippel, *supra* note (98) at 84.
(104) *Id.*
(105) *Id.* at 85.

(106) *Id*. このクルト・ヴォルツェンドルフは、「落ち目のアカデミズムに固執して、ネグリジェを着てふらふらうろついている、革命研究の教授」として、自然法をけなしたのである。そして、そればかりではなく、彼は、自然法やフランス革命の自由の観念とはまったく異なる、特殊ゲルマン的な法的伝統から出発して、基本的人権に対抗する論争を巻き起こした。これが、国家社会主義（le national-socialisme）の時代に、多くの著作家により信奉され、公法私法両分野において主観的法、特に基本的人権に対抗するものとして流行したのである。

(107) *Id*. at 88.

(108) *Id*. at 89. 多くの理由の一部分としてクリッペルは、つぎの二つをあげている。一つは、重商主義絶対主義国家においては、たとえば人口を増加させる目的など、利害的な理由で国家は特権を認めたのであり、個人的自由に対する権利としてではなかったこと、そしてもう一つは、一八世紀終わりから、自由の近代的観念が、国家からの特権免除に反対する形ではっきりと向けられるようになったこと、である。

(109) *Id*.

(110) *Id*. at 89–90.

(111) *Id*. at 90. その後いかにドイツにおいて研究が進んだのかを、クリッペルは概説している。すなわち、部分的にはイェリネックに起因する不十分さをドイツの研究は、特に二つの方向で進展させた。一つは、「現実的自由（liberté réelle＝reale Freiheit）」の歴史においてである。これは、具体的社会の次元での自由の精神を探求するものである。もう一つは、以前より広範囲なテキストを基礎とした方法、そして学際的志向の観点からは、より確実な基本権の理論と概念の歴史が形成されたことである。

しかしこれらにも問題は残っており、それは、研究対象の無限定化（la délimitation de l'objet de la recherche）である。この課題にそれまでの古来の学説は、人権宣言の、ある狭い歴史部分に限定して議論したり、あるいは、「人間の尊厳と自由の、法的・道徳的保障」を共通目標にした、汎歴史的なものとして人権を理解することにより、対処してきたのであった。さらにこの無限定化の問題は、人権の社会史が、「個人人権の理論の歴史的現実的条件（les conditions réelles historiques）」を研究する際にも浮かび上がる。また、「基本権の価値の歴史としての基本権の歴史概念」を研究する Gunter Birtsch においても、価値とは何か、そしていつ、殊更にその価値について論じることができるのか、「研究対象はさらにぼやけそうである。」

(112) *Id*. at 92. Isaak Iselin, Johann August Schlettwein など。

(113) *Id*. at 93–94.

(114) Rials, *supra* note (59), Chapitre 2 : L'esprit de la Déclaration, "Déclaration française et déclarations américaines :

Boutmy et Jellinek renvoyés dos à dos," à 355. なお、《Rials》の読みについては、他に「リアル」がある（国府田武訳『フランス革命史』（白水社文庫クセジュ、一九九二年）では、著書の一人として同じRialsを、「リアル」と表記している）が、本書は、辻村みよ子『人権の普遍性と歴史性』（創文社、一九九二年）の表記に倣って、「リアルス」とする。

(115) *Id.* at 356.

(116) *Id.* at 357.

(117) *Id.* at 357-358.

(118) *AP*, 8 ; 281, cité *id.* at 358.

(119) Rials, *supra* note (59) at 358. *See* also at 445, note 96.

(120) *Id.* at 358.

(121) *Id.* at 359.

(122) *Id.* at 360-361. たとえば救済法として、イギリスの人身保護法（Habeas corpus）を例に挙げている。

(123) *Id.* at 361-362.

(124) *Id.* at 362-363. 大陸会議決議で自分たちが保有すると宣言した自然の権利等の内容として、特につぎの四項目を挙げている。すなわち、第一に、生命、自由、そして、財産の権利を有すること、第二に、自分たちの祖先が母国から植民地にわたってきたとき、自由民、自然民の有したすべての権利、自由そして免除を携えてきたこと、第三に、これら権利等はその移民により、喪失され、放棄され、あるいは、消失しなかったこと、そして第四に、各植民地はイギリスのコモン・ローへの権利を有すること、である。

(125) *Id.* at 364. そのうえで、イギリスにおける自然法の取り扱いと、アメリカでのそれとの相違を説明している。すなわち、イギリスの自由は、「自然法（la Loi naturelle）の最も深い要求に関する、具体化および技術的形式化」であったが、アメリカにおいてはそのような所与の手続で自然法を現実化するのではなく、より過激に、そして、より自由主義的に、これを行なおうという考えが強かった。しかし同時に、自然法の現実化の作業は、旧植民地において宣言的な働きをすることを期待されていたばかりでなく、特にデュープロセスを介して、一九世紀の人権の原理的な解釈を行なうにとどまることも、要求されていたのである、と。そして、そのほかアメリカとフランスの理解の相違に関しては、所有権について特に異なることを述べている。つまり、アメリカでは所有（la propriété）よりも占有（l'appropriation）の方を自然権として捉えていたし、また、法の下の平等についてもより曖昧であった。そしてこれらの相違を、状況的（circonstancielles）な原因によるものとする。つまり、アメリカではフランスに比べて、法的平等、所有に対する脅威が少なかったことによる、と。

そして、フランス人権宣言に対するアメリカの諸権利章典の影響に関しては、これを否定的に理解しているようだ。その理由には二つある。まずは、当時の国民議会代表の多くは、「イギリスの様式がすでに衰退していたときに、アメリカ革命は、臆病で（timorée）、少々イギリス的すぎる」（*id.* at 366）と考えていたようであること、さらに他の代表は、アメリカは、当初の自然法思想の強い影響を受け、自然状態から国家を構成したものと考え、アメリカから「『無文明（non-civilisation）』と思われるものが、フランスに輸出され、これがフランスにおいては凶暴な『脱文明（dé-civilisation）』となる可能性があることを、危惧していたからである（*id.* at 367-368.）。

(126) Georges Lefèbvre, *La Révolution française*, Paris, 1963, 5e éd. à. 164（"Peuples et Civilisations", vol. 13）, *quoted* by Claude Fohlen, "La filiation américaine de la Déclaration des droits de l'homme," Claude-Albert Colliard, Gérard Conac, et al, *La Déclaration des droits de l'homme et du citoyen de 1789, Ses origines-sa Pérennité*, Paris, 1990, à 22.（Lefèbvre 同書、1968, 6e éd. 同所にて同文章確認。）

(127) Claude Fohlen, "Bill of Rights et Déclaration des Droits de l'Homme," *Focus Le Temps des Constitutions 1787-1795*, Paris, 1987, à 20.

(128) *Id.* ここで言う「都合により」人権を、人権宣言のうちに構成する、というのは、アメリカの一七九一年の権利章典が、そのような「都合」で作られたものであるという主張に基づく。つまり、連邦憲法の批准に反対するアンタイ・フェデラリストが、連邦政府の権限から人民の権利を保障するためには、是非、人権を保障する権利章典が必要で、それまでは憲法の批准はできない、とする立場を堅持したので、批准を急ぐフェデラリストたちは、妥協的に、第一回連邦議会でアンタイ・フェデラリストの要求を呑み、権利章典の審議に入ったのであった（田中英夫『英米法総論　上』（東京大学出版会、一九八〇年）二二六―二二八頁など）。こうして誕生した権利章典を、フォーレンは、「都合により」できた人権のリストと見る一方、そのようなものではないフランス人権宣言を、原理に基づく人権保障のための崇高な文書であると考えるのである。

(129) *AP*, 8 : 317, 1er août 1789, *cité* par Fohlen, *id.* à 20.

(130) Fohlen, *supra* note（127）at 21.

(131) *Id.* それでは、このようにカトリックが主流であるフランスの土壌の人権宣言の前文および条文に、いかにして、あらゆる宗教的良心の自由が認められることを可能にする文言が挿入されたかというと、それは、三分の一がプロテスタントである、ニームの代表として国民議会に参加していた牧師、ラボー・サンテティエンヌ（Rabaut Saint-Etienne）の活躍によるものだとする。

つまり、宗派として認められなかった彼の率いるプロテスタントは、アメリカのモデルの採用しか自分たちの道はなかったことを認識していた。そこでサンテティエンヌは、マサチューセッツの社会を例にあげて、社会に多数の宗派が共存することを可能にする条文を、人権宣言に挿入するよう、自分の条文案を提出したが、それは、制限無く宗教的良心の自由を認める、バージニアの条文に非常に似ていた。しかし、これもフランスの精神により、法律で制限が可能であるという第一〇条になったのである。

(132) まず、タルジェの草案は、「政府は人の幸福（le bonheur des hommes）のためにのみ構成される。そしてその幸福とは、すべての者に適用され、自然権の十分かつ自由な遂行のみに存在する」とした。ムニエ草案は、「あらゆる政府は、一般的至福（la félicité générale）をその目的として有さなければならない」と規定した。そして、第六部会草案の第一条は、「それぞれの人は、自然から、自らの保存と、幸福である欲望（le désir d'être heureux）に、留意する権利を、確保している」と規定し、さらに第二条は、「その保存を確保し、満足感を追求する（se procurer）ため……」と規定していた。この第六部会草案第一条と第二条を、ラングルの司教（l'évêque de Langres）が後に融合させ、「自然の創造主は、すべての人を、幸福の必要と欲求、そしてそれに到達する能力のもとにおいた。そして、自由はまさに、この能力の十分なそして全体的な遂行の中に存在する」という条文を作った（*id.* at 21-22.）。

(133) *Id.* at 22.

(134) *Id.*

第三章　アメリカにおける議論の展開

前章では、フランス人権宣言に対するアメリカ諸宣言の影響に関する、フランスでの議論を概観した。その結果、中には、アメリカの諸権利章典が広くフランス語に翻訳され多くのフランス人に知られていたという事実を最大の理由として、アメリカ諸人権文書のフランス人権宣言への直接的影響を認めようとするシナールのような有力な論者もいるが、むしろ逆に、当時のフランス思想の、特に一八世紀哲学の影響を基礎にフランス人権宣言が作成されたとする見方が、大勢を占めていると考えられることが理解された。そこで本章では、視点を転じて、フランスから見て大西洋の反対側にあり、シナールらが、フランス人権宣言に強い影響を与えたと主張する、アメリカ諸権利章典作成側の立場からこの問題を見るべく、アメリカでの議論を検討していこう。

第一節　ベイカーの見解

すでに前章第五節でその議論を検討したところだが、リアルス教授は、フランス国民議会の議論やさまざまな陳情書および宣言草案を基礎に、フランス人権宣言の意味そして憲法と人権宣言の関係に焦点を当てたが、スタンフォード大学のベイカー（Keith Michael Baker）教授の意見もある程度これに類似するものと言えよう。一方、人権宣言の起源に関する、イェリネックとブトゥミーに始まる議論についてベイカーは、つぎのように理解する。すなわち、イェリネックが主張するように、すべての条文が大西洋を越えてアメリカからフランスに直接的にわたってきたと信じている者はもはやほとんどいない。また逆に、ブトゥミーが主張するように、ルソーの思想がフランス人権宣言に強い影響を与えたという事実を否定する者も、もはやほとんどおらず、さらに一八世紀啓蒙思想が宣言に果たした大きな役割に至っては、「実質的には意味のないほど一般的な主張」なので、反論のしようもないとする。要するに、フランス人権宣言の研究で重要性を有するのは、「その意味と状況の問題（questions of meaning and situation）」であると主張する。すなわち、フランス人権宣言の条文の意味および歴史的意義を認識するためには、それが作成されたときの社会的状況および作成主体たる国民議会の状況と、そこにおける議論の展開を検討する必要があると主張するのである。

そして、特に後者、つまり、国民議会における議論の展開を検討するためには、まず、国民議会開始以前の社会的状況に触れる必要があるとして、ベイカー教授は、フランス憲法思想家シエイエスの分析に言及する。シエイエスが行なったアメリカ革命および諸邦の権利宣言の分析によると、アメリカ革命によって、アメリカはイギリスから独立を果たしたものの、「独立宣言」がイギリスの伝統的方法においてなされている点において、完全ではなかった。つまり、その時々の家臣あるいは人民の、ある特定の事柄に関する不満を、領主あるいは国王に陳情し、爾後そのようなことが起こらないように約束させる、という伝統的方法を、アメリカの諸邦宣言も踏襲したとシエイエスは言うのである。換言すると、当時のアメリカ諸邦が直面していた、イギリスからの課税という「直接的被害（immediate injuries）」に対処するための直接的方法としてある宣言を作成すると、その特定の被害・損害を回避するための個別的宣言、つまり、条文形式の宣言になりやすい。そしてまさにこれが、アメリカ人がおかした大きな誤りだった、とシエイエスは言うのだった。このことをベイカーは、つぎのように述べる。すなわち、「この種の個別的宣言（particularistic declarations）は、不完全な革命の徴候以外の何ものでもない。完全な主権を獲得しつつある人民であれば、普遍的〔宣言〕しか必要とはならないのだ[1]」と。そして、確かに、バージニア権利章典も、ペンシルバニアの権利宣言も、各邦住民の、「集団的権利（the collective rights）」を、彼らの為政者から保護することを目的とするもの、つまり、個別的宣言の性格を有するものだったのである。ベイカーによると、このようなアメリカ諸権利章典の性質に比して、フランス人権宣言は、このような個別性あるいは特定事件性がなく、より普遍的な宣言であるというところに、アメリカ諸権利章典との大きな違いが存在する。ベイカーは言う。すなわち、フランス人権宣言においては、「究極的にはそこからその文書が導き出されるところの集団性（the collectivity）は、普遍性へのアピールという抽象的形式によって、実質的に消去されている」[2]と。このように、アメリカ諸権利章典は個別性という性格を有する一方、フランス人権宣言は普遍性の性格を有するという事実を理解することが、両者の基本的性質の理解には、最も重要であるとする。

1　ベイカーによる国民議会の議論の素描

それでは具体的に、国民議会において議論の対象になったのは何かというと、ベイカーによれば、まず宣言に明記するべき内容であった。すなわち、一方では、イギリスなどのモデルにしたがって、「専制政治を回避するためには権力分立を宣言の中に明言するべきである」とする、立憲主義者（constitutionalists）の主張が存在したのに対し、他方では、前章第一節で検討したマルカジの論文の中で論述されていたように、当時のフランスで中心的な思想潮流であった重農主義による、「権利に対する無知、忘却がすべての不幸の源であるため、これをなくするために、個人の自由と権利の内容を人権宣言に列挙し、各地でこれを掲示し教育することこそが大切なのであって、権力分立というシステムの導入は不必要である」、という主張が存在し、これら内容に関する議論がなされた。前者の主張は、ムニエに代表され、後者の主張は、コンドルセ、デュポン・ド・ヌムール、ボドーに代表される立場であった。さらに先述のシエイエスのように、内容もさることながら、人権を人権宣言において宣言するという事実自体により、「既存のすべての権力を破壊し、革命的政治意思を主張することを合法化する」という、権力合理化の効果を狙った者もいた。[3]

またさらに、憲法と人権宣言の形式をいかなるものにするかという、具体的な議論においては、憲法委員会は、つぎのような様相を呈していた。まず、専制政治防止の手段として、政府の基本的構造にむしろ重点を置くムニエは、妥協して、人権宣言の作成を認めるものの、別々の文書としてではなく、同一の、憲法という文書の内においてこれを実現することを提案した。すなわち、ベイカーの表現を借りると、「人権宣言は、憲法の不可分の一部分(an integral part of the constitution)と考えられねばならず、憲法それ自身が完成するまでは、決定的な採択はされてはならず、また、憲法と別個に出版されてもならない(4)」と。

その後、七月一四日バスチーユ襲撃の後、おおよそこの線が受け容れられ、今度は憲法起草の方法が問題となってきた。そのために、三つの身分から計八人を選出することにより憲法委員会を構成することになったのである。

憲法委員会は、七月二七日に国民議会に対する報告を行なったが、その内容はおおよそつぎのようなものとなった。まず第一身分の代表として報告したのは、ボルドーの大司教であるジェローム＝マリ・シャンピオン・ド・シセ(Jérôme-Marie Champion de Cicé)で、立憲君主制を基礎概念として憲法は作成されるという、委員会の一般的な指針を示し、第二に、第二身分から、クレールモン＝トネール(Clermont-Tonnerre)が、諸地方議会からの陳情書の分析から、君主制政府、議会の課税に対する同意権、および、所有と自由の保障を基本として憲法作成に当たることを期待されている旨報告した。しかし、事実としては、諸陳情書は、大きく、君主制下の伝統的憲法を修正することによって憲法を新しくするべきだとするものと、反対に、まったく新しい憲法を作成すべきだとするものとの、二つに分けることができたのである。そして第三身分代表としてつぎにムニエは、憲法の冒頭に人権宣言を置き、ついで本文では立憲君主制を原理とすることを提案したのであった。この憲法委員会の案は、立憲君主制憲法の形式に近いもので、ムニエが、ラファイエットの初期の草案をモデルとして、できるだけ短く、シンプルで、ラファイエット草案に忠実に作ったものであった。そしてこの時点で、憲法委員会は、シエイエスが提案していた、基本原理の体系的表明である草案を排除することにした。このようなムニエ草案を基礎にした逐条的草案をもと

に、国民議会は人権宣言の議論を行なうことになっていったのである。(5)

ところが八月一日にようやく実質的に国民議会が始まってみると、五六名以上の代表が発言の機会を求め、憲法委員会の議論を振り出しに戻すかのような状況をあいついで引き起こし、再び人権宣言の形式および憲法の位置関係をどのようにするかが問題とされることになった。(6) 人権宣言を憲法の前に置くことに反対したのは、先のボルドー大司教の弟、ジャン＝バプチスト＝マリ・シャンピオン・ド・シセ（Jean-Baptiste-Marie Champion de Cicé）であった。彼はアメリカの例のように、フランスで国家が自由平等な市民によって構成されうることを信じていなかったのである。そこで、彼は、人権宣言を論ずる以前に、フランスを一つにまとめることを考えなければならないと唱え、かなりの支持を得ていた。一方、人権宣言を推進する側では、アントワーヌ＝フランソワ・ドゥランディーヌ（Antoine-François Delandine）を中心とする、抽象的規定を避けるべきとするグループが優勢であった。彼らが抽象的表現を避けるべきだとする理由は、抽象的表現で宣言を作れば、宣言にさまざまな解釈の余地が生じ、個人がこれに勝手な解釈を施し、自分たちに都合の良いように権利を拡張し始める危険があるからである。また、人権宣言を作るにしても確固たる憲法的基盤を作成してからでなければ、人民の絆が崩れる、したがってまず、憲法の議論をすべきだとしたのは、ピエール＝ヴィクトール・マルエ（Pierre-Victor Malouet）であった。さらに、人権宣言を憲法作成以前に作成し、憲法の前に置くべきとしたのは、ルソーの社会契約論に影響されながら議論したジャン＝バプチスト・クレニエール（Jean-Baptiste Crénière）であった。彼の考えでは、どのような条件で社会を構成するのか、その条件を明示するのが真の人権宣言だから、この点がまず論じられなければならなかったのである。つまり、社会を構成すると、かくかくしかじかの権利と自由が与えられるであろうという、契約を結ぶのが社会契約なので、その条件が提示される必要があるということである。しかし、この最後のクレニエールの考えは、人権の内容を社会構成の条件とし、また、社会構成により初めてこれが確保されるとする点において、人間意思を超えたところに存在する原理に人権の存在理由を求め、それゆえに、人権宣言を憲法に先立たせようとするモンモランシー＝ラヴァル（Montmorency-Laval）のような代表たちには、受け容れられなかった[7]。

このようにさまざまな議論が交錯する状況が、八月三日まで続いた。そして、このような状況を、当時の出版物、「ポワン・ドゥ・ジュール（*Point du jour*）」はつぎのように伝えている。すなわち「議論の最初の日には、人権宣言を憲法と別個にするという考えが、採択されるかすら疑わしい様子だった。二日めには、人権宣言に対する反対意見（たとえばアメリカの自由によってフランスの自由が与えられるのか、など）が尽くされた。最後に三日目には、人権宣言と組み合わせて義務の宣言を作るべきかのみが議論された[8]」と。つまり、三日めには、さらに議会を混乱させる意見、つまり、「義務の宣言」を、「人権宣言」と併せて作るべきだという意見が登場してきたのであった。もっとも、この意見を表明したシャルトル（Chartres）の司教の真意は、人権宣言の作成が先決であるとする方向に動きつつあった国民議会に対し、牽制をかけることだったのであろう。彼はつぎのように述べた。すなわち「もしも宣言が必要だと言うなら、堕落を避ける方法を考えねばならない。〔宣言だけであれば〕自己本位と傲慢（egoism and pride）を〔人々に〕目覚めさせる危険があるからだ。お世辞的な権利の表現には、その矯正役として義務（duties as a corrective）が伴わなければならない[9]」と。この「義務の宣言」の要請は、議会の中である程度の勢力を占めたが、結果的には、五七〇対四三三で否決されることになった。こうして、封建的制度および特権を廃止することになる八月四日の午前になってようやく、国民議会はほぼ満場一致で、人権宣言を憲法の前に置くことを採択したのであった[10]。

このようにして人権宣言を憲法から独立させて憲法の前に置くことが採択されたとは言うものの、八月四日夜の決議により、封建的特権すべてが廃止されたことを受けて、その後約一週間はその決議の整備に費やされたため、議会がつぎに人権宣言に関する議題を俎上に載せたのは、八月一二日のことであった。この日、議会は、五人委員会（Comité des cinq）を構成することを決議し、それまでに提出されていたいくつもの宣言草案を、一つのたたき台としてまとめさせることにした[11]。ところが実際には、ミラボーをリーダーとした同委員会は、その他の草案をほぼ排除し、独自の委員会草案を作成したのであった。これを八月一七日にミラボーは議会に提出したが、その際に彼は委員会草案の説明を行なっている。それによると、この草案の特徴は、まず宣言が、シエイエスの主張とは異なり、抽象的文章ではなく、アメリカの権利宣言等のように複数の条文により構成されていること、そして、これによって人民に、より受け容れられやすくしたこと、また、同様に人民に分かりやすいように日常生活の言語と単純な論法で作られていること、また、その一方で、感情に訴えるよう貴族的な仕組みは避けたこと、である。特に条文形式というスタイルにしていること、また、人民に受け容れられやすいように工夫をしている点に、アメリカのそれまでの先駆的権利宣言の影響が見て取れよう。しかし、同委員会が目指した、理想的な人権宣言からはかけ離れたものであった。理想的な宣言、それは、単純、明白かつ豊穣な格言を含み、その結果、そこから逸脱することができず、すべての憲法がそこから発するところの宣言であった[12]。さらに、抽象的文章の使用を避けるという点についても、抽象的表現を全面的にぬぐい去ることはできておらず、同日ミラボーが提案した宣言の前文は、最終的な人権宣言の前文とほぼ同一で、そのような抽象的表現に徹していたのである。そしてそこには、先にすでに検討したマルカジの主張のように、重農主義の影響が見て取れる。このことをミラボーは自らつぎのように述べている。すなわち、「かくも高尚で、かくも自由な、そしてかくも豊潤なこの原理の中には、私の父とその典型的な友人ケネーが、三〇年前に捧げ、シエイエスが誰よりも見事に表現した、すべてがある。そして人間のすべての権利、すべての義務が、ここから導き出されるのである[13]」と。ところが、前文に続く各条文においては、ルソー的要素が多く含まれているとベイカーは述べる。「ミラボーの委員会によって起草された権利の宣言のこれに続く条文は、厳格にルソー主義であった。すべての人々は自由かつ平等に生まれると宣言した後、草案は社会契約から直接導かれる、政治的結社の定義を提供している[14]」と。このような両面性を有する、すなわち抽象性と具体性、および、重農主義的性格とルソー的性格を併せ持つ五人委員会の草案は、国民議会では受け容れられがたく、強力な反対を招き、議会は同委員会が構成される八月一二日以前の状況、つまり、いくつもの草案が優劣決めがたい状況で混在している状況に戻ってしまったのである。そこで議会は、この草案を一旦、諸部会（bureaux）に廻したが、翌日、諸部会はこの草案をたたき台に議論することを否決した。このように一旦は暗礁に乗り上げたかのように見えた議論ではあったが、人権宣言を議論するなら今か、そうでなければまったくしないかの、どちらかの選択をしなければならないという、ラリー＝トランダル（Lally-Tollendal）の問いかけによって、議会は再度、それまでに提出されていた最も簡潔な草案である第六部会（Le sixième bureau）のそれをたたき台にすることに決定した。[15] その後、条文ごとに、その他の草案のある部分を加えたり削除したりなど、議会で修正を加えていった結果、八月二六日までには、もともとの第六部会草案とはかけ離れた宣言草案ができあがっていた。特に、ミラボーの五人委員会が作成し提出していた前文案は、八月二〇日に他の前文案が議会に提出された際に、突如、最終案として復活し、これがほぼそのまま八月二六日に、人権宣言前文として採用されたのである。[16]

2　ベイカーの結論

以上の検討から、ベイカーはおおよそつぎのように結論づけている。つまり、人権宣言の作成は、確固たる基盤をもとに満場一致的に、なんの問題もなく完成したのではなく、逆に、多くの不確実さと多くの困難を乗り越えてようやく可能となったものである。すなわち、「人権宣言のテキストは、かの有名なフランス理性論（French rationalism）の、衝撃的な証明、かつ、そのほぼ不可避的な産物であるという風にみられてきたが、それは非常に外見的なことで、実は、一七八九年当時において、はじめから分かっていた結論はまったくなく、そこから大きくかけ離れていたのである。逆に、その作成の議論は、つぎの各点に関し、深い不確実性と衝突の議論であった。〔それら議論の各点とは〕人権宣言というものの意義と基本的目的、その必要性と望ましさ、その利益と潜在的危険性、それが取るべき形式、それが構成される手続、国民議会が修正することを決意していた憲法とそれ〔人権宣言〕との正確な関係、そのなかでの権利と義務との相対的地位、時間と空間の特定的考察に対する永遠的普遍的原理の要求

〔の各点にわたっていた〕」[17]と。さらに、こうしてようやく誕生した人権宣言の性質に関しては、確かに永遠性や政治的透明性の理想を有するが、もともとそのような方向で作成されたと言うよりは、時間的空間的限定と議論の過程での妥協と曖昧性に依拠しながらも、ようやくその性格を堅持したものであるとする。すなわち、「人権宣言は永遠の原理に訴えてはいるが、時の政治の急場に関する激しい衝突により作られたものであった。また、人権宣言は政治的透明さの理想を堅持したが、これもテキスト上の妥協と概念的曖昧さの産物として生じたものなのである。…〔したがって〕宣言の多くの条文は、深く曖昧なままにとどまっており、それら条文の意味は、それらに効力を与えることになる憲法条文に関する、その後の議論により決定されることになった」[18]と。

このようにベイカーは、国民議会における人権宣言作成に関する議論を検討した結果、そこでの論争は、議論の土台を形成する時点からすで多岐の論点に渡って生じており、常に宣言作成の放棄まで含む、非常に不安定な状況の下に進行したものであること、したがって、人権宣言が、ルソーの自然権思想のような確固たる原理や、アメリカの権利章典のような具体的モデルをもとにして、満場一致的に、さしたる議論も衝突もなく作成されたのではないことを明らかにした。

このことから、また、フランス人権宣言の起源に関する議論についてベイカーは、つぎのことが演繹できるとする。つまり、その当時のフランスの政治状況・歴史状況に基づいて、その固有の目的を達成するために人権宣言は作成されたものであり、それゆえにフランスの固有性・独自性が宣言の大半を占めているということである。その過程で確かに、アメリカの権利章典等が議論になったことがあったが、それは宣言というもの自体の必要性、あるいは、宣言の危険性、特に宣言の表現において曖昧さがある場合の危険性、または、宣言の形式、つまり条文構成にするかシエイエス案のように論理的文章構成にするか、そして、その場合の問題点などを論ずるためであった。要するに、人権宣言類似のアメリカ諸人権文書がアメリカにおいていかなる経験を有するかを議論の対象にしたのであり、その思想的内容、または原理の模倣をするために参照したのではないということなのである。その証拠に、フランス人権宣言前文を作成するにおいても、議会は代表者あるいは各地方三部会から提出された多くの草案を検討し、その結果、重農主義的基礎を有するミラボーのそれをほぼ全面的に採用しながらも、各条文においては、ルソー的な思想系譜を採用し、しかし、議会の構成つまり代表制に関しては、まったくのルソー主義的直接民主主義ではなく、実現可能な国民主権原理を、つまり代表制を可能にする原理を、直接民主制との妥協策として取り込んだのである。

このように、ベイカーの考察から、フランス人権宣言におけるフランス思想の独自性が相当程度の範囲において見いだされたのであるが、しかしこれは、人権宣言に関する彼の主要な関心事ではなかった。ベイカーにとってはそれはむしろ、先述のように、フランス人権宣言の「意味と状況の問題」であった。この問題を解くために彼は、アメリカの宣言を上手に利用さえしているのである。たとえばフランス人権宣言第一六条は、アメリカ諸権利章典と同様に、確かに権力分立を規定しているが、はたしてフランスの宣言のそれが、内容的にも実質的にアメリカと同様に、三権が独立対等でなければならないという意味での権力分立であったかというと、これには大きな疑問があるとする。つまり同じ権力分立原理であっても、アメリカ的なものとそうでないルソー主義的なものが存在し、フランス人権宣言は後者、すなわちルソー主義的権力分立を採用していると言う。すなわち、立法権と執行権とを区別しつつ、前者は一般意思の表現としての法律を制定する最高機関であり、後者はこれを忠実に執行するための機関である、つまり順位的には前者の方が後者よりも優越的な地位を認められているものとして、権力分立が規定されている。このフランスにおける権力分立の特質を際立たせるために、アメリカの例を、その対象物として引き合いに出して説明しているのである。このような意味で、アメリカのモデルが有用ではあるがそれはあくまで、フランス人権宣言の「意味と状況の問題」に対処する目的においてのみなのである(19)。

第二節　ゴードン・ウッドの見解

すでに第二章第六節で概観したフランス人学者フォーレンの論文に対するコメントとして、アメリカ人学者ゴードン・ウッド（Gordon Wood）は、フォーレンと同様に、アメリカの諸権利宣言がフランス人権宣言の起草に与えた影響を限定的に捉えるが、その理由については、当時のアメリカ的な状況を踏まえて、フォーレンとは異なる立場をとっているところに特徴があると言えよう。まず当時の社会状況、歴史状況がフランスとアメリカでは大きく異なることについては、フォーレン同様ウッドも認め、それが両宣言に際立った性格上の相違をもたらした大きな要因であるとしつつ、独立宣言から連邦憲法の権利章典が採択されるまでの約一五年間の、アメリカにおける諸邦権利章典の状況に関して、特に言及している。つまり、それら諸権利章典の重要性がはじめて認識されるようになったのは、南北戦争後のことであり、諸人権文書作成当時の諸社会状況においては、それほどの重要性を有するものと考えられてはいなかった。したがって、これらアメリカの宣言が、当時において、そもそもフランス人権宣言の作成上何らかの影響を与えたかは、疑問があるとするのである。すなわち、「これらアメリカの諸権利章典は、一七八七年以前のアメリカ人には少なくとも、一七八九年のフランス人にとってフランス人権宣言が重要であったほどには、重要ではなかった。〔アメリカ権利章典のその後の〕重要性は、アメリカの歴史のその後の発展〔により付加されたもの〕である」[20]と。

さらに、フランス人権宣言に何らかの影響を与えたとされる、バージニア権利章典で規定されている多くの権利でさえ、本来、「具体的、個別的で、日常の法手続の一部であった」ところの「イギリス法に埋め込まれていたコモン・ロー上の自由」であり[21]、いわゆる自然権ではなかった、と主張する。それではなぜこのような「コモン・ロー上の自由」を主として規定するバージニア権利章典が、自然権を基本とするフランス人権宣言に影響を与えたと主張されうるのかというと、アメリカ植民地の経験によるところが大きいとする。すなわち、ウッドによると、本来的には「コモン・ロー上の自由」がイギリス本国人のみならず、植民地人にも保障されなければならないというのが植民地人の主張だったが、その後、このコモン・ロー上の権利に自然法的色彩が故意に加えられることになったのである。そしてその経緯はつぎのようにしてであった。つまり、植民地を構成してからそれまで、彼ら植民地人たちが享有してきた、これらイギリス人としての個々具体的な権利は、イギリス本国との抗争においては、自分たちの自由と独立を保障するには充分なものではないことを、独立宣言公布の直前に彼らアメリカ人は悟るに至った。そこで彼らは、自分たちの既存の自由と権利、つまりイギリス人としての自由と権利を守るために、これらをはじめて自然権として構成したのであった。すなわち、「独立宣言のまさに前夜、イギリス憲法は彼らのイギリス人としての権利を保護しはしないことを理解した植民地人は、その時、そしてその時になってはじめて、これらの権利を《自然権》と呼び、そのラベルを貼り始めたのである。…彼らはこれら権利を保障するためには、イギリス憲法以外の基礎が必要で、それを自然〔法〕に求めたのであった[22]」と。要するに、自然権というラベルを貼ってはいるものの、それらの実体はイギリスから継受してきた、イギリス人としての、「コモン・ロー上の自由」に過ぎないものだ、とゴードン・ウッドは言うのである。したがって、これらとフランスのいわゆる自然権との間には、名目上のつながり以上のつながりは否定されることになる。

つぎにウッドが関心を向けるのは、両宣言の性格に関してである。つまり、個々具体的な「コモン・ロー上の自由と権利」を再度確認し、それらを自分たちの政府から確保し保障するという、防衛的（defensive）性格を有するのが、アメリカ独立宣言や諸権利章典の大きな役割と性格であるのに対し、フランス人権宣言は、むしろ普遍的性格を有する創造的（creative）な文書であると述べる。「フランス人権宣言には、アメリカ権利章典が示唆しているとは思われない普遍性が存在する。また、フランス人権宣言は、防衛的ではなく創造的文書である。それはただ単に権力から〔自由と権利を〕保護するのみではなく、それ自身、権力を創造し、また社会それ自身も、創造するのである。…フランス人権宣言は一般的に存在する法の一部分ではなく、法と政府の一般的諸制度を超越する〔transcends〕ものなのである」と。このことから、ウッドは、つぎのような重要な結論に到達する。すなわち、「アメリカの諸権利章典の、フランス人権宣言の内容に対する影響を語ることは、誤りであると私は考える。…影響という用語〔を用いること〕が正しいとすれば、それはもっと限定された意味においてであっただろう。すなわち、内容に関してではなく、権利をリストにするというまさにその考えに関して〔のみ影響は考えうるの〕である。フランス人権宣言が採った、〔人権を〕リストに列挙するという形式は、アメリカの経験の一部であった。そしてこのようにして、おそらくアメリカの例は、フランス人が自分たちの宣言を起草する際に〔一定の〕役目を果たしたのである」[23]と。

しかし、ウッドの議論の要点は、実は、このようにアメリカの諸人権文書がフランス人権宣言上に及ぼした影響が、かなり限定的であったことを理解するべきだと主張することにはなかった。むしろ、そのような影響がいかなるものであったかという問題設定自体が、そもそも良いものではないと主張したかったのである。すなわち、「《誰が誰に影響を与えたか》というのは問題ではない、あるいは興味深い問題ではない。…〔われわれが焦点を当てるべきなのは〕一七八九年にフランス人が人権宣言の概念をどのように扱ったか…彼らがその宣言を起草したときに彼らが何をしたか、これこそが興味深く新しい、意義ある問題であろう」[24]と。このような問題設定から、フランス人はその普遍性を有する人権宣言の公布により、特に西洋を中心とした全世界に、人権宣言の重要性を認識させたものであることを主張する。そして、そのような重要性を認識した例に漏れないものとして、アメリカの権利章典を位置づけるのである。すなわち、「実際、最終的にアメリカの諸権利章典の意義を世界に印象づけたのは、フランス人だったのである。フランス人はアメリカ人以上に、アメリカの諸権利章典を重視したのである。…アメリカの諸権利章典に、そしていくつかの場合には遡及的に、重要性を付与したのは、フランス人だったのである。…換言すれば、人権宣言の重要性に対する、フランス人の態度、フランス人の経験、そしてフランス人の考えがなければ、アメリカ人はその十箇条の修正条項を起草し権利章典を作り出すことは決してなかったであろう[25]」と。

それではいかにして、当初、権利の宣言に重要性を認識していなかったアメリカ人が、権利章典を有するようになったのかというと、そこにウッドは、当時パリに滞在中だったジェファソンの間接的影響力を見いだそうとする。すなわち、「アメリカの〔憲法修正条項〕権利章典に、間接的なフランスの影響が見いだされるのは、ジェファソンを通じてであった[26]」と。ジェファソンは、アメリカの新しい憲法を概観して、権利の宣言が欠けていることを憂え、憲法制定議会あるいは第一回連邦議会の代表者たちに、これを追加するよう書簡で訴えていたのである。それでは翻って、なぜジェファソンは権利章典を新しい憲法に付加することを、そのように強く希望したのか。この問いに対してウッドは、おおよそ以下のように考えた。すなわち、当時ジェファソンはパリに滞在しており、その当時の知識人たちの集まりである社交界に出席していた。この社交界において、彼は、ヨーロッパ自由主義的啓蒙思想（enlightened liberal Europe）に接し、これに傾倒していったのである。そこで彼がいつも心に抱いていたのは、「啓蒙的ヨーロッパに彼のことを良く思ってもらい、もちろん合衆国のことも良く思ってもらう」ことであった。そのような彼が、アメリカの新憲法に人権宣言が欠けていることに関して自問した問いは、つぎのようなものであった。すなわち、「自由主義的啓蒙世界は、これ〔新憲法に人権宣言が欠けていること〕をどのように思うか」であった。そして「常に《左よりの人（man of the left）》と思われたかった」ジェファソンにとって、「一七八八年から一七八九年のフランスにおける《左よりの人》が、権利の宣言に好意的である人だった」以上、「同時代のほとんどのアメリカ人よりも、ずっと権利の宣言に執着していたのである[27]。」すなわち、フランス社交界は、「アメリカの〔人権文書の〕例について語り、当然ながらジェファソンはその例に誇りを持っていた。こうして権利章典は、ジェファソンにとって、啓蒙主義の象徴（sign of enlightenment）となったのである[28]」と。つまり、啓蒙主義に感化されていること、これがジェファソンにとっては、重要な価値基準であり、アメリカがその象徴たる宣言を今になって、新憲法に有さないことは、自分のパリ社交界での地位をも左右しかねない、ゆゆしき問題だったのである。彼の一七八九年三月一三日付け、フランシス・ホプキンソン（Francis Hopkinson）宛の書簡に、この点が明確に示されているとウッドは述べる。この書簡の一部には、つぎのような表現がある。すなわち、「ヨーロッパの啓蒙主義的人々は、我々が人民の権利を保障するこの制度〔＝権利の宣言〕を発明したことは、我々の最大の手柄（the greatest credit）であると考えている。そして彼らは、こうも早々と我々がこれを投げ出してしまったのを見て、少なからず驚いているのだ[29]」と。こうして啓蒙主義の立場からジェファソンは、権利章典の付加をパリから働きかけ、アメリカ憲法に最初の十箇条の修正条項の追加を果たしたのである。

このようにしてウッドは、パリの啓蒙主義的社交界に影響されたジェファソンが、アメリカ権利章典の作成に間接的に果たした役割から、つぎのような結論を導く。すなわち、「アメリカの権利章典の作成に影響を与えたのは、フランスの意見であり、その逆ではなかったのである[30]」と。このように、アメリカ権利章典とフランス人権宣言の関係に関する、一応の結論にもかかわらず、やはり、どちらの宣言がどちらの宣言に対して影響を与えたのかという、この問題設定に関しては疑問が残る旨記して、このコメントを終了している。

〈第三章　注〉

（1）Keith Michael Baker, "The Idea of a Declaration of Rights," in Dale Van Kley, ed., *The French Idea of Freedom, the old regime and the Declaration of Rights of 1789* (Stanford Univ. Press, Stanford, California, 1994) at 159.

（2）*Id.* at 160.

（3）*Id.* at 169. シエイエスにとっては、「革命とは、代表者の革命であった。立法権を委託されている彼らは、明示的な任務がないにもかかわらず、国民に代わって憲法制定権力を押えたのである。この、権力の革命的な侵害（revolutionary usurpation of power）において、正当性の溝を埋めるのは、《人民にその基本的権利の表を、権利の宣言というタイトルのもとに提示すること》であ」った（*id.*）。

（4）*Id.* at 173.

（5）*Id.* at 177.
（6）*Id.* at 179.
（7）*Id.* at 180
（8）*Le Point du jour* (4 Aug. 1789), 2 : 20, *quoted* in *id.* at 181. 二日めに行なわれた人権宣言に関する議論の中で、ここの括弧内に示されたような、アメリカの模倣によってフランスは人権宣言を作ることに反対する意見は、*Journal des Etats Généraux* (1 Aug. 1789), 2 : 306-7 に載せられたように、「新大陸では、フィラデルフィアの住民がその自由を取り戻すという例を与えてくれた。フランスはそれを地球の残りの部分に与えるであろう」という記述に反論する目的があったのであろう。
（9）*Id.* at p.181. 彼の考えは、バプチスト＝アンリ・グレゴワール神父（abbé Baptiste-Henri Grégoire）によっても支持された。詳しくは本書第二部第二章第四節。
（10）*Id.* at 182. 封建的特権の廃止は、人権宣言作成に賛成の側から提案された。
（11）*AP*, 8 : 399, 434 (12 Aug. 1789). この委員会はつぎのメンバーで構成されていた。ミラボー（Mirabeau）、ジャン＝ニコラ・デミュニエ（Jean-Nicolas Desmeuniers）、フランソワ＝ドゥニ・トロンシェ（Francois-Denis Tronchet）、クロード・レドン（Claude Rhédon）、そして、ラングルの司教であるセザール＝ギヨーム・ド・ラ・リュゼルヌ（César-Guillaume de La Luzerne）である。
（12）Baker, *supra* note (1) at 185-186.
（13）*AP*, 8 : 453 (18 Aug. 1789).
（14）Baker, *supra* note (1) at 187. 傍点部分、原文イタリック。
（15）*Id.* at 188. 第六部会草案の原文は、*AP*, 8 : 431-432.
（16）Baker, *supra* note (1) at 189.
（17）*Id.* at 189-190.
（18）*Id.* at 190.
（19）*Id.* at 194-196. そして、一七八九年当時ではまだ解決のつかなかった人権宣言の問題としては、第三条と第六条の問題があった。つまり、国民のみに属する国家最高意思である国民主権（第三条）と、ルソーの説いた、不可分で代表され得ない一般意思およびその表現たる法律（第六条）との関係の問題であった。第三条は国民主権を予定し、国民という、個々人の集まりである抽象的存在＝総体のみに主権の存在を認めているが、一方、第六条においては、議会において一般意思の表現としての法律を制定するのは、総体としての国民のみでなく、個人のこれへの参加も認め、直接民主制を予定している。つまり第六条は、個人の直接参加のみではなく、代表者を通じての参加つまり間接的参加を同時に認めているのだが、このような代表制はそもそもルソーの予定していなかった事柄であった。このような代表制と直接制の問題は、法律が一般意思の表現でなくてはならず、一部の国民、団体、組織などの表現である特殊意思が法律になってはならないという第六条の原理にからんで解かれざる問題として後まで尾を引いたのである。

(20) Gordon Wood, "The Comparatists' Paradigms Concerning Ideas Which Shaped the Constitution," in *Focus, Le temps des Constitutions 1787–1795*, (Paris, 1987) at 32.

(21) *Id.* at 32-33. バージニア宣言に規定されている、それらコモン・ロー上の自由の例としてウッドがあげているのは、陪審裁判、出版の自由、人身保護令状、（過大な金額を要求してはならないなどの）保釈に関する制限、である。

(22) *Id.* at 33.

(23) *Id.*

(24) *Id.* at 34.

(25) *Id.*

(26) *Id.* ウッドは、ジェファソンの役割に関して、つぎの論考を参照している。Lawrence S. Kaplan, "Jefferson and the Constitution: The View from Paris 1786-1789," in *Focus, Le temps des Constitutions 1787–1795*, (Paris, 1987) at 23.

(27) Wood, *id.* at 35.

(28) *Id.*

(29) *To Francis Hopkinson*, March 13, 1789, in Julian P. Boyd, ed., *The Papers of Thomas Jefferson* (Princeton University Press, 1950), vol. 14, at 650-651.

(30) Wood, *supra* note (20) at 36.

第一部の小括

以上第一部においては、一七八九年フランス人権宣言と同時期のアメリカにおける諸人権宣言、特にバージニア権利章典との思想的結びつきに関する主たる議論を、イェリネック対ブトゥミーの論争を端緒に、フランスとアメリカの両極にわけて概観してきた。この作業から把握された現時点でのおおよその内容をまとめると、以下のように整理できよう。

まず第一に、いくらかの感情論を交えてのイェリネック対ブトゥミーの論争は、あまりにもいずれかに偏りすぎており、結局どちらの立場も合理性を有しない。特にイェリネックが、フランス人権宣言とバージニア権利章典を中心とするアメリカの諸宣言の両文書に表された文言を比較して、フランス人権宣言の源はアメリカ諸文書であると主張するのは、極端に表層的形式論であり、内容的・実体的思想の流れを基礎にした議論ではなく、単に文言に似通ったものが存在するという事実以上を何ら証明するものではない。また、ブトゥミーの議論を見ても、フランス人権宣言にはルソーをはじめとする一八世紀啓蒙思想の強い影響が存在すると主張するが、これはベイカーがいみじくも説いたように、「実質的には意味のないほど一般的な主張」であり、結局、フランス人権宣言が一八世紀啓蒙思想の影響下に作成されたというほぼ一般化された認識以上のことを、何ら意味するものではない。

また、このようなブトゥミーの議論は、ルソー思想をも超越した、ケネーを創始者とするフランスの重農主義に、フランス人権宣言の起源を見いだす、マルカジの議論へと発展していく。つまり、マルカジが証明しようとした事柄は、フランス人権宣言の理念的基礎としては、当時フランス全土に流布されていた重農主義思想が考えられ、この思想を基礎に各地方議会が作成した陳情書や宣言草案が、形式的基礎として、国民議会の議論の端緒となっていったという事実である。そして、そこから彼は、フランス人権宣言は純粋にフランス的なものであり、アメリカ諸宣言からは幾ばくの影響も受けなかったとしたのである。要するに、これら二人の論者は、フランス人権宣言の起源を、フランスの思想、すなわち、ルソーをはじめとする啓蒙思想か、あるいは、ケネーをはじめとする重農主義思想かに求め、その違いに応じて、それぞれ異なる所に重点を置いて議論を展開し、それにより不十分ながらアメリカ起源論を否定したのである。

このように、これら二人の議論は、それぞれ異なるフランス思想にフランス人権宣言の基礎を見いだそうとするものであるが、いずれの議論も、実際に人権宣言の作成に当たった国民議会での議論を、当時進行中であったフランス革命の展開との関連で検討せずに、フランス起源論を唱えている点で共通の弱点を有する。また、この点において、建言や陳情書などのフランスの歴史的先例に人権宣言の起源を見いだそうとしたゴデショの議論も、これら二人の議論に共通する。つまり、これら三人のフランス起源論者、すなわち、ブトゥミー、マルカジ、そして、ゴデショらは、人権宣言のフランス的独自性を見いださんがために、他の論者が主張しなかったフランス的起源を見いだすことに自己の主張の重点を置くあまり、イェリネックに始まるアメリカ起源論の主張に答えることを怠った。すなわち、文言としてまたは表現として、アメリカ諸宣言と似たものがフランス人権宣言に多く見受けられるという主張、また、ジェファソンと深い交流があったフランス人貴族、ラファイエットが七月一一日に国民議会に提出した人権宣言草案が、人権宣言最終草案に結びついたというシナールの主張に対して、彼らは何も答えてはいないのである。

そこでリアルスは、前者の問題、つまり両文書に似た文言や表現が見られることに関して、両文書それぞれの共通思想としてロック思想およびロック主義を唱え、それをもとに、それぞれがそれぞれの土壌において独自性をもって発展した結果、そのように似通った人権文書ができたのだと主張し、結局、アメリカの諸宣言と同様にフランス人権宣言の独自性を主張したのであるが、彼も国民議会での議論をつぶさに検討してロック思想とロック主義の影響を証明したわけではなかった。

また、フォーレンは、後者の問題、つまりラファイエット草案が最終草案に与えた影響に関して、国民議会の議論の進展にある程度の注意を払いつつ、ラファイエット草案が、そこにおいていかなる役割を果たしたかを検討し、結局、同草案が最終草案に与えた影響については、とりわけ評価に値するものではないと主張した。その上で、それまでのフランス人論者と同様に、フランス人権宣言に対する、ルソー思想の影響を最大限評価するのである。

このように、国民議会での議論を注意深く検討することによって、フランス人権宣言の最終草案を決定的に形作ったものを確定しようとする試みは、アメリカ人学者であるベイカーによって、さらに発展させられることになる。ベイカーは、国民議会に提出されたさまざまな草案を、時系列にしたがって整理し、かつ、その時の議論から、それら草案がどのように取捨選択されたかをある程度解明し、最終草案の「意味と状況」を明確にしようとした。そして、結論的には、国民議会での審議過程においてアメリカの草案が議論の対象になったことはあったものの、それは、アメリカでの「人権宣言類似のもの」の経験を検証する目的であり、それを模倣し、参考にするためではなかったことを明らかにした。その上で、フランス人権宣言は、「時間的空間的限定と議論の過程での妥協と曖昧性」を経験しながら、まったくの不安定さの中から創出された文書であり、その意味でフランス的なものであると主張した。

さらにもう一人のアメリカ人学者であるゴードン・ウッドは、まったく別の観点からアメリカの諸権利宣言のフランス人権宣言に対する影響を考察した。つまり、アメリカ諸宣言は作成当時、アメリカ国内では低い評価しか受けていなかったが、これが高い評価を受けるようになったのは、後の歴史が明らかにしたように、南北戦争後のことであった。したがって、作成当時のアメリカ諸宣言が、フランス人権宣言の作成に与えた影響が大きいとは考えられないと主張したのである。さらに、権利の宣言、または、権利章典の重要性を当時においてアメリカ側が認識するにいたったのは、フランス駐在中のジェファソンを通じてであり、その意味ではフランスよりもむしろアメリカが、フランス人権宣言の影響を受けているのだとする逆の理解の可能性を示した。

さて、以上のように、本書第一部で明らかになった事柄を確認した上で、私見と本書第二部への展望を述べるとつぎのようになる。まず、イェリネックの用いたような文言上の類似点を根拠に相関関係を導き出そうとしても、類似文言を見いだす以上の意義は認められない。また、ブトゥミーのように、一八世紀啓蒙思想の全体をフランス人権宣言の起源と考えることにも科学的実証的意味が認められない。さらに、その他重農主義の影響を最大限評価するマルカジの議論や、ロック思想およびロック主義に影響力を認めるとするリアルスの議論も、決定的に否定できるものではおそらくないにせよ、フランス人権宣言を作り上げた多くの要因のうちの一つをクローズアップしたという意味での、相対的影響力を主張するものでしかない。

したがって、フォーレンやベイカーが行なった方法に倣って、フランス人権宣言を作成した国民議会の議事の進行に最大限の焦点を当て、実際の議論をつぶさに検討し、そこから人権宣言作成における最も重要な要因は何だったのかを割り出す作業が、最も合理的かつ実証的であるように思われる。しかし、彼らの議事録分析は十分と言えるほど詳細ではなく、また、議会での議論の背景をなすその当時の政治・社会状況の変化も反映されてはいなかった。そこで、当時の政治・社会状況の変化にも焦点を当てながら、国民議会議事録を分析し、いかなる時期にいかなる政治・社会状況の変化が起こり、それによっていかなる考え方が登場し、どのように国民議会が導かれて、最終的に人権宣言に結実したのかを検討していくことが、つぎなる課題となる。したがって、以下、本書第二部では、このような目的意識から、フランスの一七八九年当時およびそれ以前の政治・社会状況とその変化を踏まえながら、国民議会の議論を検討していく。

第二部　フランス人権宣言の独自性と統一性

序論

いみじくも一八世紀のほぼ同時期に大西洋両岸で作成されたアメリカ権利章典およびフランス人権宣言の両文書は現在においても両国においてそれぞれ効力を有する。すなわち、一方のアメリカでは、アメリカ合衆国憲法修正全二七箇条の最初の一〇箇条、つまり権利章典修正条項として合衆国において機能しており、他方のフランスにおいても、人権宣言は、言うまでもなく今日のフランス第五共和制憲法における「現行」人権規定として法的効力を付与されている。さらに両文書は、人権保障を政府の設立のための基本目的および原理として掲げる、わが国はじめ多くの現代国家において保障されるべき基本的人権を列記した、原典と言うべき文書であることは、論を俟たないであろう。

ところが、本書第一部で検討したように、両人権文書がどのような経緯で同時期に誕生したのかという議論、殊に相互に何らかの影響が存在したのかという点に関する議論は、フランス人権宣言がアメリカのバージニア権利章典を含むアメリカの諸権利章典の影響下に作成されたものであるとするイェリネックの議論がきっかけとなって開始されたという事実を反映してか、決定的な説得力は得られないにもかかわらず、どちらかと言うと、フランス人権宣言が、アメリカの諸文書を参考にして、その影響を受けながら作成されたものである、という論調が強いように見受けられる。しかし、イェリネックが火をつけたこの議論は、その後、イェリネックの議論に対する批判を含む多くの議論により発展させられ、結局、イェリネックのように、両文書を単なる文言上の類似点に着目して比較考察することは、いずれの文書が他方の文書の元となっているかについてなにも明らかにせず、むしろ、それらの言葉を生み出した社会的背景、歴史的背景、思想的背景および議会での審議の経過を把握しつつ考察することの方が重要であることが、フォーレンやベイカーなどによって明確にされたと言えよう。

そこで、以下、本書の第二部では、イェリネックの主張したように、アメリカの諸人権文書の影響下に作成された、つまり、アメリカの諸文書がその主要な源であり、その故に似た条文や文言が両文書に見出され、その意味でアメリカ的人権文書と性格づけられるものなのか、そうではなく、ほぼ同時期に作成されたにもかかわらず、フランス人権宣言は、フランスの独自性と統一性をもって作成されたもの、つまりフランス人権宣言は真にフランスの文書と理解するべきなのかを明確にすることを目的とする。そのために、当時のフランスの社会状況およびフランス全土における議論の状況、そして、国民議会における審議の経緯を明らかにしていかなければならない。

ところで、その作業を開始する前に、まずわが国で「フランス人権宣言」の起源およびその起草過程に関し、すでに研究を行なった深瀬忠一および稲本洋之助両教授によるそれぞれの先達としての論文を概観しなければならない。両論文の結論となる主張をまとめると、以下のとおりとなろう。

まず、深瀬忠一による「一七八九年人権宣言研究序説」においては、「イェリネック対ブトゥミー論争」を端に、フランス人権宣言に対するアメリカ各邦憲法および権利章典の影響について、フランス国民議会に提出された諸宣言草案の文言を比較研究し、つぎのように結ぶ。すなわち、フランス人権宣言は「アメリカ憲法・人権章典の模倣であるにすぎないという命題（イェリネック）も、フランスのある思想家を基本とするフランスの独占的創作だという命題も、一面的独断であるにすぎないことがわかった。しかし、……アメリカの人間の権利の宣言と革命（独立宣言）の精神が、ラファイエット案を契機に、フランス革命の国民議会の意思と本質的に共通の原則となったのが、人権宣言第一・二・三条であり、この意味でのアメリカの革命・人権の法思想のフランスに及ぼした影響は明白だといわねばならない[1]」と。つまり、アメリカの影響はイェリネックが言うほど直接的ではなくて相当限定的であるとしつつ、反面、アメリカの「権利の宣言と革命の精神」が、フランス人権宣言においても共有されたものと理解するのである。

他方、稲本洋之助の「一七八九年の『人及び市民の権利の宣言』―その市民革命における位置づけ―[2]」においては、考察対象を「財産の自由」に限定した上で、「重要な意味をもつ重農主義社会経済思想と権利宣言の関係をとくにとりあげ」特に、シエイエスの国民議会での宣言草案および議論を考察し、つぎのように結論づける。すなわち、「八九年権利宣言の制定過程にかんする…分析は、シィエス（＝シエイエス）の権利宣言草案が八九年権利宣言へあたえた広範な影響と、重農主義社会経済思想がシィエス草案にあたえた重要な影響を明らかにしている。このことは、重農主義社会経済思想が八九年権利宣言の主要な淵源の一つであったことを推測させるが、むしろここで強調されてよいのは、重農主義社会経済思想が、シィエスの体系と思想を媒介としてはじめて、フランス革命初期の権利宣言のあり方を基本的に決定しえたということである[3]」と。つまり、フランス人権宣言において宣言されている自由のうち、少なくとも財産の自由に関しては、その主たる淵源は重農主義社会経済思想を体現するシエイエスの草案およびその思想にあるというのである。また、人権宣言全体の性格については、「とくに八月二〇―二六日の審議経過をみるならば、八九年権利宣言は、一のモザイクにほかならず、一個の論理的かつ思想的体系性をもちうる直接の根拠は何も見出されない[4]」とし、その体系的・思想的統一性を否定する。

このような先駆的研究を基礎にしつつ、また本書第一部での一定の検討結果、すなわち、「アメリカでの一般的理解はアメリカ諸邦の権利宣言がフランス人権宣言に影響を与えたというものであるのに対し、フランスでの一般的な主張はフランスの独自性に基づきフランス人権宣言は起草、採択されたものである」という事実を踏まえ、このような理解がはたして妥当なものかについて、第二部ではさらに、主としてフランス国民議会の審議の経過をたどりながら、つぎのようなことを問題の中心に据えて探求していこう。すなわち、最終確定宣言がはたして「アメリカの『革命の精神』の影響」を受けながら、もろもろの宣言草案を「モザイク的に寄せ集めて」作られた一文書に過ぎないものと言えるのか。そのような精神的影響という抽象的支柱に寄りながら作成されたのではなく、むしろ独自の状況と議論に推進されながら、統一的な方向性を有したものと理解することはできないのか、という視点である。つまり、この課題設定を逆に言うと、国民議会の、表面的には「モザイク」的に映る審議過程の裏には、実は一つの統一的な意思による一定の方向への働きかけがあり、フランス人権宣言は、そのような独自性を持った統一的体系性を有するものとして完成したと理解することが可能なのではないかということである。このような問題意識に従って、以下の第二部の叙述はつぎのようになる。すなわち、——

第一に、フランス人権宣言を起草した国民議会がいかにして開催されることになったのか、そのおよその歴史的経緯を把握するために、大革命が勃発する一七八九年七月一四日以前のフランスの社会・政治状況およびそれに対処するためにとられたさまざまな政策について概観し、全国三部会および国民議会開催の意義をあらかじめ把握する。第二に、国民議会の審議の経緯を便宜的に数段階に分けて、その時の社会的変動を捉えながら順次、人権宣言採択まで検討し、どのような審議の流れによって、どのような宣言草案が審議対象にされては消えていき、最終的にはどのような議論により最終確定宣言草案（以下、「最終草案」）に結実したのかを追っていく。これら一連の社会状況および国民議会での審議の流れを追うことにより、最終草案の基礎となった一定の考え、立場および最終草案の性質がある程度明らかになるのではないかと考える。

第一章　革命前史

ここでは、フランス人権宣言を一七八九年八月に採択することになる憲法制定国民議会が開催されるまでの社会的動きを、「全国三部会」の開催が決定される一七八七年の経緯にまでさかのぼって概観し、「全国三部会」およびその後の国民議会に期待された役割を探る。一七八七年までさかのぼるのは、絶対専制君主ルイ一六世がそれまで有していた政治上のリーダーシップを維持することができなくなり、絶対王権の支柱であった貴族層が離反をはじめたのが一七八七年ごろであるとされるからである。また、貴族層の離反から「全国三部会」の開催に至るまでの間に、王権に対するどのような不満および要求が全国から寄せられるようになったのか概観することにより、国民議会に参加した構成員がいかなる使命感を持ってこれに臨んだか、およそ理解できると考えられる。

まず、「全国三部会」の開催が決定されることになるまでの経緯を把握するため、いかなる問題を契機に貴族層が王権から離反を開始し「全国三部会」の開催を要求したのかを、いくつかのできごとを通して概観していく。「全国三部会」が開催されることになった原因が政府の財政難であり、王権が特権身分の貴族にも課税しようとしたことにあることはよく知られた事実である。この財政的危機を王権はいかにして切り抜けようとしたのか。そしてそれが失敗に終わったとき、貴族層は離反を始めるが、その過程を見ていこう。

まず、この当時の国庫の財政状況を事実的に記述するとつぎのようになる。一七八六年当時のフランス国家の財政状況は、歳入五億リーブルに対し、公債の利子負担だけで歳入の六割、三億リーブルを占め、歳出は歳入の五億リーブルを一億二千万リーブル上回る、かなりの赤字状況であった。また、戦費をまかなうために、一七七六年から一七八六年までの一〇年間だけでも、一二億五千万リーブルの借入金を諸外国から行なっていた(5)。したがって、後に見るように、それ以上に新規の公債を発行しようとする財務総監ブリエンヌの提案などは、そもそも不可能な状態であったと言える。つまり王権としては、貴族層から特権を奪って彼らに課税するか、または、新たな種類の租税を打ち出すか、あるいはこの両方を取るか、いずれにせよ何らかの対策をとらない限り、財政危機を乗り越えることはできない状況にあった。

そしてこれら両方の策、つまり貴族層への課税および新税の創設を実行しようとした王権の課税提案に対して、貴族層はどのような方法で抵抗を繰り広げていったのだろうか。当時の貴族層が王権に対する有力な抵抗手段として有したのは、パルルマン（高等法院）が持つ二つの主要な権限であった。一つは「法令登録（enregistre）権」で、もう一つは「建言（remontrance）権」であった。前者は、その地方のパルルマンが法令を登録しなければ同地においてその法令は効力を有さないというもので、パルルマンが登録を拒否すれば、国王は「親裁座（lit de justice）」を開き、自らパルルマンの玉座に座し登録を宣言することによってしか、法令の効力を生じさせることができなかったのである。(6) したがって勅令によって新たな課税を行なおうとしても、それが登録されなければその地方において徴税は不可能だったのである。また、後者「建言」は、要求文書、抗議文を国王に提出する権限で、絶対君主であっても特権階級の貴族層からの正式な要求や抗議は、受理せざるをえなかったのである。

このようなパルルマン権限、特に前者の法令登録権による抵抗を回避すべく、国王は新税の創設や課税方法に関する勅令をパルルマンで登録するのではなく、全国三部会の代行機関で構成員を国王が指名する、つまり国王寄りの「名士会（Assemblée de notables）」を召集し、そこでこれらを承認させようとしたのである。しかし逆に、ここから王権と貴族層の溝が深まり、王権に対する不信感がつのり始めたと考えられる。それでは以下、名士会によって新税の創設が、ひいては王権の拒絶がなされる経緯と、その後一七八八年にかけてパリ・パルルマンによる強い抵抗が国王に対してなされ、両者が対立していく経緯、そして、全国三部会開催の決定から一七八九年についに同三部会が召集されることになる経緯、および、すぐに第三身分が同三部会から離脱・独立して国民議会を組織するまでの経緯を、年ごとに順を追って見ていこう。

第一節　一七八七年

（一）　財務総監カロンヌと「名士会」

極限状況にまで悪化していた国家財政を立て直す責務を負った財務総監カロンヌ（Calonne）は、一六二八年以後一度も開催されていなかった「名士会」を、約一五〇年ぶりの一七八七年二月二二日に召集し、そこに税制改革案を提出した。(7) その際のカロンヌの演説は、「分配的正義の原則」を適用することによって、「公共的負担の配分が不平等かつ恣意的であるのを矯正」するために、「いかなる者にも過度の負担をかけることなく、むしろ、人民の負担を軽くし、そして、いかなる特権も租税徴収の方法にかんしては適用不可能となるようにする」べく、「二十分の一税に代えて全般的租税（une subvention générale）を導入」し、「国王の領地にかんしてさえも免税を認めず、また、土地の性質および収穫の多寡による差異以外のいかなる差別をも承認」せず、「教会財産も当然この全般的割当のうちに含められる」とすることを明言した。しかし、このように僧侶からなる第一身分および貴族からなる第二身分というように異なる階級を含む特権階級に、一律に課税を開始するという提案では、それまでの慣行上、第一身分にとって不平等であると考えられるから、カロンヌは一工夫した。すなわち、「国家の第一身分は、陛下から名誉ある高位を与えられており、また、陛下は、第一身分が未来においてもこの高位をいっそう完全に享受することを望んでおり、したがって、この身分が対人税（taxe personnelle）をすべて免除され、その結果、もはや人頭税（la capitation）を支払わなくなる」とすることにより、一定の外見的公平性を確保しようとしたのである。(8) しかしこのようなカロンヌの税制改革の提案に対して、王権の味方であると考えられてきた「名士会」ですら、第一身分のみを優遇し、それまでの慣行を維持しようとする王権の姿勢に反発をはじめる。それと同時に、このような微温的改革案を拒否し、一七八九年の「三十人委員会（la Société des Trente）」のメンバーとなるラファイエット（Lafayette）らは、これに徹底的に反対した。そのため逆にカロンヌは、一七八七年四月八日に国王によって罷免されることになったのである。[9] さらにその直後、カロンヌは、パリ・パルルマンの評定官かつ「三十人委員会」の主要メンバーとなるアドリアン・デュポール（Adrien Duport）の働きかけによって、パリ・パルルマンの「浪費審問」に掛けられそうになり、これから逃れるべくイギリスへ逃亡する羽目になった。[10]

（二）　財務総監ブリエンヌとパリ・パルルマン

その後を継いだ財務総監ブリエンヌも同様に「名士会」からの強い反対に直面し、[11] その財政改革は全く前進しなかった。その結果、ブリエンヌ（Brienne）は、一七八七年五月二五日に国王をして「名士会」を解散させたのである。「名士会」が無くなった今、財政改革のための勅令等を有効なものとするためにブリエンヌに残された方法は、最後まで回避したかったであろう方法、つまり、パルルマンにおいて勅令を登録することであった。そこでブリエンヌは新たに「印紙税」案を作成し、国璽尚書ラモワニョン（Lamoignon）を通じてパリ・パルルマンに一七八七年八月六日にこれを登録するよう提案した。すなわち、「みなさん、財政秩序の再建のために新たな課税を導入するという国王のご決断は、最善の熟慮の結果であることは疑う余地のないことである。さまざまな窮余の策のうち、国王顧問の叡智により、国王は王国のあらゆる地方の異なる階級から信頼のおける公的に評判のよい人物を召集され、このことをさらに保証されたのである。すべての国民がそれについて知らされ納得しているところであるが、明瞭な熱意と相互の献身を伴う記憶すべきその会議において、財政のあらゆる偉大な目的が審査され、討議され、深化された。こうして厳粛な会議の中から、今日国王が法として国璽を押されようとしている勅令および宣言が誕生したのである」[12]と。そして、単にこの「印紙税」を導入するだけでなく、さらに領地に対する「上納金」を要求する。すなわち「印紙に関する増税を命令されたときに国王はこの課税に期間を設定された。そしてすでに課されている二十分の一税の現実の価値と同程度になってはならないとする土地に対する『上納金（une subvention territoriale)』を要求して、陛下はその税（＝「印紙税」）の徴収を一年延期され、〔その間〕課税対象を決定する基準を最も明確な公平性をもって設定することとされたのである」[13]と。

しかし、これに反対するパルルマン院長の抗議は、皮肉混じりにつぎのように激烈なものであった。すなわち、「フランス王国の国憲の原則〔le principe constitutionnel〕によれば、課税はそれを負担すべき人々の同意を得なければならない。陛下は、国家の原初の法〔lois primitives〕にかかわり、また、権威を確保し服従を保証する法にかかわるこの原則を傷つけるようなことは、慈悲ある御心にはございますまい」[14]と。さらにパルルマン院長は、課税の同意を得るために、「全国三部会」の開催を主張する。すなわち、「印紙税は、陛下が非難した塩税〔la gabelle〕よりもさらに有害なものであり、陛下の全臣民の心に全面的な落胆の念を生み出した。印紙税は、市民の全階層の間に一種の内戦を引き起こす傾きをもっている。……パルルマンは、かくも絶えがたい課税に賛成することは不可能だと考え、陛下に……全国三部会を召集されるよう、この上なく切実な懇願をくりかえすばかりである。全国三部会こそが、陛下の国家の傷の深さを診断し、陛下に対して、財政の各領域で執行されるべき修正、改善、廃止にかかわる全行政分野での進言をなしうるのである」[15]と。このようなパルルマンの反対に遭遇した国璽尚書ラモワニョンは、いよいよ「親裁座」によってこの「印紙税」に関する勅令を強制登録させたのであった[16]。このように、国王が示した印紙税案に強く反対したパリ・パルルマンは、八月一四日、トロワに追放されるに至ったが、その地でさらに激しく批判を展開し、パリ市民もこれに同調し騒擾を繰り返した。結局、パルルマンは、二十分の一税について承認するかわりに、ブリエンヌには「印紙税」の提案を撤回させることで妥協し、九月一九日にパリへの帰還を果たしたのである[17]。

(三)　国璽尚書ラモワニョンとパリ・パルルマン

こうして、一旦は王権側と妥協したかに見えたパルルマンであったが、その後、財政再建のためには二十分の一税では不足であるから、新規の公債発行を承認するように求められると、再び王権と激しく対立することになったのである。一七八七年一一月一九日に、歳入確保を図るための公債の発行を求めた財務総監ブリエンヌおよび国璽尚書ラモワニョンと再びパルルマンは衝突する。すでに述べたように、その当時の国家財政は、公債の利子の支払いだけでも歳入の六割に達していたから、さらに公債を発行しようとする王権のもくろみにパルルマンが反対することは必至であった。そのパルルマンに、最初から国王を臨席させたラモワニョンは、王権の優位性は「フランス王国の不易の原理」に基づくものであるとする演説を行なう。「国王にのみ、その王国の主権は属している。国王は、至上権の行使に関して、神にのみ責任を負う。国王と国民を結合する絆は、その本性上、切断不能である。国王とその臣民との間の相互的利益と義務は、この結合の永続性を必ず確保する。国民の利益は、その首長の権利が少しも傷つけられないことにある。国王は国民の至上の首長であり、国民と一体をなしている。最後に、立法権は君主の人身の中にあり、誰にも依存せず、誰とも分与していない[18]」と。その上で、ラモワニョンは、国王自身歳出の切り詰めに幾通りもの方法で努力し、また、新しい税制が効果を発揮するようになる五年後までの歳入および借り入れの確保の段取りをこうしてつけようとしており、さらに非カトリック教徒にも市民権を付与するなど、国王がいかに臣民に対する寵愛を示してきたかを説得しようとする[19]。さらにパルルマンの抵抗をあらかじめ牽制しておくために、パルルマンに本来期待されている役割を、つぎのように最後に述べてしめくくる。すなわち、「わが諸王がもろもろのパルルマンを創設したとき、諸王は、正義の配分と王国の王令の維持とを任務とする官吏を設置しようと欲せられたのであって、彼らの身分のうちに、王の権威と対抗する権力を打ちたてようと欲せられたのではなかった[20]」と。したがって、ラモワニョンによれば、パルルマンはそもそも国王の決定に抵抗する権限など有していないのである。

ラモワニョンのこの演説の後、通常通りパルルマンは質疑に入ったが、ロベール（Robert）、フレト（Fréteau）、そして、後に逮捕されることになるデュヴァル・デプルメニル（Duval d'Epremesnil）は、このようなラモワニョンの牽制にもかかわらず、公債発行の勅令に反対し「全国三部会」の開催を要求する七時間に及ぶ演説を国王の面前で行なった。それは「国王の心に届くような話し方」であったため、国王は「全国三部会」の召集をすぐにでも宣言するかと思われた。しかし、この直後に院長がパルルマン評定官による投票を行なおうとしたとき、ラモワニョンは即座にこれを阻止し、「親裁座」によって勅令を登録するという強硬手段に出たのであった。[21] このような王権側の違法かつ強硬な姿勢を見るに至って、パリ・パルルマン評定官で改革派のオルレアン公（le duc d'Orléans）は院長以上に強力な抗議を行なった。すなわち、「〔議事録編者による説明〕この非合法かつ利用されていなかった〔親裁座という〕形式は、オルレアン公の正当なる抗議（la juste réclamation）を惹起した。この抗議は国王に対して苦言を向けるものであった。……〔以下、オルレアン公の言〕私は、この登録が非合法的であるとみなす。また、これを審議したとみなされた人々の責任を取り除くために、この登録は、国王の明示的な命令によってなされたことをそこに記す必要があるだろう」[22] と。そして、漸次的継続的借款の設定（établissement d'emprunts graduels et successifs）[23] にかかわる勅令を、所定の形式にのっとって議事録に転記しないことを宣言したため、翌日、オルレアン公はレンシーのヴィレール・コットレに、また先のロベール、フレトの二名および他の一名は、パリの北にあるドゥラン城に送られ、そこで監禁処分とされたのである。[24]

（四）国王とパリ・パルルマン

さて、その二日後の一七八七年一一月二一日、国王は、漸次的継続的借款の勅令を有効なものとするために、なんとかパルルマンとの妥協を図ろうとし、ベルサイユにパルルマン院長、その他、主だった評定官を召集した。そこで国王は、勅令の登録と引き替えに、パルルマンの大きな要求の一つである「全国三部会」の開催を明確に約束した。すなわち、「いかにして余のパルルマンは、意見を述べようとする構成員すべての見解を、七時間に渡って余が聞き及んだ後でなければ、勅令の登録をしないと言うことができようか。また、余と同様、すべての者にとっても、余の勅令を登録するために大多数の者が集合していることが確実であり、余が王国の全国三部会召集を早めんとする建言をそこに付加しようというときに、いかにして余はすべてを聞かねばならぬのか。余は、一七九二年よりも前に、つまり、遅くとも一七九一年には三部会を召集すると申したではないか。余の言葉は聖なるものである」[25]と。このようにして、何らかの形で、パルルマンの同意を取らなければ、何事も先に進められない状況になりつつあることを国王側は悟った。つまり、パルルマンは着実に王権に対する抵抗勢力として、強力な地位を築いていったのである。

この点について、議事録の編者は、つぎのようにコメントを付している。「このような権威からの圧力、そして、〔「親裁座」などを使った〕王権による弾圧（les proscriptions de la cour）にもかかわらず、大衆の意見に支えられたパルルマンは、大きな影響力を有し続けた。〔それまで〕公爵その他貴族は好きなときに会議を開く権利に慣れ親しんできたが、一一月二二日の国王の命令により、残念なことに、これを剝奪された。〔しかし逆に〕パルルマン側は、これを機会に、国王の強権による抑圧を揺さぶることができた。この点に関して論争が起こり、貴族側から繰り返し要求が突きつけられ、パルルマンの建言がもたらされたのである」[26]と。

このパルルマンの建言とは、国王が、その命令によって、貴族の有する自由に集会する権利を剝奪したことに対する、貴族の抗議文であった。すなわち、「王国貴族により国王に対して提出された意見書」[27]がそれである。その中で、集会する権利は、一七五八年以来、明確に認められてきた権利であり、これを剝奪することは、決して容認できることではないと、繰り返し抗議している。すなわち、「大貴族の身分（la pairie）の有する最も貴重な特権（prérogatives）の一つは、貴族の威厳に付加されたその職務を遂行するために、好きなときにいつでも、何の障害もなしに、パルルマンに自由に行く能力である。これが大貴族の権利（le droit des pairs）である。…陛下にお認め頂きたいのは、パルルマンに座するためにパルルマンに行くという…大貴族に属する権利が、特別に永遠の能力の中に存するということである。…したがってこの権利を停止したり、中断したり、延期したり…することはできないのである。…しかし、陛下、ここで問題なのは、現実の大貴族の利益でも、その栄光でも、または、パルルマンにおいて、いつ何時でも陛下にお仕えするための熱意でもなく、放棄できないその威厳の本質（l'essence de leur dignité）なのである。大貴族にとっては、この現実の抗議は絶対的な必要に駆られてのことなのである。ここで問題なのは、陛下および国家全体に対して、そして、変更も縮減もなく、そのままのものとして大貴族身分を譲らねばならない継承者に対して、責任を持たねばならない大貴族の身分に本質的かつ内在的な、権利なのである。…大貴族の権利は、不可侵のものである。諸権利は大貴族それ自身に帰属しているというよりは、国民に帰属しているのである。〔したがって、〕大貴族が、君主制の国憲（la constitution de la monarchie）に関連する、かくも本質的な威厳による権利と職務について、いかに些細な変革であっても、それがなされるとき、その変革に対して反対しないとすれば、彼らは非難されねばならないのである」と。国王は、このような抗議に押され、同年一二月七日にパルルマンを再開することを許可したのであった。要するに、大貴族のパルルマンにおいて集会する自由を王権が侵害したことを、権利侵害として抗議し、これを国王に認めさせたのである。

（五）　小括

以上のように、パルルマンと王権との対立の発端は、直接的には歳入の確保の必要に迫られた王権が、貴族を含む幅広い人民から徴税を行なう勅令を公布しようとしたことに認められるが、パルルマンの側においてはこれを、「課税はそれを負担すべき人々の同意を得なければならない」という基本原理違反、または、伝統的に認められてきた所定の手続違反と見なし、単にパルルマンのそれまでの権限に対する侵害行為としてのみならず、パルルマンは自らを人民の代表機関であると自負していたから、パルルマンに対する権限侵害行為は人民に対する侵害行為を構成すると見なしたのである。

さて、仮に事柄が単なる財政上の問題であったならば、たとえそれが自分たちの免税特権にかかわることであったにしても、一七八七年の「名士会」は最終的にカロンヌが罷免されるほどまでに、その税制改革について反対しなければならなかっただろうか。また、ブリエンヌが新たに「印紙税」案を諮ろうとしたパリ・パルルマンの院長も、たとえそれが人民の課税承認権の侵害となるとしても、「親裁座」による登録を断固拒否し、反対し、実際そうなったわけだが、パルルマンが追放されるという危険まで冒して、新たな課税は「全国三部会」に諮りそこで承認されなければ不可能であるというところまで要求しなければならなかったのだろうか。さらに、国璽尚書ラモワニョンが新規公債発行を求める勅令の提案において行なった、それまでの絶対王政の観念に鑑みれば至極当然である国王の強力な権限、および、パルルマンの本来の創設意義に関する演説に対しても、パルルマンは強硬に反対し、また、パルルマン評定官であるオルレアン公は自ら追放の危険まで冒して「親裁座」による国王の勅令登録に抗議し、それが無効であることまで宣言しなければならなかったのだろうか。

このような疑問に対する一つの仮説的解答は、以下のようなものである。つまり、「名士会」およびパルルマン評定官の一部進歩的改革派は、王権の一連の新税提案など、税制改革それ自体に不満を持っていたわけではなく、すでにこの段階で、全体的な改革、すなわち社会全体の構造的改革、および、法制度の全面的改革が必要であると考えていた。ところが王権側は、単なる新税の創設および公債の発行でその場をしのぎ、なんとか時間稼ぎをしようとするのみなので、その姿勢、方法自体に、ラファイエットらを先頭とする「名士会」も、デュポールらを先頭とするパリ・パルルマンも、おそらくは連携して反対していった。したがって、一面においてはやむにやまれぬ税制改革に大義を見いだし、他面においては貴族を巻き込むために貴族の特権擁護に大義を見いだし、全階級を含む国家全体的な議論の場として、「全国三部会」の開催を強硬に求めていたと理解するのである。逆にそうでなければ、いずれ何らかの形で巨大な国家的負債を解決しなければならない状況下で、貴族への免税特権を無くして課税しようとすることに対して、また「印紙税」の創設に対して、さらに公債の発行に対してなど、当然避けられない財政改革の手段としての個々の提案について、何ら譲歩もなしに、ただ反対するのみで、しかも追放などの大きな不利益を顧みずに、王権に抗議を断行することの意味はないはずであろう。

また、王権はその当時すでに求心力が相当に弱まっており、どの階級も国王の提案する財政改革および新税の創設に無条件に素直に同意することのできるような、絶対的権限を有するものとは考えられなくなっていたことも、このような進歩的改革派貴族層の、財政改革のみでなく、さまざまな全体的改革に対する願望が、これを可能とする「全国三部会」開催への強い要求の大きな原因となったのではなかろうか(28)。

第二節　一七八八年

上述のように、一七八七年において王権側が提示した財政再建を目的とする一連の改革案は、「名士会」およびパルルマンの進歩的改革派貴族の激しい抵抗によって失敗に終わった。その過程で、パルルマンはいわゆる法服貴族である革新的貴族層に指導されつつ、王権に対する大きな牽制力として成長していった。このような対立構造の発展は翌一七八八年にはさらに顕著となったため、パルルマンを根城として改革派貴族が以前から突きつけていた「全国三部会」早期開催の要求を、王権側も徐々に受け容れていかなければならない状況が作られていく。以下この経緯を概観していこう。

（一）パリ・パルルマンの建言と「国民の権利に関する宣言」

一七八七年一一月の「親裁座」における強制登録を機に強まった王権側とパルルマンの対立は、先に見た抗議文や建言などを介してさらにその度合いを強めていった。また、一七八八年の一月四日には、一七八七年一一月に国王の強制登録に反対したオルレアン公らが追放されたことに対して、国王発行の「封緘逮捕状（lettres de cachet）」に反対する決議の提案がデュポールによってなされ、これが採択された。つまり、国王の逮捕状発布権限に対して、果敢にも挑戦を企てたのである[29]。また、その他の法服貴族の煽動によって騒擾が再燃したこともあって、財務総監ブリエンヌおよび国璽尚書ラモワニョンはパルルマンの反対を粉砕する決心をする。これに対してパルルマンは当然ながら、反撃をする。その第一弾が、一七八八年四月一一日の建言である。そして第二弾が、同年五月三日の宣言である。

まず、四月一一日の建言であるが、これは主として前年一一月一九日の強制登録に対する不同意を表明し、そこで登録された公債に関する勅令を無効と主張するとともに、国王の独断的立法権に抗議する。すなわち、「漸次的継続的借款の設定に関する一勅令が公表された。この勅令の末尾にはつぎのような言葉が見られる。『本日の裁定により…当該法廷において登録され…執行のために…検事総長代理に対して手続の開始を命ずる…。』しかしながら、当法廷は決して登録を命じてはいない。当法廷は検事総長代理に対して何も命じてはいない。当法廷は裁定を下してはいない。したがって、勅令の末尾に印刷されている文言は、虚偽の主張である。そこで述べられている裁定は、我々の議事録に記載されてさえいない。…国王の意思だけでは完全な法ではない。この意思の単なる表現は、国民的形式ではない。この意思が強制力を持つためには、合法的に公表されなければならない。合法的に公表されるためには、自由に検討されなければならない。陛下、これこそがフランスの国憲であり、それは君主制と共に生まれたものである[30]」と。

このように挑戦的な建言に対して、国王は、パルルマンが自分に対する闘いで勝てば、フランスは「法官（＝法服貴族）によるアリストクラシー」の国に過ぎなくなるとの意見を表明する[31]と同時に、パルルマンに圧力をかけるために実力行使の準備を始める。この実力行使準備に関する情報を得たパルルマンが、これに先手を打つべく五月三日に出した宣言、それが「国民の権利に関する宣言」（la déclaration des droits de la nation）であった。その中でパルルマンは、国王が有する権限と貴族が有する権利とを明確に分離することを試みる。つまり、国王には王位継承権が承認される一方、貴族その他の国民の権限として、つぎの事柄を挙げた。すなわち、上納金の裁決は「全国三部会」の権限に属すること、フランス人はその地方の司法官によってのみ裁かれうること、また、その司法官は罷免されたり、恣意的に逮捕・勾留されたりすることがないこと、そして、州の特権および慣習法は不可侵であることなどである。これらは王権の制限となる基本的権利の一部を構成するものであり、この時期に明示的に宣言されたものとして注目すべきものである。以下、その宣言を訳出すると、つぎのようである。

「フランスは君主制であり、国王によって、ついで法律によって、統治される。この法律のいくつかは基本的なものであり、以下の諸権利を包摂し、かつ承認する。女性後継者を排除する男系出生順の王位継承権。上納金（les subsides）について、定期的に召集され構成される全国三部会なる機関によって、自由に承認する国民の権利。地方の慣習およびそれへの譲歩。司法官（magistrats）の身分保障。国王意思を承認する各地方議会の権利、ならびに、その地方の構成に関する法律および国家の基本法に適合する限りにおいてのみ、国王意思を登録するよう命ずる各地方議会の権利。いかなる方法によっても、法律が選任するその地方の裁判官（ses juges naturels）以外の者の前に引き出されることの決してない市民の権利。そして、これなしでは他の権利が意味をなさない権利であるが、管轄裁判官（juges compétents）の掌中に遅滞なく身を置かれるのでなければ、いかなる命令によっても逮捕されることのない権利である[32]」と。これは地元パリでは熱狂的な示威運動によって歓迎され、パルルマンはますます、人民の自由の守護神と映るようになったかのようだった[33]。

（二）ラモワニョンの司法改革とその挫折

しかし、このようにパリ・パルルマンによって出されたフランス人権宣言の前身とも考えられる宣言に対して、王権側は強硬な態度に出た。すなわち、この宣言の二日後の五月五日、パルルマン評定官の中でも強硬派とされる二人、デュヴァル・デプルメニルおよびゴワズラール・ド・モンサベール（Goislard de Montsabert）を、彼らの自宅から強制的に逮捕連行しようとしたのである。一方でこのように圧力を掛けつつ、他方でこれと並行して、国王の軍隊は二日間に渡ってパルルマンの建物を包囲し、パルルマンにも国璽尚書ラモワニョンの準備したいくつもの勅令を強制登録させるべく圧力を掛けたのであった(34)。

このような状況に追い込まれたパルルマンはもはや為すすべもなく、五月八日のラモワニョンの勅令を登録せざるをえなかった。それら勅令は、パルルマンの司法機能を削減し、その機能を新しい裁判機関に付与し、またパルルマンの最終的な抵抗方法であった登録権と建言権さえ剝奪したのである。その内容を要約すると以下のようである。最も重要な変革は、「全権裁判所（la cour plénière）」の創設と、それへのパルルマン権限の移行である。「全権裁判所」は、王族や王室付官職保有者が構成する、過去の王会のようなもので、そこに法令登録権が移されたのである。したがって王権の意図した勅令等が、それまでのようにパルルマンによって妨害されることはなくなることになる。また、それまで第一審を管轄してきた下級審裁判所である「バイイ裁判所」および「セネシャル裁判所」が廃止され、その上級審裁判所である「上座裁判所」に第一審管轄権を付与し、その代わりに上級審裁判所として新たに「大バイイ管轄区裁判所」を設けた。こうすることによって、パルルマンを含む「最高法院」の訴訟管轄権は大幅に削減されたことになる(35)。さらに刑事手続にも変革が加えられ、不評であった拷問台における尋問は、その非人道性のゆえに廃止の方向へ向かった。

このような王権側の「司法改革」によって骨抜きにされそうになったパルルマンであったが、まわりからの支援によってどうにか存亡の危機を脱することができたのである。それは、全国各地に広がった司法改革反対の運動の嵐であった。つまり、地方パルルマンや下級裁判所、その他、地方三部会などが一斉に抗議、抵抗を開始したのである。地方パルルマンのうちでもこの時期の抵抗として有名になったのは、六月七日に起きたグルノーブルのパルルマンの不服従運動であった(36)。そしてその結果として出された決議、「ヴィジル決議」は、三部会の構成方法について、このときすでに翌年の「全国三部会」の構成に関して生ずる問題を予告するかのように、第三身分の定数倍増と頭数による多数決を決議していたのである。

(三)「全国三部会」召集の決定

全国的なこのような抵抗の渦の中、王権側は何ら対抗措置を見いだすことができず、結局、一七八八年七月五日、パルルマンが再三要求してきた「全国三部会」の召集を明示的に決定した。その時に出された勅令は、まず、最後に三部会が開かれた一六一四年当時から、管轄区などが大きく変化したうえ、その当時は代表者を選出する選挙の仕方、数、資格について何ら明確な基準が存在しなかったため、まずこれを設定するための調査など準備作業が必要となることなどについて述べ、その後、最後に「全国三部会召集」を明言する。「国王はつぎのことを望まれる。すなわち、国民のために、最も正常で、最も適当な三部会の開催をもたらすこと。無益に会期を引き延ばしかねない異議を前もって防ぐこと。三身分の各々の構成において、維持することが極めて必要な比例と調和を打ち立てること。この議会に対して人民の信頼を確保し、彼らの願いにしたがって、会議はつくられること、最後に三部会をそれがあるべきもの、すなわち共通の父親を首長にもつ、一つの大家族からなる会議たらしめること、以上である(37)」と。

こうして三身分平等の全国三部会の開催を明らかに示したものの、相変わらず開催日時については触れず、さらには、不評を買い、今回の抗議の根本原因となったラモワニョンの司法改革の取り扱いについても明言せず、これらの課題について明確な態度を示すのは、後の機会に譲った。そしてこれら課題の回答を示したのは、同年八月八日の枢密院令においてであった。

この八月八日の枢密院令（Arrêt du conseil d'Etat du roi）においては、「全国三部会」召集の日を一七八九年五月一日としたうえで、先の「司法改革」で創設した「全権裁判所」を実質的に廃止した。しかし、面子を重んずる王権側は、一度決定し、強制登録までした勅令の中身をそのようにいとも簡単に廃止することはできないので、形式的には「全権裁判所」の停止を宣言するにとどまったのである。すなわち、この枢密院令はまず、三部会の開催時期および必要な準備のための調査が予定通り行なわれることを命じて、つぎのように述べる。「王国の全国三部会が、つぎの五月一日に、…陛下が決定される場所において開催されることを宣言する。さらに陛下は、さきの七月五日の枢密院令によって陛下が求められた結果が、おそくとも当該勅令によって規定されている時期までに提出され、その提出の後直ちに、必要な召集状が発送されるべきことを命ずる」と。ついで同枢密院令は、全国的な抗議の原因となった五月八日の、国璽尚書ラモワニョンの勅令によって決定されていた司法改革を見送ることを明らかにした。すなわち、「当該全国三部会が開催されるまで、陛下は、先の五月の勅令によって命じられた全権裁判所の再建を停止する(suspend)」と。[38] こうして五月に始まったパルルマンと王権との鋭い対立は、最終的に前者の決定的な勝利に終わった。

またその後、財政状況を何ら改善できなかった財務総監ブリエンヌは、国庫が底をついた八月二四日に辞任し、国璽尚書ラモワニョンもこれと同時に罷免される結果となった。一方、骨抜きにされたはずのパリ・パルルマンは、九月二三日に、五月当時の元通りの権限を有するものとして復活を果たした。[39] しかし、そのパルルマンの多くの評定官は、その後も貴族の特権を維持することに固執し、翌年の三部会においても一六一四年開催当時と同様、全身分同一の定数にするべきであると主張した。このため、パルルマンは、それまで特に第三身分の人々から得ていた[40]王国の正義の守護神としての名声を一気に失い、ブリエンヌの後に再度任用された財務総監ネッケルの評判はその代わりに急激に高まっていった。そして、彼は翌年開催される「全国三部会」の構成上の問題に関して、先の「ヴィジル決議」にあった第三身分の「定数倍増（doublement）」を決定し、自由な選挙制度を主導していったため、さらに第三身分から信頼を得るようになっていったのである。以下、この経緯を明らかにしよう。

（四）ネッケルと「全国三部会」の構成

ブリエンヌの後を継いで再度財務総監となったネッケルにとって、最初でかつ最大の課題は、翌年五月に開催されることがすでに決定されていた「全国三部会」の構成を明確にし、その代表者を選出する方法を決めることであった。まず問題だったのは、最後に「全国三部会」が開催された一六一四年当時から、一七八八年までの間には、すでに社会状況が大幅に変化していたため、その時の三部会の代表者選出などの方法が、たとえ明確にされえたとしても、それは何ら役に立たなかったことである。したがって、三つの身分ごとに代表者の選出を行なうこと以外、各身分の定数を同一にするのか、第三身分に優越性を付与するためにその定数だけを増加させるのか、また、各身分はその代表者をどのように選出するかについて、まず決定しなければならなかった。

その議論について、復帰したばかりのパリ・パルルマンは、復帰直後の九月二五日に、つぎの「全国三部会」は一六一四年と同じ方法で行なわれること、つまり、各身分別々の会議で、議決は各身分同一の数の投票とすることを決定した。一方、もともと銀行家であったネッケルは、最初に財務総監になった一七七七年当時から、財政の立て直しには第三身分の力が必要であると考えていた。つまり、国家財政を健全状態に戻すには、人口の少数部分でしかない特権身分が意思決定を牛耳る会議方式では到底不可能であり、人口の大多数である第三身分の意思が尊重される会議で、ことは決定されるべきことを理解していた。したがって今回も、第三身分の代表者数を、第一身分と第二身分両者のそれを合算した数、つまり、「倍増」することが最低の必要条件であると考えていた。そして、パルルマンがこれまでの特権に固執し、三部会の構成を従来の方法で行なうことをすでに決定し、これまでの人気を一夜にして喪失したことも手伝って、特に第三身分が新財務総監ネッケルにかける期待は、その分拡大していたのである[41]。

そのような期待をうけて、また、「ヴィジル決議」以来、第三身分の定数倍増および頭数投票の要求が全国の地方議会から寄せられていたため[42]、ネッケルはまず、第三身分定数倍増の提案を、「名士会」に諮ることを決意し、国王は一七八八年一〇月五日に第二回「名士会」開催を通知した。そして約一カ月後の一一月六日にこれは開催された。

国王の簡単な演説の後、新しい財務総監は、今回の「名士会」に諮問されている事項をつぎの計四点とした。すなわち、「第一は、三部会の構成に関してである。第二は、集会の形式に関してで、第三は選挙方法（l'ordre des élections）、第四は三部会代表者に対する諸地方会議からの委任事項（les instructions）に関する規制方法についてである[43]」と。また、「名士会」を六つの部会に分割し、それぞれに審議をさせることとした。その結果、前二点に関して、一三対一二でかろうじて第三身分の「定数倍増」を可決した第一部会以外の五部会は、すべてこれを否決した[44]。ところがその後、九月二五日に裏切り者として総攻撃を受けたパリ・パルルマンは、同年一二月五日、「愛国派[45]」の働きかけにより、各身分同一定数という以前の態度を翻し、定数についてパルルマンは何ら言及する権限はない旨明らかにすることで[46]、一旦は地に落ちたその名声を回復しようとした。そして、一二月一一日には「名士会」も、同様に態度を変更し、第三身分の「定数倍増」についてパルルマンに同調したのであった。こうして、ネッケルはこの「定数倍増」問題に関して、自分の思惑に合致する方向で決着を付けることができる感触を得たため、一七八八年一二月二七日、これを枢密院に諮り、その決議によって第三身分定数倍増を決定したのであった。すなわち、「一、次回の三部会の代表は、少なくとも千人とする。二、この数は、できる限り、バイヤージュの人口および貢献度に応じて決定する。三、第三身分の代表者数は、集合する他の二身分の代表者数と同じ（égal）とし、その比率は召集令状（lettres de convocation）において設定される。四、この予備的決定は、遅滞なく召集令状

を準備する必要的措置の基礎となる。…五、（省略）[47]」と。しかし、ここで明確にされたのは、第三身分が、第一、

第二身分の定数の合計と同じ定数を有することになるという点のみで、投票の方法としてその倍増した定数が有効

に機能する頭数投票になるのか、各身分の定数と投票数との間には何ら関連性がない各身分平等の投票になるのか

にについては、明らかではなかった。そして、実際、このことが「全国三部会」の開催直後に、重大な問題として顕

在化し、三部会がすぐに紛糾する原因となったのである。

（五）小括

以上、この年にパリ・パルルマンと王権との間で繰り広げられた闘いを検討し、最終的には第三身分にも成功のチャンスが見える形での「全国三部会」の開催が決定されるまでの経緯を概観してきた。要するに、一七八八年五月八日に司法改革のための勅令を国王自ら「親裁座」によって強制登録しようと試みたことは、フランスにとって、単に四、五カ月の月日をいたずらに経過させたのみであった。否、王権の無力さを全国に示し、さらに、パリのみならず全国の人民が真に要求しているものが、王権の思惑とはかけ離れていることを全国的に露呈するための時間的余裕を作った。その王権の思惑とは、司法改革の名の下にパルルマンの諸権限を剝奪し、それによって、国庫を健全財政にもどすための新税制を含む財政改革の実行を可能にすることだったが、全国で必要とされていた改革は、そのような単なる司法改革や財政改革など、いくつかの個別の課題に関するものではなく、まさにその王権を中心とする全国家体制の全面的な変革であった。これを可能にするのは「全国三部会」であるが、特権階級にとってこの開催は大きな危険を伴うものであるから、抵抗が拡大すると、開催にこぎ着けることはできない。そこで財務総監ネッケル、および一部革新的貴族層を中心とする「愛国派」や「三十人委員会」などの働きによって、特権層が承諾しつつ、第三身分も同意する開催方法——第三身分の定数倍増および投票の方法については先延ばしにする——に決定し、開催が実現できる様相を呈することになったのである。

ではつぎに、翌一七八九年の「全国三部会」代表者の選出および三部会の開催と、その後の進展、つまり、「国民議会」の議論を検討していこう。

第三節　一七八九年

(一)　全国三部会の代表者選出選挙

前節「一七八八年」で見たような経緯で、一七八八年の終わりにようやく、「全国三部会」が、三つの身分別議会として開催されることが枢密院によって決定された。しかし前回の「全国三部会」が開催された一六一四年当時と今回の「全国三部会」とが異なるところは、今回は第三身分の代表者の数が、第一身分と第二身分の代表者の数を合計した数、つまり少なくとも千人となる点であった。それではいかなる方法でこれら第三身分の代表者を選出するのか。同枢密院令は、バイヤージュの人口および貢献度に応じて選出するということしか定めていなかったので、別に選挙に関する詳細を定める必要があった。そこで政府は、一七八九年一月二四日に選挙規則を公布したのであった(48)。

しかし、実際の運用においていくつかの問題が生じたことから推測されるように、この規則によっても細部は明確なものではなかった。というのも、この規則による第三身分の代表者の選出方法は、都市部と農村との間、また、同業組合とその他の住民との間など、社会的状況や利害関係が大きく異なる集団間において、いかに数を公平に分配するかという非常に困難な技術的問題に関連していたため、必然的に極めて複雑なものとなったからである。すなわち、パリ以外の都市部では、二五歳以上で課税台帳に登録されている住民は同業組合ごとに集まり、その同業組合が工業組合であれば一〇〇人につき一名の代表を選出するが、その同業組合が自由職業組合であったり、商人や船舶所有者であれば、一〇〇人につき二名の代表を選出することになっていた。実際には、このような同業組合の選挙集会では、親方にしか出席が認められておらず、相当限定的なものであったと考えられる。また、同業組合に加入していない住民および同業組合の存在しない町の住民は、別の「ディストリクト」という単位ごとに集まり、一〇〇名につき二名の代表を選出するという具合であった。一方、人口の大部分が集中するパリでは、一つの同業組合でもかなりの人数となるため、組合単位の投票は不可能と考えられた。そのため、「ディストリクト」毎に、六リーブル以上の人頭税を支払っている者のみが選挙資格を与えられるというように、かなり制限的な方法で代表選挙が行なわれた。また農村部においては、課税台帳に記載されている二五歳以上の住民が、小教区の選挙集会に出席を認められ、一〇〇戸に一人の代表を選出した点で、同業組合やパリその他の都市部での選挙よりも普通選挙に近かったと考えられる。

こうして、同業組合単位、ディストリクト単位、小教区単位で選出された代表が集会し、さらに「全国三部会」代表を選出する手続へと進んだ。まずパリにおいては、「ディストリクト」の代表がすぐに「全国三部会」代表を選出することになったが、その他の都市では同業組合単位で選出された代表があらたに一堂に会して、バイイ管轄区集会（南フランスではセネシャル管轄区集会）への代表を選出するという手続を行なった。また、農村部の小教区から選出された代表は、同業組合代表によって選出された代表とともに、バイイ管轄区集会で「全国三部会」代表を選出したのである。要するに、パリでは二段階の選挙を経て、その他の都市では三段階の選挙を経て、また農村部においては二段階の選挙を経て、ようやく「全国三部会」代表の選出が達成されたのである。(49)

（二）　陳情書および論説

「全国三部会」へ派遣する代表の選出手続を進行させると同時に、特に、第三身分および第二身分に属する人々は、陳情書（カイエ）の準備に取りかかり、総数にすると六万あまりの陳情書が準備された。このように多くの陳情書が準備された理由は、当時の代表制は厳密な意味で今日の「代表」とは異なる「命令的委任」にすぎなかったため、選挙された代表は、「政治的意思の制作者ではなく、単に伝達する者にすぎず、内容の明確な陳情書の細心な代弁者であり、個人的な自発性も自立性もいっさい禁止されてい(50)」たためである。それでは当時用意された陳情書は、どのようにして作られ、どのような内容だったのか。これを概観することで、「全国三部会」が開催される直前の国民一般が、何を「全国三部会」に期待していたのかを理解することが可能となる。また、この時期に著され、影響力を持ったとされるシエイエスの『第三身分とは何か』についても概観し、彼が、「全国三部会」または国民の代表機関は何を議論の中心に据えなければならないと主張していたのかを確認し、それがどのように実現されていったのか見ていこう。

1　陳情書の作成

陳情書の作成は、「全国三部会」代表を選出する作業と並行して進められていった。以下、この経過を簡単に見ておこう。まず、代表の選出が複数の段階を経てようやく実現されたことは先に見たが、それら複数の選挙の度に陳情書が作成されていった。つまり、第一次選挙で代表を選出する際に、まず最初の陳情書を作成し、それぞれの代表がつぎの段階の選挙集会にこれらを持ち寄り、その選挙集会に提出された複数の陳情書を一つに要約する作業を行なうことで、それらに記された要望等を集約していった。つまり、たとえばパリ以外の都市では、先述のように第一次選挙として同業組合単位で代表を選出したが、その段階で同業組合単位の陳情書が作成された。続いて第二次選挙で、同業組合単位で選出された代表が、バイイ管轄区集会への代表を選出したが、その時には、先の複数の同業組合の陳情書を一つに要約し、代表とともにバイイ管轄区集会へ送った。そして、そのバイイ管轄区集会で農村部からの代表とともに、最終的に、「全国三部会」へ提出すべき一つの陳情書を、複数の陳情書をまとめるという形で作成したのである。つまり、農村部においては、第一段階の代表選出時に複数の農村教区で複数の陳情書を作成し、つぎの段階であるバイイ管轄区集会において、パリ以外の都市から先述の二段階の方法を経て選出された代表とともに、同集会において複数の陳情書を要約する過程を経て、最終的な一つのバイヤージュ陳情書を作成し、「全国三部会」代表とともに「全国三部会」へ送ったのである。(51)

以上のような経緯で作成され、「全国三部会」へ送付された陳情書の一般的な内容はどのようなものだったのか、この点についてつぎに検討することで、全国から寄せられた要望が一般的にどのような傾向を有したのか把握したいと思う。

2　陳情書の内容

「全国三部会」へ送付するために準備された陳情書の数は、全国で六万件にも及ぶと言われるので、これらすべてをつぶさに検討することは不可能であるから、陳情書に共通しているとされる内容、また、作成された身分ごとの特徴などについて概観する。第一に、第三身分が提出した陳情書に限らず、三つの身分の陳情書は一般的に、法律発議権や裁可権、その他、全体としての執行権を国王が有するとする君主制それ自体を支持しつつ、絶対主義には一様に反対している点が共通点として指摘される。第二に、全国で有効となる租税や新法の採否については、定期的に開催される「全国三部会」において決せられなければならないとする一方で、地方行政については「州三部会」に委ねられるべきとしていること、さらに第三に人権に関して、人身の自由と出版の自由が多くの陳情書において主張されていた。

他方、それ以外の点に関しては、特権階級の貴族身分と第三身分との間では、当然のことながら対立が見られる。すなわち、貴族身分の陳情書では、政治体制の改革として租税の公平負担までしか認めず、他の特権については従来通り温存しようとする傾向が見られるのに対し、第三身分のそれでは、完全な市民的平等を望んでいる一方、聖職者身分および貴族身分の所有財産に対する攻撃はまだ控えめであった[52]。それではつぎに、陳情書として重要な位置を占めた第三身分の陳情書および第二身分の陳情書のいくつかを概観し、このような共通点および差異点について確認しよう。

2-1　第三身分の陳情書

ここでは、第三身分の陳情書のうち、同業組合のそれとして「ルーアン市の貿易商人の陳情書」、都市のそれとして「パリ市の第三身分の陳情書」、そして、都市近郊のそれとして「ヌムール・バイヤージュの第三身分の陳情書[53]」を概観する。

第一に、「ルーアン市の貿易商人の陳情書」は、「前文」、「基本法」、「租税」、「マニュファクチャー」、および、「商業と航海」という五つの柱で構成されている。そしてまず、その「基本法」の「一」で、「フランスの国憲は君主制であり、君主制として維持される」と規定し、これを容認している。また同様に、「基本法」の「五」では、「執行権は君主に委任される」とし、執行権を君主が持つことに同意しつつ、「六」で、「直接税も間接税も、すべての租税は、国民の同意なしに徴収することができない」とし、租税にかわって「国民分担金（contribution）」という用語を用いるべきだと要望する。その「国民分担金」について「八」、「九」で、三年ごとの国民の同意が必要とされている。さらに、「租税」の部分の「一一」においては、身分にかかわりなく、平等にこの「国民分担金」を負担しなければならないとする。すなわち、「この配分は人頭税の形式で執行され、調査された動産および不動産の財産額に応じて、いかなる特権も免除もなしに、すべての身分のすべての市民に差別無く課せられる」と。ついで「マニュファクチャー」の部分では、「二九」で「わが国のマニュファクチャーに対する不可解で実行不可能な諸規制を除去すること」と述べ、かつ、「三三」では「外国のマニュファクチャー、すなわち外国製品の輸入を禁止すること」と述べ、フランスのマニュファクチャーの自由な発展を要望している[54]。

さらに二つめの、「パリ市の第三身分の陳情書（Extrait du cahier du Tiers état de la Ville de Paris）[55]」は、一七八九年

五月初旬に作成され、最も革新的と思われる陳情書だが、詳細な規定を置いていると同時に洗練さも見られる。これは、つぎのような一二の章から成り立っている。すなわち、「前文」「予備的観察（Observations préliminaires）」「権利の宣言」「憲法」「財政」「農業」「商業」「商事管轄（Juridiction consulaire）と関連事項」「宗教、聖職者、病院、教育および慣習」「立法」「刑事分野（En matière criminelle）」および「地方自治（Municipalités）」である。その「予備的観察」において、国政の基本的な原理として「国民主権」を掲げ、また「権利の宣言」において、「権利の平等」、「一般意思に基づく法」、「国民の租税決定権」および「一定の限度での君主制」など、法と政治についての基本構造を掲げると同時に、国民の諸権利として、「所有権」「人身の自由」「出版の自由」などを宣言している。

まず「前文」では、「全国三部会」の開催が遅すぎたことについて遺憾の意を表わすとともに、自分たちが選出する代表への命令的委任の主要な内容をまとめると、六つになるとする。すなわち、一つめは憲法について、二つめは財政について、三つめは農業、商業、商事管轄について、四つめは宗教、聖職者、教育、病院および慣習について、五つめは立法について、そして、最後、六つめはパリ市に関する特別の事柄である。

そして、つぎの「予備的観察」においては、「国民主権」について、「我々は、国民の主権（les droits souverains de la nation）を行使しようとしている自由な市民の尊厳を傷つけるようなことをすべて断固として拒否するよう、我々の代表に命令する」と述べ、この原理の採用が不可欠であるとする。また、この目的のためには「頭数投票」を導入する必要があるとする。すなわち「諸身分の区別による不都合を修正し、公的精神（l'esprit public）を広め、そして、良い法律の採択をより容易にするためには、頭数審議（la délibération par tête）が必要であることを世論は認識したように思われる」と。このようにしてまず、「国民主権」原理と、それを実現するための「頭数審議と頭数投票」制とを「全国三部会」の基本とするべきことを主張する。

つぎに「権利の宣言（Déclaration des droits）」においてはまず、権利の平等について、「いかなる政治社会においても、人間はすべて権利において平等である」とするとともに、「一般意思が法を作る」とし、「一般意思（la volonté générale)」に基づく法の構築を唱えている。さらに負担金（le subside）について「国民のみが負担金を承認しうる。国民はその割当額を定め、その期間を制限し、その配分を行ない、その使途を指示し、その決算報告を要求し、その公表を命令しうる権利を有する」とし、つぎの「憲法」の章の規定とあいまって、最終的な課税決定権は国民にあると唱える。

また、「所有権」について、「法は、各市民に対して、その財産の所有権とその人身の安全を保障するためにのみ存在する。財産権はすべて不可侵である」とし、「人身の自由」については、「いっさいの補償なき対人的隷従の廃止、所有者への補償つきの対物的隷従の廃止、強制民兵の廃止、すべての特別法廷（toutes commissions extraordinaires）の廃止」を訴えている。

さらに、「出版の自由（la liberté de la presse）」については、これが保障されることを前提に、その制限を明確にし、無責任な出版による混乱を防止するため、つぎのように定めている。「出版の自由は、つぎの条件のもとに与えられる。すなわち、著者がその原稿に署名すること、印刷人がそれを保証する（en répondra）こと、両者がその公刊の帰結に責任をとること」と。

このような諸権利を宣言した上で、これら宣言の内容が、「全国三部会」を通して、新しいフランスの原則となるべきことをつぎのように主張する。「これらの自然的、市民的、政治的諸権利の宣言は、全国三部会においても採択されるであろうが、それは、国民の憲章（la Charte nationale）となり、フランスの統治の基礎（la base du gouvernement français）となるであろう(56)」と。

また君主制については、つぎの「憲法（Constitution）」の章で規定し、君主制それ自体は容認しながらも制限的なものにするため、つぎのように述べる。「フランス君主制において、立法権は、国王と並んで国民に属する。執行権は国王にのみ属する」と。さらに「君主の人身は神聖にして侵すべからざるものである」とし、そのような制限的な権限を有するものである限りにおいて君主制を擁護するとしている。さらに、課税について、「国民によってのみ租税は課されるとした。」とし、絶対権力的な課税は事実上廃止されるとした(57)。

さらに「憲法」の章の最後の部分では、先の「国民主権」の原理をさらに具体的な場面を想定して表現する。すなわち、以上のような国家設立目的である基本原則を定める「国憲」は最高規範であり、その変更は国民にしか可能でない旨、つぎのように述べる。「我々が作成した原理に基づいて、現在の全国三部会において作成される国憲は、国民固有の財産であり、したがって、立憲権力によってしか、すなわち、国民それ自身、あるいはその代表によってしか、改変あるいは修正されえない。この国民代表は、市民の総体によって特別に任命され、その目的は、ただこの国憲の補足および改善のために務めることである」と。さらにその直後に、このような原理にもとづく国家のために働くあらゆる公務員に、「憲法の順守」の宣誓を課す規定を置いている(58)。

最後に、その他の第三身分の陳情書のうちで、「人権宣言」をかなり詳細に用意していた、「ヌムール・バイヤージュの第三身分の陳情書（le cahier de doléances du Tiers état du bailliage de Nemours）」を検討しよう。これは、同年二月に作成された陳情書で、三〇箇条からなる「人と市民の権利(59)」を含んでいた。

まず「無知と渇望（l'ignorance et l'avidité）」が全国で混乱を引き起こしているので、これを一掃する方法を自分たちは陳情書で提示するとする「導入部分（Introduction particulière）」に続き、第一章では「人権宣言」を作成することを要求するよう、ヌムール・バイヤージュ選出の「全国三部会」代表に命令的委任を発している。すなわち、「人民が不平を持っているすべての不正の改革が回避されえないように、そしてそれが再発することが不可能となるように、ヌムール・バイヤージュの第三身分が、全国三部会の英知と国王の力の下に提案し要求することができる最初でかつ最も有用なことは、人々がその享有の保障を欲する、時効によって消滅することのない人の権利とはいかなるものか、全国三部会において、検討させることである」と。そして、同バイヤージュで一つのたたき台として作成された三〇箇条の人権宣言を披露している。その第一条は、「何人も、他の者を害しないことを自由になす権利を有する」とし、第二条から第四条は権利救済の要求について定める。第五条から第七条は、労働の自由と正当な対価に対する権利を定め、第八条は、契約の自由を保障する。第九条は他人の身体財産に対する暴力を禁止し、第一〇条は他人に遺産や財産を自己に譲渡するように強制できないとし、所有権の保障を試みている。これに対して第一一条は、「道路または公的事業（le service public）」のための個人財産（une propriété particulière）の収用権を、国または社会全体（le corps entier de la société）に認めて、無制限の所有権を否定している。また第一二条は、「何人も自由・所有・安全に対する攻撃から、他の者によって、社会全体によって保護されなければならない」とし、第一三条は、これら三つのいわゆる自然権は、刑罰としてでなければ侵害されないとして保障する。また第一四条は、政府の力によって人の権利が侵害されないことを保障する。さらに第一五条から第二〇条においては、刑事被告人の権利が詳細に保障されている。また第二一条から第二六条は、所得税などの課税について、「自由、財産および安全を保障するために必要な公的費用（dépenses publiques）」に当てるために、収入のある者は収入があるという理由によって税を納めねばならないが、逆に収入のない者は、税を納めさせられてはならない、とする。また、必要以上の税の徴収は禁止され、税の徴収は比例的でなければならないとし、近代的な租税制度の萌芽を感じさせる。これに対して第二七条は、そのような比例的課税を拒否することは、どの階級の者にもできないとして、徴税の徹底を図る。また、第二八条から最後の第三〇条までは、各個人が、政治に関する法律や民法刑法を発展させるために寄与することを保障し、表現したことが他者の侵害や中傷でない限り、表現は保障されるとしていた。

このように、全国から寄せられた第三身分の陳情書において、共通に要求されていた事柄の主なものは、君主主権の一定の制限と、「全国三部会」を中心とする国民代表機関による一定の国民主権原理の導入、および、一定の自由と権利の保障であった。つぎに、第二身分の陳情書を概観する。

2-2　第二身分の陳情書

一七八九年三月にマントとミューラン（Mantes et Meulan）のバイヤージュで作成された貴族身分の陳情書[60]は、その代表者に対する命令的委任において、人権宣言の制定を真っ先に押し進めるよう義務づけている。すなわち、

「第一章—人権宣言　第一条　我々は我々の代表者（notre député）に、つぎのことを指示する。つまり、議会内外の秩序のために必要な規則〔が制定された後〕直ちに、人権宣言の形成（la formation d'une déclaration des droits）—つまり国民の代表者が、自分たちの名において、知覚的存在であり、理性的存在でありかつ道義観念を持つ存在というその資格においてすべての人に帰属する権利、そして、あらゆる社会制度に先だって存在する権利を表明する文書（un acte）〔の作成〕—に取りかかるよう〔全国三部会に〕要求すること。それと同時に、フランスの法律に服する者はすべて、いかなる権威も合法的にそれを侵害しえることなく、それら権利を享有しなければならないことを、我々は宣言する」と。そして人権宣言の基礎として、いわゆる自然権を据えることも指示している。すなわち、「第二条　我々は我々の代表者に、この〔人権〕宣言を、根本的かつ普遍的に認知されている権利（droits primitifs et universellement reconnus）の発展のうえに樹立するよう指示する。たとえば、人身の安全と自由、財産の安全と自由、そして、政治的、市民的権利の平等といったものである」と。

　このような人権宣言の作成に関する総論的な立場を示した後、人権を各論的にカテゴリーに分ける。つまり、「人身について（Quant aux personnes）」および「財産について（Quant aux biens）」の二つに分け、それぞれにおいて近代的な諸原理を項目にして列挙し、自分たちの代表者に指示しているのである。すなわち、「人身について」の部分では、まず刑事人権の保障として、「恣意的処罰および遡及処罰の禁止」、「正当な裁判を受ける権利」、「判決以外によって刑罰を科されない権利」などを二つの項（1°と2°）の中で、そして、いわゆる精神的自由として、「執筆および出版の自由」を一つの項（3°）の中で、明記している[61]。さらに、この陳情書が、「財産」に関して代表者に宣言するよう指示している事柄は、つぎの三つの項の中に列挙されている。「裁判所の判決によるのでなければ、財産を剥奪されないこと」（1°）、「公共の用に供するためで、正当な補償を受けた後でなければ、財産を剥奪されないこと」（2°）、そして、「労働する権利、住居を選択する権利、購入または販売する権利」（3°）である[62]。

　このように第三条の下にいくつかの項目を列挙して、具体的に宣言の作成を指示した後、第四条から第七条では、以下のようなことを規定している。すなわち、自分たちの代表が、「全国三部会」に参加する市民（citoyens）に、そのような「偉大かつ永遠の格言（ces grandes et éternelles maximes）」を提示し、「消去できない性質（caractères ineffaçables）を有する自然の真理（les vérités de la nature）」を皆の心に刻むこと（第四条）、そして、人権宣言が作成されないような、いかなる議論にも加わらないこと（第五条）、また、人権宣言を真っ先に議論するよう、「全国三部会」に働きかけること（第六条）、さらに、「人間の本性を傷つける（la dégradation de la nature humaine）」ことを中止させるべく、土地に縛られた農奴、黒人奴隷売買などの制度を廃止する方法を検討するよう要求すること（第七条）である。

このように、かなり具体的に、「表現の自由」その他「自然権」を保障する人権宣言の作成を急務とし、その代表に指示する陳情書も存在したが、多くは人権宣言とあわせて、憲法の制定を要求した。つまり、人権宣言のみを要求するものは、貴族身分の陳情書全体の二、三％であるが、それとあわせて憲法の制定を、または、憲法の制定のみを要求するものを含めると、半数に達したのである。一方、明確な形で「人権宣言」あるいは「憲法」の制定を要求するのではないにせよ、どのような形であれ、一定の基本的権利の確認（la consécration de certains droits fondamentaux）を要求していたのは、相当の割合になる。つまり、「神聖不可侵の個人の自由」を要求していたのは、全体の六〇％、「その地方の裁判官（juges naturels）による判決を受ける権利」は六九％、「封緘逮捕状の禁止」は六九％、また、「思想および出版の自由」は八八％という具合である。(63)

以上の検討から、要するに、第三身分のみならず、第二身分の陳情書の多くにおいても、様々な形で自由と権利の一定のものについて確認、または、保障をするよう要求が出されていたのである。特に、長く不評を買っていた封建的租税のいくつかを禁止するとともに、国民代表機関の承認を経ない課税を禁止するなどの「国民主権原理」の導入、他者の権利を侵害しないことを条件とする「表現の自由」、人身の自由を中心とする「刑事人権保障」、そして、公共の用に供するなどの目的の下で剥奪が認められるなど一定の制限を受ける「所有権の保障」などである。

3　シエイエスの『第三身分とは何か』

その他、「陳情書」ではないが、この時期に繰り広げられたさまざまな議論に影響力を有した単独の著者の作品として有名なのが、シャルトルの神父シエイエス（Sieyès）による『第三身分とは何か』である。[64]

六章立てのこの著作の前半、第一章から第四章までで、第三身分はこれまで、国民のすべてであるにもかかわらず「無」として、不当に取り扱われてきたにもかかわらず、特権身分は、せいぜい自分たちの金銭上の免除特権を放棄するまでのことしか考えてこなかったと批判する。そのような問題点を指摘した上で、シエイエスは、その第五章および第六章において、それでは第三身分は何をすべきかという自問に答える。まず、召集を決定すべきだったのはそのような身分別会議を基本とする「全国三部会」ではなく、頭数投票による「国民議会」であったと主張する。すなわち、「かくして、『何をすべきか』という問いに対してはもはや何の困難もない。通常の国民議会の組織のあり方を審議するという特別な委任権をもつ特別代表を首都に送るために、国民を召集するべきである」と第五章で述べ、さらに第六章においては、さらに具体的に、後に第三身分のみで構成されることになる「国民議会」の開催を予言するかのように、つぎのように主張した。「第三身分は別個に集まるべきである。すなわち、貴族とも聖職者とも決して協力せず、身分ごとでも頭数ごとでも彼らと席を同じくしてはならない。……〔これに対して〕第三身分だけでは三部会を構成できない、と彼らは言うであろう。大いに結構だ！　第三身分は国民議会を構成するだろう[65]」と。

以上見たように、全国各地から代表者とともに「全国三部会」へと送られてきた陳情書の多くは、君主制の一定形態の容認と、国民主権原理の導入、そして、課税権限の国民代表機関への集中、その他、一定の国民の基本的人権の保障を謳っていた。また、この時期の代表的著作であるシエイエスの『第三身分とは何か』は、第三身分のみによる「国民議会」の開催を主張していた。さて、その後「全国三部会」はいかにして開催可能となり、またその直後に瓦解していったのか、そしていかにして「国民議会」が形成されたのか、さらにそこで、全国各地から集約されて寄せられた陳情書がどのように収斂され、「人権宣言」が作成されていったのか、その足取りをたどっていこう。

(三)「全国三部会」の開催とその難航

先に見たように、シエイエスは『第三身分とは何か』第五章、第六章において、第三身分が特権身分と「同等の影響力を持つ」ためには、「第三身分は、議決を身分別ではなく頭数で行なう」べきだとし、「全国三部会」とは異なる「国民議会」での頭数投票を主張したのだが、第三身分はこの主張をそのまま「全国三部会」の開催に際して繰り広げた。しかし、このような要求は特権階級の二身分には到底受け容れられるものではないから、「全国三部会」は開催直後から難航することになった。以下、この経緯を概観しよう。

一七八九年五月四日、「全国三部会」に出席するために、すべての代表はヴェルサイユに集合した。翌五月五日にまず問題となったのは、代表の資格審査に関してであった。第一身分、第二身分はそれぞれ別個に、それぞれの身分の代表資格審査を始めたが、第三身分にとっては、このような身分ごとの代表資格審査を認めることは、身分別の会議を承認することになるから、このような身分別資格審査を認めるわけにはいかなかった。そこで第三身分は、全身分共同による資格審査を要求することから自分たちの主張を展開し始めた。すなわち、「全国三部会」とは別個の、頭数投票による議会を構成し、そこで全国的な問題について議論を行なっていくことに、結びつけようとしたのである。

しかし、その後約一カ月間は、資格審査の問題にも関連して、そもそも「全国三部会」が五月五日に成立したか否かについて議論が沸騰した。ところが、この問題はどのような方法で代表の資格審査は行なわれるべきかに直接的に関連する問題だったので、政府はやはりこれについて解決を図らねばならなかった。この点について政府は、六月四日にようやく、見解を示すに至った。それは、各身分はそれぞれの代表の資格審査を行なうが、疑義のある代表については三身分合同の資格審査委員会において審査を行ない、それでも一致した結果がえられない場合には、国王が裁可を下すというものであった。このような見解に対して第三身分が考えをまとめる前の、翌六月五日、今度は貴族身分が、さらに身分別審査方法に固執する仕方での決議を行なった。すなわち、三身分合同での資格審査の対象範囲は、三身分合同の集会で地方から選出された数少ない全体的代表に限定するというものであった。こうして結局、資格審査に関する折り合いが身分間でまったくつかないまま、「全国三部会」は暗礁に乗り上げてしまったのである。[66]

（四）「国民議会」の誕生

こうして徐々に、シエイエスが主張した方向で事態が進行していく。つまり、三身分が別個に決議を行なう従来型身分制議会としての「全国三部会」は最初から機能せず、代わりに第三身分の代表を中心に構成される、頭数投票による三身分合同の議会、すなわち「国民議会」が実権を掌握していくのである。それはつぎのような経緯で実現されていった。

まずブルターニュ選出の第三身分の代表たちが「ブルトン・クラブ」を構成し、そこに他の第三身分代表たちも集合するようになっていった。シエイエスは六月一〇日、特権身分層に対して、自分たち第三身分に合流することを求める「勧告」を出すことをそこで提案したが、これは最終的に貴族・聖職者両身分への「招待」、そして、国王へのその説明を含む上奏文という、相当穏和な形での決着となった。この「招待」によって六月一五日までに一二名の特権身分が第三身分に合流してきたが、これでは到底、大々的な全面改革を「全国三部会」の名の下に推し進めるだけの勢力にはならず、またその正当性も付与されるものではなかった。そのため彼らは、六月一七日に自分たちの会議の正当性と超身分性を訴えるべく、「全国三部会」とは別個の組織として、「国民議会（Assemblée nationale）」という名称を用いる旨の布告を、四九〇対九〇で可決した。すなわち、「議会は、諸権限の審査の後、審議を行ない、この議会がすでに国民の少なくとも一〇〇分の九六によって直接的に派遣された代表によって構成されていることを確認する。……議会は、国民の再興という共通の事業が現在の代表によって直ちに着手されうるし、また着手されるべきこと、また、現在の代表がその事業を間断なくかつ支障なく続行すべきであることを宣言する。……『国民議会』の名称が、現今の事情において、議会に適切な唯一の名称である。……議会は、今日欠席しているすべての代表をそのうちに統合しようという希望を決して捨てないであろう。議会は、彼らに対して、全国三部会の開催に協力すべく彼らに課せられている義務を果たすようたえず呼びかけるであろう。欠席中の代表が、開催まぢかの会議の途中で姿を現わすときはいつでも、議会は、彼らを直ちに迎え入れ、彼らの権限を審査した後、フランスの再生を実現すべき大事業の続行を彼らとともに分かちあうであろうことを、あらかじめ宣言する[67]」と。

この宣言に同調して、司教を含むほとんどの第一身分が国民議会に合流しはじめた。このため、これ以上の合流の動きをくい止めるため、国王は議場となっていたサール・デ・ムニュを、改修という理由の下に閉鎖せざるをえなくなる。六月二〇日、命令を受けた兵士によって議場は堅く閉ざされ、必要書類以外のものを取るためには中へ入ることを認められなかった第三身分の代表たちは、やむをえず近くの室内球戯場（le jeu de paume）に集合した。そして、ここにおいて、憲法制定が決定され堅固な基礎の上に根付くまで決して「国民議会」は解散しないとする、有名な「球戯場の誓い」が、これら第三身分の代表たちによって、満場一致で可決されたのであった[68]。ここにおいて、第三身分を中心とする「国民議会」は、単なる税制改革や特権階級による一部特権の放棄のみを目的とするのではなく、まったく新たにフランスを再建すること、つまり憲法の制定を目指していくことを明確に意思表示したことになる。つまり、さまざまな改革を「全国三部会」というこれまでの身分別議会の枠内において議論するという方式を真っ向から拒否し、国民の唯一の代表機関である「国民議会」を正式に構成し、各身分の代表ではなく、国民の代表として自由な議論を行なうことによって、国家の再建を果たすという純粋な目的が確認されたのである。

さて、この「球戯場の誓い」が出された六月二〇日のつぎに会議が開かれた翌週月曜日の六月二二日には、第三身分の代表たちは議場を球戯場からサン・ルイ教会へ移したが、そこにはほとんどの聖職者、および、ドーフィネ貴族、ギュイエンヌ貴族分離派が合流してきたため、「国民議会」は、いよいよ数の上でも力の上でも、最大の勢力となっていく(69)。このような状況の中、国王ルイ一六世は、この日、「親裁座（la séance royale）」を六月二三日に開催し、「全国三部会」のこのような分裂状態に関して、取るべき何らかの方策を発表することを決定したのであった。しかし、実際には、そこで提示された相も変わらぬその場しのぎの政府の改革案と、そこにおいて国王によって示された尊大な態度に、いよいよ残されていた数少ない聖職者のみならず、これまで「国民議会」に合流することを躊躇していた多くの貴族層も、国王と「全国三部会」に完全に背を向けることになるのである。以下、その「親裁座」について概観していこう。

（五）　六月二三日「親裁座」

この日、第三身分の代表たちは、特権階級の第一身分と第二身分の代表全員が会議場の中に順次収まるまでの一時間以上にわたり、雨天の中、会議場の外で待たされ、ようやく一〇時半になって入場が認められた。会議場の一番奥には国王ルイ一六世の玉座、そこから一段低いところに一つの机を囲むように諸大臣が座していたが、財務総監ネッケルの席のみが空席であった。また聖職者は会議場の右、貴族は左に整列していた。一一時になると国王が会議場に到着し、取り巻きの貴族と衛兵隊長とともに入室し、玉座に着席した(70)。

そして国王はまず、この会議の目的について演説する。つまり、まったく進行の見込みのない「全国三部会」

を、特権身分が結束することで速やかに良い方向へ持っていくことが最大の目的であると述べる。すなわち、「全国三部会は二ヵ月近くまえから開かれている。しかし、いまだ、その議事進行の予備的条件について同意に達することができない。完全な相互理解が、祖国愛からのみ生じるはずであった。不吉な分裂はすべての人々の心に不安を生み出す。……これらの不吉な分裂に終止符を打つことが、余の王国の公共善のためになすべき余の義務であり、また、余自身への義務でもある。…諸君、諸々の身分のそれぞれの権利を明瞭に確立したのち、余は、祖国の第一および第二の身分の熱意に期待する。余は、余にたいする彼らの愛情に期待する。余は、国家の緊急の諸弊害について彼らがもっている知識に期待する。全般的幸福にかかわる諸問題において、彼らこそがまず、余の見るところ現在の危機において必要であり、かつ国家を救済するはずの見解と感情の結合を提示しうるのである(71)」と。このように、冒頭から国王は、第三身分に対しては何ら期待しておらず、むしろ諸弊害の源と考えているかのような言い方をした。これは、第三身分にとれば、議場の入り口での不公平な扱い方への不満にも増して、反感を感じずにはいられないことだった。つまり、「親裁座」は、少なくとも彼ら第三身分の反発をまねく結果になることは、当初から推測可能であったと言えよう。

1　「全国三部会」開催についての国王宣言

国王のこの演説に続いて、国務長官（un des secrétaires d'Etat）が、全一五箇条で構成されている「全国三部会の今回の開催についての国王宣言(72)」を読み上げる。まず、第一に、六月一七日の第三身分による「国民議会」の設立を違憲無効と宣言する。すなわち、「第一条、国王は、国家の三身分の古来からの区別が、王国の国憲（la constitution de son royaume）に本質的に結合しているものとして、完全に保存されることを欲し、……三つの身分を構成し、身分ごとに審議し、そして、君主の承認の下に共同で審議することに同意しうる代表のみが、国民の代表団を構成するものとみなされることを欲する。その結果、国王は、今月一七日に第三身分の代表が行なった議決ならびに今後なされうる他の議決を、違法かつ違憲（illégales et inconstitutionnelles）として、無効（nulles）であると宣言する」と。このように「国民議会」の成立を否定した上で、選出母体からの委任に関しては緩やかな理解を示した。しかしこれは、もちろん「国民議会」への合流を肯定する趣旨ではなく、頭数投票を禁止している委任状を厳格に適用することで、投票方法に関連してこれ以上議事の進行が遅れることがないようにするためのものである。すなわち、「第六条、国王は、全国三部会の次回以降の開催において、陳情書または委任状が命令的であるとみなされることを許可しないと宣言する。それらは、選ばれた代表の良心および自由な見解に委ねられた単なる指示以外のものであるべきではない」と。また、頭数投票を必然的に導く共同審議についても譲歩を示し、今回に限ってこれを認めるとした。すなわち、「第七条、今回の三部会開催期のみ、三身分は、全体の利害（une utilité générale）に関する討議において、共同で会議を開く」と。しかし、この共同審議には大きな制限があり、重要な事項については、その審議対象から除外されていた。すなわち、「第八条、共同で扱われる事柄から、なかんずく除外されるのは、三身分の古来の憲法にかかわる権利（les droits antiques et constitutionnels des trois ordres）、今後の全国三部会に与えられるべき組織の形態、封建的・領主的所有（les propriétés féodales et seigneuriales）、および、上位二身分の実利的権利（les droits utiles）と名誉上の特権（les prérogatives honorifiques）である」と。さらに第一身分に対する配慮から、第九条において、宗教、教会の規律、教区付であれ在俗であれ、教会階級と教会集団に関するあらゆる処分については、聖職身分の特別の同意（le consentement particulier du clergé）が必要であると宣言し、特権階級から無条件で特権を剥奪するような意図はまったく見受けられない。また第一〇条は、代表の資格に関する疑義は、共同審議において多数決で決せられるものの、いずれか一身分の三分の二の多数がその議決に異議を唱えた場合には、国王が最終的判断を行なうこととし、この件に関する最終的な権限を国王に確保している。しかし、その国王権限の例外として第一一条は、反対の決議が一身分から出された場合でも、共同審議によってさらに三分の二の多数で決するときには、それを国王の最終判断の代わりにすることもできるとしている。さらに第一二条は、それぞれの身分別会議に参加する代表の一〇〇人以上が要求すれば、どのような案件も翌日の共同審議にかけられるとする議会手続を定め、また第一三条は、さまざまな事柄を取り扱う協議会を準備するための委員会を構成するよう国王は要請し、第一四条は、三身分合同会議（L'Assemblée générale）は、それぞれの身分から選出された者が議長を務めるとする。最後に第一五条は、「全国三部会」を構成する代表以外のいかなる者も、議事に参加することは禁止されるとする。

以上のように、「全国三部会」開催に関して手続的側面を中心とする国王の宣言がまず確認された。つまり、代表資格については三身分別々に審議するのを基本としつつ、資格審査で否定された代表が、「全国三部会」に上訴した場合には、三身分共同審議とすること、それに対する疑義が一身分の三分の二以上の多数で決議されたときには、国王が裁定するか、共同審議会で再度三分の二以上の多数で決するとすること、その他、一定の重要事項についてのみ三身分共同審議を行ない、その議長は三身分それぞれから選出される三名の者が務めることや、それ以外についてはそれぞれの身分が別個に討議するが、一〇〇人以上の多数の要求によって共同審議会が翌日開催されることなど、である。このようにして「国民議会」を違憲無効としつつ、「全国三部会」を機能させるべく、具体的な議事手続について詳細を詰めた上でそれを公表したのである。

2　国王の意図の宣言

さて、この「開催についての宣言」に続いて、国王は簡単な演説をし、さらに「国王の意図の宣言」[73]を国務長官に朗読させた。「意図の宣言」は全三五箇条に及ぶもので、王国の窮状をいかにして打開するかについて、国王が具体的な改革案を示したものであった。その中心的な事柄は、「全国三部会」の租税同意権と歳入歳出に関する権限、不平等であるとして多くの陳情書などで批判されてきた税制の改革、そして、特権廃止を中心とする三身分の公平化と一定の自由の確保についてであった。以下、条文に即してこの改革案を検討する。

まず第一条で、「国民の代表者の同意なしには、いかなる新税も導入」されないとし、また第四条および五条において、そのような国民代表機関としての「全国三部会」の財政に関する権限を承認した。すなわち第四条は、「全国三部会は、財政状態を慎重に検討し、それを完全に解明するに要する情報を要求する」として、国家の財政状態を国民が知ることのできる方法を用意し、第五条は、「歳入歳出一覧（le tableau des revenus et des dépenses）は、全国三部会によって提案され陛下によって承認された形式の下に、毎年、公表される」として、歳入歳出の透明化を図り、これによって財政の健全化を企図した。しかし、緊急の場合の借入金について、第三条は、一つの留保を宣言することを忘れてはいなかった。すなわち、「ただし、戦争あるいはその他の国民的危機の場合には、主権者は一億リーブルの額まで即刻借り入れる権限を有する」と。

さらに、特権階級の特権については、第九条が暗示的に特権階級に放棄を促す。すなわち、「聖職者と貴族の金銭的特権の放棄に関して彼らが表明した正式の意向が、彼らの審議によって実現したときには、国王の意図はそれを裁可することである。そして、金銭的貢納の支払いにおいては、いかなる種類の特権も区別も、もはや存在しないことである」と。また不評だったタイユ税について第一〇条で、「国王はこのように重要な意向を尊重されんがために、タイユという名称が王国全土において廃止されることを望まれる」と宣言し、その実質的な廃止を約束した。また同条はそれに代わる租税を導入するに当たっては、「公平で平等な比率に従い（d'après des proportions justes, égales）、身分、地位、出生の区別なし（sans distinction d'état, de rang et de naissance）」に行なうことが必要であるとしている。その一方で、第一三条は、身分制の維持と上位身分の者の特別の取り扱いを認める宣言をしている。すなわち、「国家の上位二つの身分は、人的負担の免除（l'exemption des charges personnelles）を享受し続ける。しかし、国王は全国三部会がこの種の負担を金銭的負担に変更する手段を検討すること、そして、こうして国家の全身分が平等に貢納に服することを承認する」と。

また同宣言は、多くの陳情書において要求されていたような一定の自由、つまり所有権を承認するとともに、出版の自由についても検討の余地を認めた。すなわち、第一二条は、「所有権はすべて、例外なく、常に尊重される」[74]とし、また第一六条は、「全国三部会は、出版の自由と、宗教や良俗や市民の名誉にたいして払うべき尊敬とを調和させるに最も適切な手段を検討し、それを陛下に報告する」として、「全国三部会」に出版の自由のあり方について検討を命じたのである。さらに同宣言は、第一五条において、かつてデュポールが名士会に対して廃止を主張した、「封緘逮捕状」の廃止を約束すると同時に、「全国三部会」に対して、そのような「封緘逮捕状」を必要としない「公共の安全維持と予防手段」は何かを検討するよう命じた。すなわち、「国王は、全市民の個人の自由（la liberté individuelle de tous les citoyens）を強固かつ永続的に確保することを欲するゆえに、全国三部会に要請して、『封緘逮捕状』の名で知られている命令の廃止（l'abolition des ordres）と、公共の安全（la sûreté publique）の維持および予防手段（les précautions nécessaires）……とを調整するために、最も適切な方法を提案せしめる」[75]と。

その他に同宣言は、第一七条から一九条において、「州三部会（Etats provinçiaux）」の設置に関して宣言をしている。すなわち、州三部会は聖職者が二割、貴族が三割、そして、残り五割を第三身分から選出し、あらゆる事柄について共同で審議する頭数投票制とすると。また、第二〇条から二二条において、州三部会の閉会時には「中間委員会（une commission intermédiaire）」を置くことや、地方病院や刑務所、乞食収容所や孤児収容所などの行政、また、村の支出の監査、森林維持や森林警備、売却など、地方行政機関が管轄することが望ましいものについてはすべて、権限を移譲すると宣言するなど、州三部会の行政権限について明確にした。また、第二三条は、もと王領に存在する州三部会の機構上の問題など重要案件については、「全国三部会」において正義と理知において処理されるとし、「全国三部会」の権限を重視する。さらに第二四条、二五条は、「全国三部会」に王領地の最善の管理方法を提案するよう指示するとともに、国内流通が効率よく機能するような関税についての検討も指示した。第二六条、二七条は、塩税など租税について、国家の収支バランスの健全化を視野に入れつつ検討するように「全国三部会」に指示する。また第二八条は、司法行政、民法・刑法の改正などについて、提案をするよう「全国三部会」に求めているが、これは、前年一七八八年に、パルルマンから裁判上の権限を奪い「全権裁判所」を設置するという国王側の司法改革をめぐって、パリ・パルルマンと国王の間に抗争が繰り広げられた結果、最終的に一七八八年九月二三日に、国王がそれら改革案すべてを撤回し、パルルマンの権限を元通りに修復した時、国王が発した宣言でも明確にされていた事柄であった。(76) 第二九条では、「全国三部会」が制定するであろう法律は、遅滞なく何ら障害なく(aucun retardement ni aucun obstacle)執行されるであろうことを約束し、第三〇条は、道路建設や補修のために無償奉仕を強制するコルベ賦役を廃止し、同様に第三一条で、マンモルト権(droit de main-morte)(77)を廃止した。さらに第三二条は、将軍職を制限するために作る規則について、国王は「全国三部会」に報告をすることを約束し、第三三条は、臣下に負担をかけない国境警備のあり方について「全国三部会」に検討を指示する。また第三四条において国王は、可能な限り、人民の自由の保障を承認するとする。すなわち、「今回の全国三部会の会期の間、陛下がその権威において保障するであろう、公秩序と人民に対する慈悲の姿勢――なかでも、個人の自由、公租の平等、州三部会の設置に関すること――は、決して、三身分の同意なしには変更されえない」と。そして最後に第三五条で、国王は「全国三部会」に、「公共利益の重要問題(des grands objets d'utilité publique)と、人民の幸福に貢献しうるすべての事柄について検討するよう」要請するとともに、フランス国王として有してきた軍隊制度(l'institution de l'armée)、警察権限などをそのままのものとして維持することを希望した。

以上のように、ルイ一六世による、これら二つの「国王宣言」には、これまで陳情書やパルルマンの建言、その他の宣言などで表明されてきた、第三身分、貴族その他の国民の意思が可能な限り反映されているように見受けられる。たとえば、特権階級が有してきた封建的特権についても検討課題とし、不評な税制についても廃止する姿勢を見せ、個人の自由についても所有権・出版の自由を認める方向であり、また、「封緘逮捕状」も廃止することによって人身の自由の確保を約束している。また、それに関連するものとして、刑事手続の見直しも検討課題として挙げられている。さらに、地方自治を明確に保障する方策として、州三部会を制度的に確固たるものとして設置し、その権限の内容についても十分な明確性をもって約束している。また、人民代表機関としての「全国三部会」の国政上の重要な地位を大筋において承認し、その同意なしには重要案件の決定を国王のみで行なうことは不可能であると宣言し、「国民主権」についても、明確に認めるに至ったのである。このように、国王側にしてみれば、最大限の、可能な限りの譲歩を「全国三部会」に提示すべく、国王自らが宣言し、多くを約束しているにもかかわらず、今回の「親裁座」は、特権階級の「国民議会」への合流の流れを変え、「全国三部会」に、第三身分はじめその他の代表たちを取り戻すことはできなかったのである。それはなぜか、以下概観する。

3　「親裁座」の失敗

絶対君主ルイ一六世が「親裁座」において、「全国三部会」の権限をこれだけ承認すると宣言したのであるから、絶対君主としては十分すぎるほどの譲歩であり、これに全身分は納得し、ありがたがって「全国三部会」の審議に入り、国家財政建て直しのために必要な諸改革を承認していくはずである、というのがおそらくは国王側の心づもりだったであろう。ところが全身分のおおよその意図は、すでに陳情書などで明確にされていたように、また、国民議会の「球戯場の誓い」においても明らかにされていたように、単なる財政再建策を一定の民主的な手続を通して見いだすという程度のものではなく、国家構造の根本的変革こそが重要だとしていたのである。それに反して国王側は、このように真の問題点について理解を欠いていたにもかかわらず、十分に理解をしており、正しく対処しているのだと思い込んでいたのである。そのことを明確にしたのが、今回の「親裁座」における、これら二つの国王宣言の締めくくりとしてルイ一六世が行なった最終演説であった。(78) この演説において、国王は、最も大きな犠牲を払い、最も国家のために尽力しているのは他ならぬ自分自身であるから、自分の譲歩をありがたく受け止め、「全国三部会」の代表たちはなすべき仕事を全うせよ、さもなくば自分が自力で必要な改革を行なうと、本心を軽率にも暴露してしまった。これが最終的には、現実への認識不足と自己の権限・力の過信を物語るものとして、聖職者のみならず、未だ離反していなかった貴族層の離反をも生み、国王の意図に反して、彼らの「国民議会」への合流を決定づけることになったのである。

まず国王は、この演説において、未だに自分は絶対君主であり、したがって自力で、必要と判断する事柄を何でもすることが、あたかも可能であるかのように言う。「もし、余の考え及ばぬ不可抗力によって、諸君がこのような見事な事業の途中で余に協力を拒むならば、余は独力で、余の人民の幸福を作り上げるであろう。余は単独で、余を彼らの真の代表者であるとみなすであろう」と。つまり、国民代表機関である「国民議会」はおろか、「全国三部会」でさえ、国王たる自分は必要としないにもかかわらず、国民から要望があったので、その開催を認めただけのことであると言わんばかりである。また、さらに続けてつぎのように述べて、自己の力に対する過信のほどを明らかにする。すなわち、「諸君の陳情書を知り、また、国民の最も普遍的な願望と余の良き意図との間の完全な合致を〔余は〕知っているがゆえに、余は、かくもまれな調和が与えるはずの信頼をすべて有することであろう。そして、余は、達成しようと欲する目的に向かって、その目的が余に与えるはずの勇気と決意のすべてをもって、進むであろう」と。

そして演説の後半部分で国王は、さらに自己の絶対的権限と自己の真実性について、強く確認しようとする。すなわち、「諸君、諸君のどの計画、諸君のどの意向も、余の特別の承認なしには法としての効力を有しないことを考えていただきたい。かくて、余は諸君のそれぞれの権利の自然の保障であり、国家の全身分は余の公平な公正性に身をゆだねうるのである」と。その上で、自分を受け容れないことは真理に反することだとして言う。すなわち、「諸君の側に不信があれば、それはすべて大きな不正であろう。余こそが、これまで、余の人民の幸福のためにすべてをなしたのである」と。そして、このように人民を思い、国家を思う立派な君主は他にいないと言う。すなわち、「一君主の唯一の野心が、臣民がその相互理解に基づいて、その君主の善行を受け容れるように彼らに求めることであるということは、おそらくまれなことであろう」と。そして最後に、自分の強力な権限を誇示しつつ、すべての代表は自分を見習って、与えられた「全国三部会」での仕事に励め、と命じたのである。「諸君、余は、諸君が直ちに散会し、明朝、諸君の身分に与えられている議場にそれぞれ帰り、その会議を続けるよう命ずる」と。しかしこれは明らかに、この命令に従わない場合には、「全国三部会」すら「国民議会」と同様に解散し、すべて国王自らが、「人民の幸福のために」自力で改革を断行するという、一種の脅しであった。

このような最終的な国王の演説が、国民議会を「違憲無効」と宣言されたばかりの第三身分の代表を中心とした代表たち、また、その他の聖職者の代表たちに受け容れられようはずはなかった。こうして「親裁座」は、理由を欠いた国王の強気の演説によって崩壊し始め、結局「国民議会」が再び力を取り戻すことになるのである。つぎにその経緯を見よう。

4　「親裁座」への反発

この国王の最終演説の直後、貴族出身ながら第三身分の代表として出席していたミラボー (Le comte Mirabeau) は、抗議の声を挙げ、「国民議会」の代表たちに結束を促す。「この侮辱的専制は何だ？この軍隊の装置、国民の殿堂 (le temple national) への侵略は何だ？貴方がたが幸せになるよう命令するためのものか？〔否、そのような目的ではない。〕このような命令を貴方がたに発する〔ことができる〕のは誰だ？それは貴方がたの委任者 (mandataire) だ。強制的法律 (lois impérieuses) を皆に与えるのは誰だ？　貴方がたの委任者だ。委任者が強制的法律を受け取らねばならないのは、政治的聖職かつ不可侵な聖職を授かる貴方がたから、そして、我々からのはずだ。我々から、つまり、二五〇〇万の人々が、確かな幸福を期待しているのは、我々からのみなのである。なぜなら、すべての者がその確かな幸福に同意しなければならず、その幸福はすべての者に与えなければならず、また、その幸福はすべての者によって受け容れられなければならないからである。しかし、貴方がたの審議の自由 (la liberté de vos délib-erations) は、鎖でつながれている。軍隊がこの議場を取り囲んでいるのだ。……自らを尊厳 (votre dignité) と立法権限（votre puissance législative）で覆い、憲法制定後でなければ我々は決して解散しないとした、自らの誓い〔＝球戯場の誓い〕という信仰で自らを堅めよ[79]」と。この後、式部長官（grand-maître des cérémonies）のブレゼ侯（marquis de Brézé）は、議長に、「あなたがたは国王の意図をお聞きになった」と告げ、「親裁座」を閉会にしようとしたので、ミラボーは再び憤慨して立ち上がり、ブレゼ侯は三部会代表でもなければ、発言権もないと非難した上で、自分たちを会議から排除するためには、軍隊を使え、と命ずる。「実力行使の命令を国王に要求しなさい。というのは、我々は、銃剣（baïonnettes）の力によるのでなければここを退去しないからだ[80]」と。

ミラボーに続いてカミュ（Camus）、バルナーヴ（Barnave）、グレルゼン（Glelzen）も、自分たちの「球戯場の誓い」を守り、「国民議会」を守るべきだと主張した。さらに、シエイエスは、国王の憲法制定権力を否定し、彼ら自身が憲法を制定する権限を有するとして、その実現を促す。「みなさん、我々は誓った、そしてその誓いは空虚なものではなかった。我々は、権利の中にフランス国民を回復させよう（rétablir le peuple français dans ses droits）と誓った。この壮大な事業のために貴方がたを構成したその権威は、……我々を駆り立てる。そして我々は憲法を要求する。誰が我々抜きで憲法を作れようか。それを作ることができるのは我々でなければ誰なのか。この地上に、貴方がたから委任者を代表する権利を奪うことのできる権限があるのか〔否、ない[81]〕」と。この発言は、拍手喝采のうちに終了し、憲法を制定するまで誰も解散できないとする「球戯場の誓い」が実質的に再確認されたのである。これに続いて、「全国三部会」代表の不可侵の身分を確認する決議案をミラボーが提出し、四九三対三四で可決された。これにより、代表の不可侵独立を侵す者は誰でも、「破廉恥者、国民に対する裏切り者で、重罪で有罪（coupables de crime capital）」となった。こうしてもはや、代表たちの身分および行動を制限または侵害することは、国王とて不可能となり、憲法制定の誓いは堅く守られることが確認された。つまり、「国民議会」の再開が決せられたのである。すなわち、「国民議会は翌日九時に会議を継続することになった[82]」と。

その後、第三身分と第一身分の聖職者のほとんどの代表は「国民議会」に集結することになったが、貴族身分の多くは、未だ急激な変化を好まず、身分制を維持しながら、自分たち貴族が主導的な役割を果たすことができる限りにおいての、ある程度の民主的要素を取り入れた立憲君主制への移行を考えていた。そのため、それまでも、頭数投票による多数決に基づく三身分合同審議では、自分たちが最終的決定権を有することにならないので、結局失敗したものの、このような新たな投票の仕方には抵抗を試みてきた。彼らは自分たちの意図は、もっと早い段階で国王が十分な熟慮の下に、適切な時期に適切な譲歩を国民代表に対して行ない、かつ、適切な「人民の権利の宣言」を保障すれば、確保できたはずだと考えていたであろう。ところが、単に譲歩の宣言をする時期が遅かったばかりか、あくまで絶対君主として、最終権限を自らの掌中に残し、「全国三部会」も協賛機関にすぎないというような姿勢を見せられたのでは、これ以上国王に信頼を寄せながら、適切な改革ができると期待することは、もはや不可能と判断せざるをえなくなったのである。こうして徐々に、この六月二三日の国王宣言を境に、貴族層も「国民議会」への合流を決断するようになっていった。そのような動きから、国王も「全国三部会」を断念し、「国民議会」を承認せざるをえない状況へと追い込まれる。つぎに、「国民議会」が国王によって正式な機関として承認されるまでの経緯を概観しよう。

(六) 「全国三部会」の終焉と「国民議会」の正式承認

「親裁座」の翌六月二四日、今回の国王宣言を機に、国王への不服従を決意した一三二人に及ぶ聖職者が第三身分に合流し、「国民議会」の審議に参加した。そしてその翌日、六月二五日には、オルレアン公につづいて四七人の貴族議員が同様に「国民議会」に合流することを決意した。[83] また、このころ、大衆に人気を博していたネッケルが、「親裁座」に出席していなかったために罷免されるとの噂が広がり、次第に群衆が抗議のために王宮に押し寄せてきていた。このような、予想もしていなかった事態の変化を見るに至ったルイ一六世は、自分の身の危険を心配し、この晩、スイス、ハンガリーなどの外国人部隊のうちで信用のおける部隊を召集し、急変に備えることにした。それとともに、そのような急変を阻止するために、自分に残された唯一の方法を取ることを決定した。つまり、六月二七日、国王は、三身分合同で開催される「国民議会」に参加することを拒む貴族層に対して、合流するように勧告する文書を、王弟アルトワ伯爵（le comte d'Artois）に持たせたのである。すなわち、「余の忠信なる貴族諸氏、遅滞なく他の二身分と合流する（se rêunir）ことをお勧めする」[84]と。

こうして最終的には、六月二七日の貴族層に対する国王自身による合流勧告によって、ルイ一六世は、その四日前に行なった自らの演説および宣言をすべてあっさりと反故にして、第三身分の要求通り、三身分合同の「国民議会」を正式に認め、「全国三部会」に代わるものとして承認せざるをえない状況となった。そして、国王から勧告文を受けた、第一身分および第二身分は、それぞれラ・ロシュフーコー枢機卿（le cardinal de la Rochefoucauld）、およびルクセンブルグ公爵（le duc de Luxembourg）に率いられて「国民議会」へと合流した[85]のであった。

このように「国民議会」が正式な国民代表機関として国王によって認められ、また、第一身分および第二身分のすべての代表の「国民議会」への合流によって、「国民議会」が完全かつ唯一の国民代表機関となった今、「全国三部会」は閉会となる。バイリ議長は述べる。「三身分が統合（la rêunion）されたこの日は、祝いと喜びの日（un jour de rêjouissance et de joie）でなければならない。我々にとってかくも感動的な瞬間は、仕事のために使われてはならない。その結果、この審議はここで終了し、来週火曜日まで審議は中断しなければならないと私は信ずる」[86]と。こうして、全国から選出された三身分の代表たちは、次回は、正式に承認され構成された「国民議会」として、六月三〇日に議事を再開することになったのである。つぎに、社会の動きを見ながら、再開された「国民議会」の議論を概観していこう。

（七）「国民議会」の再開

「国民議会」が再開された六月三〇日は、前日に新規に合流した第一身分・第二身分の代表が、選出母体からの命令的委任との関係で、国民議会での議論に参加する権限を有するか否かにつき、疑問を呈したため、彼らの代表権限について審査すべきだとする議論が、多少もたれるにとどまった。

翌七月一日には、さらに早急に解決すべき重要な事柄が持ち上がった。前日にパリで民衆暴動が発生し、アベイ（l'Abbaye）監獄に不当に投獄されたフランス衛兵（gardes françaises）二人が、民衆によって救出され、今や第三身分約四千人が寄宿するようになった第三身分の牙城、オルレアン公爵のパレ・ロワイヤルに保護されたのである。そして民衆の要求が、この日、「国民議会」に届けられた。それは、不服従を理由に投獄されているその他のフランス衛兵数人を解放するために、「国民議会」は国王から恩赦を得よ、というものであった。しかし、ここで、そのような恩赦を付与する執行権と、国民代表機関として法律を作成する立法権との峻別を巡り、議論が闘わされた後、「国民議会」として、このような民衆の不穏な動きについて、早急に解決するべきだとするル・シャプリエ（Le Chapelier）の議論が優勢となった。ル・シャプリエは述べる。「この国民議会は、我々が置かれたこの不幸な状況の中において、あまりに厳然とした無関心を露わにしてはいけない。他の人すべてと同様に私も、立法権と執行権とを区別している。しかし、不正義や専制政治の不幸な犠牲者に救済をもたらすことができなくなるほど厳格にこの区別に固執する必要があるのだろうか？〔いや、ない〕(87)」と。

こうしてル・シャプリエはこの発言の直後、国王に使者を派遣し、慈悲を求めるとする決議案を提出し、これが可決されたのである。同決議曰く、「国民議会は、現在パリを動揺に陥れている諸問題に呻吟し、おそらくは有罪であろう者たちに対して、国王の慈悲を懇願し、国民議会代表は、国家の安全がそれに依存するところの国王の権威に対して、最も深い敬意を払う模範を示すであろう。したがって、国民議会は、首都〔＝パリ〕の住民に、直ちに秩序を取り戻し、平和の感情（sentiments de paix）で満たされるよう、懇願する。〔というのは、それが、〕国民すべての代表の自発的統合によって、フランスがまさに納めようとしている永久の善（les biens infinis）を保障する唯一の方法だからである(88)」と。こうして民衆の要望が聞き届けられ、恩赦は発せられ、要求があった衛兵一〇人が解放され、パレ・ロワイヤルの第三身分を中心とする民衆に合流したことにより、パリは暫定的な秩序を回復することができたのである。(89)

さらに「国民議会」は、この七月一日、審議を続け、その二日前に合流した第一身分と第二身分の代表たちの資格審査を終え、「国民議会」での活動について資格ある者として承認した。(90)

翌七月二日には、議長は一四日ごとに選出する、三十の部会に分かれるなど、「国民議会」の議事進行に関する規則を成立させ、翌七月三日に、ル・フランク・ド・ポンピニャン（Le Franc de Pompignan）を議長に選出するなど、議会としての体制を整えていった。そのつぎの七月四日には、サン・ドミング植民地の代表資格について議論されるとともに、財務総監ネッケルの、穀物を中心とする国内食糧の事情に関する国王への文書(91)が、食糧に関する部会のデュポン・ド・ヌムール（Dupont de Nemours）によって報告され、この一七八九年には干ばつなどによって収穫が激減しているため、日毎に悪化しつつある食糧事情の解決は、急を要するものであると述べた。すなわち、「いくつものカントンにおいては〔救済の〕必要性は緊急である。……人々があなたがたから期待しているのは法律ではない。懇願する人たちに与えなければならないのは、救済である(92)」と。

この件が継続審議された七月六日には、前日のデュポン・ド・ヌムールの報告を受けて、ラリー＝トランダル（Lally-Tollendal）が、食糧の国内関税自由化および食糧の外国輸出禁止などを内容とする、国内の食糧事情を改善するための「行政命令（décret）」を「国民議会」は発するべきだとする提案がなされたが、これに対してムニエ（Mounier）は、そのような「行政命令」は、「国民議会」の管轄を超えるものであるとして強く反対した。すなわち、「国民議会が審議しているこのような案は、その管轄（son ressort）にないものである。……国民議会は、何も命令しえない。というのは、これら〔行政〕命令は、執行権に属するからだ。国民議会は、いかなる救済ももたらすことはできないのである。というのは、法律を作ることしかその権限にはないからである」と。そして、そのような重要性のより小さい事柄に「国民議会」は執着するのではなく、その権限内にあり、かつ、現在の最大課題であるところの、憲法制定のための仕事へ早急に移行するべきだと主張する。「食糧部会は、そのまま独占を暴くために作業を続ければよいが、国民議会は、……憲法に向けて大きな歩みを歩まねばならないのだ[93]」と。

このような憲法制定への動きにさらに拍車をかけたのが、いくつかの町や村からの意見表明（adresses）であった。そのうちの代表的なものとして、サン＝ジャン＝ド＝ロスン（Saint-Jean-de-Losne）村住民の委任を受け、ディジョンのバイヤージュから選出された代表者の演説と宣言があった。その演説によると、過去六世紀にわたり、その村の特権階級は数々の特権と免除を享受してきたが、それにこれ以上甘えるに自分たちは値しないと判断し、放棄することにしたのである。そしてその宣言は、これら特権放棄の代償として、「国民議会」に憲法の制定を要求する。すなわち、「サン＝ジャン＝ド＝ロスン村は、以後、その金銭的特権すべてを断念することを宣言する。そしてこの断念の効果は、国民議会が憲法の基礎を、国民の権利および君主の権利の明確な宣言によって、しっかりとしたものとし、また、国民議会が負担と課税（toutes les charges et impositions）のすべての分配において、各個人の財産と能力において（aux propriétés et facultés de chaque individu）比例的平等（l'égalité proportionnelle）を確立するとき、発生するものとする[94]」と。そしてこれが拍手喝采によって「国民議会」に受け容れられ、「国民議会」は憲法の制定の作業を急ぐことに決定したのである。

これを受けて、議長は、「憲法を対象とする課題配分委員会（le comité chargé de la distribution des matières sur l'objet de la Constitution）」を、先に構成した全三十部会それぞれから一人ずつを選出するという方法で、三十人によって構成することとした。そしてそれ以後、憲法の問題に議論を絞ることとし、この本題からずれる事項については取り上げないとした。すなわち、「これよりしばらくの間、国民議会をこの偉大かつ急迫の対象〔＝憲法制定の審議〕から逸脱させるような事柄はもはや許可しない[95]」と。その後、「配分委員会」に選出された代表の中に第一身分の代表が一人もいないことについて、少なくとも六人の僧侶を同委員会に選出すべきだとする意見などが出されたが、第一身分自身は、この結果に満足しており何の異議もないとした。すなわち、「聖職者の諸氏は、これ〔＝六

郵便はがき

1620041

恐れ入ります
が郵便切手を
おはり下さい

（受取人）
東京都新宿区
早稲田鶴巻町五一四番地

株式会社
成文堂
企画調査係　行

お名前＿＿＿＿＿＿＿＿＿＿（男・女）＿＿＿＿歳

ご住所（〒　　　－　　　）＿＿＿＿＿＿＿＿＿＿

☎＿＿＿＿＿＿＿＿＿＿

ご職業・勤務先または学校（学年）名＿＿＿＿＿＿＿＿＿＿

お買い求めの書店名

〔読者カード〕

書名〔　　　　　　　　　　　　　　　　〕

小社の出版物をご購読賜り、誠に有り難うございました。恐れ入りますがご意見を戴ければ幸いでございます。

お買い求めの目的（○をお付け下さい）

1．教科書　　2．研究資料　　3．教養のため　　4．司法試験受験

5．司法書士試験受験　　6．その他（　　　　　　　　）

本書についてのご意見・著者への要望等をお聞かせ下さい

〔図書目録進呈＝要・否〕

今後小社から刊行を望まれる著者・テーマ等をお寄せ下さい

人は第一身分から選出すべきだとする意見〕に答えて、自分たちはなされた選挙すべてに参加したのであり、さらなる選挙などの何物も欲するものではない。自分たちが〔委員選出の選挙で〕得た満足は完全なものであり、〔構成された委員会に対する〕信頼も同様に完全なものである」[96]と。さらに、他の二身分は考え直すように促したが、「聖職者身分は、〔配分委員会に委員を出すことについて〕あくまで無欲を通し、かつ、固辞することに徹した」のであった。そして、このような、聖職者たちの公平無私で、定められた手続を尊重する高貴な精神が、「国民議会」の他の代表たちから絶賛を浴び、「国民議会は歓呼で鳴り響いた。」[97]以上のようにして、国民議会はこの日以後、三つの身分を超えて「相互の統合と尊敬（d'union et d'estime）」に満たされながら、憲法制定へと向かい始めたのである。

（八）小括

以上、一七八九年に入ってからの、「全国三部会」代表選挙の状況、「全国三部会」開催時の混乱の様子、そして、「国民議会」の誕生の動きを概観したが、おおよそつぎのようにまとめることができよう。すなわち、同年はじめは「全国三部会」の代表選挙の手続が全国で行なわれ、その際に、多くの選挙母体は、「三十人委員会」、オルレアン公さらにシエイエスが事前に配布しておいた陳情書の雛形にしたがって、陳情書を作成し、その陳情書の内容に従って議論をするよう、代表に命ずる命令的委任を付与して「全国三部会」へと送り出した。六万にも上る陳情書にほぼ共通する事柄は、まず、国王の一定の執行権を承認していること、そして、課税に関して「全国三部会」の承認権を主張していること、さらに人身の自由、表現の自由など、一定の人権の保障が要求されていること、などであった。そして中には、ヌムール・バイヤージュの陳情書のように、かなり詳細な「人権宣言」を含む陳情書もいくつか存在した。そのような陳情書を携えて代表たちが集合した「全国三部会」では、まず、特権階級が代表の資格審査を身分ごとに行ない始めた。しかしこれでは、身分別会議を認めることになるから、資格審査はおろか、資格審査の方法に関する議論すら第三身分は拒否し始め、審議へと入ることはできない状況が続いた。そのような中で、シエイエスの『第三身分とは何か』で主張されていた方向で事態が進展した。つまり、第三身分のみが別個の議会、「国民議会」を構成し、国民の代表機関であると宣言したのである。そして、憲法を制定するまでは決して解散しないとする「球戯場の誓い」を立てたのであった。

そのような動きを国王側も傍観しているわけには行かず、「国民議会」を違憲無効と宣言し、もとの「全国三部会」を建て直し、審議入りをさせなければならなかった。というのも、国家の財政、国内の食糧の事情は、早急な解決を図らなければならない状態に至っていたからである。そこで国王は同年五月二三日、「親裁座」を開催し、国王としてできるだけの譲歩を約束し、それとともに、国王の絶対権力を誇示したつもりであったが、これが実際には第三身分ばかりか、他の二身分からも強い反発を買うことになったのである。

こうして「全国三部会」は審議に入ることもなく崩壊し、他の二身分も合流した「国民議会」という、身分を超えた頭数投票制を基本とする新たな会議体で、新しい国家の構成を議論すること、つまり、憲法の制定を目指すことになったのである。

しかし、ここで重要なのは、さまざまな文書、意見表明などで明らかに示されているように、この時点ではまだ、国王への忠誠、敬愛は、第三身分を含むどの国民によっても変わらぬものとして維持されていたということである。多くの陳情書が示していたように、そして国王の宣言がそれを認めていたように、国民の人権保障と、憲法による君主の絶対権力に対する抑制、すなわち立憲君主制こそが、求められていたのである。そして再開された「国民議会」は、憲法制定とその前提としての人権保障を定める「人権宣言」の作成を急務と捉え、これの完成へと突き進んでいくことになる。それではつぎに章を改めて、この「人権宣言」作成に関する国民議会での審議の経過をたどり、どのような力の働きから、最終的な人権宣言草案に結実したのか、検討を試みよう。

〈第一章　革命前史　注〉

（1）深瀬忠一「一七八九年人権宣言研究序説（四）」北大法学論集四〇巻一号二三一頁。

（2）稲本洋之助「一七八九年の『人および市民の権利の宣言』―その市民革命における位置づけ―」東京大学社会科学研究所編『基本的人権3　歴史Ⅱ』（東京大学出版会、一九七四年）。

（3）同前、一二七頁。また、Sieyès の読み方については、「シィエス」や「シエイエス」、その他これを変化させた「シエイェス」などさまざまな読み方がなされているが、本書では、『外国人物レファレンス事典4』（日外アソシエーツ、一九九九年）二八〇頁、"Sieyès" の項で最も利用頻度が高いとされている「シエイエス」を用いる。

（4）稲本、同前、九九頁。その他、わが国におけるフランス人権宣言およびフランス革命に関する議論については、フランス革命二〇〇周年を記念して発刊された、深瀬忠一／樋口陽一／吉田克己編『フランス革命200年記念　人権宣言と日本』（勁草書房、一九九〇年）、『思想』七八九号（岩波書店、一九九〇年）（副題として「フランス革命と世界の近代化」）に掲載されている諸論説を参照。また、辻村みよ子『人権の普遍性と歴史性』（創文社、一九九二年）、特に第二章は、「人権宣言論争」、「人権宣言の制定過程」、「諸草案」を扱っており示唆に富む。ただし、辻村は、人権宣言が、「多くの議員の提案にもとづきながら『モザイク』的に成立した」としながらも、稲本論文に依拠しながら、「同時に、その背後には『平均化された共通の観念』が存在していた」とし、それが「『普遍的』な一七八九年宣言の『人権』観念であった」と理解する。さらに人権宣言のそのような「『モザイク』性にも拘らず、一定の論理的な体系を備えていた」とし、体系性を認めてそれを分析している（同書、八六頁、九六頁）。

（5）河野健二／樋口謹一『世界の歴史15　フランス革命』（河出書房新社、一九八九年）五七頁、また、*Archives Parlementaires, 1re série*, tome 1, p. 194（以下 *AP*）のカロンヌの演説の中の数字。さらに、F・ブリシュ／S・リアル／J・チュラール著、国府田武訳『フランス革命史』（白水社文庫クセジュ、一九九二年）一四頁「五　財政危機」においては、このような国家財政の赤字の大きな理由として、アメリカ独立戦争への参戦をあげる。すなわち、「特に、フランスのアメリカ独立戦争参戦のために発行した公債の負担の方が年金よりも多かった」と。そして、一七七四年に財務総監となったチュルゴーの改革も挫折し、彼を継いで財務総監になったネッケルも公債に頼る以外に方法がなかった。カロンヌはそのような状況の下、ネッケルの後を継いで財務総監となったが、まもなく罷免され、一七八八年四月にトゥルーズ大司教ブリエンヌが財務総監となったのである。

（6）「パルルマン」のこれらの権限については、たとえば、デュヴェルジェ、時本義昭訳『フランス憲法史』（みすず書房、一九九五年）三六頁、ルフェーブル著、高橋幸八郎／柴田三千雄／遅塚忠躬訳『一七八九年―フランス革命序論』（岩波文庫、一九九八年）四七、五四頁など（以下、ルフェーブル『一七八九年』と表記する）。

（7）「名士会」は、国王が選任する者によって構成されたため、全国で選挙された代表で構成される「全国三部会」よりも、国王の意思を通すことが容易であった。この点をデュヴェルジェはつぎのように述べる。すなわち、「全国三部会の召集に訴えるかわりに、君主制はより御しやすい制度である名士会を往々にして利用した…。一般に、第三身分は主要な都市の役人を介してしか名士会に参加しない。しかも、君主はこの議会に席を占める名士を自由に選任するのである。…君主は、危険を冒すことなく世論に支持を求めたいときには名士会に依拠した。任命された名士は選挙された議員よりも明らかに御しやすかったからである」（デュヴェルジェ、前注（6）三四頁）と。また、カロンヌによる「名士会」の召集の反響について、フランソワ・フュレ／モナ・オズーフ著、河野健二他訳『フランス革命事典4　制度』（みすず書房、一九九九年）は、つぎのように記述している。すなわち、「カロンヌが召集した名士会は、その召集が通知されるや否や、激しい熱狂を呼び起こした。人々はそこに、…代議制の可能性を認めたのである。ある年代記作者は書いた。『その日の大ニュースは国民議会の召集であり、それは人々の極めて強い感動を引き起こした。人々はわが国王が国民を呼びよせるのを感謝と同じく感嘆の念をもって眺めている。』…大多数が貴族である一四四人を国民の代表者とすることの歴史的背理は大したことではない。現実よりもイメージの方が革命的だったのだ。名士たちの行きづまりを前にして、三部会への要求はますます差し迫ったものとなった」と（同書、六四頁）。また、名士とは、「親王七名、公爵と廷臣または元帥ら三六名、最高法院〔＝パルルマン〕長または検事長ら三三名、司教一一名、顧問官一二名、ペイ・デタ代表一二名、大都市の市長または助役二五名などあわせて一四四名」（マチエ著、ねづまさし／石原豊太訳『フランス大革命（上）』（岩波文庫、一九五八年）五五頁）（以下、マチエ『大革命』と表記する）であった。そしてこの「名士会」には、後に「三十人委員会（La Société des Trente）」のメンバーとなる、革新的貴族の一人ラファイエットも名を連ねていた。すなわち、「『良識ある革命』、ラファイエットは名士会の開催がその前提だと見ており、彼も召集されていたこの会議が失敗すれば全国三部会が必要になると確信し、何度もその召集を要請している。彼は派手な宣言行為に甘んずることなく、『愛国』派の主要な指導者の一人となり、行動を調整する三十人委員会の活動に参加する。…多くの自由主義の貴族とともに、かつて絶対主義が貴族から奪った政治的役割を衰弱した君主制に対して要求して、戦闘の最先端に立つ」と（フランソワ・フュレ／モナ・オズーフ著、河野健二他訳『フランス革命事典3　人物II』二〇―二一頁）。彼が今回の「名士会」において、カロンヌの提案に反対し、挫折させたのである。

（8）　*AP*, 1: 189-198, "Discours de M. le contrôleur général." 日本語訳、河野健二編『資料　フランス革命』（岩波書店、一九八九年）三七―三九頁参照（以下、河野健二『資料』と表記する）。

（9）　後に成立する「三十人委員会」は、一七八九年当時数多く存在した様々な集まりの中でも特に重要な集まりだった。「三十人委員会」という名称は当時においては例外的に用いられたものでしかなく、通常は「デュポール邸に集まる会（Société réunie chez Duport)」とよばれた。この会の主要メンバーは、ミラボー、シエイエス、ラファイエット、タルジェ、ル・シャプリエ、コンドルセ、タレイラン、ラメット兄弟、デュポン・ド・ヌムール、ノアイユ子爵、エギヨン公爵その他の公爵、さらにデュヴァル・デプルメニル、ヴォルネー、トゥレなどの若手である。（このうちミラボーおよびシエイエスは、後にこの会から離脱する。）この「三十人委員会」は、フランス全土に連絡網を有し、一七八九年の三部会代表者選挙の時には、カイエ（陳情書）（cahier de doléances）を作成し、これを地方に配布し、それをもとに地方に三部会へのカイエを準備させたのである。（Stéphane Rials, *La déclaration des droits de l'homme et du citoyen*, HACHETTE, 1988, pp. 31-32, note 37 à 87. Georges Michon, *Adrien Duport, essai sur histoire du parti feuillant*, 1924, à 15, 35.）また、ルフェーブル『一七八九年』七八―七九、一〇五、一〇七頁など参照。）さらに、「三十人委員会」がいかにして構成されるにいたったかについて、ルイ16世およびマリー・アントワネットの宮廷貴族の官僚職等への登用方法の変化に着目して論証するとともに、同委員会の構成員および機能について説明するのが、D. L. Wick, "The Court Nobility and the French Revolution : The Example of the Society of Thirty," *Eighteenth Century Studies*, 1980, at 263-284. この委員会の中心人物アドリアン・デュポールについては、Georges Michon, *id.* および、澤登佳人「アドリアン・デュポール」『刑事法学の総合的検討（上）』（有斐閣、一九九三年）五七頁。また、後注（45）も参照のこと。

(10) マチエ『大革命』五七頁。

(11) 反対を招いた理由として、ブリエンヌが特権身分の分裂をねらって、「第三身分が貴族と僧侶の両特権身分と同数の代表者をもつ地方議会を創設」したり、カトリック勢力へのけん制のためか、「新教徒に公民権を与え」、また、歳入目的として「賦役を金納税に改め」、「僧侶と貴族に不動産税を課する」としたことなども挙げられる（マチエ『大革命』五七頁）。

(12) *AP*, 1 : 244.

(13) *AP*, 1 : 245.

(14) *AP*, 1 : 246.　河野健二『資料』四〇頁。（語尾など一部表現上の変更有り。以下同様に適宜変更箇所有り。）

(15) *AP*, 1 : 247.　河野健二『資料』四一頁。また「塩税（la gabelle）」とは、一五世紀から国家の専売になった塩に課された消費税を指した。一七、一八世紀には大塩税地区、小塩税地区、免税地区などの六地区に分けられ、大塩税地区では、課税のみならず、毎年一定量の塩の購入を強制されたため、一般大衆にとって大変な負担となった。そのため、後に開催される「全国三部会」に対するカイエ（陳情書）の多くにおいて、「塩税」の廃止が要求されることになる。

(16) *AP*, 1 : 248.

(17) マチエ『大革命』五九頁。その時の様子については、つぎのように記述されている。パルルマンは「トロワへ追放されたが、動揺は地方の裁判所全部に波及した。この動揺がブルジョワ階級の中に広まった。〔パルルマン〕判事たちは国民の権利を守るようにみえ、国民は彼らを『祖国の父』として扱った。彼らは喝采をうけた。職人にまじった弁護士連は街頭の治安をみだしはじめた。いたるところから、パリ最高法院〔＝パルルマン〕を召還するための請願書がヴェルサイユ宮殿にふりそそいだ」と。

（18）*AP*, 1: 265.　河野健二『資料』四三頁。

（19）*AP*, 1: 267-268.　ラモワニョンによると、今回の公債による借り入れが可能となれば、五年後にはすべてがうまく回るようになるということであった。すなわち、「国家財政秩序を再建し、財政の整理を開始するために国王が採択された計画は、完全な進展のためには、五年の期間が不可欠である。財政の〔修復のための〕あらゆる作用は、この計算に合致するように調整されている。…公共財は、明らかにこの五年間保証されているのである。そして、この間に、経済は改善され、またすべての利益が生み出されることは、幻想ではなく、期待が可能である」（*AP*, 1: 267）と。また、後注（23）参照のこと。

（20）*AP*, 1: 269.　河野健二『資料』四五頁。

（21）*Id.*　ルフェーブル『一七八九年』七一頁によると、ここで開かれたのは「親臨会議」であり、厳密には「親裁座（lit de justice）」と異なるということである。つまり、前者においてはパルルマン評定官は意見を表明することができるが、後者においてはこれができないというところが異なるが、パルルマンの採決が必要とされない点は同じであった。議事録（*Archives parlementaires*）は、ここでも“lit de justice”という言葉を使っているので訳語は「親裁座」で統一した。

（22）*Id.*　河野健二『資料』四六頁。

（23）二十分の一税の不足分を補うため、一七八八年から五年にわたり借り入れようとした暫定的借款（総額四億二千万リーブル）がこの「漸次的継続的借款」で、そのために初年度分は一億二千万リーブル分の公債発行が必要であった。その五年の終わり、つまり、一七九二年までには「全国三部会」を開かなければならないことは、国王側も了解していた。すなわち、「財政の刷新（la régénération des finances）の期間〔＝五年間〕が満了する前に、国王は集合する国民（la nation assemblée）と意思を通じ合うことをご提案である」（*AP*, 1: 267）と。

（24）*AP*, 1: 267.　マチエ『大革命』六〇頁。

（25）*AP*, 1: 270.

（26）*Id.*

（27）“Mémoire présenté au roi, par les pairs du royaume, le 24 novembre 1787,” *AP*, 1: 270-272.

（28）このようにその当時すでに王権の求心力が弱まってきていたことを主張する歴史学者が、シャルチエなど修正学派である。ロジェ・シャルチエ著・松浦義弘訳『フランス革命の文化的起源』（岩波書店、一九九九年）参照。また、一七八八年は天候不順の影響で農作物の生産に関して農村部に不安が拡がり、暴動や一揆が頻発していた点が、第三身分を革命へと駆り立てた要因の一つになったとする考え方については、マチエ『大革命』七七頁、ルフェーブル『一七八九年』二一九—二五五頁。河野／樋口、前出注（5）『フランス革命』四七—五四頁など。

(29)　マチエ『大革命』六〇頁。ルフェーブル『一七八九年』七三頁。

(30)　"Remontrances du Parlement sur la séance royale du 19 novembre 1787, arrêtées aux chambres assemblées, le 11 avril 1788," *AP*, 1: 279-281.　河野健二『資料』四七—四九頁。

(31)　ルフェーブル『一七八九年』七三頁。「法服貴族」については、同書四三—四四頁、マチエ『大革命』二七—二八頁。ただし後者においては「司法官貴族」と訳されている。また、宮崎揚弘『フランスの法服貴族—18世紀トゥルーズの社会史—』（同文館、一九九四年）も参照のこと。

(32)　*AP*, 1: 285.　さらに加えて、パルルマンは、国王の国務大臣たちの専制政治を批判する建言を提出している。すなわち、「専制政治の行き過ぎ（L'excès du despotisme）は、国民および真理の敵にとって、唯一の手段であった。彼ら（＝国務大臣）は、それを躊躇なく利用したが、彼らの成功は最悪の事柄の前兆である。可能ならば、それを防止することが、陛下のパルルマンにとって、最後の瞬間まで、真摯な目標（l'objet du zèle）である。沈黙を〔パルルマンが〕守り、王国をあらゆる恣意的権限の侵略（les invasions du pouvoir arbitraire）に委ねることは、国王陛下の最大の利益を裏切ることであったろう。このようなことが事実、国王陛下のご存じない諸準則（les maximes）の結果であろう。もし、国王の国務大臣がそれら諸準則を優越的なものとしたならば、我らの国王はもはや君主（des monarques）ではなく、専制君主（des despotes）となろう。専制君主は、法律によって統治するのではなく、力によって、臣下（des sujet）に代わる奴隷を統治するであろう」（*id.*）と。この「国民の権利に関する宣言」および上記建言より若干早い時期の同年四月に、南フランス、エクサン・プロバンスの貴族で、パルルマンに痛められ続けたミラボーは、国王からこのようなパリ・パルルマンに対抗するための助力を求められたがこれを断り、四月一八日の大臣モンモラン宛書簡で、現在はパルルマンを相手に闘っているようなときではなく、ことの争点はもっと壮大であると述べている。その前後にミラボーは、全二六箇条からなる「人権宣言草案」を作成し、世に提示している。この「宣言草案」では、人は自由かつ平等であり、人民の権利は不可侵かつ消滅することが無いこと、さらに国家・政府は人民主権に基づくべきであることなどを宣言していた。ミラボーの認識では、国の基本的体制および人権の保障こそがなされるべきで、パルルマンと国王との権限争いなどの些末なことがらに翻弄されているときではなかったのである（"Un Provençal parle aux Bataves: le projet de déclaration de Mirabeau," Stéphane Rials, *supra* note (9) at 519-522.　フュレ、前出注（7）『フランス革命事典3　人物II』七頁）。

（33）　ブリシュ／リアル／チュラール、前出注（5）『フランス革命史』一六頁。

（34）　*AP*, 1 : 288-289.　また国王は、五月六日付で、尊大な召集状をパルルマンに対して出している。すなわち、「われわれは、ヴェルサイユ宮殿において今月八日木曜日、我らの意思を理解させるべく、親裁座法廷を開催することを決した。諸氏に助言する。諸氏すべて各々、裁判所の集団として、赤の法服に身を包み、ベルサイユ宮殿に午前九時に参集されるよう」と（*AP*, 1 : 293.）。

（35）　*AP*, 1 : 294-308.　五月八日のヴェルサイユにおける「親裁座」は、国王の短い演説に続いて、国璽尚書ラモワニョンによる勅令の説明が続いた。最終的には、六一箇条に内容をまとめた文書が提示された。これに対するパルルマン院長の抗議については、*AP*, 1 : 316-318.　また、「全権裁判所」は、マチエ『大革命』の訳語で、ルフェーブル『一七八九年』は、「列侯会議」という訳語を当てている。

（36）　同パルルマンは、自ら不服従を宣言するのみならず、他のパルルマンにも呼びかけ、不服従を煽動した。そのためパルルマンは国王の派遣した軍隊によって建物から追放されたが、今度は市民が蜂起した。六月七日、市民は屋根の上から瓦を投げて軍隊を追い払い、パルルマンをもとの建物に帰還させたのである。これが「屋根瓦の日」である。その後、同地方（ドーフィネ）では、第三身分が集合した会議において、翌年には「全国三部会」の代表となるムニエやバルナーヴの助言によって、「第三身分は倍の代表者を持ち、身分別会議を廃止して頭数による多数決」を主張し決議した。これが「ヴィジル決議」である。このような決議を出した点においても、グルノーブルの運動は、翌年の三部会で投票方法について起きることの前兆のようなものであったと言えよう。また、ムニエによるパンフレット『勅令の精神』は、その他の地方、たとえばディジョンやトゥルーズにおいても読まれ、一揆が勃発するなど、ラモワニョンの司法改革勅令に反対する騒動が各地で起きた。（マチエ『大革命』六四頁、河野／樋口、前出注（5）『フランス革命』六〇―六二頁。）また、同様に、王権がこの勅令を強制登録しようとしたことに反対したブルターニュ地方レーヌのパルルマンなどの抗議については、"Protestation et arrêté du Parlement de Bretagne du lundi 5 mai 1788," *AP*, 1 : 499-500, "Arrêté du Parlement de Bretagne du vendredi 9 mai 1788," *AP*, 1 : 510-511.

（37）　河野健二『資料』五〇頁。

（38）　*AP*, 1 : 387-388.　河野健二『資料』五二頁。

（39）　*"Déclaration du roi, donnée à Versailles le 23 septembre* 1788, *...qui ordonne ...que les officiers des cours reprendront l'exercice de leurs fonctions."* *AP*, 1 : 388-389.

（40）　ネッケルは一七七七年から八一年五月までを財務総監として務めていた。彼については、フュレ他、前出注（7）『フランス革命事典1　人物I』九二—九八頁、ルフェーブル『一七八九年』一一一—一一三頁など参照のこと。

(41)　パルルマンの決定は、"Arrêté du Parlement de Paris." *AP*, 1: 389. これに対するネッケルの立場については、議事録編集者によるコメント、*id.* また、ルフェーブル『一七八九年』一一二頁など。

(42)　ルフェーブル『一七八九年』一〇八—一〇九頁など。

(43)　*AP*, 1: 394.

(44)　*AP*, 1: 405-406.　ルフェーブル『一七八九年』一一三—一一四頁。

(45)　同前。「愛国派《パトリオット》」または「国民派《ナシオナール》」。そのメンバーは、デュポール、セシェル、ル・ペルティエなどパルルマン評定官以外にも、ラ・ロシュフーコー・リアンクール公、ラファイエット、コンドルセなどの大領主、弁護士タルジェその他の法律家・文筆家などがおり、前出注(9)の「三十人委員会」メンバーと相当重複している。同委員会は、その連絡網を利用して「定数倍増」に関する全国の地方パルルマンの抵抗を終結させ、ネッケルの提案どおり第三身分定数倍増の方向へ動かしていったものと考えられる(ルフェーブル『一七八九年』一〇七頁)。

(46)　*AP*, 1: 491. "Rapport fait au roi dans son conseil, par le ministre de ses finances, le 27 décembre 1788."

(47)　"Résultat du conseil d'Etat du roi, tenu à Versailles le 27 décembre 1788." *AP*, 1: 498.

(48)　"Lettre du roi, du 24 janvier 1789, pour la convocation des Etats généraux à Versailles, le 27 avril 1789,"　および "Réglement fait par le roi, du 24 janvier 1789, pour l'exécution de ses lettres de convocation aux Etats généraux," *AP*, 1: 543, 544.　ルフェーブル『一七八九年』一一九頁、マチエ『大革命』八二頁。また、パリについては、同選挙規則は適用されないとする適用留保がなされていた。したがってパリでの選挙方法については別に決定されなければならなかったが、これは同年四月一三日になってようやく決定された。

(49)　パリの代表者選出方法に関する詳細は、つぎの二つの規則によって定められた。すなわち、"REGLEMENT fait par le roi pour l'exécution de ses lettres de convocation aux Etats généraux, dans sa bonne ville de Paris et dans la prévôté et vicomté de Paris. 28 mars 1789," *AP*, 1: 656　および "REGLEMENT fait par le roi en interprétation et exécution de celui du 28 mars dernier, concernant la convocation des trois états de la ville de Paris," *AP*, 1: 657.　また、パリ以外についての詳細もさまざまな規則によって定められたが、一般的にはつぎのように説明される。すなわち、前回の「全国三部会」が開催された一六一四年以後に、広さや人口が相当に増加し、他の管轄区と不均衡な状況になっているバイイ管轄区においては、その管轄区を一級と二級に分け、二級バイイ管轄区の四分の一の代表が一級管轄区の選挙集会に参加するという方法を取った。したがって、このように二つの級に分かれているバイイ管轄区では、「全国三部会」代表者選出の選挙の段階はさらに一段階増えることになったのである。また、この一七八九年選挙の全体について、フランソワ・フュレ／モナ・オズーフ著、河野健二他監訳『フランス革命事典１　事件』（みすず書房、一九九八年）二〇一—一一頁、その他の身分、つまり第一身分、第二身分の全国三部会代表者の選出に関しては、ルフェーブル、『一七八九年』一一九—一二一頁、マチエ『大革命』八二—八四頁。

(50)　フュレ、前注（49）二〇〇頁。

(51)　ルフェーブル『一七八九年』一三三頁、河野健二『資料』六九頁。また、陳情書の多くは、いくつかのモデルを参考に作成された。それらいくつかのモデルとして、デュポール率いる「三十人委員会」の手によるものと、オルレアン公によるもの、さらにシエイエスによるものが知られている（Stéphane Rials, *supra* note (9) at 32, 37, 117）。「三十人委員会」が陳情書作成および代表選出の過程で果たした重要な役割については、Michon, *supra* note (9) at 35 を参照のこと。また、*AP*, 1 : 675から *AP*, 6 : 715までの六巻、約四千頁にわたり、「全国三部会」に提出されたそれら数多くの陳情書が収録されている。

(52)　ルフェーブル『一七八九年』一三五—七頁。特権階級の「財産に対する攻撃」が「控えめ」だったことを説明して、ルフェーブルはつぎのように述べている。「狩猟場、野兎生育場、鳩小屋を厳重に規制してはどうか、あるいは、いくつかのいまわしい封建的諸権利、とくに農奴制の残存物を廃止すべきではないか、という意見は出されている。また、かなりしばしば、領主権を買い戻しうると宣言することが提案されている。十分の一税は、領主権以上にしばしば、その原則が攻撃対象となっているが、金納貢租に変えられている場合や、その徴収物が小教区付聖職者や貧民の用に供されている場合には、大目にみられていた。……しかし、貴族身分の土地に関しては、その存廃はまったく問題とされていない」（同書一三七頁）。つまりこの時点ではまだ、一部の封建的特権等問題のある制度が指摘される程度で、それらを修正する必要は主張されていても、全廃を求めるまでには至っていなかったようである。

また、Rials, *supra* note (9) at 38 によると、身分ごとの陳情書の特徴は、おおよそつぎのようである。すなわち、「貴族身分の陳情書の多くと第三身分の一般的な陳情書の大半は、全体としては非常に改革主義的（réformistes）であった。……そして、多くの陳情書は、全体として一致する強い傾向があったにもかかわらず、一定の沸騰する問題に関する、第三身分と特権身分との間の緊張関係を反映していた。たとえば、市民的平等（l'égalité civile）、中世的、領主的権利（les droits féodaux et seigneuriaux）などである」と。さらにリアルスは、特に第三身分の陳情書については作成された段階によって特徴が異なる点を指摘する。すなわち、「第三身分に関しては、第一次陳情書と、バイヤージュまたはセネシャル裁判区の陳情書とを、はっきり区別しなければならない。前者はむしろ懐古的（tournes vers le passé）であるのに対して、後者はむしろ過激的で貴族階級のそれになららい、絶対主義に明白な異議を唱えていることがしばしばであった」と。

(53)「ルーアン市の貿易商人の陳情書」は、河野健二『資料』七〇―七四頁参照。「パリ市の第三身分の陳情書」は、*AP*, 5: 553-559, 一部分のみ Rials, *supra* note (9) at 566-7にも収録されている。また、その部分的邦訳は、河野健二『資料』七八―八三頁を参照のこと。「ヌムール・バイヤージュの第三身分の陳情書」は、*AP*, 4: 161 ss., Rials, *supra* note (9) at 550-555.

(54) また、この「貿易商人の陳情書」とは異なるが、「ルーアンの第三身分の陳情書 (CAHIER des doléances, remontrances et instructions de l'assemblée du tiers-état de la ville de Rouen)」(*AP*, 5: 595-597) も、構成、内容ともに「貿易商人の陳情書」に似ているばかりか、さらに詳細な規定を数多く置いている。すなわち、まず構成として、「基本法 (Constitution Nationale)」「全国三部会の構成 (Constitution des Etats Généraux)」「地方三部会 (Etats Provinçaux)」「立法 (Législation)」「財政 (Finances)」「商業、製造、農業 (Commerce, Fabrique et Agriculture)」「貴族身分について (Objets relatifs à l'Ordre de la Noblesse)」「聖職身分について (Objets relatifs au Clergé)」という大きな八つの項目から成り立っており、内容についても、第一条で、フランスは君主制を採りその執行権は君主にあること、第六条で国民のみが租税や貸借に同意する権限を持つことを定め、また、第七条で租税は財産および能力に従って比例的に公平負担されなければならないことを定めている。また国内における関税など商業上の規制の撤廃についても、同様に、第六五条で関税は国境まで押し戻されるよう要求され、タリフの明確化、度量衡の統一なども同条および六七条などで求めるなど、商業自由化のための対策が強く求められている。このように、多くの陳情書において、多くの同一性や類似性が認められる。

(55) *AP*, 1: 553-9. Rials, *supra* note (9) at 566-567. 一部の邦訳は、河野健二『資料』七八―七九頁。その他のパリ市内ディストリクトの第三身分による陳情書は、*AP*, 6: 685-689に納められている (Cahiers du tiers-état, district des Capucins du Marais; district des Blancs-Manteaux; district des Enfants-Rouges; district des Minimes)。

(56) その他に重要なものとしてこの「権利宣言」に盛り込まれているものには、「合法的判決によるのでなければ逮捕されず、刑罰も受けない」権利、「軍人その他市民は、判決によらずに罷免 (destitué) されない」権利、「市民のあらゆる雇用、職業および栄誉 (tous les emplois, professions et dignités) を認められる」権利がある。

(57) その他に「憲法」の章で定められている事柄は、特に統治機構に関する事柄である。たとえば、「全国三部会」の任期は三年で、つぎに開催される「全国三部会」の日時場所を定めることなしに終了することはできないこと、国民の代表者選出に関する事柄は、法律によって定めなければならないこと、第三身分の代表者数は全代表者数の少なくとも半数であること、「全国三部会」閉幕後、新たな「全国三部会」が構成されるまでの間に、権限を有する委員会のいかなるものも構成されてはならないこと、任期中の「全国三部会」の二会期の間には、前の会期に決議された事柄の執行のための暫定規則しか作成できず、これを法律とするには、つぎの会期開催まで待たなければならない、など、「全国三部会」に関する細かな手続的な事柄である。

(58)　憲法の章の最後の部分で、「民政上あるいは軍事上の執行権のすべての保持者（les dépositaires du pouvoir exécutif, soit civil, soit militaire）、上級および下級裁判所の司法官（les magistrats des tribunaux supérieurs et inférieurs）、王国のすべての市町村の官吏（les officiers de toutes les municipalités du royaume）は、彼らに委任された職権を行使し始めるに先だって、この憲法の順守を宣誓する」と規定する。

(59)　*AP*, 4 : 161-176.　一部分のみ Rials, *supra* note (9) at 550-555.　全体の構成は、三章立てで、「第一章　何が人と市民の権利かを明らかにし、彼らがそれを楯にしてあらゆる種類の不正義に対抗することができるその〔=権利の〕宣言を作ることの必要性（De la nécessité d'établir quels sont les droits des hommes et des citoyens, et d'en faire une déclaration qu'ils puissent opposer à toutes les espèces d'injustice）」、「第二章　公的指示（De l'instruction publique）」および「第三章　憲法について、並びに、全国三部会の権限、その召集に関する事柄、および、その審議において採るべき形式（De la constitution et des droits des Etats généraux, des objets de leur convocation, et de la forme à prendre dans leurs délibérations）」から構成されている。第一章は条文形式だが、第二、三章は、文章形式になっている。また、第三章は、さらにつぎの九つの節に分かれている。すなわち、「第一節　法律を提案する全国三部会がどのようなものであれ、それは理性、憲法、そして、召集状の精神に合致するものであること」「第二節　国王の同意またはその拒否を確認するために、国王のお目にかけることができるほどに最も単純なものにするために採るべき、提案の形式」「第三節　三身分によってさまざまに考えられているであろう全国三部会における提案に関する審議の仕方、この提案に関してもそうだが一般意思の真の結果を知るに至る方法、異なる身分による慎重さと考慮、三身分の一つの例外もなく、共通の要望によって拒否されるにせよ容認されるにせよ、この提案さえできるにいたる可能性、そして、これが容認された場合、国王の承認によって法律となる可能性」「第四節　全国三部会なしに法律が作られる可能性」「第五節　全国三部会の任期」「第六節　人民の代表者の権限の範囲と限界」「第七節　選挙」「第八節　地方間での代表の均衡」そして「第九節　全国三部会をいくつの院に分けるべきか」である。

　また、本文では省略したが、第一章、刑事被告人の人権保障に関する第一五条は、軽罪で起訴された者について、投獄されない権利を保障している。すなわち、「軽罪（un délit）で起訴されたいかなる者も、本人が納得するのでなければ、投獄されることはない。もっとも、もし彼が判決によって有罪と宣言されたならば、彼がその刑罰を逃れることができないことを保証する他の手段がある限りにおいてである」と。さらに第一六条は、このような刑事被告人が刑罰から逃れられない保証をする他の手段を見いだしえないために投獄される場合を想定し、それでも、つぎのように一定の権利を保障する。すなわち、「被告人は、法律によってあらかじめ予定され規定されている条件のもとで、かつ、その形式に従ってしか、投獄されない権利を有する」と。また第一七条は、投獄された者に、法律が指定する裁判官によってできるだけ短い期間のうちに判決を受ける権利を保障し、第一八条は、被告人に法律的な助言（les conseils）を受ける権利を認めるとともに、被告人は自己に有利な事柄を証明する機会をいつでも認められなければならず、これが、公開の手続（une procédure entièrement publique）によって、同郷人（ses concitoyens）同席の場で行なわれる権利を被告人は有するとする。さらに第一九条は、無罪の判決を得た被告人は、その告訴人（ses accusateurs）から被害弁償を受ける権利を保障される、としている。これに関連して第二〇条は、その告訴人が被害弁償不可能の時には、その無罪判決を得た被告人は、国に対してその補償を求めることができるとしていた。

その他、第三身分の陳情書としてRials, *supra* note（9）が挙げているものには、同年四月作成のパリ、「ブラン＝マント（Blancs-Manteaux）ディストリクト」のもの（Rials, p. 561-562, 全文は *AP*, 6: 686）、同年五月初旬作成の「パリ城外、プレヴォ裁判区および子爵領（la prévôté et vicomté de Paris hors les murs）」の陳情書（Rials, p. 564）などがある。

（60）"Cahier de l'ordre de la Noblesse des bailliages de Mantes et de Meulan, Remis à M. le marquis de Gayon, élu député par l'ordre de la noblesse, le 23 mars 1789," *AP*, 3: 661-666. この陳情書全体は「前文」「議会（De l'assemblée）」（六箇条）、「共通事項（Affaires communes）」という、三つの大きな項目からなっており、最後の「共通事項」が最も膨大で、さらに以下のように細分されていた。つまり、第一章「人権宣言」（三箇条）、第二章「憲法」（九箇条）、第三章「立法」（三箇条）、第四章「財政」（一〇箇条）、そして、「補充的権限（supplément de pouvoirs）」、「貴族身分に対する特別条項（Articles Particuliers à l'Ordre de la Noblesse）」（一七箇条）である。

（61）まず一つめの、「恣意的処罰・遡及処罰の禁止」に関しては、つぎのように宣言するよう、自分たちの代表に指示している。すなわち、「他者または社会に対する重大な違反によるのでなければ、誰もいかなる刑罰にも処せられない。また、その違反に対する刑罰は、正確かつ合法的に制定された法律によりあらかじめ定められていなければならない」と。また、二つめの、「正当な裁判を受ける権利」に関しては、「何人も、国民によって設立または認知された裁判所（un tribunal établi ou reconnu par la nation）によるのでなければ、判決を受ける（être jugé）ことはない。裁判官は法律を変更することも解釈することもできず、また、予めそのような場合が法律によって規定されているのでなければ、訴訟（les causes）はいかなる理由（aucuns motifs）のためであれ、破棄される（évoquées）ことはない……」とする。三つめの「判決以外によって刑罰を科されない権利」に関しては、つぎのような宣言を設けるよう指示する。すなわち、「何人も、重罪の公訴（une accusation de crime）によるのでなければ、苦痛を与える、または、名誉を奪う刑罰（peine afflictive ou infamante）を伴う懲役に科せられることはない。また、裁判所の命令によるのでなければ監獄に留置されることはなく、この命令は合法的原因を決定する法律の力によるものでなければならず、また、その留置は不定期のものであってはならないのはもちろんである」と。さらに、精神的自由に関する「執筆および出版の自由（la liberté d'écrire et d'imprimer）」については、つぎのように指示している。すなわち、「何人も、執筆の自由が、文書の不法な開封（l'ouverture clandestine）によって侵害されることなく、また、……発表、出版（de ces discours, de cette publicité）の結果、法律によって宣言されている他者の権利を侵害することになるのでなければ、発言、出版または配布したことにより捜査され、刑罰に服させられることなく、執筆および出版の自由を享受する」と。

(62)「財産について」の国民議会代表者に対する選出母体からの指示の一つめは、つぎのようなものである。「いかなる市民も、合法的に設立された裁判所の判決の力によるのでなければ、その有する財産を奪われ（dépossédé）えない。」そして二つめで、公共の支出または公共の用に供する場合の財産権の保障を、これと対比的に記述している。すなわち、「いかなる市民も、共通の支出（la dépense commune）への拠出のためでなく、または、その財産が公共の用（un usage public）に当てられるためでなければ、その財産のいかなる部分も奪われる（privé）ことはない。また同時につぎのことを宣言する。つまり、第一の場合〔＝共通の支出の場合〕には、それが一般の支出（les dépenses générales）のためであれば、国民の代表者の多数によって同意されない限り、その拠出は合法的なものとはみなされない。また、それが、地方または特定の支出（les dépenses locales et particulières）のためであれば、その地方の代表者の多数によって同意されない限り、その拠出は合法的なものとはみなされない。また、第二の場合〔＝公共の用に供される場合〕には、同様の多数の決定の力によるのでなければ、そして、その正当補償（le remboursement）、または合意の上で決められた〔金額〕、もしくは通常判決（un jugement régulier）によって〔前二者とは〕矛盾的に決せられた〔金額〕が、完全に支払われた（entièrement effectué）後でなければ、公共の利用のために財産のいかなる部分も奪うことはできない」と。さらに、三つめの項目においては、個人の自由の財産的側面について、つぎのように宣言するよう指示されている。「労働し、住居を選択し、購入または売却するという自然の自由（liberté naturelle）は、それら自由の行使が他者の権利を害する場合以外において、法律はそれらをすべての個人に保全する（conserveront）。というのは、法律は、人の諸権利を保全するために作られるのであり、諸特権を付与するためではないからだ。」

(63) Rials, *supra* note (9) at 275, note 5. また、「自然権（droit naturel）」という用語が用いられるようになりつつあったことについて、*id*. at 277, note 7.

(64) この邦訳には、大岩誠『第三階級とは何か』（岩波文庫、一九五〇年）がある。さらに、シエイエスおよび彼のその他の著作

（『特権論』『一七八九年にフランスの代表が用いうる実施方法についての意見』）については、フランソワ・フュレ／モナ・オズーフ著、河野健二他監訳『フランス革命事典2　人物Ⅰ』（みすず書房、一九九八年）五五頁以下参照のこと。

(65)　そのようにシエイエスが、別個で議会を組織する必要性を説く最大の理由は、貴族身分など特権階級と第三身分とは、基本的に利害関係が異なり、同質の存在ではないから、特権階級との議論には意味がないと考えていることにある。すなわち、「第三身分は、すべての階級の一致によって、自らの政治的権利の回復と市民的権利の充実を待ち望んだが、むだであった。他の二つの身分は、悪弊が改革されるのを見て恐れるあまり、それが自由のために望ましいと考えるよりもそこに危険な兆候を見てとった。自由といくらかのおぞましい特権とのあいだで、彼らは後者を選んだ。彼らの魂は、農奴制の支持者と一体化した。彼らはこれまであれほど熱心に召集を要求していた三部会を、今日では恐れるようになった。……第三身分の会議と他の二身分のそれとは天と地ほどの差があることに注意していただきたいものである。……私が言いたいのは、聖職者と貴族の代議士たちは国民の代表とは何ら共通性を持たないこと、共に投票できないのだから、身分別にせよ、頭数ごとにせよ票決できるはずもないのだ、ということである」（河野健二『資料』六七―六八頁、および、大岩誠、前注（64）一〇一―一〇三頁）。

(66)　ルフェーブル『一七八九年』一四三―八頁。

(67)　*AP*, 8 : 127.　邦語訳、河野健二『資料』八九―九〇頁。

(68)　六月二〇日の議場の状況については、*AP*, 8 : 137.「球戯場の誓い」の原典は、*AP*, 8 : 138.　邦語訳、河野健二『資料』九〇頁。すなわち、「この議会の全構成員は、王国の国憲が決定され、確固たる基礎の上に根付くまでは、決して解散せず、事情のおもむくままにいずこにでも集合するという厳粛な宣誓を直ちに行なうであろう」と。

(69)　これに対して未だ合流を躊躇している貴族層は、命令的委任の原理に照らして、自分たちは「全国三部会」へ参加するという委任のみを選出母体から受けているのであり、身分別の議会ではなく頭数投票の議会という原理に基づく、新たなる「国民議会」への参加などの委任は受けていないとして、合流について多くのためらいがあったため、意を決しかねていた。たとえばラファイエットも、それ以前の六月一〇日に、第三身分から「国民議会」へと「招待」されたとき、「頭数制投票を禁ずる委任状で拘束されており」、これへの参加ができなかったと言う（ルフェーブル『一七八九年』一四九頁）。

(70)　*AP*, 8 : 142-143. この日の「親裁座」は通常と異なり勅令登録を直接の目的とするものではなく、原語も“la séance royale”で、通常の“lit de justice”ではないが、国王意思を強制的に押し付けようとする点において同じものと考え、あえて別の訳語を当てることはしなかった。

(71)　*AP*, 8 : 143.　邦語訳、河野健二『資料』九一―九二頁。

(72) "Déclaration du Roi, concernant la présente tenue des Etats généraux," *AP*, 8 : 143-144. 河野健二『資料』においては、何箇条かの省略が見られる。

(73) "Déclaration des intentions du Roi," *AP*, 8 :144-145.

(74) しかし、この第一二条「所有権はすべて、例外なく、常に尊重される」によって、国王は、近代的な所有権を認めようとしたのではなく、むしろこれまで特権または既得権として存在したものを、単に肯定すると言うつもりだったのである。つまり、同条はこれに続いて、「陛下は所有権の名称のうちに、教会一〇分の一税、サンス (cens)、ラント (rentes)、封建的および領主的権利および義務を明白に (expressément) 含み、また、一般的に (généralement) 土地と封土に付着しているか、または人間に属している、すべての実利的・名誉的権利および特権 (tous les droits et prérogatives utiles ou honorifiques) を含む」としていることから、そのように言えるのである。

(75) 「封緘逮捕状」に反対する提案が一七八八年一月四日にパリ・パルルマンにおいて採択されたことについては、本書　第二部第一章第二節（一）パリ・パルルマンの建言と「国民の権利に関する宣言」を参照のこと。

(76) 本書　第二部第一章第二節（三）「全国三部会」召集の決定　を参照のこと。また、*AP*, 1 : 388.　一七八八年九月二三日の宣言において国王は、パルルマンの権限を同年五月当時それが有していた権限に復活させるとするとともに、一七八九年開催予定の「全国三部会」において「確固たる改革案が採択される時まで」、つまり、「全国三部会」終了時まで、司法改革の最終的な結論を先送りにするが、それまでの間にも検討は続ける旨宣言していた。

(77) 「マンモルト権」は、封建的領主が自分の家臣や農奴の財産を継承することができるとする、財産継承権のことである。そこで同条は、国王が自らその放棄についてはすでに手本を示しており、他の領主もこれを見習うべきことを暗示し、かつ、無償の廃止では不満が生ずるので、「モンマルト権」を廃止することに伴う求償権について、「全国三部会」に検討を促し、良い提案を受けることにする旨宣言したのである。

(78) *AP*, 8 : 145-46.　邦訳、河野健二『資料』九六頁。

(79) *AP*, 8 : 146.

(80) *Id.*　このようなミラボーたち第三身分の姿勢に対して、国王側は、近衛兵に命令し議場にとどまる代表を実力で解散させようとした。しかし、そこにとどまっていたクリヨン兄弟、ダンドレ、ラファイエット、ラ・ロシュフーコー公爵、リアンクール公爵など、一部の自由主義貴族がこれを阻止し、この日の最終決議にまでこぎ着けさせたのである（ルフェーブル『一七八九年』一六〇頁、マチエ『大革命』九五頁）。

(81)　*AP*, 8 : 147 (Sieyès).

(82)　*Id*.

(83)　*AP*, 8 : 147, 154.

(84)　"A M. le duc de Luxembourg, président de l'ordre de la noblesse," *AP*, 8 : 162-163, "j'engage ma fidèle noblesse à se réunir sans délai avec les deux autres ordres."　また、第一身分に当てた文書は、*AP*, 8 : 161-162.　また、ルフェーブル『一七八九年』一六〇頁、マチエ『大革命』九六―九七頁。さらに、マチエによると、それまでの国王のまずい対応によって株価の下落なども発生したため、六月にはすでに金融界も不安を感じるようになっていたが、国王はこのような金融界が持つ社会不安に対処する術を知らなかった。すなわち、「六月はじめから株式はたえず下がった。御前会議〔＝六月二三日の親裁座〕の開催が発表されると、パリの全銀行はその扉をおろし、割引銀行は理事たちをベルサイユに派遣して、迫っている危険について報告させた。宮廷は全金融界を敵にまわした」(同書九六頁) と。

(85)　*AP*, 8 : 168-169.　このとき、ラ・ロシュフーコー枢機卿とルクセンブルグ公爵は、議会に対して合流の挨拶をする。そこでは、自分たちは、国王の勧告に従うことによって、国王への忠誠を示すべくここに合流すると述べ、国王への忠誠心が未だに強いことを暗に表現していた。ラ・ロシュフーコー曰く、「我々は、国王に対する敬愛と尊敬のために、そして、平和への願いと公共善 (le bien public) への熱意のために、ここへ赴いた」と。また、ルクセンブルグ公爵曰く、「我々貴族身分は、国王へ尊敬を示し、国民へ愛国心の証拠を示すべく、今朝、国民広間での集会を取りやめ〔ここへ赴い〕た」と。

(86)　*AP*, 8 : 169 (Bailly).　議事録は、"FIN DES ETATS GENERAUX"と記し、頁を新たにして、「国民議会」の議事録として再開する。

(87)　*AP*, 8 : 176 (Le Chaplier).

(88)　*AP*, 8 : 177-8.　さらにこれに続く部分の決議は、以下のように述べる。すなわち、「国王に対して派遣がなされよう。そして、彼〔＝国王〕に、国民議会が行なった決議を知らせ、秩序の回復のために、慈悲と、彼の心にはとても自然である善意と、そして、人民が常に必要とする信頼という間違いのない方法を用いるように、懇願するであろう」と。

(89)　国王からの恩赦の許諾書は、七月二日付で発せられ、七月三日に国民議会に届けられた (*AP*, 8 : 184)。

(90)　*AP*, 8 : 183-184.

(91)　"Mémoire remis de la part du roi, par M. Necker, Directeur général de Finances," *AP*, 8 : 191.

(92)　*AP*, 8 : 193 (Dupont de Nemours).

(93) *AP*, 8 : 198 (Mounier).

(94) *AP*, 8 : 200 (Hernoux). また、同様の意見表明が寄せられたその他の町や村とは、ヴィトレ（Vitré）、サン＝ピエール＝ル＝ムチエ（Saint-Pièrre-le-Moutier）、ドーフィネ県のサン＝ヴァリエ（Saint-Vallier en Dauphiné）で、サン＝ジャン＝ド＝ロスン村を含むそれらすべての意見表明には、「国王という聖なる人格に対しての敬愛と忠誠の表明、および、国民議会の堅固、節度、愛国心そして審議に対しての、敬愛、尊敬、感謝、一貫性の気持ちが表現されていた」（*id*. at 199）のである。

(95) *AP*, 8 : 200 (Le Président).

(96) *Id.*

(97) *Id.*

第二章　国民議会と人権宣言の起草

前章「革命前史」では、一七八九年五月に召集された「全国三部会」が極めて短命に終わり、その代わりに同年六月に三つの身分の合同会議体として国民議会が構成され、その後、七月七日には国民議会の三十の各部会の代表一名ずつで構成される「配分委員会」が設置され、憲法制定へ向けて歩みを進めることになったところまでを概観した。

つぎに本章では、その後の国民議会を取り巻く社会の動きを見つつ、国民議会において、人権宣言に関してどのような人権宣言草案が提出され、それに関してどのような議論が持たれ、そして最終的に、どのような経緯をたどって同年八月二六日に「人権宣言最終草案」が確定したのかについて、時間の流れに沿って検討する(1)。その作業を通じて、人権宣言の起草が社会全体の動きと、国民議会内での動きの流れの中で進行していったことが明らかになると思われる。

第一節　一七八九年七月九日から七月一四日
――バスティーユ攻略と大恐怖まで

これまで見たように、憲法を制定するために憲法制定国民議会が構成され、憲法制定のための準備委員会も設置され、一見すると事は順調に立憲君主制の構築に向けて進行しているかのように思われる。しかし、同年七月、特に七月八日には、国王側の動きについてよからぬ噂がパリ中に広まり、市民たちは不安を覚えるようになっていたのである。その噂は、実は現実のものだったのだが、国王が、国民議会を弾圧するために、全国からパリおよびヴェルサイユ近隣に軍隊を集結させつつあるというものであった。そして、このような噂は、それまでにすでに食料の欠乏と物価高のため、生活苦に喘いでいた多くの市民の心に、十分な恐怖心を植え付けるものであったに違いない。この状況に対処するため、国民議会の代表者たちは、このような国王側の動きに関して、軍隊の撤退を要求した。すなわち、陛下はこのところ「首都およびヴェルサイユに、大砲の車列およびフランス人とほぼ同数の外国人からなる多数の兵士を召集し、そのうちの多数をすでに近隣の村々に宿営させ、これら二つの都市の周りに野営地を構成させようとされている。陛下に対して我々がご提示申し上げるのは、このような措置が、穀物の価格高および窮乏という不幸な現在の状況において、人民の苦悩を緩和するという陛下の慈悲深い意図にいかに反しているか〔ということ〕のみならず、国民議会の自由と名誉にいかに反しているか〔ということ〕である。このような措置は、王国の平安と平穏を唯一保障することのできる、国王と人民との間に〔存在する〕、君主制の栄光と安全を確保する貴重な信頼を、まさに損なうものである」と。しかし、このような国民議会の要求に、国王側はかえって対決姿勢を強めただけであった(2)。さて、国民議会と国王との間のこのような緊迫した状況と不安なパリの社会状況の中で、国民議会は「人権宣言」の作業にいかに取り組んだのか、つぎに検討しよう。

(一)　七月九日、ムニエ草案

パリが国王の軍隊によって包囲されつつある状況の中においても国民議会では、七月九日に早々と「配分委員会」の報告として、ムニエが憲法制定作業に関する案を提示した(3)。その中で、憲法の定義を「統治の明確で恒久的な形態」とし、君主制の維持を基本とする秩序、および、一般的幸福を目的とする憲法の制定のために、人権宣言を憲法の冒頭に、前文のようなものとして置くこと、つまり、本文と分離しないものとして付加することを提案した。その上で、制定作業の順序について、全十箇条の提案を行ない、「短く、簡潔で、明確」な人権宣言が用意されるべきことを主張した[4]。すなわち、

第一条は、政府は人権の保障（maintien）のためにあり、憲法は、自然で時効にかかることのない権利の宣言から始められねばならないこと、第二条は、これら権利を保障するためには君主政（le gouvernement monarchique）が適しており、人権宣言の直後には政府の諸原理の宣言が必要であること、第三条は、君主政を採る以上、特定の人権については国民が譲歩する必要があり、憲法はそのような人権とそうでない人権を峻別する必要があること、第四条は、憲法はまず国民の権利宣言から始め、ついで国王の権利を宣言する必要があること、第五条は、国王および国民の権利は個人の幸福（le bonheur）のためのみにあること、第六条は、一堂にフランス国民が会することは不可能だから、代表制をとること、第七条は、国民と国王の権限の競合から、法律の制定と執行が必要となるが、法律をいかにして制定するか、ついでそれをいかにして執行するか、検討しなければならないこと、第八条は、法律は、王国の一般行政と市民活動、および、財産〔の保障〕を目的とし、そのために地方議会（Assemblées provinçiales）が必要となるが、それら議会の構成について検討する必要があること、第九条は、市民の活動と財産に関する法律の執行は、司法権を必要とするので、司法権がいかに付与されるか定め、その職務と範囲について定める必要があること、第一〇条は、法律の執行と王国の防衛のために、軍隊（une force publique）が必要であり、またそれを指揮する原理を定めねばならないこと、である。

しかし、このムニエの提案は、内容的に人権宣言の案というよりは、さまざまな問題点を指摘しながら、今後の作業手順をいかにするべきかということに関する提案であり、また、形式的にも、これは委員会としての提案ではあるが、実体は、ムニエ個人の案であると考えられており、その点でも人権宣言に直ちに結びつくというものではなかった[5]。その後、ムニエは、七月二七日に第二草案を提出しているので、その時の状況を含めて後に再び彼の草案を概観する。

したがって、内容として、いわゆる人権宣言の草案と言える最初のものは、この二日後の七月一一日に、ラファイエットによって提出されたものということになる。それではつぎに、そのラファイエットの人権宣言草案を見よう。

(二)　七月一一日、ラファイエット案

アメリカ大使ジェファソンとも交友があり、また、アメリカ独立戦争において多大な支援を行なったと言われるラファイエットは、自己の人権宣言草案を国民議会に提出するに当たり、宣言の有益性 (objets d'utilité) について、二点を挙げている。すなわち、人権宣言が有益なのは、それが「自然が各個人の心に刻み込んだ感情を呼び起こし、個人の発展に資することができる」からであり、また、「国民が自由を愛するためには、それを知りさえすればよく、また、国民が自由であるためには、それを欲すればよい」から、人権宣言は考慮に値するのである、と。第二に、人権宣言は「永久的な真理の表明」をすることであるから、それが有益なのは、「そこから一切の制度が構築され、それが国民の代表者が仕事をする上での誠実な指標となり、彼らを常に自然と社会の法の源 (la source du droit naturel et social) に導く」からである、と。そして、九箇条からなるラファイエット草案の本文では、自然権の宣言とその内容および限界（第一条、第二条、第三条）、法律主義（第四条）、国民主権（第五条）、統治目的としての「共通善 (le bien commun)」（第六条）、法律の明晰性・正確性・画一性の要請（第七条）、承認による租税と比例配分主義（第八条）、憲法改正（第九条）を謳っていた[6]。つまり、人は生まれながらに自然権（所有権、身体・勤労・一切の能力の完全な処理、思想の伝達、福利の追求および圧制への抵抗）を有し、他のメンバーに同様の自然権を確保するための限界以外に限界はないこと、そして、統治の唯一の目的は「共通善」の実行であることを宣言しようというものであった。

この提案を受けて、ラリー＝トランダルがつぎのような内容の演説を行い、ラファイエット案を支持した。つま

り、「飢餓と破産という二つの禍」がフランスに席巻している今、憲法本文と切り離して先に採択することの危険性はあるものの、早く人権宣言を採択し、残りの憲法の準備をしなければならない、そして、ラファイエットの宣言案は、すべての国民議会代表が望んでいる権利について謳っているのだから、これを採択しよう、と。すなわち、「諸君、我々に提示されたこの貴重な草案を採択しよう。そして、他のすべての者の原理が疑いもなくそうであるのだから、これによって自然権を再確認しよう」(7)と。ただし、ラリー＝トランダルの真の意図は、一刻も早く人権宣言と一体としての「憲法」を制定して、フランスの危機的状況を乗り越えようということであり、人権宣言のみの採択を主張することではなかった。したがって、彼は、各部会でのラファイエット案の審議については、これが暫定的なものであるべきだと述べることを忘れなかった。(8)このラリー＝トランダルの支持をうけて、ラファイエット案は、各部会の審議にまわされることになったのである。

以上のような経過で、各部会の審議に付されることになったラファイエット案の内容は、特に生まれながらの自然権を唱えるその冒頭部分が、バージニア権利宣言に似通っており、また、最終的な人権宣言の内に規定された基本的条文にも似たものを見いだすことが可能である。つまり、ラファイエットを通じて、フランス人権宣言はバージニア権利章典から影響を受けているとするイェリネックの考え方は、このような類似性から出てくるのだが、それはあくまで文言上の類似性でしかない。というのは、この日に各部会に付されたラファイエット案について、国民議会はその後、これを審議の対象から外したからである。そのような審議の流れについては、後にさらに明確にされる。

さて、ラファイエット案が国民議会に提案された七月一一日は、奇しくも、パリ市民に人気のあった財務総監ネッケルが、突然、国王によって罷免された日でもあった。人気のあったネッケル罷免の報せを受けたパリ市民は、数日前からの国王軍によるパリ包囲の噂と相まって、国王による国民議会への弾圧が現実のものになる可能性が徐々に高まってきていることを、いやが上にも認識しなければならない状況になったことは想像に難くない。つぎに、この日からバスティーユ攻撃によるフランス革命勃発までの社会状況について概観し、そのような切迫した社会状況が、国民議会に対して人権宣言を早期に完成させるよう、有形無形の審議への圧力となった可能性を確認しておこう。

（三）　七月一四日

七月一一日に罷免されたネッケルの後に財務総監に任命されたのは、彼よりも強硬派であるブルトゥイユ（Breteuil）男爵であった。また、国境地域からヴェルサイユとパリ近郊に集結させられたフランス衛兵の総司令官には、生粋の軍人ブロイ元帥（Maréchal de Broglie）が任命されるなど、国王側の強力な対決姿勢は明白になりつつあった。そのような事実が、翌一二日には、オルレアン公のパレ・ロワイヤルに集う人々の間の話題となり、弁士たちの扇動的な演説により、いよいよ軍隊による国民議会およびパリ市民弾圧の時期が近づいているとの恐怖心が人々の心に現実のものとして認識され始めた。彼らはデモ隊を構成し、街路に繰り出していった。一二日の夜には、国王側ドイツ傭兵隊とデモ隊が衝突し、一人が死亡した。この報せに、この日の深夜には群衆の緊張は最高潮に達し、入市税に苦しむ市民の憎悪の対象となっていた五四のパリ市の市門のうち、四〇がつぎつぎに放火された。また、市民はこのような状況から、いよいよ国王側との武力衝突は避けられないことを悟り、自ら武装するために武器を求めて武器商店を襲撃し、武器を取ったのである。

このようなパリ市の治安の混乱状態は、翌七月一三日も続き、いよいよ七月一四日の朝を迎えることになる。この日の朝、何千とも何万ともいう市民が、市民軍を組織するための武器を求めて、まず廃兵院アンヴァリッドに詰め寄り、あらん限りの銃を略奪した。しかし銃だけで弾薬を手にすることができなかったため、これを求めてバスティーユへと赴いた。そこで守備隊と銃撃戦の後、市民側は九八人の死者と七三人の負傷者を出して、ようやくバスティーユ攻略を達成したのであった。

その直後、バスティーユの司令官ド・ロネー（De Launay）は他の士官および守備兵と共に捕らえられ、パリ市庁舎に連行される途中、群衆によって首をはねられた。さらにパリ市長のフレッセル（Flesselles）も、武器庫の存在を隠そうとした裏切り者として市民に射殺された。こうして虐殺の革命の歴史の幕が切って落とされたのである[9]。

（四）大恐怖

七月一四日にパリで革命が勃発したという報せは、数日以内にフランス全土にもたらされた。そして、多くの都市においても、市民により新たな市当局および新たな委員会が構成されたり、民兵の召集が行なわれたりするなど、程度の差はあれ、市政を掌握する者が入れ替わる激変がつぎつぎに起きた。そして、その新しい地方権力は、国民議会からの指令しか受け容れず、逆に国王権力からの命令には、当然ながら従わなかったため、全国の地方において国王の権威は失墜していったのである。すなわち、「国王は全権威を失墜した。同時に、中央集権も消滅した。あらゆる委員会ないし市当局は、その都市のみならず周辺の小教区において、無制限な、ほとんど絶対的な権力を行使した[10]」と。さらに、フランス全土へ革命が伝播することを食い止めようとする反革命を阻止するために、また、その地方の治安を維持するために、この新しい権力者たちは実力を用いた。すなわち、「反革命の容疑のある貴族の館の家宅捜査や、穀物の探索や輸送警備や、騒擾の鎮圧のために、民兵が派遣された[11]」と。しかし、いくつかの都市の新しい市政権力者は、いつか再び貴族が攻撃を企て、自分たちを追い出しにかかるのではないかというおそれを抱いていた。そのようなおそれの上に、さらに、貴族が企てて、パリその他の都市からはみ出した浮浪者の群れに農村を襲撃させ、収穫目前の畑に火を放たせることを計画しているなど、多くの噂が連鎖的に、重なり合い、また膨らみあがって流布したため、農村部各地はパニック状態に陥った。この「大恐怖」は、特に七月二〇日以後全国を駆けめぐった。これに先手を打つつもりで農民は、各地で領主の館を襲撃し、証文を焼き払い、館に火を放つなど争乱を引き起こしたのである。そしてこれがまた更なる噂を巻き起こし、恐怖心をあおっていった[12]。

さて、七月一一日のネッケルの罷免と七月一四日の革命勃発、そして、その後の全国を巻き込む「大恐怖」の発生といった状況において、憲法制定国民議会は、どのように「人権宣言」の作成に当たっていったのかを、つぎに見ていこう。

〈第二章　第一節　注〉

（1）各条文に着目し、いかなる議論が展開されて最終条文案が構成されたかを検証する試みは、深瀬論文（後注（5）参照）においてすでになされており、重要な成果を提示していることは周知の如くである。しかし、ここでは、時間軸に沿った議論の展開に着目して、いかなる議論から最終草案が構成されたかを見ていく。これは、全体としての会議に流れが存在し、委員会から提出された素案が俎上に上っては消え、また新たな別の素案が提出されるという動きの中で、国民議会の時間が経過していき、そして、その経過が社会状況の変化とともにあったからである。

（2）*Archives Parlementaires, 1re série*, Tome 8（以下 *AP*, 8:）208-210, 211. ルフェーブル『一七八九年』一八四―八九頁、Stéphane Rials, *La déclaration des droits de l'homme et du citoyen*, HACHETTE, 1998, pp. 51-53, 120.

（3）*AP*, 8: 214-17.

（4）F・ブリシュ／S・リアルス／J・チュラール著、国府田武訳『フランス革命史』（白水社文庫クセジュ、一九九三年）五五頁。また、ムニエの十箇条は、*AP*, 8: 216-17に収録されている。

（5）深瀬忠一「一七八九年人権宣言研究序説（二）」北大法学論集一四巻三・四号五三四―三五頁参照。

（6）*AP*, 8: 221-22.　深瀬、前注（5）五三六―三七頁。Rials, *supra* note (2) at 590-91.　翻訳は、辻村みよ子『人権の普遍性と歴史性』（創文社、一九九二年）四二二頁を参照。

（7）*AP*, 8: 222.

（8）*AP*, 8: 223.

（9）マチエ『大革命』九九―一〇二頁、ルフェーブル『一七八九年』一九〇―二〇〇頁。

（10）ルフェーブル『一七八九年』二一二頁。

（11）同前、二一三頁。

(12)　同前、二一五—一六、二四五—二五五頁。マチエ『大革命』一〇八—九頁。このような農村における恐怖と暴動の伝播の重要性について最初に着目したのが、一九三二年のルフェーブルの『大恐怖（La Grande Peur）』であった。そこでルフェーブルは、農村の恐怖およびそれに駆り立てられた暴動は、計画的に一斉に勃発したのではなく、自発的かつ自律的に順番に各地に伝播していった、と理解した。したがって、フランス革命の一要素として、農民による革命の視点を提示したのである。すなわち、ルフェーブルの研究家ルベル（Jacques Revel）によると、「たとえ恐怖が当初は現実の状況の反映だとしても、それは自律的な解釈をつくり上げ、その解釈が、恐怖に襲われる人々にとって、現実を理解する様式となると〔ルフェーブルは〕いうのである。バスチーユ占領のニュースにつづく数日間に、特権者の復讐の話がフランスを横断して伝わる。彼らは国を売り渡したイギリス人、ピエモンテ人、ドイツ人の傭兵部隊をみたと信じ、まもなくじっさいにみたのである。小麦を収穫前に刈り取り、金品を脅し取り、共同体住民を虐殺しようと準備中の窃盗団が捕えられた。噂は手当りしだいに広まり、それにつれて、いっそうほんとうだと思わせる詳細なニュースでしだいしだいにふくれあがる。それゆえ、どんな兆候もおのずと農村を駆けめぐる作り話のなかで位置づけと意味をもつように解釈されるのだ」（ジャック・ルベル「大恐怖」フランソワ・フュレ／モナ・オズーフ著、河野健二他監訳『フランス革命事典1　事件』（みすず書房、一九九八年）二一八頁）と。そして、「このように恐怖が急速かつ広範に拡大したのは、農村において、誰でもが『野盗』の恐怖を日頃から身近に感じているという情況が存在したからであり、しかも、政治的・社会的抗争の中でアリストクラートの陰謀という危惧が生まれ、『野盗』はその陰謀の手先であると思い込まれていたからである」（ルフェーブル、前出注（2）二五三頁）。

このような考えに対して、「大恐怖」は一定の意図をもって計略的に貴族が農村にしかけた「陰謀」と考える立場もある。すなわち、「広大で、しかも情報伝達がもともと困難だったうえに、当時の組織の解体によってさらに遅れた国の一国規模での集団行動を理解し考えることほど困難なことはない。そこからほぼ自然発生的に陰謀という仮説が生まれる。国民の蜂起を流血によって罰しようともくろむ貴族の陰謀。国の深部をまだ確保されていない大義に向かって結集するための、そして、その背後にはオルレアン公、シエース、ミラボーらの重要人物のたくらみが予感される議会の陰謀。投機師と、人民を飢えさせる連中の陰謀。農村にたいする都市の陰謀。盗賊とドイツ傭兵の陰謀」（フュレ／オズーフ著『フランス革命事典1　事件』二二一—二二二頁）であると。いずれの立場がより正しいものなのか、検討する余裕はないが、七月一四日の革命勃発および地方と農村におけるこの「大恐怖」によって、国民議会の流れに変化が生じたであろうことは、容易に想像できるであろう。

第二節　国民議会　七月一三日から七月二七日
――憲法委員会設置と報告まで

(一)　七月一三日

七月一一日にラファイエット案を俎上に一旦は載せた国民議会であったが、週を新たにした一三日の月曜日の会議においては、一一日のネッケルその他、穏健派の大臣の罷免と、それにつづく、一二日のパリの騒擾について報告がなされ、これについて議論が持たれた。まず、ムニエがそのような状況について危惧を表明し、このような事態修復のためには、国民議会として国王に、ネッケルらの再登用を要求する宣言を出すことを提案した。すなわち、「このような現実の状況において、彼ら〔ネッケルら罷免された大臣たち〕なしでは、〔フランスの〕公債（le crédit public）を維持することはできず、我々は最も恐ろしい破産の恐怖に脅かされ、最も小さな被害で食い止めたとしても、フランスの名前を永遠に辱めることになろう。……〔したがって〕国民議会は、君主を啓蒙し（éclairer）、国王の利益と祖国の利益に忠実であった犠牲者、〔つまり罷免された〕大臣たちを、戻すよう懇請しなければならない。また、感謝の念から、そして、正義への愛から、国民議会はフランスが直面している危険を国王に知らせるとともに、〔未だに〕大臣の地位にとどまる者、もしくは、ネッケル、モンモラン（le comte de Montmorin）、ラ・リュゼルヌ（La Luzerne）、サン＝プリエ（Saint-Priest）の後任の地位を受け容れた者は、公共善（le bien public）に反する原理を表明した者として、大臣としての信任を〔我々は〕付与しないことを国王に宣言しなければならない」[13]と。その後ムニエの考えを支持する声が、まず、タルジェ、ラリー＝トランダルら多くの代表から出されたが、まずは国民議会から国王に早急に使者を送り、パリ近郊に迫り市民の不安をかき立てている衛兵たちを撤収させ、その代わりにパリを守るブルジョワ自警団（la milice bourgeoise）の結成を容認するよう求めることとし、四十人の使者が選出された。

これに対する国王の返答は、国民議会を少しも納得させるものではなかった。議長は国王の返答を読みあげる。すなわち、パリの秩序を回復する「必要性〔があるかないか〕を判断するのは余のみにある。……あなたがた〔国民議会〕がパリに存在するということは、何ら問題解決にならない。国民議会は、余があなたがたに継続を推奨することをやまぬ、重要な仕事を加速するためにここにいる必要があるのみである[14]」と。このように、パリのみならずフランス全土に広がろうとしている無秩序の真只中にいて、国王は表面的には冷静さを保ち、国民議会の懇請に対してまったく寛容を示さないことに、多くの代表は怒りさえ覚えたのであった。その結果、国民議会は直ちに、ムニエの提案に沿った宣言を国王に対して発することとした。すなわち、ネッケルおよびその他の罷免された大臣は、国民の尊敬の念とその遺憾の念を共に有すること、国王の返答がもたらすかもしれない不幸な結果におびえる国民議会は、パリおよびヴェルサイユ近郊に集結している軍隊を撤退させるよう強く要望すること、国王側の大臣、政府および軍官僚は、国民の権利に反し、国民議会の決定に反する一切の企てについて責任を有するものであること、などである[15]。

以上のように、この革命勃発前日の七月一三日においては、再び国民議会と国王は、パリに迫り来る危機打開の方策に関する正反対の見解によって大きく対立し、立憲君主制へのなめらかな移行を果たそうとするムニエの意図とは逆に、両者間の関係修復はますます困難となりつつあったのである。そのような中で、七月一四日の民衆によるバスティーユ攻撃の日を迎えることになった。

（二）　七月一四日

この日、バスティーユが民衆によって攻略された旨の報せが国民議会に入るのは、午後五時をすぎてからのことだったので、午前九時から通常通り議事が進行していた。まずこの日取り上げられたのは、七月一一日にラファイエットによって提案された人権宣言草案についてであった。つまり、人権宣言を憲法の前に位置づけるか、後に位置づけるかに関して議論が長く紛糾し、結局、憲法は人権宣言を含むものとするという点が決められただけであった。すなわち、「この点に関して、何も決定することができなかった。ただ、憲法が人の権利の宣言を含むものであることのみが決められた」[16]と。そして続いて議論されたのは、国民議会が憲法制定の作業をしていくに当たって採るべき方法についてであったが、これも長い議論の末、結局、ペティオン・ド・ヴィルヌーヴ（Pétion de Villeneuve）の提案に従って、三つの身分から比例的に選挙された八名からなる「憲法委員会（le comité de constitution）」を構成した。そして、同委員会が憲法草案を準備し、各部会はそれを審議し、その結果を国民議会に持ち寄り、国民議会ではそれをもとに審議するという方法が決定された[17]。

その後、休会を挟んで午後五時に再開された国民議会では、パリの状況が前日と変わらず、国王の衛兵と外国人傭兵によって取り囲まれていることを前提に、それらパリ市民を恐怖に陥れている軍隊を一刻も早く撤収させるよう、再度、国王に請願するべきだという議論が開始されようとしていた。その時、ノアイユ子爵（le vicomte de Noaille）は自ら見てきたパリの状況について国民議会に報せるべく、入場してきた。そして、アンヴァリッドおよびバスティーユが襲撃されたこと、バスティーユ司令官のド・ロネーが殺され槍首とされたことを語った。これをすぐに国王に報せるべく、代表が派遣されるとまもなく、パリ市常任員会（le comité permanent）から派遣された二名が国民議会に到着し、さらに詳しいパリ市の状況を伝えた。その直後、先に国王に派遣された代表が議長と共に戻り、国王の返事を国民議会に伝えた。それによると、昨日のパリのブルジョワ自警団結成と同時に、国王はパリ近郊の軍隊に撤収を命じたということであった。すでに議場から引き上げた議長に代わり、副議長のラファイエットは、この国王の撤収命令の報せと共に、国民議会はさらに国王軍隊の全部かつ完全な撤収を繰り返し要求していく旨、パリ市常任委員会の使者二名に、パリ市へ伝達するよう要請して、午前二時にその日の議事を終了した[18]。

以上のように、この日、革命勃発のためもあって、人権宣言と憲法制定については、つぎのことが決められたにとどまった。つまり、憲法が人権宣言を含むものとなること、八名の委員からなる「憲法委員会」を構成し、その後、同委員会が用意する原案を各部会が検討し、国民議会でそれをさらに審議するという作業方法をとることである。

(三) 七月一五日

この日、いつもどおり審議を開始した国民議会は、昨晩の決議を受けて、国王に対するさらなる請願の準備を始めた。まず、シレリー (Sillery) が提案を行なった。その中で彼は、国王の誤りは、諸大臣の不実な助言を聞き入れて国王軍を配備したこと、国民議会の請願をもっと早くに聞き入れて軍を撤収しなかったこと、そして、何よりも根本的には、ネッケルら市民に信望を有する大臣を罷免したことであると、指摘した。すなわち、「陛下は過ちをおかした。……諸大臣が陛下に与えた不実な助言を、国民議会は語ることができる。……もしも陛下が〔ずっと以前に〕国民議会の請願をお聞き入れ下さっていれば、軍を撤収するだけで、首都に平穏を取り戻し秩序を回復するには十分であっただろう。しかし、昨日、虐殺が起こり、バスティーユ攻略、それに続く血なまぐさい処刑など、止めどもない過度の怒りが人々に宿ったのである。……人々が蜂起した主要な原因の一つは、国民の信望を有する市民大臣 (ce ministre citoyen) を罷免したことであることを、陛下はご存じ〔のはず〕である」と。そして、この状況を打開するためには、そのような不実な助言を与えた諸大臣を罷免し、ネッケルらを呼び戻し、国王軍を完全に撤退させることであると主張した。それでも事態が改善しないときには、国王自ら国民議会に赴き、両者の間に調和が誕生したことを国民にアピールすることが、平和を取り戻すための最後の手段であるとする。すなわち、「このような方法でも陛下の国土に平穏が回復しないのであれば、国民議会の真中 (au milieu de l'Assemblée nationale) においで下さい。……人々が、君主と国民議会との間に調和が満ちている (l'accord régné) ことを知る以外に、平和を回復させる方法はもはやない[19]」と。それについで、何人かの代表が追加の提案を出し、ヴェルサイユと国民議会との間の連絡を今後回復させること、また、ブルジョワ自警団を一層強固なものにすることを認めることなどを、シレリー案に付加した新たな請願が決定された。そして、ラファイエットやリアンクール（Le duc de Liancourt）など二四名からなる代表団によって、これが国王に届けられることになった。

ところが、彼ら代表団が議場から退出しようとしていたその時に、国王自らがそこに現れ、演説を行なった。その中で国王は、パリの事態に心を深く傷め、その回復のために国民議会に信頼を寄せていること、そして、国民議会にこの窮地の救いを求めることを語った。「国民と共にしかないのは、余である。あなたがたを信頼するのは、この余である。この窮状において、国家の安全を確保するために、どうか余を助け給え。共通の安全（le salut commum）のために召集されたわが人民の代表の熱意に、つまり国民議会の熱意に、余はそれを期待する。それが余の確かな保証なのである。そして余は、わが臣民の忠誠に期待して、軍隊にパリとヴェルサイユとから撤退するよう命じた。この措置がとられた旨を、首都パリに報せることを許可し、またまさにそのようにすることを余は期待するものである[20]」と。

これに対して議長は、さらに、ヴェルサイユと国民議会との間の自由で迅速な連絡（la communication）ができるように配慮することを請願し、国王はこれを受け容れた。すなわち、「それが必要であると考えるときには常に、国民議会との連絡を、決して拒否することはなかろう[21]」と。これを受けて、議場は拍手喝采し、「国王万歳！」との叫び声が響いたのである。

このように、七月一五日には、国民議会は、前日のバスティーユ攻略を含むパリの無秩序状態に収拾をつけるために請願していたすべての事柄を、国王に認めさせることに成功したのであった。そして、国王の依頼通り、国民議会の代表団によって、パリ市庁舎に集まる市民たちにこのことが伝達され、パリ市庁舎では、ブルジョワ自警団という名称から「国民衛兵（La Garde Nationale）」へと改称された市民軍の司令官にラファイエットが着任すると同時に、新市長バイイ（Bailly）も誕生し、市政革命が宣言されたのであった。こうして一旦、国民議会およびパリ市民と国王は、国王が全面的に譲歩する形で、再び関係を修復することができた。しかしこれは同時に、国王の完全な敗北を示唆するものであった。

（四）七月一六日、一七日

この日の議事は、前日、国民議会の要求通り、国王が軍を撤退させる旨の確約をしたことを代表者たちがパリ市庁舎に報せに行き、市庁舎に集まる市民が拍手喝采によってその報せを受け容れたことなどを、その代表者が国民議会に報告することによって、開始された。その後、国王に要求していたもう一つの国民議会の要求について、つまり、まだ国王によって果たされていない、ネッケルはじめ以前に罷免された大臣らを、もとどおり閣僚の地位に戻すことを再度国王に請願していくか否かについて、審議が持たれた。ミラボー、バルナーヴ、ラリー＝トランダルらは、国民議会にその権限があり、また、市民がそれを望んでいる以上、積極的に国民議会は請願していくべきであると主張したのに対して、ムニエは国民議会が有する立法権には、そのような執行権の構成について要求する権限は含まれないから、それを国王に直接的に要請することはできず、ただできるとすれば、国王が前日、秩序を取り戻すための助言を国民議会に求めたので、それへの返答として、ネッケルの呼び戻しという方法を提案することのみである、と慎重な姿勢を見せた。同様に、クレルモン＝トネール伯爵（Le comte de Clermont-Tonnerre）も、すでにその要求は国王に対してなされており、国王自身がその要求を満たしてくれるであろうと述べることにより、国民議会を牽制しようとしたが、結局、代表団を結成し、国王に請願を届けることが決せられた[22]。

このようにして一六日は、パリの騒ぎの原因となった、七月一一日のネッケルらの罷免を撤回することを国王に要求することについて審議されたのみで、人権宣言については先送りにされた。

つぎの七月一七日、日中は、パリ市民と国王との和解が成立したことをパリにおいて大々的に表明する盛大な儀式が行なわれ、国民議会の代表たちも、国王がヴェルサイユからパリ市内へ、そして、パリ市庁舎へ入場するのを見守った。これを一見すると、市民と国王が良好な関係を築き、今後、平和が訪れるかのように見受けられるが、これは本当の意味では、国王が市民に屈服したことを示す儀式でしかなかった(23)。

（五）七月一八日―二〇日、サン・ジェルマンの「恐怖」

国王の屈服により、パリにもと通りの秩序と静寂が訪れるはずだったが、実際の事態は逆に、さらに一般市民の恐怖はあおられ、それによって増大した恐怖がさらに事態を悪化させていった。たとえば、七月一八日の国民議会では、まず、ポワシーとサン・ジェルマンで、規律を無視した民衆が、廃兵院の衛兵および兵舎を襲撃したり、製粉業者のソヴァージュ（Sauvage）という者が穀物を買い占めているとの噂だけで処刑されたりというできごとが生じていることが採り上げられるなど、国民議会の努力のかいもなく、治安状況を確認するために、代表を派遣し奔走させなければならない有様であった。このような治安の悪化にどのように対処するべきかについて、国民議会では若干の議論が持たれ、地方でもブルジョワ自警団を再結成するべきであるなど意見が出されたが、新たな議長の選挙など別の課題に取り組んだために、何ら決定を見ないまま終わった(24)。

週が改まった月曜日の七月二〇日には、まず、ポワシーとサン・ジェルマンの状況について国民議会代表団のカミュ（Camus）から詳細が報告された。すなわち、製粉業者のトマサン（Thomassin）という者が、穀物買い占めでまさに処刑されようとしていたところで、国民議会の代表団が到着し、シャルトル司教を交えて住民と議論し、トマサンを適正な手続に則り法廷で裁くという約束のもと、彼を引き取り、ヴェルサイユに確保した、と。これに端を発し、ラリー＝トランダルが演説し、治安の回復のためにブルジョワ自警団を構成すること、また、悪しき市民は法廷で裁かれること、国内の秩序安定を図るために国民議会は「遅滞なく憲法制定の作業を行なうこと」などの布告文を発することを提案したが、この時点では、全体の支持を得ることができず採択されなかった(25)。

(六)　七月二〇日および二一日の憲法委員会、シエイエス第一草案

さて、このような状況の中においても、憲法委員会の下にあるいくつかの部会は、不定期的に開かれ、草案づくりに当たっていた。シエイエスは、七月二〇および二一日の委員会において、「三二箇条の所定の形式に則った宣言を後に伴う、非常に長い論文」を第一草案として提示している。[26] そのような論文のようなものを提示した理由について、シエイエスは、つぎのように言う。つまり、宣言を人々に提示する方法には二つあり、一つは条文形式の宣言のみを提示する方法があるが、それは、「理性というより記録(la mémoire plutôt que la raison)」であり、「法(*loix*)に従ったものではなく、原理(principes)に従ったもの」となるのに対して、彼の採る二つめの方法は、「理性と証明(la raison et l'évidence)という本質的性格を奪われない」方法であるから、それが一八世紀のフランス代表者が採るべき方法だとする。[27] そしてその冒頭で、シエイエスは、フランス国民は憲法制定権力を有し、それを国民議会代表者が行使するとし、「あらゆる社会的結合の目的は、……人と市民の権利を表明し、促進し、保障することのみである」とする。そして、そのような権利を認識することは不可欠のことであるから、憲法の前に置かれなければならないとし、諸権利について説明的に宣言していくのである。

この長文の第一草案は、七月二二日に印刷に付され、その数日後には、国民議会の代表に配付されたが、国民議会で憲法および人権宣言について審議が再開される七月二七日には、シエイエス草案は提出されなかった。しかし、二七日以降に、論文部分を圧縮し、条文部分を四二箇条に膨らませた形の第二草案が提出されている。[28]

(七)　七月二三日、布告文

この日は朝から、パリの秩序回復について重要な役割を国民議会が果たしたことなどについて賞賛するために、シャルトルの代表、パリ・パルルマンの長、会計法院長など各機関の代表者が訪れ、祝辞などを述べることにかな

りの時間が費やされたが、その後、七月二〇日にラリー＝トランダルが提案したが採択されなかった国民議会の布告文の提案について議論された。つまり、治安の悪化について国民議会は、各地に自警団の結成を認めること、秩序を乱す者は適正手続によって処罰されること、国民議会は早急に憲法制定準備を行なうことなどである。

まずラリー＝トランダルは、前日二二日夜、パリでアンタンダン、ベルチエ（Berthier）が民衆によって処刑された事件について触れ、再度、治安回復のために国民議会が何か手段を講ずる必要性について訴えた。これに同調したのはムニエで、黙って何もしないでいるより、国民議会の布告文を出すことの方が何かに資することは確かだとした。その後、バルナーヴは、国民議会の基本的な目的は、憲法を制定することと自由を保障することであるとし、そのために二つの組織の必要性を唱えた。すなわち、「きちんと組織されたブルジョワ自警団（les gardes bourgeoises）および市町村（des municipalités）自警団」[29]であると。そして、国事犯（les crimes d'Etat）のために法的正義を確保することが必要であるとする。後者、つまり法的正義の確保についてつぎに、パリ代表代行が、自分は「六十の地区において、六十人の陪審員で構成される裁判所を創設することを認めるよう国民議会に要請する旨委任されている」[30]と述べ、パリの秩序回復と維持のために、市民を基本に据える警備体制と裁判制度づくりを要求した。その後、修正が提案されるなどし、夜の部会に入り、さらに裁判制度について詳細が検討された。ある代表は、秩序を乱した者が、制定された法律に則って処罰されるよう、犯人を訴追する裁判所の命令（une injonction）を布告文に明記することを求め、また、別の代表は、裁判官と陪審員で構成される裁判所を用意することを主張した[31]。

このような議論の末、ようやく「布告文（Proclamation）」が決定された。それは、フランス人民をつぎのようなものへと導こうとする。すなわち、「平和、秩序、公的静寂、国王と国民議会代表への信頼、それなしでは真の自由はない法律への敬意」である。また、「犯罪と人々の不幸なできごとは、告訴され、有罪とされ、処罰されねばならないが、それは、法律によってのみそのようにされなければならず、法律がそのように宣告するまでは、彼らは保護の下に置かれなければならない。国民に対する罪（crimes de lèse-nation）の訴追は、国民の代表に属する。

このような種類の犯罪を犯したとして訴追されるすべての者を、公の予審（une instruction publique）の後に法律に従って審判するために引致する裁判所を、国民議会は指定する[32]」と。

以上のように、この日は、国民議会が「布告文」を発し、私刑を防止するために犯罪者の処罰は権力行使として裁判所で行なうことを明らかにし、パリの秩序回復を図ろうとしたのである。そしてこの「布告文」において、まったく新たな裁判制度、特に国民に対する罪については、国民議会が指定する裁判所において陪審員によって審判される旨が表明されたが、これは、主権原理の変更に伴う新しい司法体制を構築し、人々の自由と権利を保障するための方法を模索することを目的とする、国民議会の重要な役割によるものであった。

（八）　七月二四日、二五日

この日の日中の会議では、国民議会の代表として選出されたストラスブールの司教であるロアン（Rohan）枢機卿は、健康上の理由から出席できずにいるが、その代わりにブー（Boug）神父を送ることにした枢機卿の判断を、国民議会は受け容れるか否かについて論争となった。というのは、五月三日の規則によると、代わりの代表を受け容れるのは、代表本人の死亡または正式の辞職による場合でなければならないが、ロアン枢機卿は病気ではあっても死亡しておらず、また、辞職したわけでもない。それどころかまだ一度も国民議会に出席していないから、正式の代表として登録もされていないので、代わりの代表を送ることが認められる状況である、と国民議会は判断することも、逆にしないことも可能だからである。この点についてほぼ一日中審議が行なわれ、結果として、ロアン代表が健康上の理由から出席拒否をしている間、ブー神父を代理として出席させることが認められた[33]。

その後、夜七時半からの会議において、進行が芳しくない憲法の制定と人権宣言の起草に関する作業を軌道に乗せるために、つぎのような提案がなされた。「第二一部会の名でなされた提案に対して国民議会の非常に多くの代表が賛意を示したため、つぎのことが決定された。つまり、来週月曜日（＝七月二七日）に憲法委員会は、同委員会の作業状況について要約をすること、そして、同委員会の構成員は、直ちにその草案（leur travail）のいくつかの部分を、同日の諸部会の審査と討論に付することができるよう準備をしておくこと、である」と。[34]

さて、翌日七月二五日には、七月二三日の夜に国外逃亡したカステルノ（Castelnau）男爵からパリ・コミューンが押収した四通の書簡が、重要な国家情報またはスパイ行為を明らかにする情報を含んでいるのではないかという推測から、開封することが認められるものか否か、審議依頼がなされた。これについて、「信書の秘密」は不可侵であるという原則を貫徹するべきか、それとも、現在の戦時にも似た不穏な社会状況に鑑みると、国家の秘密やスパイ情報がしたためられているかもしれない信書を開封し、中身を確認することは認められるのではないか、という議論がなされた。そのような長い議論の末、デュポールやミラボーは、信書の秘密を守るべきであると主張し、その見解が一旦は優勢となったかのように思われたが、結局これについて何の解決も見ないまま、別の案件に審議は移された。

この別の案件も、地方の治安に関連するものであった。つまり、七月二三日付のヴズー（Vesoul）という町からの手紙によると、同地ではいくつかの館が、おそらくは外国人によって焼き討ちにされ、所有者がとても無残な方法で虐殺されるという事件が起きた。このような無秩序かつ不法な状況を一刻も早く沈静化するためには、実力行使によって彼らならず者を鎮圧する必要があるが、その許可を国民議会からもらいたい、というものであった。さらにコルマー（Colmar）の代表は、同地での同様に野蛮な城の焼き討ちおよび虐殺について報告を行なった。これらを受けて国民議会は、国境付近で起きたそのような事件で、外国人である可能性のある犯人を処罰するための裁判所としては、国王裁判所が最も迅速に対応できるだろうというトロンシェ（Tronchet）の意見により、国民議会は国王に対して、これについて懇請を行なうこととなった。[35]

（九）　七月二七日、憲法委員会報告まで

以上のように、この時期、国民議会での人権宣言に関する審議は、七月一一日にラファイエット案が示され、七月一四日には憲法委員会が設置され、審議の進行方法について決定されたが、それ以外には、七月二〇日と二一日にシエイエスの草案が憲法委員会に提示された程度で、国民議会の審議の時間のほとんどは、七月一四日の革命勃発、そして、その革命の全国への波及およびパリのみならず地方都市や農村における騒動の発生など、全国的な治安の悪化と秩序の混乱について随時報告することに費やされた。また、このように悪化した治安と秩序の回復のため、国民議会は、各都市に自警団の結成を認め、そのはたらきで治安維持をはかることを決め、また、すでに発生したいくつもの重大な犯罪については、陪審審理を手続として含む裁判所を構築し、そこにおいて犯罪者を厳格に処罰していくことを決定したが、この審議のためにも多くの時間が費やされたのであった。このように、憲法制定と人権宣言の作成に関して膠着状態であることにしびれを切らせた第二一部会が、七月二四日の夜の会議で、この件に関する進行を速めるために、国民議会に委員会報告の日程を決めさせたが、それがこの二七日であった。

ところがこの二七日も審議が開始されると、前週土曜日の継続案件が報告されるなどして、審議は遅々として進まなかった。まず、ヴズーとコルマーで起きた犯罪の犯人の捜査について国王へ懇請を出していたが、これに対する国王からの返事が紹介され、国王は外国駐在大使に、そのような大罪の犯罪者にいかなる避難場所（asile）も提供することを禁止した旨報告された。また、国王に罷免され国外へ逃れていたネッケルから、呼び戻しに対する返事が到着したとして紹介され、ネッケルは呼び戻しに関して大変好意的に受け取っている旨、報告された。さらに、前週土曜日の時点で未決着であった、七月二二日にカステルノ男爵から押収された手紙の取り扱いについての審議が再開され、その後、二六日付でカステルノ男爵本人から議長宛に出された手紙がまず公開され、そのほかの手紙と共にどのように処理するか話し合われたが、結局堂々巡りの議論で決着が付かないまま、さらに別の議論、

つまり、ムラン（Melun）バイヤージュのカロンヌ神父（l'abbé de Calonne）が、変装の上、ノジャン（Nogent）という町を通過中に、自警団に逮捕されるという事件が起きたが、これをどのように扱うかについて話し合いが持たれようとしていた。[36] その時、ヴォルネー（Volney）が割って入り、これ以上不毛の議論を続けることをやめ、人権宣言の議論を行なおうと提案したのであった。すなわち――

われわれはこの一週間、国家の事柄について何も審議していないことに気づかねばならない。この三日間は、パリの騒動についてばかり審議し、その後サン・ジェルマンの騒動について審議し、ようやく公布文を出した。我々は、この王国の警察官となってしまわないように、また、巨大迷路に迷い込んでしまわないように、行政と警察活動（administration et de police）のすべてについて取り扱う委員会を作ると良いだろう。[37]

その後も新規の代表の資格に関する議論が若干行なわれたが、それが終わるとすぐにシャンピオン・ド・シセおよびクレルモン＝トネールが、人権宣言に関する憲法委員会の報告を開始し、それについでムニエが自らの草案を提示した。以下、この日行なわれた、これらの報告および草案に関する議論を検討していこう。

〈第二章　第二節　注〉

(13)　*AP*, 8 : 223 (Mounier).　ムニエを支持するタルジェ、ラリー＝トランダルに続いて、ヴィリウー伯爵（le comte de Virieu）がさらにムニエを支持する演説を行なったが、同伯爵は、早急に憲法を制定して、フランス全土に平穏を取り戻すことの重要性を訴えた。すなわち、フランス全土の状況が「危険に見えるとしても、祖国の幸福（le bien de la patrie）を要求しなければならないという〔国民議会の〕審議は一つも弱められることはない。そして我々の選挙人が我々に課した聖なる義務は、幸福な憲法（une heureuse constitution）によって王国を再生させることなのである。……憲法制定のために働く〔時間を〕一瞬たりとも無駄にしてはならない。そして、〔憲法制定後〕ただちに、国家の負債の処理に取りかかることができよう」（*AP*, 8 : 226-7）と。このように多くの代表は、秩序の回復のためには憲法の制定が不可欠であるという認識を持っており、したがって両者は緊密に関連していたが、また、その憲法制定のためには人権宣言の作成が不可欠であるという認識も持っていた。このように、秩序回復と憲法制定と人権宣言は緊密に関連していたのである。
(14) *AP*, 8 : 229 (le Président).
(15) *AP*, 8 : 229-30. また、このような宣言を国王に発することを決する直前に、パリ司令官からの信書によって、つぎのような報せが入った。つまり、パレ・ロワイヤルに一万人以上の群衆が武器を持って集結しており、シャンゼリゼの衛兵を攻撃し、その後にサンドゥニの群衆と合流してヴェルサイユへ向かおうとしている、また、パリ北のバリケードは破壊され、武器商は略奪されている。パリはすぐにでも戦火で火の海となろう。群衆はすべての刑務所を解放すると叫んでいる、などである。このような切迫した状況を知るにつけ、国民議会は国王に早急に治安回復を働きかけると同時に、自らに課された義務である人権宣言の作成と憲法制定の作業に、いち早く取りかかる必要性を実感していたのである。
(16) *AP*, 8 : 231.
(17) *AP*, 8 : 231. 他の方法を提案したもう一人はムニエであった。彼の提案は、憲法に盛り込むべき事柄をすべて列挙してから、数箇ずつをいくつかの部会で手分けして検討し、その結果を一つの連絡部会（un bureau de correspondance）で集約し、それを国民議会に判断させる、というものであった。また同時に、彼は、人権宣言について、「形而上学的なものであってはならず、明快で平易（claire et simple）でなければならない」としたが、いずれも受け容れられなかった。
(18) *AP*, 8 : 233-4.
(19) *AP*, 8 : 235 (le marquis de Sillery).
(20) *AP*, 8 : 236 (Le Roi).
(21) *AP*, 8 : 237 (Le Roi).
(22) *AP*, 8 : 238-246.
(23) 市長のバイイは、国王をパリ市に迎える儀式の一つである、「パリの鍵（les clefs de sa bonne ville de Paris）」を国王へ敬譲する際の演説の冒頭で、つぎのように述べ、市民の実質的勝利を宣言した。「みなさん、ここに私は、陛下にお渡しするパリ市の鍵をお持ちしました。これはアンリ四世に差し上げたもの、そのものであります。アンリ四世は〔プロテスタント〕人民を取り戻したが、今日、ここでは、人民が国王を取り戻したのです」（*AP*, 8 : 246）と。また、それに続く長い演説の中で、バイイは、国王と市民の盟約を謳いあげた。「人々も、そして、国王も、この良き日を決して忘れることはないであろう。これは最も美しい君主制である。これは、君主と人民との間の厳かで永遠なる盟約（une alliance auguste et éternelle）の時代である」（*id.*）と。
(24) *AP*, 8 : 247-8. 治安回復についての審議は、数名の代表から提案された。「数名の代表が、国民議会は、公共の平穏を回復し維持するために、最も迅速な方法を考えるために事に当たるべきであると要求した」と。また、サン・ジェルマンではその後、治安が回復された旨、七月二一日の国民議会でその代表によって報告されたが、それと共にソヴァージュが民衆によって処刑された事件について、同地の目撃者の証言をもとに報告された。「我々の町に流れ込んできた外国人の集団が、この不幸な者（＝ソヴァージュ）を殺すことを考えた。その者（＝ソヴァージュ）を審判するように我々は任命されたが、その無実を確認した瞬間、それらのならず者たちが我々から彼を略奪し、殺害したのだ」と。そして、このソヴァージュだけでなく、つぎに述べるトマサンの事件もあり、彼らは自警団を結成した旨、あわせて報告されたが、それと同時に、自警団が必要とする武器を国民議会に要求した。「ならず者によって脅かされている我々は、五百から六百名の、決意を持った若者で構成される自警団を我々の内に設けることにした。しかし、武装はしていない。そこで、自衛できるように武器を与えてくれるよう、そして、我々の町が脅かされている武器の欠乏を救ってくれるよう、懇願する」（*AP*, 8：255-6.）と。（これに対し、国民議会議長は、それは各地方執行機関に要請するべきもので、国民議会は処理できない旨返答している。）このように、少なくとも報告がなされたサン・ジェルマンにおいては、ならず者外国人の脅威から、自警団を作り武器を調達する必要に迫られているなど、「恐怖」が増大していることが明らかにされていた。また、そのほかの不穏なできごとについては、ルフェーブル、前出注（2）二〇一頁以下参照。また、新しい議長には、リアンクールが八百票中六百票を集めて選出された（*AP*, 8：248.）。

(25)　*AP*, 8：252-54.　その宣言案の一部分ではつぎのように言っていた。すなわち、「国民議会は、義務を怠る市民は誰でも、悪しき市民（mauvais citoyen）と評価する」（*AP*, 8：254.）、また、「嫌疑をかけられ、告発され、逮捕されたいかなる者も、判事（juge naturel）のもとに置かれなければならない」（*AP*, 8：253.）と。このような一定の適正手続の考えは、すでにこの時点で表明されていたのである。このラリー＝トランダルの提案は、この日には採択されなかったが、後に見るように、七月二三日には他の者に支持されて、修正のうえで採択された。

(26)　Rials, *supra* note (2) at 131-2.　その原文については、同書五九一頁以下、および、*AP*, 8：256-61参照（その一部分の翻訳は、辻村、前出注（6）四一四—四〇六頁）。タイトルは、Préliminaire de la Constitution, Reconnaissance et exposition raisonnée des Droits de l'Homme et du Citoyen. Lu les 20 et 21 juillet 1789, au Comité de Constitution. Par M. l'abbé Sieyès, Paris, Baudouin, 1789.

(27)　Rials, *supra* note (2) at 132.

(28)　Rials, *supra* note (2) at 614ss.

(29)　*AP*, 8：266（Barnave).

(30) *AP*, 8 : 266 (Duclos-Dufresnoy).

(31) *AP*, 8 : 267 (Un membre, M. Long, M. Pétion).

(32) *AP*, 8 : 267.

(33) *AP*, 8 : 271. 六五七対三七で認められた。そのほか、この日の日中の会議では、ブルターニュの第一身分が、ブルターニュ地方の代表選出の仕方に問題があるとして、その他の二身分の代表の資格を認めないと抗議したのに対し、第二身分・第三身分の代表からは、第一身分の代表を正式に選出していない点こそ問題だと逆に反論され、議論されたが、結局、一つの身分が他の身分の代表の資格について疑義を挟むことは認められないとするル・シャプリエの主張が容れられた。その結果、彼らの資格は確認され、また、同地の第一身分に代表を正式に選出するよう求めた（*AP*, 8 : 272.）。

(34) *AP*, 8 : 272 (Séance du soir à sept heures et demie).

(35) *AP*, 8 : 277. その結果、国王に対するつぎのような懇請文（lettres patentes）が決議された。「国民議会は、……その議長を国王のもとにひれ伏させ、つぎのことを懇願する。すなわち、このような大罪を犯した犯人およびその共犯者を探し出すために必要な追跡を絶え間なくするよう命ずること、そして、彼らがすでに外国へ逃亡している場合には、陛下は、それら犯罪者がその大罪に値する重罰を受けさせることができるように、彼らを引き渡すことを諸大臣へ厳命して要求させること」と。

(36) *AP*, 8 : 278-9.

(37) *AP*, 8 : 279 (M. de Volney).

第三節　憲法委員会報告　七月二七日から八月四日まで

（一）　七月二七日

1　シャンピオン・ド・シセの第一報告

シャンピオン・ド・シセ（Champion de Cicé）は、まず、憲法の制定が早急に望まれるという周知の事実について再確認することから報告を開始した。「国民の憲法が、選挙人すべてから要求され待ち望まれているのである。それは、憲法のみが、フランス人の自由を揺らぎない基礎のうえに据え付け、致命的な動揺（une funeste fermentation）という危険から人々を守り、子孫の幸福を保障することができるからである」[1]と。そして、これまでの君主制の威光から脱却し、自分たちの持つ「公の理性（raison publique）」によって国を建て直すべきことを主張する。すなわち、「啓発された理性が、古い威光を吹き払わなければならない時が来た。この公の理性が、覚醒されたのだ。公の理性は、国民に命令する栄誉を持つ君主そして国民の幸福しか望まぬ君主によって支持されよう。公の理性は、近時フランス人が示したエネルギーによって存在可能であろう。公の理性は、国民議会構成員すべてを奮い起こさせる愛国心（les sentiments patriotiques）によって存在可能であろう」[2]と。このような「公の理性」と「愛国心」から力を得て、国民議会がこれから構築しようとする新しい国の目標は、自由と人間の尊厳と幸福であるとする。「あなたがたの寛大な手が自由へ向かって挙げられていき、自由と共に人間の尊厳（la dignité de l'homme）、公の至福（la félicité publique）へと挙げられていくのは、建物の最初の基礎（les premiers fondements）を作るためである」[3]と。

このような基本的な立場から、具体的な作業工程としてまずはじめにすべきは、憲法の基礎についての深い考察と、選挙人から示された意思を探求することであり、それをクレルモン＝トネール伯爵が報告すると述べる。すなわち、「われわれは、陳情書を調べることでそこに示されたこの意思を確認することから始めるべきであると考えた。そして、クレルモン＝トネールが、みなさんの陳情書の全般的精神（l'esprit général）が何であるかを示すべく、説明的報告書（le travail raisonné）を提示することを担当して下さる[4]」と。その報告書では、「王国の憲法は壮重な全体――そこにおいては、公の喜びと個人の喜びという同じ目的へ向かうあらゆる部分が結びつき関連しあっている――を示さねばなら」ず、そのために、人権宣言を憲法の前に置くことが望まれている旨、報告されると言う。すなわち、「みなさん〔の陳情書〕によると、憲法は人と市民の権利の宣言によって前置きされるべきである、と考えられていると我々は判断した」と。そして、その人権宣言に宣言される諸権利は、自然によって人心に備わっているものであるとする。「これら第一の真理（ces vérités premières）〔＝諸権利〕は、自然から導き出され、生命の根源に対してすべての心に授けられており、自然はそれらを人の本質と性格から切り離すことができないものとしたのである[5]」と。しかし、人権宣言を最初に持ってくるのはその理由によるのではなく、「このような諸権利の資格そのものの故に、みなさんが、これら消失させることのできない原理を、絶え間なく我々の目と、我々の思考に提示することを望んだから」であるとし、陳情書に示される人民の普遍的な意思に、人権宣言前置の理由を求めたのである[6]。

そして、つぎにシャンピオン・ド・シセは、提出されているシエイエスの草案とムニエの草案の二つの人権宣言案について、コメントを述べている。シセによると、前者は人の本性（la nature de l'homme）を第一の要素と捉えるのに対して、後者は結論を結びつける観念も、また観念そのものを結びつけるニュアンスも逃さないという利点を有するとし、後者に好意的であることを隠さない。すなわち――

シエイエス案「には、才能の持ち主として、彼自身の正確さと厳密さ（la précision et la sévérité）および草案の主題の正確さと厳密さとがある。おそらくそこには、まれにみる才能の持ち主の深い明敏さが現わされているが、その完璧さのなかにかえって不便があり、それを起草する特別な天才は、それを読みまた聞かねばならない人々の普遍性に対して期待できるよりはるかに多くのことを、そして、それを読みまた聞かねばならないすべての人に対して期待できるよりはるかに多くのことを前提として期待している。このような考えにも意を払うことにより、シエイエスは、より短くより理解に容易な結論に、彼の草案の諸原理を列挙したのである。

〔これに対して〕ムニエ案は、人間の本性に関する同様の観察に従って構成されている。結論の脈絡（l'enchaînement des résultats）〔＝諸条文のつながり〕は、より分かりにくいものとなっている。それらは平易な形式（formules pleines）であるが、相互に切り離されている。識者は条項相互間の空白を補いながらたやすくそれらを読むことができる。また、一般の人でも容易に記憶できるために、何世代にもわたってそれを注意深く遵守でき、そのことで疲弊してしまうのではないかとか、あるいはいくつもの提案の中から自分たちの興味を引く結論を有する提案を誤って選択するのではないか、という恐れを持つということもなかろう。ムニエ案には、すでにみなさんに提示され、みなさんに賞賛された、ラファイエット案の観念が取り入れられており、またムニエ氏は同様に、憲法制定国民議会の秀でた代表の数名から提出されたその他の諸草案も参照するという配慮も行なっている(7)」と。

このようにムニエ案を推奨しつつ、どちらを選択するか、または別の新たな草案を作るかを決めなければならないとする。すなわち、「みなさん、それぞれの二つの種類の秀作から選ばねばならない。これら二つはそれぞれ大変推奨できるものである。最も優れた慧眼を有する精神の光明に期待できるものと、その他の人々の単純さに期待できるものとを比較考量しなければならない。もしかすると、この二重の責務を両立しなければならず、そこからすべての人に適合的な新たな形を、すべての人の作品として、誕生させなければならないとみなさんは考えるかもしれない(8)」と。

2　クレルモン＝トネールの第二報告

クレモン＝トネールは、自分に課された第一の仕事は、多くの陳情書に示された数多くの意思をまとめることであるとする。そして、まず、それらのなかで間違いなく共通する意思を要約すると、すべての陳情書が「国家の刷新（la régénération de l'Etat)」を望んでいるとする。またそれら陳情書において大きく異なる点は、そこに示されたある意思は、現在の制度を単に改革することで「国家の刷新」は達成されると考えるのに対し、他の意思は新たな憲法を制定することが必要であると考える点であるとしてつぎのように述べる。「ある者は、濫用を単に改革し、一四世紀にわたって存在してきた統治機構（une constitution）を回復することでそれは期待できると考え、それは、〔長期の〕時間によって作られ、公の利益に対する個人の利益をめぐる多くの反乱によって作られた作品〔＝統治機構〕を修復すれば再生可能であると考えた。それに対して他の者は、現行の社会制度は非常に汚されている（vicié）ので、新たな憲法（une constitution nouvelle）を要求する。しかし、君主政体は、フランス人すべての心にいとおしまれ敬愛されているので、例外的に、維持するようみなさん〔＝憲法議会の代表〕に命じている。そして、みなさんは、一定の原則の上に、つまり、すべての権力を正規に分立させ構成した統治機構（la distinction et constitution régulière）の上に、そしてフランス王国の繁栄の上に、憲法を制定するために必要なあらゆる権限を与えられている」と。そして、憲法制定のためには、人権宣言をまず冒頭に置く必要があると主張する。「憲法の第一章は、人の権利の宣言を含まなければならない。すなわち、その維持のために社会は作られたところの時効にかかることのない人の権利の宣言を、である」と。(9)

ところが人権宣言を望まないのは、既存の体制を修正するのみで足りるとする人々で、ここでもやはり、結論として大きな差異がでてくると言う。すなわち、「人の権利の宣言に対する要求は、これまでずっと真価を認められてこなかったが、新憲法を望む陳情書と、既存の憲法と彼らが信ずるものを回復することしか望まない陳情書との間に存在する、いわば唯一の相違点である」と。つまり、新憲法を望む人々は人権宣言の真価を理解し、これを望むのに対して、新憲法を望まず既存の体制に手を加えるだけで改革を終わらせようと望む人々は、人権宣言の真価を未だ理解せずこれを望まないと言うのである。このような根本的な立場の相違があるにもかかわらず、両者に共通する意思は、君主政体、立法府、課税同意権、行政府および市民の権利を志向しているとする。すなわち、「どちらも、同様に意思を固定させているのは、君主政体（gouvernement monarchique）の原理、立法府の権限の存在とその組織の存在、課税に対する国民の同意の必要性、行政府の組織〔の存在〕、そして、市民の権利についてである」[10]と。

そしてクレルモン＝トネールは、最後の「市民の権利」以外の共通の意思を四つに集約する。すなわち――「1、君主政体、国王の神聖な人格の不可侵性および男系の世襲制は同様に最も多くの陳情書が神聖なものと認め、一つも疑問を差し挟むものはない。2、国王は同様に全執行権の完全な保持者（dépositaire）として認められている。3、あらゆる公務員（les agents de l'autorité）の責任が、一般的に要求されている。4、いくつかの陳情書は国王に、王国の憲法的法律および基本的法律によって制限された立法権を認めている。また他の陳情書は、国王に、三部会の召集を通して、暫定的でしかない治安と行政に関する法律のみを制定することを認め、そのために最高法院（les cours souveraines）における自由登録を要求している。…最も多くの陳情書は、法律の公布のためには国王の裁可の必要性を認めている」[11]と。

このように基本的にすべての陳情書に共通する四つの点、すなわち、神聖不可侵の君主政体を採用すること、君主が全執行権の担い手となること、官僚の責任が明確にされること、そして、立法権が国民と分有されることについて確認し、これを新しい憲法（または旧体制の修正としての憲法）の中に盛り込むことは既定路線であるかのように伏線を張りつつ、特に最後の、立法権の帰属主体については、さらに細かく三つの立場に集約し、議論を深化させる。つまり上記のように、実定法的に限定された君主立法権を認める立場、さらに、立法の分野を治安および行政部門に限定し、かつ三部会を通した後に、最高法院での登録を要件として君主に立法権を認める立場、および、立法権の帰属主体について君主とも国民とも明確にしないものの（もちろん暗に、国民にのみ帰属するということである）、立法権についても国王の関与を、国王の裁可という形で認める立場である。執行権については君主に全面的に権限を認めるが、立法権については、これら三つのいずれの立場においても、国王に専権的に認めようとはしておらず、国王権限と国民（またはその代表の）権限との間にバランスをとろうとしている。このような陳情書の異なる立場を紹介しつつも、クレルモン＝トネールは、この問題を総括して、結局は立法権に対する国王の関与を最小限にとどめようとする最多の陳情書の立場を優先させようとするのである。すなわち、「立法権に関しては、陳情書の大多数（la pluralité）は、国王の裁可（la sanction royale）の条項のもとで、国民代表の内にそれが存在するものと認めている。『人々によって承認された法律は、国の基本法である（*lex fit consensu populi et constitutione regis*）』という古典的格言が、ほぼ一般的にあなたがたの選挙人によって承認されているようである。」と。[12]

こうして実質的な立法権は国民およびその代表機関に帰属させることを前提に、クレルモン＝トネールは立法府の詳細についてさらに検討していく。すなわち、陳情書が国民代表機関について問題としていたのは、その召集について、会期について、国民代表の構成について、そして、審議の方法についての四つであると。そして、一つめの召集については、「ある陳情書は、三部会はそれ自身によるのでなければ解散されえないと宣言し、また他の陳情書は、召集、会期延長および解散の権限は国王に帰属し、ただ唯一の条件は、解散に際して、新たな三部会の召集を直ちに行なうことであると宣言している」と。また、二つめの会期については、「ある陳情書は、三部会の定期性（la périodicité）を要求し、その定期的な〔開催の〕繰り返しは、権力者（dépositaires de l'autorité）の意思にもその利益にも依存するものではないことを望み、また他の陳情書は、数の上ではずっと少数であるが、代表の分割が国家の瓦解を招かないように、三部会の常設性（la permanence）を要求した」と。つまり、一般的には国民代表機関である三部会は、君主の意思によらずに、定期的に開催されることが陳情書で望まれているということである。その上で、この定期的開催に関するつぎの問題は、会期と会期の間、つまり三部会閉会中に「中間委員会（une commission intermédiaire）」を設ける必要があるか否かであるが、陳情書に表明された大多数の意思は、そのような委員会の設立は危険なものであるとして、否定的に考えているとする。また、三つめの三部会の構成についてクレルモン＝トネールは、ある陳情書は三身分が別々に会合することを望んでいるとするが、彼自身は、むしろそれには否定的なニュアンスを示している。すなわち、「この件に関しては、何人もの代表がすでに手に入れている権限の広さからすると、疑いもなく、この問題の解決には大変広範な自由（une plus grande latitude）が認められている」と。つまり、身分ごとの会議によって構成されるこれまでの三部会の構成に捕われる必要はないとする。そして最後の、審議の方法については、すでに頭数投票を採用することで意見の一致を見ており、残された問題は多数決の方法に過ぎないとして、「頭数による投票か、身分ごとの投票かという問題についてはすでに解決されている。いくつかのバイヤージュは、決議には三分の二の投票を要求している」と述べる。

このように、立法府の問題について、かなり詳細に問題点を抽出し、あるものについては一定の方向性を示した上で、クレルモン＝トネールは、報告の冒頭に示した陳情書の五つの共通項に立ち戻り、その三つめ、すなわち課税同意権に触れ、これは広く認められ、それを命令的条項（clause impérative）とすることにより国民議会の永続性が確実に保障されると考えられるとする。そして、四つめ、行政府については、すべての陳情書がこれを設立することを望むが、その組織については国民議会の見識に委ねるとしていると報告する。[13]

さて、最後の五つめの共通項である市民の権利と自由の保障をすべての陳情書が要求している点について、クレルモン＝トネールは、つぎのように整理する。「最後に、市民の権利、自由、財産は、すべてのフランス国民によって、力強く要求されている。国民は、自らのために公的所有（la propriété publique）の不可侵を要求するのと同時に、その各構成員のために、個別的所有（propriétés particulières）の不可侵を要求している。国民は、国民的自由（la liberté nationale）を永久に確立するに至ったのと同様に、個人的自由（la liberté individuelle）をそのまったき広がりにおいて要求している。国民は、出版の自由または思想の自由な伝達（la libre communication des pensées）を要求し、人身を恣意的に処理していた封緘逮捕状に義憤とともに反対し、専制政治の最も愚劣で最も恥ずべき発明の一つである郵便の秘密（secret de la poste）の侵害に反対している[14]」と。

以上のように、クレルモン＝トネールは、まず陳情書に示された意見を大きく二分化して整理し、要するに何らかの変革を行なう用意がある者は、人権宣言の作成を積極的に進める必要があることを示唆し、逆に人権宣言を望まない者は、王国の危機を脱するために必要な変革を行なう用意のない者であることを暗に示唆し、いずれの態度をとるか決断を迫るものであった。その上で、改革を進めるための新しい憲法体制の骨格として陳情書は、君主制を採用しつつその権限を執行権に限定し、かつ、立法権についても定期的に開催される頭数による三部会の国民代表が、国王の裁可を経て行使するものとすると同時に、権利、自由、財産を保障することを要求していることを明確に示したのであった。

このように、クレルモン＝トネールは、まったく新たな憲法体制を革命的に構築することに消極的な保守派層の反応にも配慮しつつ、全国から提出された陳情書を客観的に報告書という形にまとめて報告するという手法を通して、最終的な人権宣言に規定される多くの基本的な枠組みを示していたのであった[15]。

3　ムニエ草案

この日の憲法委員会報告では、上述シャンピオン・ド・シセの第一報告においても推奨され、また、クレルモン＝トネールの第二報告において、全国からの陳情書をまとめるという形で抽出された陳情書の共通項にも合致するという理由から、ムニエの草案が人権宣言として憲法に前置されるべきであるという結論であった。そこで、クレルモン＝トネールの第二報告について、七月二七日の議会では、二三箇条から成るこのムニエ草案が披露された（人権宣言に関する条項が二三箇条であるのに対して、統治に関する条項（Principes du gouvernement français）は三五箇条である。同草案の訳出についてはすでに深瀬論文において正確になされているので、ここではその内容の概略を本論との関係で必要な限りについてのみ記すにとどめる[16]）。

まず、国家およびその機関の設立目的は、すべての人間の「幸福の追求（la recherche du bonheur）」であると捉え

（第一条）、そこから、政府は国民の利益のために存在するのであって統治者のそれのために存在するのではないという原則、つまり国民主権＝「あらゆる主権の原則は国民に存する」を基本とする（第二条）。また、自然の原理として人間は「自由で権利において平等」であるから（第三条）、「幸福追求」のために「その身体的および道徳的能力を自由かつ十全に行使」することができ（第四条）、そのような自己の権利を他人に認めさせるためには、「その同胞に対しても彼らの能力の自由な行使を承認」しなければならない（第五条）とすると同時に、その他にも「人間相互間における権利と義務の二重関係」（第六条）および「他人の権利を尊重する」義務などの義務関係が誕生する（第八条）。このような他者との関係において、各人の権利の制限は、「他の個人が共有している同様の権利によるのほかには制限され」ず（第七条）、また、「すべての市民に権利の享有を確保し社会に有害な行為を阻止するために明らかに必要である制限以外の制限」は課されない（第九条）ことになる。そしてそれらは、「自由、所有、安全、名誉と生命に対する配慮、思想の自由な伝達、圧制に対する抵抗」などである（第九条）とする。さらに法律主義を明確にし、権利の確保および義務の確定は「明快で正確で画一的な法律」によってなされなければならず（第一〇条）、その法律は「一般意思の表現」で（第一一条）、裁判上遡及効を持たない（第一二条）とされる。また、「すべての個人は」権利の侵害から救済されるために「法律に訴えること」が認められ（第一五条）ると同時に、権力からの権利侵害を防止するために三権分立＝「立法・執行・司法権」を規定する（第一四条）。さらに、恣意的な権力行使の防止のために、法律によらない「逮捕」「投獄」を認めず（第一七条）、法律によって指定されたもの以外の裁判管轄を否定する（第一八条）。また刑罰に関しても恣意性を排除するために、刑罰は「法律によって確定」されかつ人々に「絶対に同等」に適用されるとする（第一九条）。ついで、不平等な課税を否定するために「自らの能力と財産に比例して必要な経費を支弁する」ものとする（第二〇条）とし、僧侶・貴族階級の免税特権の一定の制限をうかがわせる。最後に、宗教的意見の自由（第二一条）、国籍離脱の自由（第二二条）および出版の自由（第二三条）を保障する。

以上のムニエ草案の基本的考え方をまとめると、つぎのようになる。すなわち、政府樹立の目的は個人の「幸福の追求」権を保障することであり、その限界として権利だけでなく「義務」も定める必要があり、それを確定し「個人の自由」を規制するものとして「一般意思の表明」である「法律」を尊重する「法律主義」を唱える。また、自由を確保する手段として三権分立を規定すると同時に、基本的権利として自然権および宗教的意見の自由、国籍離脱の自由および出版の自由を承認する。このような、特に、「幸福追求」および「三権分立」を前面に出しているムニエ草案は、確かにアメリカ的要素をその基本に有しているかのように見られないではない。しかし、このようなムニエの人権および政府のあり方に関する基本的考え方が、アメリカから直輸入されたものと理解する必然性はなく、当時フランスにおいてもアメリカにおいても広く理解されていたであろうジョン・ロックおよびモンテスキューの基本的思想の影響と捉えることも可能であり、また、先述クレルモン＝トネールがまとめた数多くの陳情書のうちにも同様の主張はいくつか散見されるのである。いずれにせよムニエ草案は、同日の議会記録に、付録として上記二三箇条を一六箇条にまとめて登載された[17]。しかしその後の展開が示すように、憲法委員会が強く推奨したこのムニエ草案が、それとして憲法制定国民議会の直接的な審議の対象となることはなかったのである。

その後この日の審議では、ノルマンディーの軍港ブレストにおいて軍部の不穏な陰謀が企てられていることについて、モンモラン伯爵からの国民議会宛て信書が報告され、フランス全土に恐怖が拡大しつつあるという再認識が代表の間で持たれたのみで、それ以上に人権宣言に関して議論はなされずに終わった。

（二）　七月二八日

前日に引き続きこの日の憲法制定国民議会も、地方での不穏な動きについての報告および救済を求めるさらに多くの信書に関する報告から開始された。そして、国民議会がこのような全国の不穏な社会状況について、常に個々に議論を行なって対処している現状のために、人権宣言および憲法制定についての審議が遅々として進まないことについて、ヴォルネーは、前日の審議開始直後にすでに提案していた、特別委員会の設置を再提案してつぎのように述べる。人権宣言や憲法制定に関すること以外の事柄について「みなさんに報告することを任務とする委員会を任命すべきだ。……一般善（le bien général）、憲法、これが我々の仕事である。これに時間を費やすよう急ごうではないか。」そして「治安および行政に関するすべての事件を取り扱い、国民議会にそれらについて報告をする委員会の設置を決議する」という提案がされ、若干の質疑の後、多数決によりこれが採択されたのである。そして、この報告委員会（le comité des rapports）の人数は三〇名に決せられた。[18] その直後にデュポールは、さらに、「憲法〈の制定〉に直ちに取り掛かれるよう」別の四名から成る特別委員会を設置し、ブレストおよびそれに類似の事案について調査し対策を考えることを提案した。これについて議論が持たれた結果、身分に関係なく一二名で構成される「情報委員会（le comité d'informations）」の設置が決定された。[19] こうして国民議会は、「全体会議（formation plénière）としての肩の荷を下ろ[20]」し、人権宣言作成の案件に集中して議論をすることができるようになったはずであった。

（三）　七月二九日、三〇日、三一日

ところが翌二九日は、前日に議論されたブレストと同様に危機的な治安状況にあるブザンソンやヴズーなど、地方の救済に関する議論によって再び幕が開けられ、結局長い議論の末に「情報委員会」にこの件の処理が委ねられることになるなど、時間の浪費はとめようがなかった。[21]

そのつぎの三〇日には、人権宣言に関する各部会の進行状況について簡潔に報告がなされた。すなわち、「人権宣言に関する議論は、いくつかの部会ではほんのわずかしか考慮されておらず、また、他の部会ではいくつもの草案が却下された[22]」と。そしてこの日、わずか一つの部会から、グルノーブルの弁護士セルヴァン（Servan）作成の草案が国民議会に提出されたのみで、実質的な審議は記録されていない。[23] この日の夜の会議では、「報告委員会」

および「情報委員会」により若干の治安に関係するできごとの報告がなされた後、全体会議を週何回召集するべきかに関して議論が持たれたが結論を見ずに終わった。[24]

さらに翌三一日には、パリの治安状況の悪化に関して、全体会議で審議せざるをえない状況にあることを議長はまず述べ、同月二八日に大臣職に復帰したネッケルが、パリ警備の責任者国民衛兵司令官ラファイエット、パリ・コミューン議長バイイおよび同コミューン代表者二五名に対して行なった、治安維持の重要性に関する演説の内容を、ラリー＝トランダルに報告させた。[25] これが引き金となって、パリに治安を取り戻すための議論が、この日終日展開され、結論として、国民議会は裁判所および委員会を設け、行政権および司法権をも掌握し、治安妨害の者を処罰できるものとした。[26] こうしてこの日も、人権宣言に関する議論は先送りにされた。しかし翌八月一日には数日振りで人権宣言に関する審議が実質的に行なわれたので、これをつぎに概観する。

(四)　八月一日

八月一日の会議は、多くの地方議会からのあいさつ文や請願文などの朗読から始められ、ついで各地から国民議会へ送られてきた使節団として、パリ・コミューン、オルレアン市、サンス市およびディエップ市の各代表者たちの到着が告知されたが、憲法制定などの重要な審議の時間的妨げになるという反対意見によって、それら使節団の国民議会への入場が拒否されたことから、今後を含めた使節団の扱いについて議論が巻き起こってしまった。長い議論の結果、八月八日以後は各地からの使節団の受け入れは行なわないとすることを決定した。[27]

その後ようやく、憲法および人権宣言の審議が開始された。議長はつぎのように述べた。すなわち、「王国のあらゆる行政部門を再生させる任務を有する憲法制定国民議会は、自由、安全および商業の範囲に関する考察を開始する。……人と市民の権利の宣言についての問題〔を審議すること〕から、憲法に関する議論を再開する。〔そしてつぎの疑問が提示された。〕憲法の冒頭に、人と市民の権利の宣言を置くのか、置かないのか」[28]と。この問題に関して

ほどであった[29]。

意見を述べようとする代表が殺到し、順番待ちのリストを作成することになったが、そのリストは五六名を数えた

その中で最初に発言を許されたデュラン・ド・メイヤンヌ（Durand de Maillane）は、人権宣言の必要性に関する全体的かつ一般的な見解を述べた。「人権宣言は、憲法の基礎として、そして国民議会のあらゆる作業の指導〔原理〕として役立つもので、……国民の憲法（la constitution nationale）という建物に入るためにまず、最初に通らなければならない扉なのである。……実定法が導き出されなければならないのは、まさにここからなのである[30]」と。

1　クレニエール

このような一般的な見解に対してつぎの発言者となったクレニエール（Crénière）は、長く詳細なその議論を、まず憲法の定義の問題から始めた。つまり、憲法とは何かという疑問を憲法と制度の対比から考える。「人民の憲法は、法律を制定する方法そしてそれを執行する方法の固定を目的とはしない。なぜなら人々は、立法の態様そして執行の態様を、さまざまに変更することができ、またしなければならないからだ。……結局、憲法の目的は、その結合（la réunion）のみがすべての人の権利を作り出すところの、個人の権利を保障することでなければならない。一方、制度は、特定の利益を一般利益のもとに服せしめる傾向を持つものでしかないのだ[31]」と。こうして制度とは異なる憲法は、また、契約の概念との対比においても契約ではないとする。「人々の憲法は、人民とその長（son chef）との間の契約ではありえないと思われる。……〔というのは〕契約は、少なくとも当事者の一方がいつでも基本的に取り消すことができるものだからである」と。そしてここから真の問いかけが出てくる。「つまり、人民の憲法とは何であろうか[32]」と。

そしてこれに対する自らの解答において、人権宣言の必要性が主張される。つまり、人々の始まりとして自然状態が措定され、つぎにその状態から超出した人々によって構成される社会が誕生し、その社会における人の時効に

かからない権利の存在とその保障の必要性という結論が導かれてくる。すなわち、「自然状態にある人は、自由でもなければ隷属的でもない。彼は独立しており、その意思以外の規則もなければ、その力の限度以外の法律もなく、好きなようにその能力を行使している。一言で言えば、彼は行使する権利もなければ、果たすべき義務もないのだ。……社会の状態の外においては、義務を負った人はおらず、公的力もなければ、政府も裁判所もない。ここから、社会の状態の人に、均衡する権利を獲得させるのでなければ義務を負わせることはありえず、政治的自由を引き換えに得させるのでなければその自然状態の独立性を犠牲にさせることもできないのである。……このことから、社会を構成するという単純な行為によって彼が得る権利は、自然のもの（naturels）でなければならない。というのは、彼の最初の配慮は自らの存在の保持であり、彼の最初の望みは幸福（bien-être）への欲望であり、彼の最初の能力は欲する能力であり、そのような配慮を放棄し、そのような欲望を断念し、意思をもはや持たないように望むことは自然に反し、したがって不可能なことだからである。最後に、これらの権利は時効にかかることがないものであることを結論する必要がある。というのは、これらを自発的に放棄することは、社会を解体し自然状態に戻ることなしには不可能だからだ。……社会にある人は、自然のそして時効にかかることのない権利を有するのであり、これが理性の原理（l'axiome de la raison）である[33]」と。

そして、この「自然のそして時効にかかることのない権利」とは具体的に何か、を確定することが残された仕事であるとして、つぎのように言う。「それらを表明することのみが人民の憲法を作ることであるところの、自然のそして時効にかかることのない権利は何かが、今や私に残された問題である。〔しかし〕これはさしたる努力なしに可能である。それらは余りによく知られ、余りに明白であるから、その極端な単純さによって、その他のものとこれとの区別は想像さえすれば決定できるほどであった。つまり、これらの権利は、……他の草案において長い列挙をされているものを確定するために磨き上げ（exercer）なければならないものと正確に同じなのである[34]」と。その上でクレニエールは、社会の構成、法律の制定、および法律の執行における権威の発生について、つぎのような原理を打ち立てる。すなわち、「あらゆる結社が自発的なものであること、構成員の意思のみがその社会の中の関係を決定できること、こうして社会を構成した人々は必然的に法律に服し、法律を執行する任務に当たる権威(l'autorité)を承認する義務を負うこと、こうしてこれらの人々は自然にそして時効にかからないものとして法律を作る権利を獲得し、それを執行する権威を作り出し、これを維持し限定し、かつ決定する権利を獲得する」(35)と。

以上のように、自然状態から出発する点などにおいてややルソー的な発想を持つかのように思えるクレニエールは、自然状態で人々が持っていた「独立的」存在を放棄して社会を構成するとき、義務と引き換えに権利を、独立性と引き換えに政治的自由を得るが、その権利は自然で時効にかからないものでなければならず、こうして構成される社会は人々の自発的意思によるもので、人々は自らの意思によって法律を制定し、これを執行する権威を決定する権利を持つことになる、という基本的な人権および社会の原理を措定した。そしてこの原理から、つぎのような簡潔な九箇条の人権宣言の草案をあらためて国民議会に提示した。すなわち、最多の意思(la volonté du plus grand nombre)が法律である(第一条)、個人はその法律に服さなければならず私的意思(des volontés privées)に服することはない(第二条)、市民は法律を執行する権力制度に協力する権利を有する(第三条)、市民は法律および既存の制度を維持または廃止するよう要求し、法律および新たな制度を作るよう要求する権利を有する(第四条)、立法権は本質的に人民に帰属し市民はあらゆる権力の機構に協力する権利を有する(第五条)、この権限の行使は、各地方の選挙人数に比例的割合で住民によって任命された受託者に委任することができる(第六条)、国民議会の任期および会期の期間は、市民の意思によってのみ定められる(第七条)、人民の同意なしに、いかなる課税も犠牲もまた借款も、行ない、強要し、また徴収しえない(第八条)、これらの権利は自然かつ時効にかからないもので、不可侵かつ神聖なものであり、これに対する侵害は人民に対する許しがたい罪(crime irrémissible de lèse-nation)として有罪とされる。これらの権利は区別なくあらゆる市民に帰属し、市民はすべて法の目においては自由で平等であり、まったく同じ権利を有するが、それと同時に、同じ義務と同じ責務を有する(第九条)(36)。このような膨大かつ確固たる基礎を有する提案理由と簡潔な宣言案は、国民議会によって盛大な拍手で受け容れられ、同案は印刷へと回付された。

2　モンモランシー

ついでマチュ・ド・モンモランシー（Mathieu de Montmorency）が、人権宣言を憲法の前に掲げることに賛成の意を表明するとともに、宣言が明確、単純かつ正確なものであることを望むとした。「私が望むのは、宣言が明確で、単純かつ正確なものであることだ」と。そして人権宣言審議の方法については、ある一つの草案をたたき台にして、それを中心に検討していくことを主張する。「例えば、シエイエス神父の宣言を取り上げて、それを条文ごとに議論しよう。……すでに提案されているものの中から一つをモデルとして採り上げることを望む」と。また、人々が人権宣言を設けることに躊躇して、その不都合な点を考えようとすることを牽制すべく、アメリカの例を引き合いに出す。すなわち、「合衆国の例に従おうではないか。新世界において（au nouvel hémishère）彼らは偉大な例を提示した。それを全世界に提示しよう。尊敬されるに値するモデルを世界に提示しよう[37]」と。

3　タルジェ

これに対して、七月終わりに人権宣言の草案を提出していたタルジェ（Target）がつぎに発言し、問題点を最初に戻し、「社会の権利の宣言を憲法の冒頭に置くのか否か、これが現在我々が考慮しなければならない問題だ」と述べた上で、人権宣言の必要性を再度強調する。「人に自分の権利は何かを知らせることで、その人は他の人の権利を尊重するようになり、また他の人の権利を侵害しないことによってのみ自分の権利を享有することが可能であることを意識するようになる。そして最終的に、自分の権利の力は、他の人の権利を自分が尊重することの中にあると感じるようになるだろう。……私は、人の権利は十分に知られているとは信じておらず、知らしめなければならないと信じている。危険であるどころか、これを知ることは役立つことでしかないと信ずる。……我々が政府の諸悪を停止させ繁栄を保たねばならないのは、人の権利の宣言を青銅〔の鐘〕に刻み込むことによってなのである」[38]と。つまり、諸権利はすでに人々にとって自明のものであり、列挙に困難はないとするクレニエールに対し、それらは実は十分に知られていないから、しっかりと理解させる必要があると主張したのである。

4　カステラーヌ伯爵

つぎのカステラーヌ伯爵（le comte de Castellane）も同様に、人権宣言の有用性を信じており、法律の淵源を人権宣言に求めるべきであるとする考えから、人権宣言は憲法の冒頭に置かれなければならないと主張する。「人の権利の宣言は無用な（inutile）ものだと考える人に対して私はこう答えよう。……放縦（la licence）を停止する真実の方法とは、自由の基盤（les fondements de la liberté）を据えることである。つまり、人々は自分の権利を知れば知るほど、それを保障する法律を愛するようになり、愛国心を尊重すればするほど、騒乱を危惧するようになるのである。……だから、みなさん、人の権利の宣言は、我々の憲法の冒頭に置かなければならないと私は信ずる」[39]と。

5　レヴィ公爵

またつぎの代表は、権利のみでなく義務についても規定するべきだと主張するとともに、異なる視点から宣言の内容に簡単に触れたが、それにつづくレヴィ公爵（le duc de Lévis）は、逆に、人権宣言の無用性を主張しつつも、置くならば憲法の後に置くべきだと言う。「人の権利の宣言は、自然から導かれた単純な真理の結果（une suite de vérités simples）でなければならず、その名称が示すように、宣言するのであり、決して命令するものであってはならない。権利を定め、義務も必然的に規定するのは、法律なのである。……権利の宣言は最高傑作（un chef-d'œuvre）であろうが、しかし法律が悪いものであれば、社会は幸福をそこに見出すことはないのだ。この理由はおそらく、権利の宣言の無用性を証明するのに十分であり、無知がそれを濫用しうる限り、危険なものになりうることを証明するのにも十分であろう。この理由から私の結論は、権利の宣言は、フランス市民の権利と義務の簡潔な概論（traité）の一種として、憲法の後に置かれるべきだということになる[40]」と。

6　シャンピオン・ド・シセ、ラ・リュゼルヌ

このように一転して、人権宣言の無用性と危険性を根拠とする懐疑的な意見が一旦噴出し始めると、続く論者もそのような方向で議論を開始した。まず、シャンピオン・ド・シセは、宣言は無用であるというレヴィ公爵に同調し、その例として、北アメリカ（l'Amérique septentrionale）を出し、そこでは所有者（des propriétaires）の平等しか明らかにしていないとする。したがって結論として、すべての者が平等であることを法律で保障することが先で、人権宣言は二の次だと主張する。彼のつぎにラ・リュゼルヌは、そもそも宣言は不要であるから、憲法の前後を問わず置く必要はなく、代わりに憲法の前文に問題のない自明の理を置くべきだと説く。つまり宣言が不要なのは、今、市民に市民の権利を提示しても見向きもされないであろうし、また「人々を啓蒙するのは、法律ではなくまた憲法でもなく、書物だからである」と。「したがって私は、憲法に権利の宣言を置かず、憲法にはただ、否定しえない公理（des maxims incontestables）しか含まない、単純かつ明快な前文を付加することを提案する[41]」と述べ、人権宣言の作成の必要性そのものを否定したのである。

7　バルナーヴ

このような議論の方向を元に戻すべく、つぎにバルナーヴが宣言自体の必要性およびそれを憲法の前に置く必要性を主張した[42]。すなわち、「人権を確定する（établir）前に自分たちの権利を知らなければならない。したがって、権利の宣言が必要である。〔宣言は必要ないと主張する人に対して反論すると〕この宣言は二つの現実的な有用性

を有する。一つは、立法の精神（l'esprit de la législation）を固定し、将来においてそれを変更しないようにすること。二つは、あらゆる場合に予測可能ではない立法の不足部分（le complément de cette législation）について、その立法の精神を指導することである。……人が享受すべき権利の宣言を憲法の冒頭に置くことは不可欠であると信ずる。それはあらゆる精神に向けられた単純なものでなければならず、また国民の基本的信条（le catéchisme national）とならなければならないのである」と。

ところが、彼の直後に論壇に立ったマルエは、人権宣言に反対である旨を雄弁に演説したので、バルナーヴの主張は影が薄れてしまった。

8　マルエ

マルエ（Malouet）は、どちらかと言えば君主制を信奉する穏健中道派に属すると考えられるが、彼の宣言作成反対論は、そのような彼の有する基本的または原理的な理由によるというよりは、喫緊の問題処理のために宣言の議論は何ら利益がないという現実的な理由に基づいていた。彼は言う。「我々がいるこの瞬間は、演説よりも行動と熟慮を要求している。国民は我々を待ち望んでいる。国民が要求しているのは、秩序、平和そして自分たちを保護してくれる法律である」と。そして、「現在あなたがたが未だに取り組んでいるのは、形而上学的な議論すべてが有する不都合さ」であり、賛否両論まったくかみあっていない。「このようにまったく異なる意見も、本質的な点において同じである。つまり、それは形式と表現の相違である。〔しかし〕諸原理のより簡潔な要約であれ、より長い列挙であれ、フランス人の幸福にも自由にも重要ではない」と。つまり、今現在、人権宣言が必要ないことをつぎのように述べる。確かに「人と市民の権利は、留まるところなく全員の眼に提示されなければならない。それは光であると同時に立法者の目標でもある。というのは、法律は、自然の権利と義務の、また、市民法のそして政治の権利と義務の結果と表現（le résultat et l'expression des droits et des devoirs naturels, civils et politiques）でしかないからである。……しかし我々は、形而上学的な〔草案の〕報告を立法行為に変換しようというのだろうか、それとも修正を加えた上で原理をこれから制定しようとする憲法の中に提示しようとしているのだろうか。〔どちらも現在必要ではない〕」と。むしろ現在必要なのは、自由と権利を知ることではなく、その限界であるとして言う。すなわち「〔フランスのような〕偉大なる帝国において依存的な状況にある人々は、自然的な自由（la liberté naturelle）の広がりを知る必要よりも、正しい限度（les justes limites）を知る必要の方が大きいと私は信ずる」と。つまり、人権を人権宣言で人々に示すことよりも、自由の限界を示すことこそ、まさに今、大切であると言うのである。そして、憲法制定が重要であるとして言う。「このような状況において、自然の自由と平等についての一般的かつ絶対的な原理の明確な宣言は、必要とされる絆を破壊しうる。憲法のみが広範な分裂から我々を保持することができるのである」(43)と。このような、単なる自由と権利の宣言が最終目標なのではなく、分裂を避ける憲法こそが重要とし、人権宣言は後回しにするという意見に多くの者が賛同したのである。

9　ドゥランディーヌ

マルエに続き、この日最後の論客となったのは、リヨン出身の中道派ドゥランディーヌ（Delandine）であった。彼もマルエと同様、かなり現実的な観点から人権宣言に反対の演説を長々と行なった。その要点は、人権宣言が示そうとする社会または政府樹立の原理としての、人の権利の保障は、すでにロック、カンバーランド、ヒューム、ルソーなどの思想家の著作によって人々の心に刻み込まれているから、宣言はそもそも不要で、現在、国民議会が議論を尽くして人の権利を明らかにするために時間を費やす必要はないし、また、いずれにせよ政府の権力の抑制のためには法律を制定しなければならないのであって、優先すべきはそのような法律を制定することである、とする点である。すなわち、「人の自然の権利の宣言は、確かにとても哲学的な作業の客体を提供するであろう。しかし同時にそれは、法律に委ねられるとても多くのことについて、非常に少ししか示すところがない。宣言は、あらゆる精神のうちに存在する原理を包含している。……疑いもなく、あらゆる良い憲法は自然権に基礎付けられている。我々の憲法もまた、それを構成する不変の真理に基礎付けられるであろう。しかし、この真理は時代を超え、場所を超えて存在しており、それを評価しないことはありえないのである」と。このようにすでに基礎となるべき原理は知られているから、必要なのは、実定法であるとして言う。「我々が取り組まなければならないのは、誕生したばかりの土人社会揺籃期（berceau des peuplades naissantes）の初期段階に固定された自然権ではなく、市民の権利（des droits civils）である。一四世紀もの間結束してきた偉大な人民に固有の実定的権利である。……国家の最高の法律である。……法律を作り出す原理は、我々が保持していればよいのであって、〔むしろ〕その結果を急いで人々に提供しよう。〔その結果とは〕法律そのものである。……問題なのは、理論ではなく実践である。……今現在、あなたがたが取り組まねばならないのは、唯一この〔原理の〕適用（cette application）である[44]」と。

こうして人権宣言の作成を急ごうとするそれまでの議論から一転して、混乱した社会状況に即した現実的な観点を基礎に、穏健中道派のマルエやドゥランディーヌら、宣言反対派が意見を述べた。つまり、この日の議論は、人権宣言作成の歩みを遅延させている原因が、大恐怖の無秩序が広がる国民議会の外だけでなく、雄弁な代表を擁する議会内にもあることを、代表全員に示したのであった。要するに社会の無秩序状況にかかわらず人権宣言作成へ向けて歩みを進めるためには、国民議会が外に対してのみならず、内においてコンセンサスを取り付けつつ取り組むことが最低限必要であるにもかかわらず、現状は未だにこれが困難であるという認識を代表すべては持つことになったのである。こうして人権宣言の作業をできる限り早期に先に進めようとする推進派は、大恐怖が広がるフランス全土を鎮めて安定させるとともに、国民議会内での議論を滞りなく進展させる方法を考え出さねばならなかったのである[45]。

（五）八月三日

七月いっぱいで議長の任期が切れたリアンクール公爵に代わって議長に選出されたのは、この二日前に「社会における人の権利の認識および憲法の基礎に関する主要な概念の分析」を憲法委員会に提出した保守派のトゥレ（Thouret）であった。しかしトゥレは、四票差の僅差であったことや急進派の不穏な動きを察知したことから、議長となることを拒否した。そこで再度議長の選出が行なわれ、その結果、人権宣言推進派のル・シャプリエ（Le Chapelier）が大多数の票によって選ばれた。

さて、八月三日の議論は、発言者一人の時間を五分に制限することによって時間を節約しようというブーシュ（Bouche）の提案から開始された。最初一般的に受け容れられたかのように見受けられたが、次第に、ムニエ、タルジェ、ラボー・ド・サンテティエンヌ（Rabaud de Saint-Etienne）らの五分では発言の意味が達成されえないという反対意見が優勢になり、結局、これに関してペティオン・ド・ヴィルヌーヴが提案したつぎの案が採用された。つまり、ある提案について、賛成派の代表のリストと反対派の代表のリストの二つを用意し、一方の立場の代表たちが同様の主張を何度も繰り返すことがないように発言内容に工夫をするという方法が受け容れられることになった[46]。その後、治安に関連する文書の取り扱いが一旦議題に取り上げられたが、七月二八日の決定にすぐに従って、「報告委員会」に回付され、ようやく人権宣言の議論に取り掛かった。

まず、デミュニエ（Desmeuniers）が発言に立ち、人権宣言の必要性について再確認することから議論を始めた。「我々に欠かすことのできないことは、社会状態にある人の権利を固定することである。これらの権利はいつの世にも、どの国民にも〔共通で有効なものとして〕備わっていたものである」と。したがってこれまで知られていなかった自由や権利は排除するべきであるとして言う。「これらの権利として、知られていないものすべては拒否されなければならない。しかし、〔これら権利に〕関連のあるものすべては〔逆に人権〕宣言の一部としなければならない」と。このように、既知の人権を文書化することを目的として人権宣言を作成するということは、つまり、万人に共通の基本認識である原理的なものを宣言することになるとして述べる。すなわち、「〔人権〕宣言は人と市民の真の原理（les vrais principes）を含むものである。憲法の条文は、それ〔＝人権宣言〕の自然的結果（les conséquences naturelles）でしかないだろう」と。その上で、具体的につぎのような八箇条からなる案を示した。すなわち――

「憲法議会は、公的精神（l'esprit public）を構成するために、フランス憲法に先立つ人権宣言、つまり、あらゆる政府形態に適用可能な原理の宣言を、あらかじめ作成することが必要であると考え、以下の概念を固定することが重要であると決議する。1、あらゆる社会における原理の発現について、2、社会との関係における個々の個人の自由について、3、財産について、4、一般的意識（sentiment général）の表現でしかあってはならない法律について、5、手続形式（formes de procédure）の構築について、6、立法権、執行権および司法権という三権を分けなければならない壁（les barrières）について、7、同国人に対する軍事権力の範囲がどのようなものか、8、最後に、国民議会がそこに挿入するべきであると信ずるその他の原理すべて[47]」と。

この提案に対して、社会状態の人と自然状態の人とを峻別する必要があり、人権宣言に反対するとしたビオザ（Biauzat）につづき、アントレーグ伯爵（le comte d'Antraigues）は、その二つの種類の状態を峻別して、自然状態においては、その人の「能力（la force）がその人の手に入れさせるものすべてに対する権利を有するのに対し、社会状態において人は、その人が〔すでに〕有するものに対する権利しか持っていない」とする。つまり社会状態において不可欠なのは、その人が有するべきものと有するべきでないものを区別することであるにもかかわらず、それが人権宣言が存在しないためにできておらず、そのため現在フランス全土が無秩序状態なのであるから、人権宣言がまず必要だとする。すなわち、「したがって、専制政治の惨害を食い止めるためには、人権宣言を作成することが不可欠なのである[48]」と。

これに反対したアルディ（Hardi）に引き続いて発言したムニエは、そのような反対者の意見は、単に言葉の問題でしかないとし、人権宣言の議論を軌道に戻そうとする。「単語の議論に過ぎないのではないだろうか。すべての人が人権宣言の有用性を認識しているが、単にその名称に同意できないのだ[49]」と。

こうしてこの日の日中の議論は、夜の会に持ち越されることになった。まず、ル・シャプリエが、憲法制定を急がなければならないことを力説する。すなわち、「混迷のフランスがあなたがたに懇願しているのは、失敗せずにその任務を急ぐことである。かように偉大な仕事を少しでも先に進め、あなたがたの意思を構成し、自由と公的幸福（la liberté et du bonheur public）に関する基本的条文のいくつかを宣言することに貢献できれば、わたしにとってこの上ない幸福であろう[50]」と。

これをうけてサロモン（Salomon）は報告委員会での審議の結果、国民議会は治安回復のために、人権宣言作成の審議を継続すること、そして、人民は租税等を支払わなければならないことを、決議するべきであるとした。すなわち、「国民議会は、……目下検討している事柄を避け、絶大なる重要性がその継続を要求するところの作業を中断することはできないと宣言する。また、国民議会が異なる税を公表するまでの間、いかなる理由によろうとも、租税およびその他負担の支払い中止を合法的なものとしないと宣言する[51]」と。

これに対して、再度、古い法律を活性化することによって治安の回復を図るべきで、新たに人権宣言を作成する必要はないなど、さまざまな反対意見が噴出した。しかしそれに対して、ある代表は人権宣言賛成の立場から現状についてつぎのように述べた。すなわち、「急いで現実の害を収拾する手立てをとらなければならない、さもなければ、フランスはすぐにでも最大級の無秩序状態となるだろう。これは貧民の富裕に対する戦争であり、租税支払いの中断に対して何らかの手段をとらないと、赤字は二億リーブル以上になるだろう」と。そして、つぎの布告文公布の決議案を提示した。すなわち、「国民議会は…より公正でより不都合の少ない他の租税と置き換えるまでの間、これまで通り、あらゆる現行租税は徴収されねばならない旨、命ずる。また、租税の支払を拒む者は、だれであれ特別に訴追され、議会命令の厳格さに等しく厳しく罰せられるものとする。〔さらに〕個人の自由と財産を侵害する者は、国王検察官によって訴追される」と。しかし結局、この決議案は賛同が得られなかった。したがって、治安回復のために可能な最後の方法としては、人権宣言作成以外には考えられないとして、人権宣言を必要のあるものと認め、諸草案を起草委員会で一つにまとめるという結論に至ったのである。(52)

その後マルエが、国内で発生している諸問題の根本原因は、失業および未払い給与など経済的なものであることについて長時間にわたって演説を行なった。その上で、早急な解決として雇用促進と、それを可能とする「雇用配分事務所（un bureau de répartition）」や「雇用および救済事務所（des bureaux de secours et de travail）」など、政府の制度を提案したため、それは部会の検討にまわされ、この日の審議は午後一一時にようやく終了した。(53)

（六）　八月四日

八月四日の審議は通常通り午前九時に開始されたが、議長は早急に人権宣言を纏め上げる必要性が確認された昨日の議論を踏まえて、まず、「すでにいくつかの草案が提示されている人権宣言に関する議論を再開する」ことを提案し、この議論を軌道に乗せることに努めたのである。

まずデュポン（Dupont）は、七月二七日のムニエの草案に始まる権利だけでなく義務の条項も盛り込むべきであるとする議論を繰り返し主張した。すなわち、「憲法の作成を、…人の権利と義務の宣言の作成から始めよう。というのは、人がそれを知ることになる瞬間、彼はそれを活用する術を知り、それに画するべき限界を知ることになるからである。こうして人権宣言は、危険性ではなく多くの利点を提示することになるのである」と。(54)

つぎのシレリー侯爵は、人権宣言の必要性を肯定しつつ、その内容として形而上学的な分かりにくいものではなく、平易で簡単に理解できるものである必要性を訴える。すなわち、「人々に提示するべきなのは、深遠で形而上学的なものではない。〔というのは、〕地方住民は、形而上学的概念を理解するようにはできていないからだ。しかし、私は人権宣言が役に立たないと言っているのではない。私自身とても必要であると信じている。しかし、人々に提示するものは、もっと単純なもので、もっと複雑でないもので、すべての人に向けられたものであるよう私は望んでいる。私は宣言がもっと非専門的な形式で提示された方がよいと思う[55]」と。

以上のようにこれまでの議論の繰り返しとして、権利だけでなく義務に関しても人権宣言に盛り込むべきであり、また内容も理解が簡単なものであるべきだとする主張に続き、グレゴワール神父（l'abbé Grégoire）は、再度デュポンの義務の条項の必要性を強調する。「〔人権〕宣言が、義務の宣言でもあるということでなければそれは不完全なものとなろう。権利と義務は、互いに関連している〔corrélatifs〕のである[56]」と。

つぎに演台に立ったクレルモン＝ロデーヴ（Clermont-Lodève）は、人々の平等を前提にしつつ、義務について盛り込むことに一応の賛意を示しつつも、明示的である必要はないとする。「それぞれの人は、自由と財産に関して平等の権利を有し、他の人の自由と財産に強制的に敬意を払う義務を有するのと同様に、疑いの余地のない権利を有する。これら義務は市民の権利から自然的に発生するものである。…〔宣言の〕タイトルは、単に市民の権利の宣言とするべきで、義務を入れるべきではない。市民にとってこの語は、他の市民との相互関係を意味し、この相互関係は義務を生成する〔ことはわかりきったことだから[57]〕」と。

その後、このような繰り返しの議論を終結させようとする代表の、投票を求める声が議場に響く中、カミュが修正の提案を提示した。それは、人権宣言に、「義務」の言葉を入れるというものであった。これは、聖職者身分の代表から絶賛の歓声を得ると同時に、シャルトル司教のリュベルザック（Lubersac）の発言となった。彼は、義務とともに、宣言の冒頭に宗教に関する条文を入れるべきであると主張した。すなわち、人権宣言を設けるということは、「エゴイズムおよび傲慢を覚醒する危険を冒すことである。権利という、人におもねる表現（l'expression flatteuse）は、巧妙に加減（adroitement ménagée）されなければならない。つまり、権利を矯正するであろう義務という言葉が伴われなければならないのである。その文書の冒頭に、いくつかの宗教観念（idées religieuses）を気高く表現するとよいのではないか。確かに、宗教は政治的な法律の中に含められるべきではないが、〔まったく〕縁のない（étrangère）ものであってもいけない」と。[58]

こうして繰り返しの議論と新たな議論が入り乱れる中、先の、「義務」を宣言に付加するというカミュの修正提案ついて議長は決着を付けるべく採決を行なった。その結果、五七〇対四三三で修正提案は否決され、ようやくこの議論は幕となったのである。[59]

こうして、「義務」を人権宣言中に規定するか否かという七月二七日に最初に提起された問題については決着したが、同様に重要な案件として、人権宣言そのものをどこに置くか、つまり憲法の前に置くか後に置くかという問題が残っていた。これについて議長はすぐ後に決を採り、その結果「ほぼ全会一致で、国民議会は、憲法の前に人と市民の権利の宣言が置かれる（précédée）ことを決意（décrété）した」のであった。[60]これによってようやく、人権宣言作成に当たって重要な二つの問題点について決着が付いたので、議長は起草委員会（le comité de rédaction）を招集し、憲法制定国民議会として人権宣言起草の任務をそこに委ねることができるに至った。[61]

（七）　小括

以上、七月二七日に憲法委員会報告としてシャンピオン・ド・シセ、クレルモン＝トネールそしてムニエの草案が国民議会に提示されてから、大変な紆余曲折を経て、八月四日の夕方になってようやく憲法とは独立した人権宣言を憲法の前に置くことを決定するに至った九日間の人権宣言の議論を順に追ってきた。この間、全体としては、人権宣言が必要か否かその根本的な必要性が問われるとともに、その必要性が認められるとして、それをどこに設置するか、つまり憲法の前に置くのか後に置くのか、それとも憲法に一体のものとして規定するのか、さらに独立のものとして人権宣言を準備するとして、その中には権利と同時に義務の規定を設ける必要があるのかないのかなど、それまでにも何度も繰り返し提起されてきた問題点が幾度となく重ねて議論され、そのたびに同じように紛糾したのである。それと同時に、フランス全土の治安状況はさらに悪化の一途をたどり、その状況の報告と処理に国民議会はかなりの時間と精力を取られ、必ずしも人権宣言作成および憲法制定という本来憲法制定国民議会に期待されている議論のためにそれらを費やす状況になかったことも、人権宣言草案作成の作業が遅々として進まなかった要因の一つであった。

しかしその最大の原因は、人権宣言の必要性についての認識が代表によって異なっていたことであろう。また、人権宣言はぜひとも必要であると認識し、したがって人権宣言の草案を準備し提示した数々の代表の間においても、人権宣言内で規定すべき人権の内容として、イギリス功利論的な色彩が強く最大多数の最大幸福を目標とする考え方が前面に出ているものと、それが弱く、むしろルソー的一般意思論に裏打ちされた色彩が強いものなど、いくつかの基本的立場の差異が見受けられるため、すぐにどれか一つの草案が全会一致で可決される状況にはなかった。しかし、ほとんどの草案において、少なくとも人権の源としては自然権から出発するなど、最重要の基本的部分で共通する理解が存在していたので、すべての代表は近い将来一定の人権宣言に到達するであろうという希望を持つことができ、したがって議論を先に進めることができたと言えよう。

さて、この日の夜の会議において、突然、封建的特権放棄の宣言がなされることになる。そしてその後、その詳細を詰めて議会令として条文化する作業のために、人権宣言の議論はまた一週間ほど停止され、人権宣言草案の確定はさらに先延ばしにされてしまった。しかし、この一週間の審議において、議会における主導権が一定の人たち、つまり「ブルトン・クラブ」または「三十人委員会」として知られる人々に明確に移っていくことが見て取れる。したがって、つぎの第四節においては、八月一一日に採択される「封建制廃止令」に至る審議の流れを概観することでこれを明らかにし、第五節で、八月一二日以後、八月二六日の最終案確定に至るまでの人権宣言の議論の経過を検討し、人権宣言の基本的な性格を考察する。

〈第二章　第三節　注〉

（1）*AP*（*Archives Parlementaires, 1re série*）, 8 : 280–81（M. Champion de Cicé, archevêque de Bordeaux, demande la parole et fait à l'Assemblée le rapport suivant sur les premiers travaux du comité de constitution.）.

（2）*AP*, 8 : 281.

（3）*AP*, 8 : 281.

（4）*AP*, 8 : 281.

（5）*AP*, 8 : 281.

（6）*AP*, 8 : 281. そしてこのような絶えざる人権保障の方法としての宣言と、それに適合的な統治機構を構築し、このような体制に反する為政者については、転覆することが可能であるとする考え方を示しているが、これは、アメリカから伝えられたものだとする。この点を、イェリネックは採り上げて、フランス人権宣言はアメリカからの影響を強く受けているという主張の根拠の一つとする（初宿正典編訳『イェリネック対ブトミー　人権宣言論集』（みすず書房、一九九五年）四八頁）。しかし、シャンピオン・ド・シセがここで特に強調したかった事柄は、「人権宣言に掲げられた人権を保障するために憲法を制定する」という基本的原理を無視して、これに基づかない法律を市民に強制しようとする権力は、犯罪であり、誤謬であるということである。したがって、このような一種の抵抗権思想が、アメリカあるいはロックから伝えられて知られていたという事実についてはこの発言から確認できるが、これだけでは人権宣言の中にこれが植え付けられたということの証明にはならないはずである。

（7）*AP*, 8 : 281–82. また、深瀬忠一「一七八九年人権宣言研究序説（二）」北大法学論集一五巻一号一七頁参照。

（8）*AP*, 8 : 282.

（9）*AP*, 8 : 283（M. le comte Stanislas de Clermont-Tonnerre, fait au nom du même comité un *second rapport contenant le résumé des cahiers, en ce qui concerne la constitution.*）.

（10）*AP*, 8 : 283.

（11）*AP*, 8 : 283.

（12）*AP*, 8 : 283.

（13）*AP*, 8 : 284.

（14）*AP*, 8 : 284. 深瀬、前出注（7）二〇頁参照。

（15）さらに、クレルモン＝トネールは、この報告を箇条書きにまとめている。すなわち、「是認された諸原則、第一条、フランス政体は、君主政体であること。第二条、国王の人格は、不可侵で神聖であること。第三条、王位継承は、男系世襲制であること。」深瀬、前出注（7）二〇—二一頁参照。

（16）深瀬、前出注（7）二三—二五頁。原文については、*AP*, 8 : 285-86参照。

（17）*AP*, 8 : 289-90. これと同時に、タルジェの草案も、憲法委員会に提出されたものとして登載されている。この三一箇条から成るタルジェ草案の特徴は、ムニエ草案と同様に、「人の幸福（le bonheur des hommes）」を目的として政府を構築する（第一条）ことから人権宣言を出発させていることである。そして、ムニエより明確に、その幸福は「自然権」の「完全で自由な行使」にあるとし（第一条）、そのような幸福追求の主体としての個人は、「自然によって平等」である（第二条）とされる。さらに人それぞれの財産と権利は、「生命、身体、自由、幸福、そして排他的に処分できる事物」から構成される（第三条）として、各人の自然権の内容を明らかにする。またムニエ草案と同様に、政府については、「為政者の所有物（une propriété）」ではない（第二条）として政府権限を制限するとともに、人格に対する攻撃および暴力から各人を保障するものでなければならない（第五条）とする。また、人の自由については、「考え、話し、書き、出版し、往来し、留まり、外出する自由」（第七条）が認められ、「市民社会秩序および政治秩序においては、禁止されていないすべてのことが許される」（第八条）とし、その限界は唯一他者との関連で生じる。つまり、「各人の自然的自由（la liberté naturelle）の行使は、他者の生命、安全、自由、幸福および財産という制限以外にない」（第一二条）と。また財産については、「人によって禁止されることはなく、単に法律によってのみ禁止されえる」（第九条）として、法律による禁止を制限原理とする一方、その法律は「政治組織の構成員またはその代表者たちの一般意思の表明」（第一〇条）であると定義し、その「一般意思は、政府の行動を支配」すべきもの（第二八条）として、政府および政治組織の基礎に「一般意思」を据えている。

以上のように、人権宣言草案を「個人の幸福」から出発させる点で、イギリス功利論の流れを汲むタルジェ草案は、ムニエ草案と類似の部分が見受けられるが、それとともに、おそらくはその当時の一般的理解となっていたであろう、自然権の保障およびその手段として政府を樹立する点、また、それらの制限原理として一般意思の表明たる法律を設定する点など、最終的な人権宣言に通じる理解がここには見られる。ただ、タルジェ草案では、上述の事柄の他に、やや繰り返しが多いものの、財産権の保障に関する条文（第一五、一六、一七、一八、一九、二〇条）が多く規定されている点が特徴と言えよう。

（18）*AP*, 8 : 292 (Volney).

（19）*AP*, 8 : 293, 295.

（20）Stéphane Rials, *La déclaration des droits de l'homme et du citoyen*, HACHETTE, 1998, pp. 133.

(21)　*AP*, 8 : 296-97.　またその後この七月二九日に議論の対象となったのは、国民議会の審議の運営のあり方などについてであった。その結果、全八章から成る「国民議会規程（L'usage de l'Assemblée Nationale)」が決定された。その第一章は「議長および事務局に関して（Du président et des secrétaires)」、第二章は「議会秩序（Order de la Chambre)」、第三章は「発言の手順（Ordre pour la parole)」、第四章は「発議について（Des motions)」、第五章は「請願について（Des pétitions)、代表について（Des députations)」、委員会について（Des comités)」、第六章は「部会について（Des bureaux)」、第七章は「議事録の配布について（De la distribution des procès-verbaux)」、第八章は「記録保存と書記局について（Des archives et du secrétariat)」であった（*AP*, 8 : 300-303)。

(22)　*AP*, 8 : 306.

(23)　*AP*, 8 : 306-7. "Projet de déclaration des droits de l'homme et du citoyen, par M. de Servan, avocat au parlement de Grenoble."　これは、一三箇条で構成されていた。リアルスによると、このセルヴァンの草案は、同年の六月にすでに作成され印刷もされ、世間に知られていたものである（Rials, *supra* note（20）at 298-9, note 68）が、「構成が悪く、しばしば漠然として」いるため、「ほとんど注意するに値しない」（*id.*）ものである。大まかな内容は以下の通りである。すなわち、「社会契約」によって市民社会が構成され（第一条および二条)、共通善（le bien commun）が何かは、それが唯一の法律であるところの「一般意思」によってのみ決定される（第三条)。そして、その法律によってのみ、市民社会構成員は服従させられうる（第四条)。法律および立法権は本来的に全員に帰属する（第五条）が、このような権限は全員で行使するわけにいかないから、代表者（re-présentants）に委任される。しかしこの代表者は、市民社会の目的に正確に関係する条件の下にしか委任はされえない（第六条および七条)。さらに、市民社会の目的は、市民の自由（la liberté civile）にあるが、これは市民が法律によって禁止されていない全範囲で、自分の能力を最大限に行使する権限であり（第八条)、要するに、その思想、身体および財産を処分する能力のことである（第九条)。あらゆる真実の立法は、市民の自由をもたらすものであり（第一〇条)、政治的・憲法的法律は市民の自由へ導く（第一一条)。そして〔繰り返しだが〕市民は、思想を伝達し公表すること（de communiquer et publier ses pensées)、その身体と行為を自由にすること（disposer de sa personne, de ses actions)、その財産を享受すること（de jouir de sa propriété）ができる（第一二条)。社会構成員全員がその権利の保障に配慮しなければならず、市民の自由を保障する唯一の方法は、国民議会を構成する自由にある（第一三条)、と。このようにセルヴァンの草案は大きく社会契約論に依拠し、法律が一般意思によって構成されること、そのために国民議会が自由に成立していなければならないことなどを宣言するものであった。

(24)　*AP*, 8 : 307.

（25）*AP*, 8: 308-9. ネッケルの演説は、すでにそれより前の七月二二日に起きていた内閣の補佐官ドゥーエに対するパリ市庁舎前での処刑と、前日の三〇日に起きたブザンヴァル男爵の逮捕に関連していた。後者、ブザンヴァル男爵は国王の許可書を持ってフランスからスイスへ出かける途中であったが、逮捕された時点でネッケルによる介入が得られたために処刑されずに済んだのである。（ルフェーブル著、高橋幸八郎／柴田三千雄／遅塚忠躬訳『一七八九年―フランス革命序論』（岩波文庫、一九九八年）二〇三―四頁、その他、当時の全体的な治安悪化の状況について、マチエ著、ねづまさし／市原豊太訳『フランス大革命（上）』（岩波文庫、一九五八年）一一〇頁。）

（26）*AP*, 8: 314. また、国民議会がこの日、恐怖に駆られた状況を、マチエはつぎのように叙述する。すなわち、国民議会が「まっさきに考えたことは、弾圧を組織することだけであった」と（マチエ、前注（25）一一〇頁）。このように、パリから全国の地方へ波及した大恐怖が、今度は地方からパリへと回帰してきた状況で国民議会は、そのような暴動と暴力を弾圧するというその場しのぎのものでなく、抜本的な対策にすぐに迫られることになった。

（27）*AP*, 8: 316. その結果、この日訪れた使節団については国民議会として接受し、その述べるべきことを述べさせることになった。パリ・コミューン使節団の辞については *AP*,8: 316、オルレアンのそれは *AP*,8: 316-7、サンス市使節団は *AP*,8: 317を参照。

（28）*AP*, 8: 317 (M. le Président).

（29）*AP*, 8: 317.

（30）*AP*, 8: 317 (M. Maillane).

（31）*AP*, 8: 318 (M. Crénière).

（32）*AP*, 8: 318 (M. Crénière).

（33）*AP*, 8: 318 (M. Crénière).

（34）*AP*, 8: 319 (M. Crénière).

（35）*AP*, 8: 319 (M. Crénière).

（36）*AP*, 8: 319 (M. Crénière). このようにクレニエールの理論は一般意思から始まる点がルソー的であるが、同時に、「最多の意思（la volonté du plus grand nombre）」をもって法律とする点は、「最大多数の最大幸福」を社会の目的とするイギリス功利論の系譜を汲んでいるかのようである。しかし、ルソーが不可分かつ不可譲の一般意思を措定し、それのみを法律とし、その行使を選挙によって選出された代表者に委任することはできないとしていたから、その点においてもクレニエール理論は、ルソー理論とも大きく異なっており、現実の議会制に適合的となるように変容させているのである。

(37)　*AP*, 8 : 320 (M. le comte Mathieu de Montmorency).　この部分を捉えてアメリカの権利章典の影響が見られるとする主張があるが、国民議会のこれまでの文脈から理解できるように、モンモランシーは、宣言を作成しても「人民はその自由を無視し、その範囲と成果を知らない」ならば、何もならないという一般的な反対意見に対して、自由と権利のリストに人々は啓蒙されてこれを利用するようになることを証明するために、アメリカを例示したのみで、フランス国民議会で、内容についてもアメリカの権利章典を模範にし、人権宣言を作成しようと主張したのではない。

(38)　*AP*, 8 : 320-1 (M. Target).　結局タルジェは、冒頭に自分が提示した、人権宣言を憲法の前に置くのか後に置くのかという問題に対して解答せずに終わってしまっている。

(39)　*AP*, 8 : 321 (M. le comte de Castellane).

(40)　*AP*, 8 : 321-2 (M. le duc de Lévis).

(41)　*AP*, 8 : 322 (M. de La Luzerne).

(42)　*AP*, 8 : 322 (M. Barnave).

(43)　*AP*, 8 : 322-3 (M. Malouet).

(44)　*AP*, 8 : 324 (M. Delandine).

(45)　この日の議事録の最後に、二日後の八月三日に一旦は議長に選出されるもののその座をル・シャプリエに譲ることになるルーアンの代表、トゥレ (Thouret) によって憲法委員会に提出された、「社会における人の権利の認識および憲法の基礎に関する主要な概念の分析 (Analyse des idées principales sur la reconnaissance des droits de l'homme en société, et sur les bases de la constitution présentées au comité de constitution)」が記録されている。そこには、幸福追求を人権保障の第一の目的と考える人々に共通して見出せる、原理的かつ基本的な自由および権利が記載されているのでここで紹介しておく。すなわち、「第一に、自然は人の心に、幸せに対する絶対的な必要性と欲求 (le besoin et le désir impérieux) を植え付けた。政治的社会 (société politique) はこの目的のために、共通の幸福 (le bonheur commun) を確保すべく個人の力を結合する。政府は、それぞれの社会によって選択された活動様式 (le mode d'activité) であり、……人と市民の権利を決して傷つけることがないように作られなければならない。」そして、「第二に、人の第一の権利は、財産のそれと身体の自由 (la liberté de sa personne) のそれ〔＝権利〕である。この根本的かつ剝奪不能な権利から導かれるものは〔つぎの二つである。すなわち〕、1、公的法律の力によらず、通常判決によってその適用が宣言されるのでなければ、行為において制約されることも、妨害されることもない権利、また、逮捕も拘束もされることのない権利、2、公的法律の力と通常判決によるのでなければ、その意見、発言および著述の故に拘束されることなく思考し、話し（converser）、著す権利、またそこから、つぎのものが導かれる。1、良心および宗教的意見の自由、2、行為と仕事の自由、3、出版の自由、4、信書不可侵の自由、5、封緘逮捕状の絶対的廃止」である。このようにまず、自然権ならびにそこから導かれる身体的自由およびいくつかの基本的な精神的自由を明示する。そしてつぎの第三においては、財産権に焦点が当てられている。すなわち、「第三に、財産を獲得、所有し、保護することは、自由な人の権利である。財産権から、つぎの〔三〕点が導かれる。1、認められた公的必要性（une nécessité publique）があり、完全な補償がなされるという条件でなければ、所有者から財産を剝奪することの禁止、2、国民代表によって同意された租税しか支払わなくてよい市民の権利、3、公的必要性のために必要と認められる租税分しか代表によって承認されない国民の権利」である。つぎに第四の事柄として、平等原則について言及する。そこでは三つの「秩序（ordre）」における平等を謳っている。すなわち、「あらゆる自然および市民の権利はそれ自体、社会制度が各個人から奪い取ることのできない権利である。自然秩序（l'ordre naturel）において、各人は、人の自然〔状態〕（la nature de l'homme）に属するあらゆる同一の資格（titre）を有する。いかなる人も、他の人と異なる自由も財産も有さない。社会秩序（l'ordre social）においては、市民は平等であり、誰も他者と異なる市民となりえないから、すべての者は、社会の利益すべてに対して同一の権利を有する。公的施設すべての場所、雇用および仕事に対して同一の権利を有し、また、組織の共通の費用について誰も他者よりも多くの貢献をしてはならない。法的秩序（l'ordre légal）においては、市民は法のもとに平等であり、すべての者に平等に義務を課す。また犯罪者を平等に罰しなければならない。同様の類型の刑罰を同一の違反行為に科さなければならない。また、共通利益（l'intérêt commun）に忠実でなければならず、だれであれ恩恵も特権も与えてはならない」と。ついで第五に出てくるのは、このような諸権利を認められた国民としての権利である。すなわち、「個人の自由、財産そして平等を保障する義務から、つぎの諸権利が国民の利益として帰結する。1、国王と共同で法律を制定する権利、そして自由に同意された法律にしか服さない権利、2、公的支出を知り、規制する権利、基金の使用を審査しそれを説明させる権利、3、執行権の行使を監視する権利、不正のあった場合にはあらゆる公務員に責任を取らせる権利、である。立法府に対する社会的団体としての権利がなければ、君主の権限は恣意的となろう。監視なしでは、国民は誤り、憲法はゆがめられる。責任なしでは、財政の横領も権限濫用も予見できるものは何もない。」つぎの第六では、社会を国民の権威によらしめる、つまり国民主権の原理を定める。すなわち、「その目的で満たされた状態に社会を置く方法は、公的権限をうまく組織することである。公的権限は人民すべてに由来する。公的権限はそれ自身で組織されることも、与えられた憲法を変更することもできない。根本的に憲法制定権限（le pouvoir constituant）が存するのは、国民のうちにである。国民はその安全、財産および幸福のために、その政府の構成をはっきりさせ、改変または刷新せねばならない場合にはいつでも、この権限を行使する疑いのない、そして、時効にかからない権利を有する。国民は自分自身によってと同様に、自分たちの代表によってこの権限を行使できる。実際の代表は、その委任者からこの権限を完全に受け取ったのである。」そして、人々および人民の自由と権利の最後として第七にトゥレが挙げているのは、権力の分立に関してである。すなわち、「公的権限は異なる四つの階級または種類に分けられる。1、法律を制定し、公的支出を規制し、租税を賦課し、また憲法を維持するために、人民は、これらの権限を委ねられ、人民のためにそれらを執行する、代表機関を設ける必要がある。ここから、立法権限がそれのうちに存在する国民議会（l'Assemblée nationale）が発生する。2、王国の内においても外においても、法律を執行させ、公的権力を実行に移させ、また一般的行政を画一的な形式に導く義務は、偉大な国家のうちに、政治団体のすべての動きの主要かつ中心となる元首が必要である。法律に従って統治することを任される元首のこの統一性は、君主制の特徴的性格である。ここから、執行権がそれのうちに存在する国王が発生する。3、王国の一般的行政に関連する法律を地方において執行するためには、それぞれの地方において、その執行の詳細について任された副次的行政官が必要である。ここから、行政権がそれのうちに存在する地方議会および県議会が発生する。4、その目的として市民の活動と財産〔の保障〕を有する法律の執行は、裁判官の設置を必要とする。ここから、司法権がそれのうちに存在する司法裁判所が発生する。良好な憲法に結実するのは、通常の組織、連絡、これら四つの権限の分立そして独立性からである」と。このような原理的な分析から始まり、つぎに第一部として「国民議会について」、第二部「国王ないし執行権限」、第三部「県および地方議会ないし行政権限」、第四部「司法裁判所ないし司法権」において、詳細な項目が設けられている。（*AP*, 8: 325-331.）

(46) *AP*, 8: 332-333. また、議長ル・シャンプリエ選出に関する動きについては、本書第二部第二章第四節の注（1）参照。
(47) *AP*, 8: 334 (M. Desmeuniers).
(48) *AP*, 8: 335 (M. le comte d'Antraigues).
(49) *AP*, 8: 335 (M. Mounier).
(50) *AP*, 8: 336 (M. Chapelier).
(51) *AP*, 8: 336 (M. Salomon).
(52) *AP*, 8: 337.
(53) *AP*, 8: 339 (M. Malouet).
(54) *AP*, 8: 340 (M. Dupont, deputé de Bigorre).
(55) *AP*, 8: 340 (M. le marquis de Sillery).

(56) *AP*, 8 : 340 (M. l'abbé Grégoire).
(57) *AP*, 8 : 341 (M. de Clermont-Lodève). また、もう一つ、義務を条文化するべきでなくタイトルに入れるべきでないとする理由としては、義務を明示することにより、そこに明記されていない義務は義務ではないと理解される可能性があることを挙げている。すなわち、「これら義務は不確定（indéfinis）であり、権利と同様に増加するものだから、それらを固定し、それらすべてを決定することは不可能であろう。そして、教育のない者（peu instruits）は、宣言に挿入されている義務しか存在しないと信ずるかもしれない」と。
(58) *AP*, 8 : 341 (M. de Lubersac, évêque de Chartres).
(59) *AP*, 8 : 341.
(60) *AP*, 8 : 341.
(61) *AP*, 8 : 342 (M. le Président). さらに、諸委員会の新しい委員を任命するなどの仕事を終えた後、午後六時に夜の会議を開催する旨告げて、この日の日中の会議は閉会された。

第四節　八月四日封建的諸特権廃止決議とその後の主導権変遷

前節で概観した通り、バスティーユ襲撃事件後、フランス全土に波及し各地で頻発していた放火や暴動などの騒乱は、八月になっても一向に変化の兆しはなかった。そこで八月三日の会議において保守派代表は、七月一六日の租税の徴収をこれまで通り行なう旨の決議の確認を行ない、かつ、その決議に反して租税を収めようとしない者は厳罰に処するとして、財政基盤の安定および治安の回復を図ろうとする提案を行なったが、騒乱の原因となっている事柄は別のものであるとの大勢の認識から、実際にはその提案は可決されなかった。翌八月四日の朝から夕方までの会議においては、そのような現状認識から、治安回復の手段として厳罰化を図ることよりも、人権宣言の制定を早急に進めることの方がずっと重要であるとし、宣言準備の方向性を確認した。しかし、このような全土における社会的危機状況と国民議会における遅々として進まぬ人権宣言の議論に、業を煮やしたブルトン・クラブおよび愛国派代表者たちは、かなり前からたくらんでいた計画を、この日夜の会議で、一気に実行することにしたのである。(1) つまり、会議の主導権を握り、封建的諸特権を廃止する旨の提案を通過させ、全土の騒乱状態の根本原因たるフランス封建体制に実質的な終焉をもたらし、騒乱を沈静化するというものである。これが八月四日夜の会議の封建的諸特権廃止決議である。そして、この日から廃止する特権の詳細を詰めるとともに、封建制度自体の廃止を明確化するための条文案の審議を経て、最終的に八月一一日に「封建制廃止令」が可決されることになる。そしてその間の審議において、教会財産の国有化を決定し、それにより教会の財政的基盤を廃止し、国家財政再建への道を開くことを可能とした。このような国民議会での動きが全国に知られるようになると、徐々にフランス全土の騒乱は収まり、治安は回復していくことになった。それとともに、国民議会における主導権も、この約一週間でほぼ決定的に、保守派から改革派へと移っていったのである。

以下、この夜の会議の様子を概観し、その後約一週間で整えられていった、「封建制廃止令」に関する議論を検討し、国民議会における主導権変遷の状況を見る。そして次節においては、八月一二日以降、その新しい主導権の元にフランス人権宣言が、最終的な作成の段階へと進展していく経過を検討していく。

(一)　八月四日夜の会議

八月四日の午後八時に始まった夜の会議において起こったことについては、すでに多くの著述によって明らかにされているので、ここでは、議事録の記述から極めて簡単に概観を述べるにとどめる。この夜の議事はおよそつぎのように展開していった。すなわち――

ル・シャプリエ議長がタルジェに、八月三日昼の会議で提案があったものの認められなかった提案、つまり、新しい秩序が国民議会によって作られるまでは、それまでの旧法を有効とし、したがって租税の徴収についてもこれまで通り行なうとする旨の、委員会提案（＝「王国の安全に関する布告の草案（le projet d'arrêté relative à la sûreté du royaume)」）を朗読させることから議事は開始された。これに対して、ノアイユ子爵（le vicomte de Noailles）は、そのような微温的な対応ではなく、革新的なつぎの四つの提案が国民議会によって受け容れられることを求める。すなわち、1、租税は王国のすべての個人により各個人の所得に比例的に支払われること。2、すべての公的な負担は、万人によって平等に負担されること。3、すべての封建的権利は、共同体を通して貨幣で買い戻すことができること。4、領主賦役（コルベ税）、マンモルト（農奴制に基づく権利）、その他の人身的隷属は、無償で廃止されること、である。(2)

つづいて、封建土地所有者として国王に次ぐ富豪であったエギヨン公爵（le duc d'Aiguillon）は、封建的諸特権は神聖な所有権である以上、それらは買戻しが可能であるべきだとして、つぎのような提案をする。すなわち、課税は全市民の資力に比例して平等に配分すること、これまで免除の特権を認められてきた団体、都市、共同体そして個人は、援助金、公的賦課を負担すること、封建的諸特権は適切な利率で償還されること、そしてそれらすべてが完全に償還されるまでは従来どおり利息が徴収されること、である。(3)

これら二人の提案は、議会によって熱烈に歓迎された。つぎのデュポン・ド・ヌムールはさらに、すべての市民が他の市民たちの自由、安全および所有を尊重し、法に従うことを義務付けられ、裁判所はそれら法の執行のために休むことなく活動するべきことを提案する。(4)また、そのつぎに発言した、低ブルターニュ出身の代表、ルガン・ドゥ・ケランガルも、ノアイユ子爵およびエギヨン公爵の提案を熱心に支持したのである。

このような封建的諸特権放棄の提案およびそれを歓迎するという全体の流れから、その後、矢継ぎ早に多くの代表が発言し、廃止されるべき封建的諸特権の詳細が提示されていった。フーコー侯爵（le marquis de Foucault）は軍人年金の改正を、ボーアルネ子爵（le vicomte de Beauharnais）は刑罰が市民に平等に適用されるべきこと、および、教会、都市そして軍などすべての公職と公務の職に就任することが全市民に平等に認められることを訴えた。

また、コタン（Cottin）は領主裁判所と封建体制のすべての廃止を要求し、ナンシー司教のド・ラファール（de Lafare）は教会領地の買戻しを貧困救済のための投資とするよう求め、シャルトル司教のリュベルザックは、狩猟権の放棄を宣言した。つぎのド・リシェール（de Richer）は、コタンの領主裁判所廃止要求を支持するとともに、王国全土で裁判は無料化するべきであると主張した。さらにシャトゥレ公爵（le duc du Châtelet）は、十分の一税に換えて買戻しが認められる金銭による税とすることを提案した。つぎのエクス大司教ド・ボワジュラン（de Boisgelin）は、封建制がもたらす諸害悪を詳細に述べ、小作人を貧困に押し込むすべての協約および法の条項を無効とするべきことを主張するとともに、恣意的な拡張により腐敗した徴税の精神によって、王国における資金流通が妨害されていることなどを指摘し、その改革を求めた。(5)

このように封建的特権の廃止について、貴族身分および聖職者からさまざまな提案がなされたが、提案はそれにとどまらず、封建的特権を享有する諸地方三部会保有地方および諸都市の特権放棄に及んだ。すなわち、地方三部会保有地方の代表および各都市の代表が自ら封建的特権の放棄を次々に申し出たのである。ドーフィネ、ブルターニュ地方に続いてレンヌ、ナントの都市、またプロヴァンス地方についでグラス、アルルの都市が、さらにブルゴーニュ地方に続いてディジョンの都市がそれぞれ特権の放棄を約束した。そのほか、パリ、ボルドー、マルセーユ、ロレーヌ、ストラスブール、ノルマンディー、ポワトゥーなど、ほぼありとあらゆる地方および都市の代表が特権放棄を宣言した。(6)

封建的特権の放棄はそれにとどまらず、それまで売買が認められていた司法官職の特権放棄と官職売買それ自体の廃止、さらにそれら司法官が牙城にしていた高等法院の廃止までもが提案された。(7)

こうして、ほぼすべての封建的特権が放棄されたこの夜の会議に幕を引くために、全国三部会を召集したルイ一六世を褒め称える発言をラリー＝トランダルが行ない、熱狂のうちに最終的に会議が終了したのは、深夜二時であった。(8)

（二）　八月五日の会議

前日夜の会議で、フランスの特権身分および特権的地方が有していた、ほぼすべての封建的特権が熱狂の渦の中で放棄されたことを受け、五日午後に再開された会議では、前日夜の会議の欠席者の何人かから、その会議で議決された封建的特権廃止決議に賛同するとの表明がなされ、同意の署名が提出された後、同決議を正確に確認することになった。そのために、デュポールら起草委員会は昨晩の決議を十九の項目に条文化した。(9) この草案は、最終的に八月一一日に「封建制廃止令」として全国に布告されることになる国民議会による法令の草案であるとともに、この日以後、全国に配布され多くの人々に読まれる重要文書となったので、以下に訳出する。すなわち――

国民議会は、1、自由な国家においては、所有は人身と同様に自由でなければならないこと、2、帝国の力は、あらゆる部分の完全な統一と、諸権利および責任の平等からしか帰結しないこと、3、特権身分のすべての構成員、諸地方および都市のすべての代表は、彼らの委任者の名において、国民の手中で、彼らの特別な権利およびすべての特権の厳粛な放棄を、競って早急に行なったこと、を考慮し、以下のとおり決定し宣言する。

第一条　マンモルト、タイユ税、コルベ税、炉使用税、監視と警備（les mainmortes, mortes-tailles, corvées, droits de feu, guet et garde）、および、これらのいずれかの代わりとして設定された賦課租および金銭的夫役（redevances et prestations pécuniaires）であっても、またその他いかなる名称のものであれ封建的隷属（servitudes féodales）は、何ら補償なく永久に廃止される。

第二条　いかなるものであれ領主独占権（banalité）、および、サンス、ラント（cens, rentes）〔両者とも年貢〕、賦課租、譲渡税（droits de mutations）、〔物納年貢〕シャンパール、〔生産物地代〕テラージュ（champarts, terrages）、ミナージュ税（droits de minage）〔計量税〕、測量税（mesurage）、その他いかなる名称のものであれ、あらゆる領主的諸権利（droits seigneuriaux）は、買戻しを受ける者の意思によって、好きな金額（de

第三条　grê à grê）または国民議会によって定められる比率に従った価額で、買い戻しうる。

第四条　鳩舎（colombier）の独占権は永久に廃止される。鳩小屋（les fuies）および鳩舎は廃止される。

第五条　狩猟および漁の独占権（Le droit exclusif de la chasse et de la pêche）は、同様に廃止され、所有者はすべてその所有地に沿って流れる小川および川において漁をし、または漁をさせることを認められ、また、その不動産内において（sur son héritage）のみ、あらゆる獲物を獲り（détruire）、または獲らせることを認められる（autorisé）。

第六条　放兎（garenne）の権利も同様に廃止される。

第七条　領主裁判権（les justices seigneuriales）は、補償なしに廃止される。但し、それらの裁判所の裁判官はその職務を、国民議会によって、国王裁判所が裁判を受ける者の身近になる方法が確立されるまでの間、継続するものとする。

第八条　物納十分の一税（les dîme en nature）、教会の十分の一税、世俗および封地的十分の一税（laïques et inféodées）は、金銭的賦課租に転換でき、また租税徴収者による再使用（remploi）の場合を除き、買戻しを受ける者の意思によって、好きな金額または法律によって規律された金額で買い戻しうる。

物納であれ金納であれ、あらゆる不動産賃料（les rentes foncière）は、いかなる種類のものであれ、買い戻しうる。

第九条　無料の裁判所の設置および司法官職売買の廃止に向けて、絶えず準備がなされる（Il sera pourvu）。

第十条　農村の司祭の謝礼権（les droits casuels）は廃止される。司祭年金の増額および助任司祭の年収の増額に向けて準備がなされる。また、都市の司祭の待遇を定めるための規則が制定される。

第十一条　献納金（subsides）に関する、あらゆる金銭的、人的または物的特権は、永久に廃止される。徴収は、あらゆる市民とあらゆる財産に対して同じ方法と形式で行なわれなければならない。また、あらゆる租税の比例的支払を実行する方法は、当該課税年度の最後の六ヵ月についても、通知されなければならない。

第十二条　国民の憲法（une constitution nationale）および公的自由は、数個の地方（provinces）が享有する特権よりも地方にとって有益であり、帝国のすべての部分の緊密な統一（l'union intime）のために〔特権を〕犠牲にすることは必要であるから、地方、大公領、都市、団体および共同体（provinces, principauté, villes, corps et communautés）のあらゆる個別的特権は、金銭的なものであれその他のあらゆる性格のものであれ、復帰することなく〔＝永久に〕廃止され、フランス全国民共通の法の中に融合する（demeureront confondus）ものとなる。

第十三条　出生による区別なく、あらゆる市民は、教会の、民間のそして軍の、あらゆる職および顕職（tous les emplois et dignité）に就くことができる。

第十四条　聖職禄取得納付金（les annates）および家臣封収益徴税権（les déports）は、廃止される。〔以下、本文ではそれぞれ「アナート」、「デポール」と表記する。〕

第十五条　二重の聖職禄および教会の年金（des pensions ecclésiastiques）は、もはや将来には存在しない。

第十六条　国民議会に報告される年金および恩赦の状況（l'état）については、国民議会が、価値のない年金の廃止と、過剰な恩赦の縮減を行なう。但し、国王がこのために（pour cet emploi）自由に使うことのできる総額の決定はこの限りではない。

第十七条　国民議会は、フランスの幸福のために取られた偉大なる議決を記憶するために、メダルを鋳造し、神への感謝として（en action de grâces）王国のすべての教区と教会においてテ・デウム（*Te Deum*）を歌うことを命ずる。

第十八条　国民議会は、ルイ十六世をフランスの自由の復興者（restaurateur de la liberté française）であると、厳粛に宣言する。

第十九条　国民議会は、陛下への感謝の標しとして、また、陛下が高潔な国民に命じた幸福を祝して、採択したばかりの決定を陛下に提示するために、一団となって御前に参じる。陛下は、テ・デウムが陛下のチャペルで歌われ、陛下自身がそこに臨席されんことをお許しになるよう、〔国民議会によって〕懇願されることであろう。(10)

以上のように、この日は、前日八月四日夜の会議でエギヨン公爵が提案した、封建的特権の一部有償廃止の決議を、起草委員会が条文としてまとめて明確化したが、つぎの日からの議論では、この封建的特権廃止に関する条文のいくつかの点について反対派が異議を唱え始める。これがきっかけで、特に、有償での特権廃止の是非が問われるようになる。それらの点をつぎに見てみよう。

（三）　八月六日

この日、議論に先立ち、前日確認された起草委員会による封建制廃止令草案が再度読み上げられ、同案は再確認された。続いて、条文ごとの審議が開始されるや、まず、ある司祭が、第一身分の特権廃止に反対の意見を表明する。彼は、聖職者階級に認められてきた特権は、古来の神聖な権利だからその廃止は承認できない、と主張する。すなわち、「みなさん〔＝国民議会構成員〕は、君主の明示的な承認（la sanction expresse du monarque）もなしに、これらの権利〔＝十分の一税を含む聖職者が有する諸特権〕を廃止することが、みなさんに可能であると信じておいでなのか？……これらの権利は、カール大帝まで遡るということをよくお考えなさい。また、十分の一税は、少なくとも暗黙のうちに、過去のすべての全国三部会によって同意されてきた譲歩（des concessions）であることをよくお考えなさい。つまり、それらは財産（des propriétés）であり、それゆえ（à ce titre）、不可侵かつ神聖な（inviolables et sacrées）ものなのです[11]」と。また、彼は、そのような歴史的経緯に基づく反対理由だけでなく、手続的な反対理由も述べる。「その上、仮に私がそれ〔＝特権廃止〕を望んでいるとしても、十分の一税の廃止に対して同意をするのは私の権限ではない。〔なぜなら、〕それは、私の委任者の希望（le vœu）に百八十度反することになる〔からだ〕。したがって、十分の一税に関する条文がこの案から除外されることを要求する[12]」と。しかしこのような主張は、議会の支持をほとんど得ることができず、単にざわめきを呼んだだけのことだった。またつぎの聖職者は、一般の利益と個別の利益を区別し、時間をかけて議論する必要性を訴えた。すなわち、「一般の利益と個別の利益（les intérêts généraux et les intérêts particuliers）とを区別する必要がある。〔というのは〕草案は、都市と地方がなした〔特権〕放棄しか含んではならないと思われる〔からだ〕。それ以外のすべてに関しては、さらに長い時間をかけて熟慮しなければならない[13]」と。

　このように、聖職者の代表は、十分の一税を含む彼らの特権放棄について、反対または慎重な態度を示した。しかし、つぎに発言したビュゾー（Buzot）は、教会財産が聖職者およびその階級に存するということを前提としてしか成り立たない一人めの司祭の議論に対しては、教会財産は国民に存すると主張することによって、また、じっくりと時間をかけて聖職者階級の特権放棄について議論すべきだとする二人めの聖職者の主張に対しては、そのような巻き返しの議論は数日前の決議に反するものとして強く反対する。すなわち、「まず、教会財産（les biens ecclésiastiques）は国民に帰属するものと主張する。（激しいアジテーションが議会の一方で起きる。他方では拍手喝采。）私は、教会の陳情書に基づいてさえいる。それらは国民に年俸の増額を要求している。したがって、彼ら〔＝聖職者〕は、教会の財産に関する議論の余地のない、国民の権利を認識していたのだ。〔自分たちに〕帰属しない財産を分けるいかなる権利も〔国民は〕有さないから、彼ら〔＝聖職者〕が、彼ら〔＝国民〕に〔そのようなことを〕提案したはずがないのだ。（拍手喝采をする。）……すでに決定されたことに、再度疑問を呈することができるのだろうか。議長が紙にすべての決議を書き取り、ほとんど満場一致で、これら真実すべて（toutes ces vérités）を採択した後、まだそれらの採択を疑うことができるのだろうか。〔否、できない。[14]〕」と。

　つぎに、貴族の代表が名誉特権（des droits honorifiques）は、これまでの貴族が血を流して法と祖国に奉仕してきたために与えられてきたもので、個人に起因するものではないから、これを放棄することはできないと主張したのを受けて、モンモランシー伯爵は、聖職者の反対意見とあわせて攻撃する。すなわち、「これらすべて〔の主張〕を観察していると、国民議会の重要な目的や、例の決議〔＝八月四日夜の決議〕の起草を、逸脱することにしかならないではないか[15]」と。

こうして特権放棄に反対する聖職者および貴族の意見に対して、ビュゾーやモンモランシーから厳しい意見が出されると、他の聖職者から、特権廃止に反対する先の二人の聖職者の意見は、聖職者階級全体の意見ではなく、聖職者階級としては、特権放棄に賛成である旨の発言が連続し、この件については収束へ向かう。すなわち、ラングルの司教ラ・リュゼルヌは、「数人の代表の個別の意見を、〔聖職者〕階級全体のものと看做さないよう懇願する」とし、またディジョンの司教デモンティエ・ド・メランヴィル（Desmontier de Mérinville）は、「聖職者は、みなさんが要求するあらゆる犠牲を払う術を心得ている」と述べ、特権放棄を厭わないことを表明する。また、グットゥ神父（Goutte）は、「私たちの教区の人々が、その〔＝各教区に特権放棄の議題を持ち帰って同意を得る〕必要性を感じないのであれば、司祭は、取り巻く者の幸福を幸せに思う」とし、国民議会の崇高な意思に委ねることを認めたのである。(16)

こうして特権放棄に反対する意見を排除した議会は、いよいよ特権廃止令案の逐条審議に入った。第一条は、マンモルトや炉使用税など、極めて批判の多かった封建的特権を無償で廃止すると規定しているが、まずそのマンモルトについて、人的マンモルトと物的マンモルト（les mainmortes personnelles et les mainmortes réeles）の区別をした上で、後者については財産なので、買い戻し可能とするべきであるとする意見が貴族から出された。また、炉使用税についても、同様に買い戻し可能とするべきとの主張がなされ、議論を呼んだ。(17)

タルジェは、支払う者たちの役に立たないものは、廃止するべきであると主張し、マンモルトの区別は不要であるとしたが、貴族代表のフーコーは、一五五三年のブルゴーニュ公国の法令が、物的マンモルトの者たちを解放して自由にし、それ以外のマンモルトの者たちについてはその義務をすべて免除した事実を引き合いに出して、区別は可能だから、「他の、純粋な、人的隷属すべて」を廃止する、とすることを提案したが、実を結ばなかった。(18) さらに、オタンの司教タレイラン＝ペリゴール（Talleyrand＝Périgord）も、夫役および伝承（prestation et tradition）に基づいて存在した権利を買い戻し可能なものとし、地方議会によってその方法が定められる、とする条文修正の提案をして、無償廃止の枠を狭めようとするが、これも功を奏することはなかった[19]。

そこで再びタルジェが、マンモルトに関して人的と物的との区別をした上で、いずれも無償で廃止し、他のすべての封建的義務および権利を国民議会の決定する比率で買い戻し可能とする旨の新たな条文案を提示した。すると、それにつぎのような封建制廃止に関する根本的な文言を付加するべきだとする意見が出された。すなわち、「封建制および貢租のすべて（toutes féodalités et censives）が、王国において消滅されるように」それらの諸特権を廃止する[20]、と。これに対して、サントンジュの貴族代表は、自分自身の名において可能な犠牲は払うが、封建制の現実的全面廃止（toute abolition actuelle de la féodalité）には反対し、委任者の名の下に留保する旨を述べると、それに賛同する者が何人か出てきた[21]。

このような混沌とした状況を打破するために、デュポールが、あまたある封建的特権すべてを個別に列挙し有償無償を審議し、現保持者の同意を得てから、その特権廃止について条文化するのでは、議論が進展しえないから、一つの解決案を提示した。すなわち、デュポールは、「特に、同意と列挙（des aveux et dénombrements）を要求する能力（la faculté d'exiger）を否定する（anéantir）提案をした[22]。」これをタルジェは支持したが、ムニエは反対した。ムニエによれば、諸特権は、何世紀にも渡って売買され、市場に流通してきたものだから、これらを廃止することは、契約を否定することであり、「公的幸福の第一の基礎（les premiers fondements du bonheur public）」を覆すことになるからである[23]。これに反論してデュポールは、不正義は不正義として除去しなければならないとする。すなわち、「不正義であるもののすべては、存続することができない。これら不正義の権利に取って代わるもののすべては、同様に存続することができない。したがって、誰もそれら〔＝封建的特権の代替物〕を要求することはできないのだ[24]」と。そしてこれが拍手喝采のうちに議会に受け容れられ、最終的に、領主独占権、および、サンスやラントなどの年貢に関して、買い戻しうるものとして廃止した草案第二条とを合わせて、つぎのような第一条の文言ができあがった。すなわち――

「国民議会は封建制度を完全に廃止する。国民議会は、封建的ならびに年貢的権利および義務のうち、物的ないし人的マンモルトおよび人身の隷属に関するもの、またそれらに代わるもの（ceux qui les représentent）は、無償で廃止されることを宣言する。他のものすべては、買い戻しできるものと宣言する。買戻しの価格および方法は、国民議会によって決められるものとする。このデクレによって廃止されない上記権利は、償還を受けるまではなお継続するものとする」[25]と。

続いて、貴族の名誉特権に関する議論を再度議題として採りあげるよう、貴族代表の数名が提案した。そこでまたリアンクールおよびモンモランシーから反対があったものの、審議されることに決定された。そしてこれについて、まずミラボーが議論を開始したかのように思われたが、ミラボーは、封建的特権廃止令の案を審議するときであり、名誉特権に関する議論をする余裕は今の議会にないと主張し、議論を先送りにすることに成功した。[26]

その後、休憩を挟んで夜の会では、鳩舎の独占権廃止に関する草案の第三条について、地方が異なる特色を有するという観点から、議論がもたれた。すなわち、「ある地方では、鳩舎の権利は普遍的である（universel）が、土地が小麦粉のために耕作されていないためか、その他の理由のためか、鳩が何ら悪さをしないその他の地方では、それら〔＝鳩舎独占権〕を廃止することは適当ではないから、この件は地方議会に送付する必要がある」[27]と。ここでシエイエスが、つぎのような極めて単純な修正提案を出すが認められない。すなわち、「所有者すべてはその所有地において鳩を殺害する権利を有する」と。そして別の代表が別の案を出し、タルジェが地方議会に送付することを提案するが、通らない。さらに別のオーヴェルニュの代表が地元の状況を基礎に、廃止しても廃止しなくても何ら不都合はないと述べ、さらに混乱させる。すなわち、「あらゆるブドウ栽培者も、あらゆる自作農民も、鳩舎を所有しているから、その権利は何ら排他的ではない。したがってそのことからオーヴェルニュにおいては、何ら不都合が生じないのである」と。さらにこの状況から、耕作人である別の代表が、このようなさまざまな意見が出てくることについて、議会を非難するなど、さらに混迷状態となった。[28]そこで、ラボー・ド・サンテティエンヌが、起草委員会案第三条の文言に一定の文言を追加したつぎのような修正案を出し、これが大多数によって可決され、特権廃止令案の第二条となった。すなわち、「鳩小屋および鳩舎の独占権は廃止される。共同体によって定められた時期には鳩は〔鳩舎に〕入れられる。その期間、それら〔＝鳩〕は、獲物と看做され、各自はその所有地においてそれらを殺害する権利を有する(29)」と。

このようにこの日は、全一九条のうち最初の三箇条について議論がされ、決定された。

(四)　八月七日

翌日、八月七日の議論の対象は、狩猟等の独占権廃止を規定する、起草委員会草案第四条および第五条であった。最初にタルジェが問題にしたのは、八月四日夜の会議の決定には、「漁の独占権」はなかったにもかかわらず、起草委員会の草案には入れられていることであった。議長がこれを支持すると共に、フレトも支持したため、草案から「漁」が削除された(30)。

つぎに、シャルトル司教のリュベルザックが、獲物を狩猟するのは「罪のない武器(des armes innocents)」でなければならないとすることを提案したが、ビュゾーがすぐに反論し、所有者が耕作地を動物から守るためには武器が必要で、それなしでは網や罠などを仕掛けなければならず、大変なことになると主張した。そこで、クスチーヌ(Custine)がつぎのような提案をした。すなわち、「猪や鹿など、森を破壊する獲物は、殺害される。兎など、収穫を破壊する獲物は、殺害される。その所有する森にそれら〔＝獲物〕を有する所有者は、もたらされる被害を弁償しなければならない。あらゆる所有者は、輪差など(lacet, collet, etc.)でその所有地の獲物を殺害することが認められる(31)」と。しかしその後も、マルエによって獲物を殺害する方法を定めるべきだという意見が出されたり、ダンブリー(d'Ambly)によって銃器携帯許可証(le port d'armes)を発行し、銃器の規制をするべきだとの意見が出されたり、またブルターニュの代表は、誰も銃器を濫用したりはしないとしてこれに反対したりと、議論は混迷状態に陥った[32]。

そこでタルジェは、細かな銃器の議論はそもそも八月四日夜にはなされていなかったから、この議論はとりあえず別の機会にすることにして、草案の条文に関する議論に戻ることをつぎのように提案した。「〔八月〕四日には、〔国民〕議会は狩猟の独占権を廃止した。その意図は、狩猟のために利用することのできる銃器の種類を決めることではまったくなかった。〔また〕銃器携帯許可証〔について〕は、別個の審議の対象とするべきである[33]」と。そしてその直後に発言をしたクレルモン＝トネールは、議論を銃器に関することから狩猟に関すること、特に狩猟官管区（capitaineries）に関する事柄へと移行させた。すなわち、「他に、取り組まねばならない対象がある。狩猟官管区の制度が、所有（les propriété）に〔重く〕のしかかっている。その〔＝狩猟官管区の〕牢獄は犠牲者であふれかえっているのだ。したがって、私は、以下〔の文言〕がこの条文に付加されるよう提案する。すなわち——

1、但し、公の安全に関して定められる秩序法規（lois de police）に従うこと。

2、すべての狩猟官管区はこの瞬間から廃止し、狩猟違反を認知するための裁判所を創設する。但し、自由および国王に対する敬意と両立するような方法によること、また、陛下に個人的楽しみを保持すること（des conservation des plaisirs personnels à Sa Majesté）。

3、議長は、国王に対して、狩猟違反のために逮捕され投獄されている受刑者を自由にするよう要求することを、認められること[34]」と。

このクレルモン＝トネールの提案が多くの者によって受け容れられ、さらにオルレアン公により詳細が提案された。「クレルモン＝トネール伯爵提案の第二条文の起草に、『国王狩猟官管区（capitainerie royale）』を付加するべきであると思う。というのは、我々が享有する狩猟官管区は、『王立（royales）』と呼ばれているからだ」と。一旦このように提案した後、再度オルレアン公はつぎのような細部の修正を加えて提案する。すなわち、「『国王狩猟官管区』を付加するだけでは十分ではない。というのは、そのうちでこの名称を有さないものもあるからだ。そこで、

『すべての狩猟官管区は、それがたとえ国王のものであっても（toutes capitaineries, même royales）』とするよう提案する」[35]と。

ここで議長は、議論が狩猟官管区の廃止の問題に移行していることから、まず、クレルモン＝トネール提案の第一条文によって議論の終結している、狩猟の独占権廃止に関する条文を確定することにし、つぎの条文案を提案した。すなわち、「狩猟および放兎の排他的権利も、同様に廃止される。すべての所有者は、公の安全に関して定められる（pourront être faites）秩序法規に従うことの外は、自己の所有地においてのみ（seulement sur ses possessions）、あらゆる種類の獲物を殺害し、かつ殺害させる権利を有する」[36]と。そしてこれが大多数の賛成によって決せられた。事実、この部分は八月一一日に議決される封建的特権廃止令第三条第一項となる。続いて、同条第二項および第三項となる、クレルモン＝トネール提案の第二、第三条文の審議へと移った。

クレルモン＝トネール提案第二条文および第三条文の趣旨は、国王の狩猟独占権に関してはこれまでどおり特権的に承認し、その代わりに独占権に違反して狩猟をし投獄されている囚人を解放させようというものであった。国王を例外とせず、貴族階級と同様の犠牲を払ってもらうべきだとして第二条文に反対する意見が何人かの代表から出された後、同条文に賛成する意見が複数から出された。すなわち、「他の代表は、国王の楽しみには触れずにおくことを要求した」[37]と。この賛成意見に対し、ミラボーは、国王を例外扱いすることに強く反対する意見を述べた。「この原則〔＝狩猟独占権放棄〕を制定したばかりの〔国民〕議会が、どのようにして、所有を〔神聖な権利として〕確認する（consacre）法律において、所有すべての守護者、庇護者である国王は例外であると決めるよう提案することができるのか、私には理解できない。……すべて人はその所有地（son champ）において狩猟の権利を有するが、だれも他者の所有地での狩猟の権利は有しない。この原則は他のすべての者にとってと同様に君主にとっても、神聖なものである」[38]と。ミラボーの、このように国王を特別扱いにすることを問題視する根本的な反対意見にもかかわらず、つぎのフレトは、「信頼に足る人物から、国王狩猟官管区では罠を利用していると聞いている」[39]

と述べることで、ミラボーの論点をはずし、議論を先に進めたので、すぐにこの条文は決着がついた。つまり、クレルモン＝トネール提案第二条文にオルレアン公の修正を加えたものが条文化された。すなわち――

すべての狩猟官管区は、それがたとえ国王のものであっても、また、すべての禁猟区においてはそれがどのような名称で呼ばれていても、同様に廃止される。そして、所有と自由に対して払われるべき敬意と両立しうる方法によって、国王の個人的楽しみの保持が図られる。(40)

また、クレルモン＝トネール提案第三条文を基礎にした、狩猟違反での受刑者解放についても、若干の文言整理を行なった上で、議長の提案により、つぎのように可決された。すなわち、「議長は、単に狩猟の事実のみによる漕役囚（des galériens）および被追放者（des bannis）の呼び戻し、現に拘束されている囚人の釈放、および、これに関する現行手続の廃止を、国王に要求する任を負う(41)」と。そしてこれら二つの条文は、封建的特権廃止令第三条第二項および第三項として、八月一一日に国民議会によって制定されることになる。

さてその後この日は、国王から国民議会へ派遣されてきた八名の諸大臣たちからの国内情勢、特に財政状況についての報告を国民議会代表たちは聴くことになる。まず、ボルドー大司教シャンピオン・ド・シセが、治安状況について説明し、その後に、財務総監ネッケルが財政状況について説明を行なった。シセは、未だに国内の治安状況は回復しておらず、早急に憲法を制定することが国王によって望まれていると述べる。すなわち、「真実は、秩序および公共の静謐は、王国のほぼすべての部分で乱れている（troublés）。無視できないのは、地方では所有が侵害され、放火魔の手が市民の住居を焼き尽くし、裁判の手続すら認識されず、暴力行為と粛清に（des voies de fait et … des proscriptions）よって取って代られていることだ。……放縦は止まるところを知らず、法律は効力がなく、裁判所は機能しない。荒廃がフランスのある部分を覆い、恐怖がフランス全体を捉えている。通商と産業は中断され、信仰心の避難所すら、もはやこの殺人的激昂（ces emportements）を避けられない。……美しく賢明な憲法（une belle et sage constitution）が、最も確かな原則であり、かつ幸福を最も豊かに生み出すにちがいない。陛下は、あなた方の作業の結果を、耐えきれぬ絶大な焦燥のうちに（avec la plus vive impatience）待ちわびておいでだ。そして陛下は、あなた方を急がせ（vous presser）それら〔あなた方の作業の進行〕を速めることを、私たちに、明示的な任として負わせたのである[42]」と。

そして、シセに続いてネッケルは、財政状況について説明を行なう。すなわち、不作による小麦粉の値段高騰を抑えるために国費は使われ、また、増え続ける失業者に対する補助金にも使われるなど、支出は増大している。それにもかかわらず、塩の価格は半値に暴落し逆に国庫への収入は減り、タイユ税の徴税も滞っているなど、逼迫した状況である、と。ネッケルの結論は、三千万リーブルの借款を国民議会に認めて欲しいということであった。すなわち、「みなさん、支出の停止を避けるために、私がみなさんに示す、欠くことのできない救済に関する状況を、一刻の遅滞もなくみなさんは検討する必要性を感じられることと信じます。そして国王も、みなさんが、契約の安全（la sûreté des engagements）のために、また二ヵ月間の避けられない支出のために、ぜひ必要な借款（l'emprunt）を承認することを信じて疑いません。この二ヵ月間という期間は、みなさんが〔今〕専心している偉大なる作業〔＝人権宣言の起草および憲法制定〕を達成または推進するために、〔おそらく十分な期間でありましょう。〕そして、あなたがたの見識ある熱意と陛下の正義と慈悲深い処置（dispositions justes et bienfaisantes）によってもたらされると、権利によってフランスが待望している永久の秩序を打ち立てるために、おそらく十分な期間でありましょう[43]」と。そして最終的には、国民議会代表の愛国心に訴え、早急な承認を要求する。「国家を救うために我々は一致団結しましょう。善意の者すべてはこの団結（cette coalition）に加わりましょう。我々が取り囲まれている困難を乗越えるためには、そのような同盟の効果（l'efficacité d'une pareille alliance）を欠いてはなりません[44]」と。

このように熱意に満ちたネッケルの要請に感情を動かされたクレルモン＝ロデーヴは立ち上がり、審議抜きに早急に借款を承認しようと訴える。「愛国心の新たな証を捧げよう。私〔を代表に選出した地区〕の陳情書は私にそのことを承認している。国を救済しよう。まさにここにおいて、国王の大臣が〔国民議会から〕退出する前に、審議なしに拍手で（sans délibérer et par acclamation）、彼らが我々に要請する借款を承認しよう」[45]と。これに対し、フーコー、その他の代表から慎重論が噴出する。すなわち、「あらゆるところに、すばらしい馬寮や家具倉庫のための宮殿、狩猟犬のための大邸宅を建てているではないか。国王は、絶えず猟犬や狩人の群を伴っている。これと同じ無分別な出費の支払いのために三千万を要求しているのではないか」[46]と。さらにカミュは、つぎのように述べて借款の即時承認を牽制する。「時として寛大さは危険である。我々は慎重さによって、導かれることをやめてはならない。……彼〔＝ネッケル〕は、このような〔財政状況の〕時ですら、借款を評決することが重要であることを論証しなかったではないか。国務委員会（le bureau des états）に対して、検討の必要があると述べたまでである。……我々には、憲法〔制定〕の後にしか、租税および借款に同意できないことが定められている。……我々はその法律を、この場で審議もなく討議もなく侵すことができるのか、伺いたい。……私が要求するのは、このことを財務委員会に付託し、〔同委員会〕はその報告を、明日国民議会に行ない、我々は〔それに基づき〕この借款に関して、審議をすることである」[47]と。

これに対してラリー＝トランダルは、長い演説を行ない、借款の承認が自らの委任者の委任の枠を超えることと国家的必要性との間で板ばさみになりつつも、後者を優先するべきであるとの意見を表明する。すなわち、「私の陳情書は、私に対して、憲法上の権利（des droits constitutionnels）が認知され確認されるまで、いかなる借款にも同意しないよう指示している。また、この同じ陳情書が、他方で、所有を神聖なものとするように厳命しているとも、私は言っていない。また、借款なしではすべての所有が侵されることになるとも言っていない。……しかし、人民の救済という最高の法（cette loi suprême du salut du peuple）によって、私は要求されている借款に賛成投票（voter）することを義務付けられていると信ずる。また、その義務に背くことは、私の市民としての義務、私のフランス人としての義務、そして、私の国民代表としての義務に違反することになると信ずる」[48]と。しかし、このように借款について肯定的に理解するとはしても、クレルモン＝ロデーヴの主張のように、審議なしに拍手によって決定することを肯定するわけではなく、一定の手続を踏むことを要求する。「しかし、検討することもなく拍手によって決しなければならないだろうか。いいえ、みなさん。私たちの信頼に値する大臣〔＝ネッケル〕は我々に幻想を抱かせようという考えはまったくなかった。彼は、私たちの審議を瞬間的な感情によって奪い去ろうとは、いささかも望んでいないのだ(49)」と。

その直後にミラボーが、この案件を延期するよう提案したが受け容れられず、ラリー＝トランダルの主張のように、財務委員会に検討が委ねられ、明日議会に報告をするということに決定され、この日の審議は終了した。

（五）　八月八日

翌日、八月八日の会議は、まず前日の借款に関する財務委員会の報告を聴くことから始めるはずであったが、開会の午前九時には同委員会の検討が終了していなかったため、封建的特権廃止令に関する起草委員会草案の第六条、つまり領主裁判権の廃止に関する議論を先に行なうこととなった。

まずクスチーヌは、単に「領主裁判権は、補償なしに廃止される」とする草案第六条の文言では、そのほかの類似の封建的裁判権が残存する危険があるので、すべての裁判権を廃止する趣旨を明確にするために、「すべての(toutes)」という文言を頭に付加するよう提案した。さらにそのような文言修正提案を受けて、ピゾン・ドゥ・ギャラン（Pison du Galland）は、条文の但し書きの修正を提案した。草案第六条が、「但し、それらの裁判所の裁判官は、国民議会によって、国王裁判所が裁判を受ける者の身近になる方法が確立されるまでの間、その職務を継続するものとする」としているところを、「但し、それらの裁判所の裁判官は、地方議会への照会の後、国民議会によって、人々のためにより利益となる入れ替えが確立されるまでの間、その職務を継続するものとする」と修正するように提案した(50)。これらの修正提案がさらに審議される前に、他の何人もの代表から、領主裁判権を廃止するという草案の根本的内容それ自体について反対意見が出された。すなわち、ドルタン伯爵（le comte de Dortan）は、「領主裁判権を廃止することによって、あらゆる種類の荒廃をもたらす偉大なる自由が、田舎の者たちに付与されることになる。森林はすでに荒廃し、それら違反に対して開始された裁判手続は中断され、その放縦に対抗する抑止力はもはやない。」と述べ、治安維持のためにも領主裁判権を温存するべきだと主張し、さらに、ルモワンヌ・ド・ベル＝イズル（Lemoine de Belle-Isle）は、領主裁判権の無償廃止に反対し有償廃止を要求した。[51]

このような混乱した状況のために、議長のル・シャプリエは、発言する代表の意見が、すでに議決されている領主裁判権の無償廃止に反対するという趣旨のものであってはならず、起草委員会の文言修正に留まるものでなければならないとして、先のクスチーヌおよびピゾン・ドゥ・ギャランによる修正提案をまとめて、つぎのような修正案を自ら提出した。「国民議会によって、新しい司法秩序が確立されるまでの間、」現裁判官はその職務を継続する、[52]と。そしてこれがほぼ満場一致で承認され、八月一一日の最終案第四条となるつぎの条文案が完成した。「すべての領主裁判権は、補償なしに廃止される。但し、それらの裁判所の裁判官は、国民議会によって、新しい司法秩序が確立されるまでの間、その職務を継続するものとする」[53]と。

こうしてようやく起草委員会草案第六条は、最終案第四条としてできあがったので、つぎに会議は、前日ネッケルから提案された、三千万リーブルの借款に関する財務委員会の報告を聴くことになった。同委員会を代表してエギヨン公爵が報告を行なった。委員会の計算によると、八月と九月の収入は、三千七百二十万リーブルにしかならないのに対して、同月の支出は六千万リーブルであるから、借款は必要とのことであった。そしてこの報告を基に、国民議会として借款を是認するか否かについて議論が再開された。そして、その議論は、単にそれを認めるか否かということから、教会財産の没収へと展開していく。以下この議論を概観しよう。

財務委員会報告の後、最初に借款に賛意を表明したのは、レヴィ公爵であった。すなわち、「国家がほとんど崩壊しようとしている。それをそのまま滅びさせるのか？　我々は〔委任者からの〕委任状および〔それに対する我々の〕宣誓と、国家救済の手段とを両立させるのだ(54)」と。しかし、このような楽観的積極論に、つぎのビュゾーは、しっかりとした調査もなく借款を容認することに強く反対する。「憲法は〔未だに〕まったく作られていないし、国家の借金について議論されてもいなければ、検算もされていない。〔このような状況である〕以上、私は借款に同意できないことを、まず宣言する。……〔借款は、〕借金で苦しむ政府が利用できる〔ことのうちで〕、最も重荷になる、そして、最も危険な形態であることをお忘れか？　政府が借金をやめていないことをお忘れか？　六千万を勘定書きで（aux notaires）、二千四百万を割引金で（à la caisse d'escompte）、八千九百万を前払いで（d'anticipations）、六千九百万は賃貸料遅延となっている。……私が借款に賛成することをお望みか？〔では、〕国家の借金を検算しなさい、調査させなさい、財務委員会がしたようにではなく、〔借金の状況を〕診断し、聞き取り調査をし、そして検算をしなさい。特に、四日の夜に決めた決議すべてに付帯するものとして、借款の決定を作成しなさい(55)」と。

ビュゾーに続いて、アントレーグ伯爵は、借款が増税をもたらすことになることを理由に反対する。「〔借款をする〕前提として、他のすべての財源が枯渇し、最も厳格な〔意味における〕すべての蓄え（les économis les plus sévères）が使い尽くされたことが、必要だ。……それ〔＝借款〕は、〔救済の〕方策としては最も壊滅的なものである。それは、来たるべき何世紀もの間にわたってさえ、国家を滅ぼし、現在の世代を押しつぶし、それを継承する世代に不幸を用意する。借款は、税金を必要とする。借款に賛成することは、〔新たに〕税金を創設して、人々を押しつぶす恐ろしい〔現在の借金〕総額に、さらに〔負債を〕付け加えることだ(56)」と。

このような反対意見に対してラリー＝トランダルは、財務委員会はすでに十分な調査の上、結果を導き出しており、それによると借款をすることがぜひとも今、必要であるとのことだから、その意見に従って、自由を信ずる者は誰しも、祖国救済のために立ち上がるべきだと力説し、借款に賛成する(57)。

つぎのバルナーヴは、単なる借款では税金が必要になり、国民の負担が増えるだけであると主張する先のアントレーグ伯爵の意見を敷衍して、借款の返済を保証するものを提供しなければ、借款を認めることはできないとし、逆に、その返済保証をする何かが見出されれば、道は開けることを示唆した。すなわち、「借款が租税とは独立したものであることを示す保証（un gage）を確保することが必要である」[58]と。

すると突然、ヴリニ（Vrigny）が、四万リーブルの無償貸与を申し出た。これを受けてミラボーは、自分たち国民議会代表を選出した委任者たちから承認を取り、自ら借款の返済保証をすることにより、借款を認めるという新たな方法を提案した。「憲法の基礎が決定的に確定した後にしか、金銭的救済に同意しないという彼らの高潔な動機に妥協することのない形式を示して、我々の委任者に訴えかけることを提案する」[59]と。そして、「実際に政府に必要である三千万の借款を実行することを、この国民議会の代表の保証の設定の上で（sur l'engagement des membres de cette Assemblée）、提案する。各々は、その能力が許す額を、債権者への責任として負担し、我々が行なう絶えざる債務引き受けの額を議長の手に委ね、陛下へ引き渡す。それを、三千万の借款に対する担保として役立たせよう」[60]と。

こうして単なる借款の承認に関する議論のはずだったものが、思わぬ方向へと発展していった。つまり、国民議会代表たちは、一方で委任者への責任と義務を果たしながら、他方では、自らその返済の担保の提供をすることで、国家財政再建へ向けた積極的な関与を約束しなければならないことになったのである。しかし、代表の個人財産のみの保証では、三千万リーブルの担保には程遠い。そこで、つぎのラコスト侯爵（le marquis de Lacoste）は、さらに一段と現実的な借款返済保証方法を提案した。つまり、教会財産の提供である。ラコスト侯爵は述べる。「すでにこの議会において、偉大なる真実を聴かされた。教会財産は国民に帰属する、と。今こそ、それらを要求する時が来たのである。なぜなら、国民がその諸権利の完全さのうちへ踏み込む時が来たからである。……国民の繁栄は、教会の十分の一税の廃止を我々に命じている」[61]と。その上で彼は、つぎのような五つの具体的提案を行なった。すなわち、「国民議会は以下のことを宣言する。1、教会財産のすべては、いかなる性格のものであれ、国民に帰属する。2、一七九〇年をもって、教会の十分の一税は廃止され、〔永遠に〕廃止されたものとする。3、すべての教会職は、終身に渡って、聖職禄の実際の産物に等しい年俸を保持し、その額は地方議会によって支払われ、さらに、主任司祭の年俸は、際立って増額されるべきことを注視していく。4、地方議会は、将来のために、主任司祭と同様、唯一の本質的な聖なる聖職者である大司教の名誉に関する総額（le taux）を規定する。また、同様に地方議会は、カテドラルの業務（service des cathédrales）、および、退職した牧師（pasteurs）の年金に向けられる基金を設置する。5、また、地方議会は、廃止されることになる隠修道会（les ordres monastiques）に関与していた者に、性別に関わりなく公正な仕方で年金を用意する[62]」と。

このような、ラコスト侯爵の教会財産の国有化と十分の一税の廃止提案に対し、まず、ラメット（Lameth）が賛同する。「封建制が廃止されたこの瞬間に、高位の聖職者の一団が、このように切なる審議に障害物をもたらすことができると信ずることは、無礼なことだろう。……したがって、国家の債権者に対して、彼らの債権の担保として、教会財産を与えることを要求する[63]」と。

このような議論の流れに、当然のことながら、シャルトル司教のリュベルザックは二言三言反論して抵抗したが、モンテスキュー神父（l'abbé de Montesquiou）は、「聖職者の関心は、この議論を忍耐強く聞くことを要求している。正義の精神が国民議会を指揮し、鼓舞していると気づいた」と述べ、受け容れる用意があることを示唆した[64]。

その後、ミラボー子爵が、先のミラボー伯爵の主張、つまり、国民議会の代表が自らその私財を提供して借款の保証に当てるとする提案を敷衍して、貴族階級が有する年金は重畳的で、受ける云われのないものまで受けていることがしばしばあるので、それを各自が精査し、云われなきものと判断する年金については放棄するという提案を提示し、一定の賛同を得た。また、八月四日の夜に真っ先に特権放棄を提案したノアイユ子爵は、自分は戦争の功績としての褒賞などをすべて放棄してきたと述べ、議会の拍手を得た[65]。

このような議論から、グレゴワール神父は、教会財産を借款の保証にするというラメットの提案を支持すると宣言し、投票の結果、ようやく三千万リーブルの借款について、ほぼ満場一致で承認が得られることになった[66]。

この日午後六時からの夜の部会では、国内の治安の悪化状況が、報告委員会（comité des rapports）およびその他の何人もの代表から報告された。これに対して、マルエは、治安回復のためには、国民議会が、「法律は執行されること、官僚は援助をすること、国王は租税の徴収を継続すること」を国民議会として、宣言することが重要だと主張し、シャトゥレ公爵は、八月四日の決議を国民に知らしめることが、治安回復に繋がるとして、早急にそれを印刷して地方に廻すことを提案するなど、治安に関して若干の議論が持たれたが、何ら意思決定を見ることなく、二日後の八月一〇日の議論へと先延ばしにされた[67]。

（六）　八月九日

日曜日である八月九日の会議は、ル・シャプリエ議長がまず限定したとおり、前日昼の会議で決定された、三千万リーブルの借款について、その借款をどの名義で行なうか、つまり国民の名で行なうか、国王の名で行なうか、また、利息をどの程度にするか、さらに教会財産の引き当てをどのようにするかなどの、細かな点を明確にすることのみに時間が費やされた。その結果、つぎのような決定を制定した。すなわち、「国民議会は、国家の緊急の必要性に関する報告を受け、三千万の借款を、以下の条件の下、決定する。第一条、利息は、四パーセント半とし、いかなる控除（retenue）も認めない。第二条、利息の享有は、貸し手に帰属し、彼らが〔実際に〕金銭を支払った日から始まる。第三条、最初の利息の支払は、一七九〇年一月一日とし、それ以外の〔＝二回目以降の〕支払は、その後六ヵ月ごとに、国庫行政官によってなされる。第四条、各貸し手には、下記雛形による契約書の確約と共に、その〔貸し手の〕名前で、金銭受領証（des quittances de finances）が交付される。第五条、千リーブル以下には、いかなる受領証も発行されない[68]」と。

（七）　八月十日

翌八月十日朝九時から始まった会議では、まず二日前の夜の会議で問題になった国内治安の悪化が議題として取り上げられた。起草委員会が作成した「公的静謐の再建のための決定草案」を、タルジェが提案した。この草案は、治安維持のために軍隊の力を地方で活用すること、その国民衛兵は、平和と市民の防衛のために尽くし、安寧を乱す者と闘うことなどを宣誓すること、また、すべての公務員は国民、国王および法に忠実である旨宣誓すること、などを規定することを要点とし、国内秩序の維持のみならず、明らかに軍隊および公務員の士気を高め、組織の秩序維持を図ることを目的としていた。そしてこの決定案は投票に掛けられ、問題なく可決された(69)。

そこでつぎに議会は、借款や治安回復の議論で八月七日以来棚上げにされ、議論が残されている、封建的特権の廃止に関する審議を再開した。起草委員会草案の第七条が規定する十分の一税に関する議論に入る前に、ティブトー侯爵（le marquis de Thiboutot）が、貴族に認められてきた名誉特権を他の特権と同時に否定することに対して反対する、長い発言を行なった。すなわち、「〔草案は、〕貴族階級に封建的諸権利の廃止を告知しているようである。封（fiefs）の存在がこれら権利の上に成り立っていることは確かなことであり、また、貴族の栄誉（les distinctions）が封の存在の上に成り立っていることも確かなことである。そして、みなさん、みなさんがこの名誉特権を剝奪しようと望むのは、金銭的特権が草案によって自発的に犠牲にされた後のことでしかないと、私は信じております(70)」と。そして、その主張の根拠は、封建的特権はそもそも間違ったものではないという、すでに国民議会には受け容れ難い理由であった。さらに、仮に国民議会が特権を廃止するのであれば、最高額での補償が必要である、つまり貴族の特権の廃止は有償でなければならないと主張する。「少なくともフランスにおいては一般的に、不正義または抑圧的であると見なされうるような封建的権利は、もはや存在していない。……そして、我々の部会に提案されている諸権利宣言草案の一つにいみじくも述べられているように、いかなる市民も、公の利益のためであれ、その財産〔の補償〕が支払われるという条件の下でしか、財産を剝奪されず、……自発的にそれを売却しない所有者への補償は、法律によって定められた比率による増額が」なされなければならない[71]、と。この期に及んでも抵抗をするティブト侯爵のような貴族の主張によって、国民議会では「強烈な不満が惹起」[72]され、それ以上の議論もないまま、草案第七条の審議へと移った。

まず、アルグイエの主任司祭グットゥは、借款の保証として教会財産を没収することに関して、まったく贅沢な生活をしていない田舎の教会およびその聖職者については除外し、限定的であるべきだと主張する。すなわち、「オタンの司教は、聖職者階級の全財産及び構成員の俸給を奪うことを、国家に対して提案している。私はこの問題をしばしば考慮したが、率直に告白すると、そのことには大変な困難を見出す。与えることに関しては、司祭や、みなさんが存続させたいと思う教会（maisons religieuses）に対しては、金銭を与えるよりも、その存続のために十分な不動産（des biens-fonds）を与えるべきでしょう。……十分の一税および教会の廃止によって、国のための財源を見出すことは、いつでも可能なのです〔から〕。……祭壇や司祭、困窮者〔の生存〕を維持するに必要なものを超える教会財産は、国民の負担軽減のために用いるべきである」[73]と。国民議会の趣旨は、地方で人々と接する地位にある主任司祭などからすべてを奪おうとするものではなかったから、最終的な案の第五条に、このような理解が盛り込まれることになる。

さて、つぎに十分の一税に関する議論では、タルジェが、草案の第七条が「金銭的賦課租に転換可能」であり、また「買い戻しうる」としている点につき、そのような措置は暫定的なものであると主張した。「十分の一税の払い戻し（le remboursement des dîme）を宣することで、おそらく議会は、教会の取り扱いに関して決定するまでの間、それを暫定的な享有に任せたのである」[74]と。また、十分の一税について教会のそれとそうでないそれとを区分した上で、前者を無償廃止し、後者は買い戻し可能とするべきだと主張したのは、ヴィリエ（Villiers）であった。すなわち、「教会の十分の一税と、世俗の十分の一税を区別する必要がある。前者は、土地に対する課税で、金持ち

(capitalistes) には打撃を与えるものではないが、後者は時代の経過と共に家系のうちに所有権となったものである。したがって以下の条文を提案する。『教会の十分の一税はいかなる性質のものであれ、消滅させられ廃止される。不動産賃料 (rentes foncières) として知られる世俗の十分の一税は、国民議会によって規定される率と方法によって買い戻しうる』と。[75]

さらにつぎのブザンソンの代表ラプール (Lapoule) は、それぞれの地方での実際の十分の一税の問題について触れ、無駄となる税についての無償廃止を主張する。すなわち、十分の一税の支払い方法は、地方により家畜や農作物などの物納であったり金納であったりと異なる上、同じ地方でも年ごとにそれら多様な方法を使い分けざるをえなかったりなど、とても複雑な状況であること、また十分の一税は司祭や主任司祭が人々のために行なう祭礼や奉仕に対するお礼として課されている場合も多く、一定額でもないなど、さまざまな要因に基づいて支払われている。そして、問題なのは、「基本的に実質的生産の三分の一を賦課租として取っている地方では、工作者として有用な階級を滅ぼし、落胆させる。〔そしてそれは、〕聖職者のほとんどが、その宗教〔＝キリスト教〕が是認せず非難するような、無為で贅沢な生活を送り、また、役に立たない修道院や豪華な会議室、大修道院や小修道院に不必要な提供をするために使われている」ことである、とする。[76] したがって、先に発言した主任司祭グットゥと同様に、そのような贅沢や無駄のためではなく、必要なものに対する支出については容認するという内容の提案をする。すなわち、「但し、他の方法で、祭祀に関する支出、祭壇司祭の維持、その他司祭の管轄する教区の管理に関わるものの維持に備えるためのものは除き」教会の十分の一税は廃止する、と。[77]

これに対し聖職者を中心に再反論が唱えられる。まず、ランジュイネ (Lanjuinais) が、十分の一税は聖なるものだから、廃止に当たっては買戻しをするべきであると主張し、主任司祭ル・フランソワ (Le François) は、困窮者を救済する方法を司祭が失うことにもなり、また、若い祭壇司祭を教会から遠ざけることになるから、十分の一税の廃止に反対であると主張した。さらにジャレ (Jallet) 司祭およびその他の代表は、十分の一税が物納であることを望む住民や司祭が多いから、十分の一税を金銭給付に転換可能とすることに反対するなど、議論が錯綜した[78]。これを受けて、ディジョンの司教デモンティエ・ド・メランヴィルも、一部金銭給付化に反対する。「国民議会が十分の一税を、危険がないないわけではない金銭給付に転換しなければならないと言うのなら、転換を害する一部買戻しは認めるべきではない。……というのは、教会が財産無しでないというのは、国家の利益であり、また宗教〔＝キリスト教〕および国民議会の利益でもあると思うからだ[79]」と。さらにグレゴワール神父は、草案条文中の「封地的（inféodées）」という言葉に異議を唱える。すなわち、「起草〔された条文〕は悪である（vicieuse）。封地的という言葉は無益であるから削除し、不動産に関して〔金銭給付への〕転換をし、一部買戻しは認めないとの命令をするよう提案する[80]」と。また、ラングルの司教ラ・リュゼルヌは、そもそも教会の十分の一税を世俗の十分の一税、封地的十分の一税と区別することの意味を問う。「四日夜の決議は、買戻しを明言した。すでに決定されたことに反するようなことはできない。教会の十分の一税は、法律によって、また、これまでのすべての全国三部会によって承認されてきた、聖なる一つの財産である。もしそれが不当なもの（abusive）なら、世俗の十分の一税もそうではないのか？もしそうなら、なぜそれら〔＝世俗の十分の一税〕はすべて買い戻されるのか[81]？」と。この発言に対しては、不満の声が議場のあちらこちらから聞かれた。

このように繰り返される議論に、シャセ（Chasset）は、教会の十分の一税は他の十分の一税や賦課租とは性格が異なるので、別扱いとしなければならないことを主張する。すなわち、他の賦課租は、他者に売却したり相続させたりして移転するなど、所有権に伴う一般的な処分権が認められているが、「〔教会の〕十分の一税は、聖職者の手中においては、決して売却されることも、継承によって移転することもなく、〔他の賦課租と〕同様の性格を有してはいなかった。したがって、以下のことを結論とする。1、十分の一税はすべて（entièrement）廃止する。ただし、祭祀に関する支出、および、祭壇司祭の維持に関しては配慮をし、その間、慣習となっている方法により徴収される。2、封地的十分の一税に関しては、国民議会によって決定される方式で買い戻されうることを宣言する。

3、しかしながら、教会の十分の一税および封建的権利の価格は、教会財産の放棄（l'aliénation）に関する法律〔制定〕の後にしか、用いられ（employé）ない[82]」と。そしてこれが議会では絶賛された。

シャセの提案を受けて、まずミラボーが、十分の一税がそれまでどのように扱われてきたかを理由に、シャセの主張を支持する。「〔教会の〕十分の一税は、所有ではまったくない。〔というのは、〕所有は、資本（le fonds）を譲渡することのできる人にしか及ばないが、聖職者はこれ〔＝譲渡〕をすることが決してできなかった〔からだ〕。歴史が提供する何千もの事例は、十分の一税の中断や、領主の利益になるような十分の一税の適用や、その他の用法で、その後に教会の修復〔に当てられたの〕である。このように、十分の一税は、聖職者にとっては、毎年の収入（des jouissances annuelles）であり、主権者の意思（la volonté du souverain）によって剥奪可能な単なる占有（possessions）でしかなかったのである。さらには、十分の一税は、よく言われているような占有ですらないのである。それは、祭壇司祭に関する公的奉仕の部分に向けられた寄付（une contribution）なのである[83]」と。その後、ペルピニャンの司教が、草案条文の通り教会十分の一税の買戻しを可能とするよう求めたが、ロデスの司教コルベール（Colbert）などと共にデュポールが、議論の終結を求め、夜の部会へ引き継がれることになった[84]。

午後六時に再開された会議では、真っ先にデュポールが、先にシャセが提案した三つの点を基に、十分の一税の廃止を要求した[85]。しかしこれに対しても、シエイエス神父が反対の意を唱えた。シエイエスの反対意見は、要するに、教会の十分の一税の廃止は有償でなければならない、というものであった。すなわち、「十分の一税は、正当な理由の基に、真に合法的な所有階級〔＝聖職者階級〕に置かれているが、公的事柄のために有害であれば、その種の所有が消滅させられるのと同じように、消滅させなければならない。つまり、補償を与えることである（en offrant une indemnité）[86]」と。さらに、シエイエスは、このように単なる意見を述べるにとどまらず、国民議会代表が真に正義の実現のためにこのような審議をしているのか、そうではなく特定の金持ちの利益のために行動しているのではないか、と疑問を呈し、国民議会の決議の動機自体について、不信感を顕わにする。すなわち、「この偉大なる作業が、人民のために行なわれていることを示すものを捜し求めても、私にはそれを見出すことができない。逆に私が完全に（parfaitement）見出すのは、金持ちの優遇（l'avantage des riches）である。金持ちであればあるほどに得をするような比率で〔世俗の十分の一税の買い戻しは〕計算されているのだ」と。それに対して、金持ちでない聖職者身分は失うばかりであると、一つの身分としての不平を表明する。「聖職者は、もうすでに他〔の身分〕に比して、ずっと多くを失っている。というのも、聖職者身分のみが、犠牲をはらう〔ことのできる〕集団としての集まり（des assemblées de corps）を有し、また、特殊な管理（administration particulière）を有するからだ(87)」と。このような不信感から、国民議会の審議が国民全体のために行なわれているものではないと強く非難する。「私は再度、そして極限まで（jusqu'à l'exrêmité）主張する。これら〔封建的特権の放棄という〕犠牲は、国民の利益のため、〔つまり〕人民の負担軽減のために為されなければならないのであって、不動産所有者の特殊利益、換言すれば一般的に言うところの、社会における最も安楽な階級（des classes les plus aisées de la société）の特殊利益のために為されてはならないのである(88)」と。その上で、起草委員会条文第七条の条文と同様に、十分の一税は買い戻しうるものであるとする条文案を、改めて提示した。

これを受けてモンテスキュー神父も、同様に、教会十分の一税の無償廃止に対して、非常に長い反対意見を披露した。彼の反対意見の要点は、1、教会の奉仕（le service ecclésiastique）は、公的奉仕（le service public）であり、それに必要となる財物はその仕事を委ねられた団体に帰属する。2、したがって、教会十分の一税は、教会に属するものであり、それを剥奪するためには、教会自体を廃止しなければならない、ということである。すなわち、「教会財産は国民に与えられたものではまったくなく、一定の役目（charges）または条件の下、聖職者に与えられたものである。もしも聖職者がその与えられた役目を果たすことを拒否しないのであれば、それを剥奪することはできない。しかし、国民は、聖職者は必要ないと宣言することができる、とされている。……教会の奉仕は、公的奉仕である。聖職者の団体は、それらすべてで政府が構成されるところの、政治的団体の一つである。この資格において、聖職者の団体は公的な事柄として存在し、しかも合法的に存在してきたのである。しかし、あらゆる公的権限がそうであるように、教会の団体も、制憲権（le pouvoir constituant）と呼ばれる国民意思に委ねられ、もしもそれが、それ〔教会の団体〕は無用である、または別様に構築すると判断すれば、矛盾なく、それを完全に廃止することが可能である。しかし、それが存在する以上は、所有者なのである。なぜか？精神的団体としての性格上、それは所有する（posséder）能力を備えている（habile）からであり、実際多くの財産（grands biens）がそれに財産として付与されたからである。……あなたがたは、教会財産に惹かれているのでしょうか。であれば、その団体を破壊しなさい（détruisez）[89]と。また同様のことを繰り返し主張する。「原則に基づこう。聖職者が存在する限り、あなた方は彼らから相続することはできない。その財産が欲しいか。〔であれば、〕所有者を殺しなさい。難しいことではない。制憲権の行為によって、国民は、聖職者の政治的団体をもはや必要としない、もはや欲しないと布告すればそれで十分だ[90]」と。しかしそのような方法によるのでなければ、陳情書の多くが要求しているように、補償が必要であると主張する。「最も重要なのは確かに、すべての所有を保障する法律である。そして、公的事柄に関する利益が〔その所有の〕何らかの部分の消滅（l'extinction）を要求する場合、適法な所有者の手中においてその損失に対する補償を以ってしなければ、〔所有を〕廃止しないとする法律である[91]」と。

しかし、モンテスキュー自身、このような彼の主張がすでに受け容れられるような時期ではないことを熟知していた。そしてそれは、フランス人全体と国民議会への、悲愴感漂う非難として表現された。すなわち、「聖職者の敵は、あまりに激しく〔教会十分の一税の無償廃止を〕押し付ける。また、〔今という〕この時期も彼らの感情を満足させるのに適当なものであるから、〔彼らが〕最低限の注意すら〔教会財産に〕払おうとしないのなら、おそらく、私の批判は、〔今となっては〕あまりに遅すぎたのであろう。であれば、賢明な方々につぎのことを繰り返すことで私は満足しよう。つまり、考える代わりに感じるようになり、また、問題を学ぶ前に決定するようになった時から、フランス人にとって、最も大きな不正義（les plus grandes injustices）を冒すことはきわめて容易なこととなる」[92]と。

（八）　八月十一日

八月一〇日の夜の会議において、シエイエスおよびモンテスキューから、教会の十分の一税の無償廃止に反対する強く長い意見が出されたものの、すでに国民議会の立場は大方決定されていた。この日まずリカール（Ricard）が、シエイエスおよびモンテスキューの意見に極めて簡単に反論した。すなわち、「教会の十分の一税を買い戻すという方法では、国民が過剰な負担を強いられる。それによってあなたたち（聖職者）の収入は増大することになるから、犠牲を払ったことにはならないだろう」[93]と。これを受けて、何人かの主任司祭は、十分の一税を金銭賦課に置き換えることは国民にとってより恐ろしいことであるから、無償放棄し国民の手中に委ねることを約束する文書（des actes）を提出した。そして、これに聖職者が我先にと次々に署名をしたのであった。

このような状況を受けて、パリ大司教のル・クレール・ド・ジュイネ（Le Clerc de Juigné）は、聖職者階級として、十分の一税の全面的な放棄を宣言する。すなわち、「この高貴な国民議会に属する兄弟、協力者、そして、聖職者代表すべての名、そして私自身の名において、みなさん、我々はすべての教会十分の一税を、正義かつ寛大な国民の手中に委ねる」[94]と。これを受けて、さらにラ・ロシュフーコー枢機卿が、ジュイネの発言は、フランス聖職者の決意（le vœu）であることを確認し、ペルピニャンの司教も同様にこれを確認した。そこで、オタンの司教であるタレイラン＝ペリゴールは、前日のシャセの提案にいくつかの修正の付加を提案し、その結果、ようやく最終条文案第五条が完成するに至った[95]。

こうして、ようやく十分の一税に関する議論が集結したので、国民議会は、残る草案条文を矢継ぎ早に審議し決定していく。不動産賃料の買戻しによる廃止を定める草案第八条は、デミュニエの三つの修正提案が受け入れられ、可決された。その修正とは、1、買戻しの方式は国民議会によって定められ、2、物納年貢（champart）、生産物地代（terrage）、その他土地に関する権利をそこ〔＝放棄すべき特権〕に含め、3、その買戻しは、部分的なものではなく連帯した買戻し（le rachat solidaire）しか認められない、ということであった。そしてこれが最終案の第六条となった(96)。

ついで、無料の裁判所の設置および司法官職売買の廃止に関する草案第九条が審議された。ミラボー伯爵は、裁判官職の売買のみを廃止しても、公正な裁判所を国民のために実現するという目的を達成することは難しいので、裁判官職以外の司法関連の官職売買も廃止することが必要であると主張する。「すべての司法官職が、この社会に諸悪を持ち込むことを排除する方法をあなた方が見出せないならば、あなたがたは一撃を欠くことになろう。……いかなる司法関係の官職も、町や村の中に設けられることは認められないよう要求する(97)」と。

続いてタルジェは、直ちに無料の裁判を実現すれば、裁判の職から離れる者がたくさんでてきて、裁判が滞ってしまう可能性があるから、しばらくの猶予期間を設定するべきであると主張する。すなわち、「裁判所は砂漠と化し、我々は裁判所を解体した（désorganiser）という苦悩を味わうことになる。したがって、無料の裁判所を実現するための裁判所の構成として、国民にふさわしい仕方を準備するまで、あなた方の決定を施行するのを最大限待つ必要がある(98)」と。このタルジェの提案を受けて、ラ・ロシュフーコー公爵は、関連する三つの提案をした。1、正式な官職について償還を準備し、官職売買を廃止すること。2、軍事職に支払うように司法官にも給料を支払う責任を皆は負い、裁判は無料とすること。3、裁判官はその管轄内の、裁判を受ける人によって選出されること、である。これらの修正提案のうち、3、以外の提案が受け容れられて、最終案の第七条ができあがった(99)。

その後、農村の司祭謝礼権を定める草案第一〇条は最終案第八条として、献納金に関する特権廃止を定める草案第一一条は最終案第九条として、あらゆる地域の特別の特権を廃止すると定める草案第一二条は最終案第一〇条として、職業に就く際に市民は平等に扱われると定める草案第一三条は最終案第一一条として、特に内容的な変更はなく極限られた文言修正のみ受けて、完成した(100)。

その後、ラリー＝トランダルが昼の会議終了間際に、草案にはなかった新たな提案をしたため、夜の会議になって、最終案第一二条となるこの提案の審議が持たれた。ラリー＝トランダルの提案とは、ローマ教会との関係を絶ち、聖職禄取得納付金(アナート)を廃止することであった。カミュは、ローマ教皇がこれを濫用し、多くの不当な収入を得ていると指摘し、その廃止に賛成してつぎのように述べる。「〔もともとは、〕教皇に鉛の印璽（des bulles）をもらうときに払ったものであった。そしてこれは〔今〕、教皇庁の最も過酷な圧制の一つである。……〔宗教上の〕統一の中心〔＝教皇〕を認識することは、それ〔＝中心の位置〕を占める司教に献金をすることなしにできるように私には思える。そのほかの〔我々の〕隷属状態（les autres servitudes）は、保証や支払などのためになされる数多くの印璽や署名を〔ローマが我々に〕送付してくることにある。……それは無料ではないのだ。ローマは鉛で封印された印璽を我々に送り、我々は〔フランス〕王国の金を差し出す。……我々はフランスの金をローマの鉛と交換してはならない[101]」と。また、アナートだけではなく、そのほかの理由の分からないデポール（déport）やコット・モルト（cotte-morte）、ヴァカ（vacat）などについても攻撃し、それらの廃止を提案した。これが、最終案第一二条および第一三条に結実した[102]。その後、草案第一五条、一六条、一七条、一八条、および、一九条は、文言修正を多少経て、最終案第一四条から一八条となった。さらに、最終案の最後には、新たに附則的に一条文が設けられた。すなわち、「国民議会は憲法制定後直ちに、議会がこの決議によって定めた諸原則の発展に必要な法律の起草に従事する。この法令は今月十日の決定と共に、代表によってすべての地方へ直ちに送付され、両者ともそこで印刷され、教区の日曜説教でも公表され、また、必要のあるすべての場所に掲示されるものとする[103]」と。

（九）　小括

以上本節においては、八月四日の夜の会議で議決された「封建的諸特権廃止決議」から八月一一日に完成する「封建制廃止令」までの審議の経過を追った。その結果、八月四日の決議においては不完全であった封建的諸特権廃止の詳細が、その後の審議の中で詰められ、より徹底した形で決定されることになった。まず、八月五日に起草委員会が、八月四日夜の封建的諸特権廃止決議を条文化した草案を提出し、八月六日にその審議が開始されるや、この草案の根本的・中心的テーマである封建的特権の廃止、中でも重要な十分の一税や貴族の名誉特権の廃止に真っ向から反対する聖職者と貴族たちの意見が提出されたが、ビュゾー、モンモランシーらの熱弁と、ラ・リュゼルヌやデモンティエ・ド・メランヴィルら聖職者の支持によって排除された。ついで逐条審議に入ると、封建的特権の無償廃止の枠を狭めようとするフーコー、タレイラン＝ペリゴール、サントンジュの貴族と聖職者代表の意見と、タルジェの反対意見とが対立して議論が混沌化した。それを整理するためにデュポールが、「封建的特権を廃止するためには、個々の特権を列挙し一々現保持者の同意を得る必要はない」とすることを提案すると、ムニエが、「諸特権は私的財産として売買されてきたものだから、それを無償廃止することは契約を否定し公的幸福の基礎を覆す」と反対したが、「不正義の権利についてその代替物を要求することはできない」というデュポールの原則論が拍手喝采によって受け容れられ、「国民議会は封建制度を完全に廃止する。マンモルト、人身隷属およびそれらに代わる特権は無償廃止しその他の封建的権利は買い戻しできる」とする改革の基本方針が確定された。

その後八月七日にかけて鳩舎と狩猟に関する特権が審議され、タルジェ、サンテティエンヌ、クレルモン＝トネールらの意見が、議会の多数の賛同を得て受け容れられた。それに続いて、国内治安の回復と国家財政の再建のために三千万リーブルの借款が必要であるとの財務総監ネッケルの審議依頼を受けた国民議会は、八月九日に教会財産を担保にこの借款を了承したが、その審議とそれに続く八月一一日までの審議の過程で、それまで重要な地位を占めていたシエイエスやモンテスキューの反対意見は通用しなくなり、逆に発言力を失っていった。それと同時に、八月六日の時点から、八月四日夜の決議に反対を唱えた聖職者階級全体の発言力も、明らかに減退していったことが見て取れる。これに対し、「教会財産は国民に帰属する」と主張したビュゾーやモンモランシーらの意見は、議会全体に受け容れられる。さらに保守派貴族代表が実態的な封建的特権は放棄してもその階級としての名誉や尊重は失いたくないとする主張は、最終条文の中には盛り込まれはしたものの、その後の議会で貴族特権の存続を主張したティブト侯爵の発言力とともに全体的な信頼を失っていく。これに対して、議会の議論の流れをくみ取り、教会財産を国民の用に供することを承認するとの意見を述べ、それを守ろうとした聖職者を切り捨てたパリ大司教ジュイネやラ・ロシュフーコー枢機卿、オタン司教タレイラン＝ペリゴール、ラ・リュゼルヌは、議会での地位を保持することに成功した。しかしラ・リュゼルヌは、その後の教会十分の一税の議論に際して、世俗の十分の一税との別扱いを不当と主張したことから、信頼を失った。

これに対して、三千万の借款に関する議論においては、カミュ、ラリー＝トランダル、レヴィ公爵らの意見から審議が深まり、借款保証について、バルナーヴやミラボーが自ら保証を提供するべきだとすると、ラコスト侯爵が教会財産を引き当てにすることを提案し、ラメット、グレゴワール神父がこれに賛成して借款が決まる。続く十分の一税廃止に関する議論では、シエイエス、モンテスキューら聖職者および貴族の有償廃止の根強い主張を退け、教会と世俗の十分の一税を分離し前者を無償、後者を有償とするとするシャセの主張を、デュポールやミラボーが支持することにより、長い議論の決着が付けられる。また、不動産賃料の放棄に関してデミュニエ、ミラボー、タルジェ、ラ・ロシュフーコーが、ローマ教皇庁へのアナートの撤廃についてラリー＝トランダル、カミュらが議論を先導していった。

このように、「封建的諸特権廃止決議」から「封建制廃止令」ができあがる一週間の審議の過程で、明らかに議会の主導権が一定の発言者に握られるようになり、一定の方向へと着実に動かされていくようになっていることが見て取れる。逆に、それまで強い影響力を有していた穏健ブルジョワ改革派のムニエと第三身分の代表としてブルジョワ改革派であるのと同時に聖職者でもあるシエイエスやモンテスキューなど保守的な高位聖職者の発言力は弱体化した。また同時に、名誉特権など、最後まで少しでも多くの封建的特権を有償廃止することにこだわった保守派貴族層の発言力と信用度は衰えて行ったのである。

〈第二章第四節〉注

（1）この夜の審議は、*AP*, 8：343-350、ルフェーブル『一七八九年』二六四頁、河野健二『資料』九七―一〇一頁、議事録の翻訳として、澤登佳人／谷口哲也「一七八九年フランス国民議会八月四日夜の会議議事録」法政理論二五巻一号一九九―二二九頁、など参照。また、この日のブルトン・クラブまたは「三十人委員会」での画策については、Kessel, *La Nuit du 4 Août 1789*, pp. 127-132, Paris, 1969. この著者ケッセルによると、七月末で切れたリアンクール公爵の議長任期を継ぐ代表の選挙が八月一日土曜日に実施されたが、人権宣言推進派のシェイエス神父を僅差で破ってそのときに選出されたのは、貴族主義的穏健派のトゥレ（Thouret）であった（四〇二対四〇六）。また、この時点では、最終的に八月の議長を務めることになるブルトン・クラブ創始者の一人であるル・シャプリエは、一一三票しか獲得していなかった。この投票結果に、急進派が集結しているパレ・ロワイヤルでは不満が昂じて不穏な動きが出ることも予想された。そして、八月三日月曜日の議会で土曜日の投票結果がリアンクール議長によって公表されると、議場では不満の声が高まった。それを聞くや、当のトゥレが議長に対して辞退届けを提出したため、新議長選出のための新たな選挙が行なわれ、その結果、ル・シャプリエが大多数の得票により議長に選出されたのである。つまりこの八月一日の時点から、ブルトン・クラブ、愛国派または「三十人委員会」の中で、最終目標へ向けた何らかの意思統一と画策が行なわれていたのであると（Kessel, *id.*, at 119-122.）。

（2）*AP*, 8：343-344（le vicomte de Noailles）.「その他の人身的隷属（貢租）」とは、タイユ、戸別税などと呼ばれ、貨幣または現物で徴収された（ルフェーブル『一七八九年』二七四、二三二―二三三頁）。

（3）*AP*, 8：344（le duc d'Aiguillon）. これら買い戻し可能な諸特権は、具体的には、領主独占権、度量衡検定税、穀物計量税、物的諸貢租で、物的諸貢租には、サンスまたはラントと呼ばれる年貢およびテラージュと呼ばれる収穫作物の十分の一を現物で収める税が含まれる（ルフェーブル『一七八九年』二七四、二三二―二三三頁）。

（4）*AP*, 8：344-345（Dupont de Nemours）.

（5）*AP*, 8：346-347.

（6）*AP*, 8：348-349.

（7）*AP*, 8：349.

（8）*AP*, 8 :350. 議事録では、この日の決議を以下のようにまとめている。「いかなる名称の下に存在しようとも、農奴およびマンモルトの身分（qualité）の廃止。領主の諸権利を償還する権能（faculté）。領主裁判権（juridictions seigneuriales）の廃止。狩猟、鳩舎、禁猟地（garennes）の独占権（droit exclusif）の廃止。十分の一税の代わりとしての（représentative）、金銭による租税。いかなる種類のものであろうとも、すべての十分の一税の可能な買戻し。すべての特権および金銭的免除の廃止。いかなる種類の租税であろうとも、地方議会により最終決定されるところに従って、一七八九年の初めから数えての、租税〔負担〕の平等。民間と軍との職への、すべての市民の受け入れ。無料の裁判所を〔裁判を受ける人の〕近くに設置すること、および官職の売買（vénalité des offices）を廃止することの宣言。地方と都市との特別の特権の放棄。強制的委任（des mandats impératifs）を受けている代議員が、委任者の同意を促すために、委任者に速やかに手紙を書き送る、という宣言。いくつかの都市、パリ、リヨン、ボルドーなどの特権の放棄。家臣封収益徴税権（droit de déport et vacat）、聖職禄取得納付金（annates）、二重の聖職禄（pluralité des bénéfices）の廃止。資格なくして獲得された年金の一掃。誓約職業役員職（jurandes）の改革。この日の記憶を永遠ならしめるために鋳造されるメダル。」澤登佳人／谷口哲也、前出注（1）二二七―二二八頁。

（9）*AP*, 8 : 352.　それら同意をしたのは、アルザスの聖職身分および貴族身分の代表ブロイ公（le prince de Broglie）、アルザスの王領共同体および同村（communes et des villes impériales d'Alsace）の代表リュウベル（Rewbell）およびベルナール（Bernard）、ベアルンの聖職身分代表ソリンヌ神父（l'abbé Saurine）、ベリー・バイヤージュの貴族代表クレルモン＝モン＝サン＝ジャン侯爵（le marquis de Clermont-Mont-Saint-Jean）、ドラギニャン・セネショセの貴族代表ブローヴ子爵（le vicomte de Broves）およびジュイネ伯爵（le comte de Juigné）である。そして、この日、デュポールによって作成されたこの十九箇条の草案は、すぐさまパリにおいてかなりの部数の印刷がなされ、パリのみならず、全国に配布され、各地の新聞紙上でも公表され、絶賛を浴びたのである。Kessel, *supra* note (1) at 230, 232.

（10）*AP*, 8 : 352-353.

（11）*AP*, 8 : 353（M. Le curé de...）〔議事録表記のママ〕。

（12）*AP*, 8 : 353（M. Le curé de...）〔議事録表記のママ〕。

（13）*AP*, 8 : 354（Un ecclésiastique）.

（14）*AP*, 8 : 354（M. Buzot）.

（15）*AP*, 8 : 354（Un membre de la noblesse）, *AP*, 8 : 354（M. Le comte de Montmorency）.

（16）*AP*, 8 : 354（M. De la Luzerne, évêque de Langres, M. Desmontiers de Mérinville, M. l'abbé Guttes）

（17）*AP*, 8 : 355.

（18）*AP*, 8 : 355（M. de Foucault, député de la noblesse）.

（19）*AP*, 8 : 355（M. de Talleyrand-Périgord）.

(20)　*AP*, 8 : 355 (M. Target, Un membre).
(21)　*AP*, 8 : 355 (Un membre de la noblesse de Saintonge).
(22)　*AP*, 8 : 355 (M. Duport).
(23)　*AP*, 8 : 355-356 (M. Mounier).
(24)　*AP*, 8 : 356 (M. Duport).
(25)　*AP*, 8 : 356.　この日のこの経緯およびデュポールが完全に封建制を破壊しその上に新しく人権宣言を構築するべきであると考えていたことについては、Kessel, *supra* note (1) at 202-204.　これによると、後にデュポールとともに三頭の一人となるアレクサンドル・ラメットの著作（*Histoire de l'Assemblée constituante*）に、つぎのように記されている。すなわち、デュポールは「正当にも、抑圧的体制〔＝旧体制〕の結果と力による果実であることが明らかであるものを、まず破壊することから始めなければならないと考えた」と。そしてこの日、それが第一条に、明確な形で条文化されたのである。
(26)　*AP*, 8 : 356 (M. le comte de Mirabeau).
(27)　*AP*, 8 : 357 (Un autre membre).
(28)　*AP*, 8 : 357 (M. l'abbé Sieyès, Un membre, M. Target, Un député d'Auvergne, M.***, cultivateur).〔議事録表記のママ〕
(29)　*AP*, 8 : 357 (M. Rabaud de Saint-Etienne).
(30)　*AP*, 8 : 358 (M. Target, M. le Président).
(31)　*AP*, 8 : 358 (M. de Custine).
(32)　*AP*, 8 : 358-359 (M. Malouet, M. d'Ambly, un député breton).
(33)　*AP*, 8 : 359 (M. Target).
(34)　*AP*, 8 : 359 (M. de Clermont-Tonnerre).
(35)　*AP*, 8 : 359 (M. le duc d'Orléans).
(36)　*AP*, 8 : 359 (M. le Président).
(37)　*AP*, 8 : 359 (D'autres membres).
(38)　*AP*, 8 : 359 (M. Le comte de Mirabeau).
(39)　*AP*, 8 : 359 (M. Fréteau).
(40)　*AP*, 8 : 360.

(41) *AP*, 8 : 360 (M. le Président).
(42) *AP*, 8 : 360 (M. Champion de Cicé, archevêque de Bordeaux).
(43) *AP*, 8 : 361 (M. Necker).
(44) *AP*, 8 : 362 (M. Necker).
(45) *AP*, 8 : 362 (M. de Clermont-Lodève).
(46) *AP*, 8 : 363 (M. ***).〔議事録表記のママ〕
(47) *AP*, 8 : 363 (M. Camus).
(48) *AP*, 8 : 364 (M. de Lally-Tollendal).
(49) *AP*, 8 : 364 (M. de Lally-Tollendal).
(50) *AP*, 8 : 364 (M. de Custine, M. Pison du Galland).
(51) *AP*, 8 : 364-365 (M. le comte de Dortan, M. Lemoine de Belle-Isle). またそれら以外の反対意見について一まとめにして、議事録は、「何人かの他の代表が、続いて発言し、この〔草案の〕条文の根本に触れた（touchent au fond）」としている。
(52) *AP*, 8 : 365 (M. le Président).
(53) *AP*, 8 : 365 (M. le Président). その後八月一一日までの間に、「補償」について、「いかなる（aucune）」との文言が付加され、「いかなる補償もなしに」廃止される、となった。
(54) *AP*, 8 : 365 (M. le duc de Lévis).
(55) *AP*, 8 : 365-366 (M. Buzot).
(56) *AP*, 8 : 366 (M. le comte d'Antraigues).
(57) *AP*, 8 : 367 (M. de Lally-Tollendal).
(58) *AP*, 8 : 367 (M. Barnave).
(59) *AP*, 8 : 368 (M. le comte de Mirabeau).
(60) *AP*, 8 : 369 (M. le comte de Mirabeau).
(61) *AP*, 8 : 369 (M. le marquis de Lacoste).
(62) *AP*, 8 : 370 (M. le marquis de Lacoste).
(63) *AP*, 8 : 370 (M. le chevalier Alexandre de Lameth).

(64) *AP*, 8 : 370 (M. de Lubersac, évêque de Chartres, M. l'abbé de Montesquiou).
(65) *AP*, 8 : 371 (M. le vicomte de Mirabeau, M. le vicomte de Noailles).
(66) *AP*, 8 : 371 (M. l'abbé Grégoire).
(67) *AP*, 8 : 373 (M. Malouet, M. le duc Chatelet).
(68) *AP*, 8 : 376.
(69) *AP*, 8 : 378.
(70) *AP*, 8 : 379 (M. le marquis de Thiboutot).
(71) *AP*, 8 : 380 (M. le marquis de Thiboutot).
(72) *AP*, 8 : 380.　しかしながら、最終的な条文では、就職に関する出生による差別の禁止を定める第一三条の後段において、有用な職へ就くことによって貴族資格を喪失しないとする、身分名称上の保障のみ確保されることになる。
(73) *AP*, 8 : 381, 382 (M. Gouttes, curé d'Argelliers).
(74) *AP*, 8 : 382 (M. Target).
(75) *AP*, 8 : 382 (M. de Villiers).
(76) *AP*, 8 : 384 (M. Lapoule, deputé de Besançon).
(77) *AP*, 8 : 384-385 (M. Lapoule, deputé de Besançon).
(78) *AP*, 8 : 385 (M. Lanjuinais, M. Le François, curé, M. Jallet, curé)
(79) *AP*, 8 : 385 (M. Desmontiers de Mérinville).
(80) *AP*, 8 : 385 (M. l'abbé Grégoire).
(81) *AP*, 8 : 385 (évêque de Langres).
(82) *AP*, 8 : 385 (M. Chasset).
(83) *AP*, 8 : 386 (M. le comte de Mirabeau).
(84) *AP*, 8 : 386 (M. Duport, M. Colbert de Seignelay, évêque de Rodez, et M. Garat, le cadet).
(85) *AP*, 8 : 386 (M. Duport).
(86) *AP*, 8 : 387 (M. l' abbé Sieyès).
(87) *AP*, 8 : 388 (M. l' abbé Sieyès).

(88) *AP*, 8 : 389 (M. l' abbé Sieyès).

(89) *AP*, 8 : 389 (M. l' abbé de Montesquiou).

(90) *AP*, 8 : 390 (M. l' abbé de Montesquiou). このような言説は何度も繰り返される。すなわち、「所有者が存在する限り、彼が担当する奉仕 (le service) を監視し指揮することしかあなた方にはできない。その所有の一部分が害悪をもたらすのであれば、補償をもってそれを廃止しなさい。その所有に関してあなた方に計画があるのなら、別の行動 (une autre conduite) が開かれている。つまり、その政治組織または精神的団体を破壊しなさい。または、正式な用益権者 (usufruitiers titulaires) の死を待ちなさい」(*AP*, 8 : 392) と。

(91) *AP*, 8 : 393 (M. l' abbé Sieyès).

(92) *AP*, 8 : 393 (M. l' abbé Sieyès). このようにして教会財産が奪われることになった裏には、「ブルトン・クラブ」の計略があったことを指摘し、それを非難する論述がモルレ神父 (l'abbé Morellet) によってなされている。すなわち、「百人、二百人のコミューン代表からなるこのクラブは協調して議会に、ゆるぎない意見〔＝教会財産の没収という意見〕を持ち込んだ」と。Morellet, Réflexions du lendemain sur les Arrêtés pris dans l'Assemblée Nationale relativement aux biens ecclésiastiques, le 11 août 1789, cité par Kessel, *supra* note (1) at 220.

(93) *AP*, 8 : 394 (M. Ricard).

(94) *AP*, 8 : 394 (M. Le Clerc de Juigné).

(95) *AP*, 8 : 395.

「第五条　あらゆる種類の十分の一税およびそれに代わる賦課租は、それらがいかなる名称で知られ、また予約納の場合を含めて徴収されていても、世俗聖職者および修道士の団体、聖職禄保有者、教会財団およびすべての永続的法人団体によって保有されているものでも、マルタ騎士団および他の宗教的軍事団体によって保有されているものでも、また、主任司祭年金の選択権により、それに代わるものとして世人に委ねられたものでも、廃止される。但し、祭祀の支出、祭壇司祭の維持、貧困者の救済、教会および司祭館の修理および再建、すべての施設、神学校、小学校、中学校、病院、修道院その他、現にその維持に十分の一税が使われているものについては、他の方法で補助を与える手段を考慮することにする。

しかしながら、そうした手段が講じられ、かつ旧保有者がその代替物を享受し始めるまでは、国民議会は、当該十分の一税が法律に従って、かつ慣習となっている方法によって、引き続き徴収されることを命ずる。

その他の十分の一税については、いかなる性質のものであっても、議会が定める方法によって買い戻しうるものとする。その事項について規則が定められるまでは、国民議会は、その徴収も同様に継続されることを命ずる。」

(96) *AP*, 8 : 395.「第六条　すべての不動産賃料は、物納であれ金納であれ、その種類、起源がいかなるものであれ、またそれが永続的法人団体、親王領地、マルタ騎士団などの誰に払われているものであれ、買い戻しうるものとする。あらゆる種類またあらゆる名称の物納年貢も、議会の定める料率で同様に買い戻しうるものとする。さらに、償還されないいかなる賦課租も、将来、創設することを禁止する。」

(97) *AP*, 8 : 395 (M. le vicomte de Mirabeau).

(98) *AP*, 8 : 395-396 (M. Target).

(99) *AP*, 8 : 396 (M. le duc de Larochefoucauld).「第七条　司法官職および市町村官職は直ちに廃止される。裁判は無償で行なわれる。但し、これら官職の保有者は、その償還を付与する方法が議会によって定められるまでの間、引き続きその職務を遂行し、かつその報酬を受ける。」

(100) *AP*, 8 : 396.　但し、議事録はここで、草案条文番号の表記から、最終案条文の表記に変更されている。また、この部分、つまり最終案第八条、九条、一〇条、一一条に関する言及が議事録では落ちており、単なる文言の修正しか行なわれなかったことを示している。「第八条　農村の司祭の謝礼権は廃止される。司祭年金の増額および助任司祭の年収の増額が定められると直ちにその支払は停止される。また、都市の司祭の待遇を定めるための規則が制定される。第九条　献納金に関する、金銭的、人的または物的特権は永久に廃止される。徴収はあらゆる市民とあらゆる財産に対して同じ方法と形式で行なわれなければならない。また、あらゆる租税の比例的支払を実行する方法は、当該課税年度の最後の六カ月についても、通知されなければならない。第十条　国の憲法および公的自由は、数個の地方が享有する特権よりも地方にとって有益であり、帝国のすべての部分の緊密な統一のために〔特権を〕犠牲にすることは必要であるから、地方、大公領、地域（pays）、カントン（cantons）、都市、住民共同体（communautés d'habitants）のあらゆる個別的特権は、金銭的なものであれその他のあらゆる性格のものであれ、復帰することなく廃止され、フランス全国民共通の法の中に融合するものとなる。第一一条　出生による区別なく、あらゆる市民は、教会の、民間のそして軍の、あらゆる職および顕職に就くことができる。また、いかなる有用な職業も貴族資格の喪失（dérogeance）を伴うことはない。」

(101) *AP*, 8 : 396 (M. Camus).　カミュは、そのほかの権限濫用として、ローマだけではなく、アヴィニョンの副教皇特使（la vice-légation）にもアナートを出さねばならないし、リュセルヌの教皇庁大使（la nonciature）にも出さなければならないことなどを挙げている。

(102)　*AP*, 8 : 397 (M. Camus).　「第一二条　将来においては、ローマ教皇庁、アヴィニョンの副教皇特使、リュセルヌの教皇庁大使のいずれにも、アナートとして、またいかなる他の原因によるものとしても、いかなる奉納金も送付しない。しかし、司教区は、すべての利益および支出の保証について、その〔司教区の〕司教に照会するものとする。それら〔保証〕は、あらゆる留保にもかかわらず、月ごとに期待され分割され、無料で承認される。フランスのすべての教会は同様の自由を享有する。第一三条　デポール、コット・モルト徴収権、デプイユ (dépouilles)、ヴァカ、サンス徴収権、サン・ピエールのドゥニエ、その他同様に司教、司教代理 (archidiacres)、司教代理司祭 (archiprêtres)、司教座聖堂参事会 (chapitres)、第一主任司祭 (curés primitifs) その他のために設置されたものは、どのような名称のものであれ、廃止される。但し、充分な年俸を有さない司教代理および司教代理司祭の年俸については、〔彼らに属するものとして〕配慮する。」

(103)　*AP*, 8 : 398.「第一四条　二重の聖職禄は、そのとき、正式に所有する一つの聖職禄または複数の聖職禄からの収入が、三千リーブルを超える場合、もはや将来には存在しない。また、聖職禄上の複数の年金、または、一つの年金、一つの聖職禄も、この種のものからの産物がすでに同様に三千リーブルの額を超えている場合には、もはや所有することは認められない。第一五条　国民議会に報告される年金、恩赦および待遇の状況については、国王の同意の下、国民議会が、過剰なものの廃止を行なう。但し、国王がこの目的のために自由に使うことのできる総額の将来の決定は、この限りではない。第一六条　国民議会は、フランスの幸福のために採られた偉大かつ重要な議決を記憶するために、メダルを鋳造し、神への感謝として王国のすべての教区と教会において、テ・デウムを歌うことを命ずる。第一七条　国民議会は、ルイ十六世をフランスの自由の復興者であると、厳粛に宣言する。第一八条　国民議会は、陛下への感謝の標として採択したばかりの決定を陛下に提示するために、一団となって御前に参じる。陛下は、テ・デウムが陛下のチャペルで歌われ、陛下自身がそこに臨席されんことをお許しになるよう、懇願されることであろう。」

第五節　八月一二日から人権宣言草案確定まで

前節では、八月四日夜の封建的諸特権廃止決議を受けて八月一一日に「封建制廃止令」ができあがるまでの審議を検討し、議会審議の主導権が、それまでの保守派聖職者や貴族階級から、革新派または急進派の「三十人委員会」の代表たちに、明らかに傾いていく状況を明らかにした[1]。本節では、八月四日以来中断されていた人権宣言に関する審議が八月一二日に再開され、このようにこの一週間で変遷した議会主導権のもとで、八月二六日に草案完成にいたるのまでの議論を検討していく[2]。

（一）八月一二日―八月一四日

八月一二日、デミュニエは人権宣言の審議を国民議会全体においてすることがいかに非効率であるかについて議論し、五人からなる委員会を構成してそこで検討をさせるべきであると主張した。「もし我々が〔全体〕会議で、さまざまな人権宣言草案について個別に議論を闘わせるとすると、大変な時間を消失することになる。結論として私は、それらさまざまな草案を審査した後、〔それらを一つにまとめた〕人権宣言草案を来週月曜日〔八月一七日〕の議会審議に提出する委員会の構成を提案する。そして、すでに宣言の草案を提示している代表はこの委員会から除外されることを要求する[3]」と。そしてこの提案が受け容れられ、「五人委員会」が構成されたのである。この「五人委員会」の結論は、一七日にミラボーによって議会に報告されることになる。その報告を概観する前に、この日以後の審議の流れを見ておこう。

翌八月一三日は、国民議会と司法権との境目を明示的に示す必要があるか否かについて多少の議論がなされたが、結論は助言委員会（le comité d'instruction）に委ねられた。つぎに、軍の紀律が乱れていることに対する対応として何をすべきかの議論に移行した。そしてこれについては、服務宣誓の仕方を変更することにしただけであった。こうして昼の会議は終了したが、その日の夜七時の会議においては、前日、構成することが決定された人権宣言草案のための「五人委員会」の委員が決定された。デミュニエ、ラングル司教（M. l'évêque de Langres）、トロンシェ、ミラボー伯爵およびレドン（M. Rhédon）の五名が選出された[4]。それと同時に、つぎの八月一七日月曜日に、提出済みのさまざまな草案を比較検討し一つの草案にまとめたものを議会に提案することを確認したのであった。

その後この夜は、八月一一日の封建制廃止令を受けて、教会財産の清算に関する委員会と司法官職の売却に関する委員会の二つを、それぞれ一五名で構成することに決定すると同時に、委員を誰にするかについての議論が行なわれた[5]。

翌八月一四日金曜日には、デュケノワ（M. Duquesnoy）が、憲法草案について発言することから議論が開始された。彼が言うには、真に必要とされているのは、一般的草案（le plan général）であるにもかかわらず、これまで個別の憲法草案（des plans individuels）が代表個人から国民議会に示されてきたのみである。そして一般的草案については、以前に構成された憲法委員会からは未だに何も示されていない。この反省の下に、彼は自ら憲法の主要目的と関わりのある課題としてつぎの二つを掲げ、それに答える形で一般的草案を委員会は準備していくべきであると議会に強く提案したのであった。それら二つとは、一つめとして、国民議会は永久的なものなのか期限付きのものなのか、また、その代表者の資質とはどのようなものなのか、二つめとしては、国王立法権の国民議会に対する影響力はどのようなものとなるのか、つまり拒否権を国王は有するのか、またそれは制限的なものか絶対的なものか、また、国民議会は一院制か二院制か、二院制であればそれぞれの院はどのような権限を有するのか、であった。

これを受けてヴォルネーは若干の修正を行なった。すなわち、国民議会の構成や権限を議論する前に、その下位の地方議会などの構成および役割について議論をし、それらを積み上げた上で、国民議会の議論をするべきである、と。つまり、小教区議会（les assemblées paroissiales）、市町村議会（les assemblées municipales）、地方議会（les assemblées provinciales）をいかにするべきか議論し、最後に国民議会について検討するべきだとした。このヴォルネーの意見をデュケノワは歓迎したが、モンモランシーは、このように憲法草案に何を優先的に盛り込むかなど憲法自体を議論することは、人権宣言の議論にまず邁進するとのすでに決定した方針に反するとして異議を唱えた。その後、プリユール（M. Prieur）が人権宣言の作業が多少遅れてもヴォルネーの修正を可決し、国民議会のあり方についての議論を優先すべきであると主張したが、最終的には投票に付され、この件について審議をこれ以上進めないとの結論に至った[6]。このように、人権宣言に関するさまざまな議論を早急に終了させ、人権宣言をまず完成させ、その上で、国民議会のあり方を含む新しい国のあり方を決める憲法草案の議論へと移るという以前の決意を、あらためて確認することになったのであった。

（二）八月一七日

ル・シャプリエを引き継いでこの日議長になったクレルモン＝トネールの演説に続いて、「五人委員会」を代表してミラボーが、準備した人権宣言草案について演説を行なった。その内容は第一に、前の週の金曜日からその日までのほんの三日間で、二十ものさまざまな人権宣言草案を一つにまとめるという作業がいかに困難であったか、またアメリカの宣言と異なり、哲学的な演繹法を用いて宣言を作成すること、さらに人の本性に属するものとそうでないものとを区別することがいかに困難であったかなど、作業の苦悩を訴えるものであった。「人権宣言は困難な作業である。憲法の前にこれまでなかった前文として置かなければならないのだからなおさらである。さらに、異なる構想上（sur des plans divers）誕生した二十ものそれぞれ敬意に値する草案を一つに溶解し、そこから理性の働きによってではなく事実に関する印象によって、自由を求めている多くの人々一般にとって有益な結果を抽出する作業を三日間で行なわねばならないのだから、ますます困難である。……〔アメリカ人は権利の宣言から〕意図的に科学を遠ざけ、その人たちだけに自由が重要でその人たちだけが自由を維持できるとすることで、容易にその人々のものになる形式を、どのように構成するかを〔彼らは〕問題とし、そのような政治的真実（les vérités politiques）を提示した。しかしこの方法を我々が取るならば、経験的に大きな困難があることを承知しなければならない。それは、人の本性に属するものとしかじかの社会において得た修正とを峻別すること、また、詳細に入ることなく、法律の形式を取ることなく自由の原則すべてを明示すること、専制君主への宣戦布告ではなく人権宣言を作るまで、専制政治の濫用への恨みに身を委ねないことである[7]」と。つぎにミラボーは、そのような困難な状況にもかかわらず、「五人委員会」は草案を完成させたのであるが、それを議会に提示するに際し、草案は極めて単純で普遍的な内容を規定しようとしたものであることを強調する。すなわち、「もしも人権宣言が理想的完璧さ（une perfection idéale）に対応することができるのであれば、それは結果的に、〔憲法から〕切り離せばあまりに奇妙なので切り離すことが不可能であり、また、そこからあらゆる憲法が誕生するほどに、単純、明白かつ肥沃な自明の理を含むものである[8]」と。

その直後にミラボーは「五人委員会草案[9]」を提示したが、八月二六日に採択されることになる最終的な確定草案には、その前文部分のみが生かされるだけで、本文の一九条項は議会審議の対象から除かれる運命となったのである。この草案はその日印刷され検討のため各部会に配付された。そしてこの草案を検討した各部会は、翌八月一八日に再び全体会議で議論をすることになったが、矢継ぎ早に否定的な意見が提示されたのであった。以下、その議論を概観しよう。

(三)　八月一八日

まずクレニエールは、ミラボーが草案提出直前に述べたように、「アメリカの宣言の例をしばしば聞くが、そのようにして〔アメリカで宣言が〕作られるとしたら、それは奇妙な（absurde）ことだと思う[10]」と述べ、まず草案作成に関してアメリカとの比較をする点について疑問をはさむ。また、「五人委員会」の草案が一つの案としてまとまっていない点についても、問題視する。すなわち、「『五人委員会』は一九箇条の草案を我々に提示した。〔しかし別の〕委員は、二〇箇条の草案を示したし、もう一人の委員は三〇箇条の草案であった。結局七六箇条にも上っている[11]」と。このように、「五人委員会草案」に反対の意思を明らかにした上で、もっと単純な自分の宣言案を再度提示し、これを採用するよう働きかける。「もし誰かが、その観点の単純さ（la simplicité de ces vues）に驚くようであれば、私は喜んでその人に、単純な観念に到達することは苦労なしでは〔ありえ〕ないと宣言しよう[12]」と。

続いて反対意見を述べたのは、デュポールであった。彼は、議論しなければならないポイントを三つに整理する。一つめに、「構想（le plan）を検討する、つまり草案（l'ouvrage）の全体的体系（le système général）を検討すること。」二つめに、「各条文の真実性または虚偽性（la vérité ou la fausseté）を議論すること。」三つめに、「起草の方法」であるとする。その上で、我々は、「すべての人、すべての国民に適合的な宣言を望んだ。ヨーロッパ〔全土〕を目の前にしてこれを約束した」と述べ、普遍妥当的な人権を探し出し、それらすべてを盛り込むというのが自分たちが決断した人権宣言であり、そのようなものであるべきことを確認する。つぎに、これまでの議論と今現在の状況を振り返り、つぎのような基本的な問題を提示する。すなわち、「我々の前に提示された異なる草案の中に、それなしでは人は本質的に自由でない、本質的な権利のすべてが表明されていたわけではなかった。もちろんそれら〔権利〕を見いだす（saisir）ことは困難であるが、私にはつぎのような質問を提示することでもっと容易にそれらを見出すことができるものと思われる。つまり、それがあればあなたがたは自由となる権利、また、〔それがなければ〕あなたがたは自由でなくなる権利とは何か？〔という質問である。〕……〔人権〕宣言の目的とは、したがって、そのような権利すべてを理解することである。〔それら権利が〕憲法に反することになったらどうするか？〔人権〕宣言は、権利を打ち立てる（établir）ためのものであり、憲法はそれらを修正し限定する（circonscrire）ためのものである。〔したがって、〕人権宣言を憲法と別に作成することは何ら問題ない[13]」と。その上で、「五人委員会草案」は不十分であるから、別の委員会によるやり直しを求める。「『五人委員会』の草案を採択するべきか？　この草案は、我々が与えたその定義について〔何も〕答えていないから、不備である（vicieux）。我々に提示された〔人権〕宣言草案は、おそらく最も不完全（défectueuse）ではなかっただろうという慰めはあるものの、我々は『五人委員会』を任命したその時点へと戻ってしまったのだ。最後に、草案作成をもっと少数の代表の掌中に委ね、さらに検討させる必要があると私は考える。〔そうすることで〕起草者意見の間における矛盾はもっと少なくなるであろうから、〔人権〕宣言草案にさらに明確さ、整然さそして強固さ（plus de clarté, plus d'ordre et plus de solidité）が浸透するだろう[14]」と。このようにデュポールは極めて論理的に、何が人権宣言の中に求められ、憲法との関係はどうあるべきかを説明しつつ、「五人委員会草案」をその点でまったく不完全であるとして、説得力をもってかなり厳しく批判したのである。

このような反対意見はさらに他の代表によっても続けられた。ボネー侯爵（le marquis de Bonnay）は、デュポールと同様に、我々の作業が「五人委員会」任命の時点に戻ってしまっていることを嘆き、早く作業を進めるために、議論のたたき台となる草案を一つ選び出すことを提案する。「それら〔草案〕から一つを採択しなければならない。憲法委員会は私たちに二つの賞賛に値するもの〔＝草案〕を提示したし、同様にシエイエス神父もそれらに劣るとは思えないものを提供した。そしてこの『五人委員会』のそれも忘れてはならない。したがってこれら〔人権〕宣言〔草案〕から、〔どれか〕一つを選択して、条文ごとに（article par article）討議することを提案する。……〔草案を〕改良（perfectionner）しなければならないのである[15]」と。

つぎに「五人委員会草案」に反対意見を述べたのは、ラボー・ド・サンテティエンヌであった。彼は、ミラボーが草案を提示する直前の説明でアメリカの例を引いたことについて、過敏なほどに反応した。すなわち、「あなたがたの陳情書がそれ〔＝人権宣言〕を語っていた。というのは、フランスはアメリカを例として有するからである。しかし、だからといって、我々の宣言がそれに似たものでなければならないということにはならない。〔なぜならアメリカ人と我々とでは〕状況が同じではない〔からだ〕。〔アメリカ人は〕遠く離れた本国と縁を断ち切り、すべてを新しくするためにすべてを破壊した新しい人民なのだ。……繰り返すが、人の権利の宣言は絶対に必要である。……アメリカ人が人の権利しか宣言しなかったという事実から、我々もそれにとどまらなければならないということにはならない。……もし国民議会が宣言を作成すると決めるのならば、盲従的に従ってはならないし、合衆国の例に限定されてはならない[16]」と。その上で、表向きはこれまでのすべての草案についてだが、暗に「五人委員会草案」について、批判的な意見を述べる。「憲法の準備としては、構想、つまり何らかの順番がなければならないが、〔同草案には〕それがない。そのほかに、草案によって示された観念が仮に真実のものとしても、すべてを一緒のものとして把握することは不可能である（l'ensemble est impossible à saisir）。さらに望むべくは、原則と結論とにおいて、明確さ、真実さ、明瞭さが十分にあって、みながそれらを把握し習得することができることである。……〔宣言が〕不十分となるほどに純粋で単純であってはならない。権利の維持を喚起する原理を永続的なものにしなければならない[17]」と。その上で、シエイエス神父の草案を強く推薦したのである。

このような相次ぐ批判に対して、ミラボーは弁解せざるを得なくなるが、そこにおいてまた大きな失敗をすることになる。まず、すでに提示されていたシエイエスの草案に基礎を置かなかったことについては、それが「いまだ確実にも一般的にも普及しておらず、また普遍的に認められてもいない[18]」と判断したとし、先の論者と正反対の見解を示して、かえって反感を招くことになった。また、「五人委員会草案」として種々の案が登場していることについては、限られた時間内での作成などさまざまな困難に加えて、委員それぞれが別々の考えを持っており、まとまりがつかなかったためであると弁解する。すなわち、「非常に大きなもう一つの困難は、委員会内でしばしば見られた委員の意見の相違である。近視眼的であいまいな見解を有する政治家に倣い下絵（dessin）を描いたのである。ある者が一つの草案を提示すると、別の者がそれを削除する、また別の者は追加をする、多くの草案が出るからより多くの一貫性が求められる、しかし〔本会議に〕提出しなければならない。したがって最終的には、委員会の第一の義務は、全員が同意する観念で構成される草案を提出することである〔と判断した[19]〕」と。そして現実の委員会がそのようなものであるから、デュポールが先に述べたように新たな委員会を構成しても無駄であるとして、悲観的な態度を示す。すなわち、〔デュポールが言うように〕「草案を部会に戻しても、すでに拒否された草案から選択することはおそらくなく、あたかも決して投票に付されえないものであるかのごとくして、実は臆することなく投票で宣言を選択するであろうから、それは無駄である。また、新しい委員会〔を構成して草案づくりの課題をそこ」に送っても、このように言うことをお許しいただきたいが、〔諸草案〕編纂の素案（un canevas de rédaction）はいずれにせよ決定的には停止しないだろうから、それまで長い時間がかかることになり、やはりそれも無駄である[20]」、と。

その後、デミュニエが先のクレニエールの案をヨーロッパが拒否したホッブズの理論であるとして排斥し、投票で「五人委員会」の草案を受け容れるか否か決するべきだと提案したその時に、ミラボーは再び登壇し「爆弾発言」を行なった。それは、「新たに私は、権利の宣言は憲法に不可分・分離不能（intégrante, inséparable）のものとして、憲法の第一章を構成するものとすることを提案する。さらに、……憲法のその他の部分がそれ自身全体的に決定され固定される段階まで、権利の宣言の最終素案の作成を延期することを提案する[21]」と。このような提案は、第一にすでに八月四日の時点で人権宣言を憲法とは別の独立したものとして作成するとした国民議会の決定に反することになる上、第二にミラボー自身を委員長とする「五人委員会」に草案の編纂を依頼した国民議会の意図に反するという二重の意味において、同議会には受け容れがたく、「この新しい動議は、さまざまな代表から激しく批判された」のである。

（四）八月一九日

翌八月一九日には、ラファイエット案に賛成するとするボンヌフォワ神父（l'abbé Bonnefoy）の発言によって、人権宣言の内容に関する議論が再燃した。同神父に続いてペルラン（M. Pellerin）は、あらゆる社会の原理は所有と自由にあるとし、「義務のないところに権利は存在しえないことを確立する必要がある」ので、「社会における人の権利と義務を含む宣言を要求する[22]」と主張した。こうしてあたかも八月四日以前の混沌とした議論に再び戻るかのような様相が早速見受けられた。さらにこれに加えてミラボー子爵（le vicomte de Mirabeau）は、人権宣言をあきらめて、「単に『各人とすべての人の福利のために（pour le bien de chacun et de tous）、我々は以下のものを決定した』

などという文言を憲法の冒頭に置くことを提案する」とし、新たな意見を提示した。しかしこれ以上の議論を許すと、人権宣言の議論はまったく方向性を見失うことになると見た議長のクレルモン＝トネールは、「五人委員会」の人権宣言草案を逐条審議にかけることを認めるか否か、決を採ることにした。その結果、ほぼ満場一致で「五人委員会」の草案はそれ以上審議しないことを決するに至ったのである。[23] しかし、やはり残された問題は、この草案を拒否した上で、今度はどの草案を審議の対象にするかという点であった。

これについて、部会での議論を基本に考えるべきであるとの意見や、憲法委員会の委員が提示した草案を対象にするべきであるとの意見が出た後、イギリスの制度に傾倒しているラリー＝トランダルが長い演説を行ない、ムニエ、ミラボー、ピゾン・ドゥ・ギャランらの草案を統合して議会案とすることを提唱したが、賛同を得ることができなかった。[24] そのため、議論の基礎とする草案を、投票で選択することにした。その結果、六〇五票の多数で同年七月末に国民議会に提示されていた第六部会の草案が、議論のたたき台として採択されたのである。[25] この「第六部会草案」は、その特徴として、人の資質の不平等を前提として権利の平等を唱えていること、権利と同時に義務として他者の権利を尊重することを要求し、その二重関係を強調していること、人々の一般意思の表明として直接的に形成された法律の絶対性を唱えつつも宗教道徳への配慮を行なっていることなどが挙げられる。すなわち――

「第六部会草案」は、自己保存の権利と幸福追求の欲望を自然から付与されているとし、これを実現するために与えられた能力を最大限に活用することに自由があるとする（第一、二条）。そして、その能力の行使から所有権が認められ、自由と所有権において人は平等であるとする（第三、四条）。ところが現実は、そのような自由と権利を行使するための手段について人は平等ではないから、社会を構成し、自己の自由と権利の確保を求めるとする（第五、六条）。社会において人は、自己の自由と権利の正当な行使を確保するために、他者にも同様の行使を承認しなければならず、このような自己と他者の相互性の結果、権利と義務の二重の関係が生じ、これの維持が社会の目的であり、またそのためには法律が必要となるとする（第七、八、九条）。こうして法律の課題は、権利の保障と義務の遵守を確保することにあるとする（第一〇条）。そして社会を構成した後の個人である市民が有することになる第一の義務は、その能力と才能を生かして社会に奉仕することであるとし、それゆえ市民は公務に就くことを要求される権利を有するとする（第一一条）。また、権利保障と義務の遵守確保を目的とする法律は、一般意思の表現であるから、そのためには市民すべてがその形成に直接協力したところの法律でなければ法律とはならないとして、市民の直接的関与を法律の要件とした（第一二条）。ついで、その法律が万人にとって同じでなければならないとして法の下の平等を謳うと同時に、いかなる政治的権威も法律によるのでなければ市民をその下に服従させることはできないとして、政治権威の恣意性を排除し法律による限定を認めた（第一三条）。つぎに罪刑法定主義を定め、また、不利益処分について、法律により法律が定める形式で法律が予見する場合にしか課されることはないとする（第一四条）。また刑罰についても、犯した犯罪の軽重に比例的でなければならないとし、また社会的身分や財産によって差が出てはならず、平等であるべきとする（第一五条）。さらに個人的領域に関して法律は干渉するべきでないとし、その部分についての宗教と道徳の補完性が社会秩序にとって重要であるとすることで、法律のみに価値が偏ることのないように配慮している（第一六条）。つぎにその宗教上の公的信仰を尊重し、他者の信仰を妨害しない市民には迫害を受けないことを保障する（第一七、一八条）。また、思想の自由な伝達を市民の権利と位置づけ、他人の権利を害しない限り保障されるとして、思想の自由を重要な権利の一つとした（第一九条）。ついでこれら諸権利の保障のための公的実力について、恣意的行使を排除するべく、すべての人の利益のために設立されるとし、個人的目的による行使を禁止する（第二〇条）。またそれら公的実力などの公的な費用については、共通の分担金を課し、それは厳格に比例的でなければならないとするとともに、市民はその分担金の必要性を確認の上、同意し、額、根拠、取立、期間を定める権利を有するとする（第二一、二二条）。そしてそのように使用された公的費用について会計報告を求める権利も認める（第二三条）。最後に、権利の保障と権力の分立を定めていない社会は真の憲法を有するものでないとし、近代憲法の大原則としてその二つを要件としたのである（第二四条）。

要するに、「第六部会草案」は、自然的に人が有する自己保存の権利と幸福への欲望から各人は自由と所有権を平等に有するが、これらを行使し確保する手段は各人に平等には与えられていないから、社会を構成し、自己の権利と他者のそれを確保するという義務の遵守を定める一般意思に基づく法律が必要になり、その法律の規定に従いつつその範囲内でしか義務を守らせるための自由の制限はしえないとする。また権利保障のための実力装置の設定も必要となるが実力の恣意的な行使は禁止され、その実力を維持するための費用は比例的に各人が分担し、その使用について報告を受ける権利が保障されることで、そのような租税について同意することが可能となるとし、租税民主主義の基礎を整えている。このように、手段における不平等を基本の一つとする点がユニークであるが、極めて論理的に、人の自然的存在のあり方から社会および一般意思に基づく法律を導き出している点、租税の比例的分担とその会計報告を求める権利などを保障する点も、他の多くの草案のエッセンスを少なからず包含していたと言えよう。たとえば、七月一一日のラファイエット案も、まず自然が人に対して自由と平等を与えたとして「自然」から説き起こしている点、また福利、所有を権利に含ましめている点、租税が比例的に分担されるべきとする点などは、内容として異ならないが、その論理構成は異なっている。また七月二七日のムニエ案においても、自然が人を自由で権利において平等なものとしたとして「自然」から派生する基本原理を認めると同時に、権利と義務の二重関係を明示していた上に、権利の限界が同様の個人の権利を侵害しないことにあるとする点や、法律が一般意思の表現であるとする点、また人身は法律により法律が規定した形式、場合にのみ拘束されうるとし、刑罰は恣意的であってはならず、社会的地位などによって差別的であってはならないとする点、租税の比例的分担の原則や宗教上不安にされることはないと保障する点なども内容としては「第六部会草案」に含められている。ただ、「第六部会草案」が他の草案と大きく異なる点は、委員長のシセはじめ聖職者の意向を汲んで宗教的な儀礼の尊重の必要性が特筆されている以外には、思想の自由な伝達や費用支出の報告を受ける権利が保障されているにとどまり、その他の権利には言及されていない点である。

以下、その全文を訳出すると―

第六部会草案　「フランス人民の代表者は、国家の憲法を刷新し、諸権利を確定し、立法権および執行権の行使と限界とを確定する目的をもって、国民議会に集会し議席につき、社会秩序およびあらゆる良き憲法はその基礎として不動の諸原則を持つべきであること、自由となるために生まれたところの人が政治社会の制度（régime d'une société politique）に服するのは自らの自然権を共通の実力の庇護下（sous la protection d'une force commune）に置くためにのみであることを考慮し、宇宙の至高の立法者（suprême législateur de l'univers）の臨在の下に人と市民の権利を厳粛に確立しかつ承認せんと欲し、それらの諸権利はつぎのような真理に本質的に根拠を置くことを宣言する。

一条　各々の人は、自らの保存のため配慮する権利と幸福であろうとする欲求を、自然から受けている。

二条　人の保存を確保し福利（le bien être）を獲得するため、各々の人は諸々の能力を自然から受けている。これらの能力を十分かつ完全に行使するところにこそ、自由は存する。

三条　これらの能力の行使から所有権（le droit de propriété）が生ずる。

四条　各々の人は自らの自由と自らの所有に対し平等の権利を持つ。

五条　しかし各々の人は自らの諸権利を行使するために同じ資質（les mêmes moyens）を自然から受け取っているわけではない。そこから人相互間の不平等が生ずる。したがって不平等は自然自体のうちにある。

六条　社会は、資質の不平等さのさ中にあって権利の平等を維持する必要から、形成されたのである。

七条　社会状態においては、各々の人は、自らの能力の自由かつ正当な行使を実現するため、彼の同胞についてもそのような行使を承認し、尊重しかつ促進しなければならない。

八条　この必然的な相互性から、結合した人相互間に権利と義務との二重関係が帰結される。

九条　あらゆる社会の目的は、この二重関係を維持することである。そこに法律の成立が由来する。

一〇条　法律の目的はしたがって、あらゆる権利を保障し、あらゆる義務の遵守を確保することにある。

一一条　あらゆる市民の第一の義務は自らの能力と才能に応じて社会に奉仕することにあるのだから、あらゆる市民は

一二条　あらゆる公務（tout emploi public）に就くよう要求される権利を有する。

一三条　法律は一般意思の表現（l'expression de la volonté générale）であるから、法律の形成にはあらゆる市民が直接的に（immédiatement）協力したものでなければならない。

一四条　法律はすべての人に対して同一たるべきである。そしていかなる政治的権威も、それが法律の名において命令する限り〔においてしか〕市民に対し義務づけるもので〔はない〕。

一五条　いかなる市民も、法律に依拠し、法律が規定する形式に従い、かつ、法律が予め規定する場合でなければ、訴追されえず、その所有の行使について邪魔されえず、その自由の行使について妨害されることはありえない。

一六条　法律が処罰する場合には、刑罰は、位階（rang）または身分（état）または資産（fortune）によっていかなる特別扱いをすることもなく、違反行為に常に比例したものでなければならない。

一七条　法律は秘密のうちに犯された違反行為（les délits secrets）にまで効力が及ぶわけではないのだから、宗教や道徳が法律を補足する。したがって、社会の善良な秩序自体（le bon ordre même）のために、一方が他方によって尊重されることが必要不可欠である。

一八条　宗教の維持のためには公の信仰（un culte public）を必要とする。したがって公の信仰を尊重することは不可欠のことである。

一九条　確立された信仰をかく乱しないところのあらゆる市民は、〔どのような信仰を持とうとも迫害などを受け〕決して不安にされてはならない（ne doit point être inquiété）。

二〇条　思想の自由な伝達は市民の権利であるので、それが他人の諸権利を害しない限りは制限されてはならない。

二一条　人と市民の権利の保障は公の実力（une force publique）を必要とする。この実力はしたがってすべての人の利益のため設立されるのであって、その実力が委ねられた人々の個別的な有用さのためではない。

二二条　公の実力の維持のため、またその他政府の諸費用のため、共通の分担金（une contribution commune）が不可欠である。そしてその割当（répartition）は、あらゆる市民の間で厳格に比例的になされねばならない。

二三条　公の分担金（La contribution publique）は各々の市民の所有から取り上げた（une portion retranchée）部分であ

るから、市民はその必要性を確認し、それに自由な同意を与え、その使用を追及し、分担額（la quotité）、基準（l'assiette）、取立（le recouvrement）および期限（la durée）について決定する権利を持つ。

二三条　社会は、あらゆる公務員に対し、彼〔＝その公務員〕の財務管理について会計報告を要求する（demander Compte à tout agent public de son administration）権利を持つ。

二四条　権利の保障が確保されず、権力の分立が定められていないあらゆる社会は、真の憲法（une véritable constitution）を持つものではない。[26]」

この第六部会の構成は、第三身分が四五％、貴族が三二・五％、そして聖職者が二二・五％で、決して第三身分は過半数を占める多数派ではなかった。また、聖職者身分九名の中でも一般的な主任神父が六名で司教クラスは一名だけであったし、貴族身分一三名についても一〇名の軍人のうち少将が六名、上等兵は一名のみであった。さらに第三身分については、バイヤージュまたはセネシャルの行政官が三名、弁護士や法学者が五名、公証人が二名、卸商人二名などが主なもので、特筆すべき人物はいなかった。このような点から、第六部会は諸身分間および穏健的自由主義（le libéralisme modéré）と慎重主義との間に中和が取れた部会であったとされる。[27]また、部会の座長がボルドー大司教シャンピオン・ド・シセであったため、右派左派のいずれの党派からも支持も反対もされない中間的なものであったことも重要であろう。

こうして第六部会の草案が圧倒的多数で採択された理由は、そのような部会の構成面での特徴も大きな要因であったであろうが、さらにその草案が、上記のように、それまでに提出された諸草案の要点をすべて拾い集め、順序だてて並べている点、また具体性に乏しく抽象的ではあるが、その分、審議の過程でさらに具体的な条文案に置き換えおよび挿入する可能性があった点が多くの代表に受け容れられやすかったためであると考えられる。つまり、一般的抽象的で具体性に乏しく良くも悪くもなかったため、議論のたたき台とするには最も好都合だったのである。「この草案は、形而上学的でなく、抽象性を抜きにすれば（sans abstractions）単純である。しかし表現に関しては修正の余地がある[28]」と。しかし依然、少数ながらも「第六部会草案」に反対し、採択後も大幅な修正の必要性を早速主張する意見は強かったようである。すなわち、「陰謀によって、我々はこの最も平易で、最も意味のないそして最悪〔の草案〕を採択させられ、我々の議論の対象にさせられた。しかし今度は、我々が明日からそれを跡形も残らないほど〔修正して〕消し去ってやる[29]」と。ところが実は、第六部会の代表の一人、アンソン（Anson）自身が言うように、「第六部会草案」はまだ最終的な草案というわけではなかったようである。すなわち、「それを〔憲法議会が〕モデルとするとは〔我々も〕考えてもいなかったので、議会はキャンバス（＝議論のたたき台）と考えることしかできない[30]」と。

このように反対意見が存在する中、最も無難と考えられる第六部会の草案がその後の議論のたたき台として採択され、早速つぎの八月二〇日から換骨奪胎、矢継ぎ早に修正が施されていくことになったのである。その経過を概観していこう。

（五）　八月二〇日

この日、人権宣言についての議論が始まるとまず、第六部会のアンソンが、同草案は単なるキャンバスに過ぎず、「まず、すべての詳細を除外し、ついで系統だったもっと完全な本体を構成しなければならない」と述べるとすぐに、タルジェがつぎのように述べて、第六部会草案をたたき台として議論を進めることに賛意を表明した。すなわち、「この宣言〔草案〕は異議をさしはさむような原理を含んでおらず、短く単純で正確である。しかし活力と表現〔の豊かさ〕を欠いている。私はこれをモデルとし、真の宣言〔を作成するため〕の機会と見る。変更、訂正、修正によって良い〔宣言〕となりうるであろう[31]」と。

つぎにデミュニエが具体的な修正の提案を行なった。すなわち、「短くするために、最初の一二箇条について省略すべきであるように思う。それらはよく知られた真理か、またはあまり重要でないことしか含んでいない。〔したがって〕第一三条から我々は検討を始めるよう提案する[32]」と。

この発言については何ら議論することなく、つぎの発言者へ移行した。ド・ラボルド（de Laborde）は、前文から議論を開始し、「第六部会草案」の前文に代えてつぎのような前文を提案した。すなわち——

フランス国民の代表者は、国民議会に集合し、国家の憲法を起草する任を負い、最高存在者（l'Etre suprême）に祈願した後、

すべての社会の目的は、人と市民の諸権利を表明し、拡張し、かつ確保することであると考え、

設立されたいかなる政治団体も権力の限界を超えず、

立法府から、権力を濫用するようなすべての手段を、立法府〔の権力〕を人の諸権利の保護に限定することによって取り除くことが特に不可欠であり、また他のすべて〔の権力〕も、市民が自然から受けている諸権利がいかなる侵害からも守られているように構成することが重要であると考え、

したがって、国民議会は、構成された諸権力が、そのうちに自らを限定しなければならない限界を見いだすであろう、つぎの諸条項を宣言する。[33]

この前文の特徴は、「第六部会草案」の「宇宙の至高の立法者」に代えて「最高存在者」としている点、権力の濫用に敏感であり、特に権力を限定することが人権宣言作成の目的であるとしている点である。しかしこれまでの諸草案の前文も内容も、権力を限定することにこれほど多くの注意を払っているものではなかったので、第六部会を含む一般的な諸草案との整合性が問われなければならなかった。

ついでデュケノワが、ド・ラボルドが提案した前文に以下の二つの原理を追加するべきであると提案した。すなわち、「1、人が社会〔を構成しそこ〕に入るのは、失うためではなく、獲得するためである。2、あらゆる社会は、契約の結果である[34]」と。

さらにヴィリウー伯爵（le comte de Virieu）は、「単純で崇高な観念、また感動的なほどの熟慮から、第六部会の

宣言の前文にはあらゆる意見が引き入れられている。この前文はすでによく知られた真理しか表現していないにもかかわらず、それら真理が表現されているその技（l'art）がそれらを新しいもののように見せている。いかにして、これよりもさらに高貴かつ威厳をもって、人が自由であるために共同の実力による保護の下に自らを置くと、言いうるであろうか〔言いえない〕」と。さらに、ド・ラボルドが用いた「最高存在者」という表現についても賛成しながら、「自然」という無意味な表現を排除するべきだとして言う。「さらに私が感動したのは、最高存在への祈願である。そこでは我々が権利を得たのは自然からだとは言っていない。国民が神（la Divinité）の助力の下に結ぶのは契約である。いったい自然とは何か？それはどのような観念を提示するのか。それは意味のない言葉で、物質しか考慮しないために創造主の姿を我々から隠すものだ[35]」と。このような観点からヴィリウー伯爵が提案する人権宣言の前文は、以下の通りである。すなわち――

フランス人民の代表者は、国民議会に集合し、

社会秩序およびすべての良い憲法は、その基礎に普遍の諸原則を持たねばならないと、

また能力と必要性とともに、したがってその能力を行使しその必要性を満たすための不可譲の権利とともに創造された人は、それら諸権利を共通の実力の保護の下に置くためにしか政治社会の制度に服することはないと、考え、

政府は、統治者の利益のためではなく被治者の利益のためにしか存在しないのであり、社会体のすべての構成員に対し、彼らの不可譲かつ時効にかかることのない諸権利を宣言することは、争う余地のない諸原則に基づく市民の要求が、同時に法律の維持とすべての人の幸福に向けられかつ奉仕することができるためには、本質的であると、考え、

つまり、フランス人民の名において、また最高存在の前に、すべての市民の時効にかからない諸権利を確立することを欲し、それら諸権利が以下の真理に基礎を置くことを宣言する[36]。

このように、ヴィリウーの前文案は、その他の諸宣言草案においては一般的であったように、「自然」から基本的な人の権利を導き出すという理解をしていない。しかし、「社会秩序およびすべての良い憲法は、その基礎に普

遍の諸原則を持たねばならない」とする部分、および「諸権利を共通の実力の保護の下に置くためにしか政治社会の制度に服することはない」とする部分は、第六部会の草案前文と同じである。また、ヴィリウーの案が、諸権利の淵源はともかくとして、それらの基礎となる「真理」を宣言するとしている点は、第六部会の草案を受け継いでいると思われる。このようにヴィリウーの前文案は、第六部会の前文案のいくつかの点を引いてきているが、その淵源を明確にしておらず、少なくとも「自然」を持ち出さないことを強調しているところが、一般的に理解されてきた「自然権」の捉え方と異なると言えよう。また、人の「諸権利」の宣言の前文で「真理」を宣言するという表現も不適合と考えられたためか、ヴィリウーの案は採用されなかった。

さて、これについでミラボーは、形而上学的に精緻なものでは、ほとんどの人には理解されないことになることから、もっと短く単純なものを提案したものの、その内容は記録に残されていない。

そのつぎのヴォルネーが提案した前文は、これまでのものとはまったく異なる様相のもので、宣言を作成するまでの経緯を説明するものであった。すなわち――

一七八九年、ルイ一六世治世の第一六年に立法府として集会した代表者たちは、
永らく特にこの数年、人民の租税は散財させられ、国庫は底をつき、安全、自由そして所有は非道な仕方で侵害されたことを考慮し、
この無秩序の原因が人民の無知と、執行権限の側での義務の忘却に因るものであると考え、以下の条項を決定した。(37)

しかしこの時点で「最高存在」という言葉が消えたことについて異論が唱えられたのを受け、賛否両論が述べられた後、この言葉を入れるべきであるとするニームの司教コルトワ・ド・バロール（Cortois de Balore）の強い意見およびそれに続くムージャン（Mougins）、ペルランらの同様の発言によって、この言葉を生かす方向になった。また、ヴォルネーの「無秩序の原因が人民の無知」にあるとする部分が、ミラボーによって数日前に提出された「五

人委員会」の、「人の権利の無知、忘却または軽蔑が公共の不幸および統治機構の腐敗の唯一の原因である」、という前文の文言を想起させたためか、「提案されていたいくつかの前文〔案〕を再読した後、『五人委員会』によって起草された〔前文〕草案を採択することに決定し、それにデミュニエ氏が、議論において出された意見に従っていくつかの訂正[38]」をすることになったのである。

こうして「五人委員会」の前文案を基本として、デミュニエが修正を施し、「最高存在」の一文を最後に付加した宣言前文は、つぎのようである。すなわち――

国民議会に組織されたフランス人民の代表者は、人の権利の無知、忘却または軽蔑が公共の不幸および統治機構の腐敗の唯一の原因であることを考慮し、厳粛な宣言によって、人の不可譲かつ神聖な自然権を提示（exposer）することを決意した。この宣言が、社会体のすべての構成員に絶えず示され、彼らに彼らの権利と義務とを絶えることなく想起させるように、また立法権および執行権の行為がどの瞬間においてもすべての政治制度の目的と比較されうることによってより尊重されるように、また市民の要求が以後、簡潔かつ争いの余地のない諸原則に基づき、憲法の維持とすべての人の幸福とに常に向かうようになるために。

こうして国民議会は、最高存在の前にそしてその庇護の下に、以下のような人および市民の諸権利を承認し宣言する[39]。

このようにしてこの日、憲法議会は、公共の不幸と政府の腐敗の原因として一般的普遍的に「人の権利の無知、忘却または軽蔑」が挙げられること、人は自然から「不可譲かつ神聖な自然権」を有しており、これは常に人民および政府に示されねばならないこと、そして、それにより憲法の維持と人の幸福が可能になるという、「人権宣言」の前文として最も適当な案を採択するに至ったのである。

その後の議論は、さらに本文の諸条項へと移った。まず、「第六部会草案」の最初の一〇箇条が朗読され審議が開始されるとダンドレ（D'André）が、つぎのような反対意見を述べた。つまり、各人の幸福への欲求を認める第一条については「欲求と必要性」について規定するが、我々が作成すべきは欲求の宣言ではない、と。また、各人がその能力を十分かつ完全に行使するところに自由は存するとする第二条については形而上学的に過ぎるという理由からか、自分自身も理解できないし、自分を選出した人民も理解できないから削除するべきであると。そして、所有権、平等原則などを規定する第三条、四条、五条については、ラファイエットに倣って一つに統合し、「人の不可譲の、時効にかかることのない諸権利は、自由、所有、安全、権利の平等、名誉と生命の保全、思想の伝達および圧制への抵抗である」(40)とすべきだとした。

ついで、タルジェは、朗読された一〇箇条すべてをつぎの五箇条に置き換えるべきであるとした。すなわち――

第一条　各人は自然からその能力を行使する権利を、他人の能力の行使を害しない義務の下に、享受する。一方は彼の権利であり、他方は彼の義務である。

第二条　安全、自由および所有は、一方で享受の権利であるが、他方で一定のものを所有する排他的権能である。ここに人の権利を構成するところのものが存する。

第三条　人々の手段と能力は同じではない。あらゆる社会の目的は手段の不平等のさ中において平等を維持することである。

第四条　人々がその諸権利を市民社会に結合することにおいて失うときに、彼らはそれら諸権利を確保することによって、より大きな保障を得る。

第五条　社会の外においては、いかなる保障もない。逆に社会においては、法律がすべての権利を保障する。(41)

タルジェの案は、権利だけでなく義務を規定している点（第一条）、また形而上学的表現を使用している点（第二条）、手段と能力とを峻別し、前者は人々において不平等であるが後者は平等であり、そのゆえに社会は構成されるとする点（第三条）などは、「第六部会草案」の第八条、九条、五条に示された考えに大きく依拠しているものと考えられる。

つぎにラ・リュゼルヌは、「第六部会草案」の最初の二箇条を、「自然の作者（l'auteur）は、すべての人々のうちに、幸福への必要性と欲求、そしてそこへ到達する能力を置いた。そしてこの能力を精一杯、完全に行使することにこそ、自由は存する」に置き換えることを提案した。(42) これも「第六部会草案」の第一条、二条の考えをそのまま受け継いでいると考えられる。

その後さまざまな発言が続いた後、ムニエがつぎの三箇条を提案したが、これが基本的に採択されることになる。すなわち——

第一条　人は、自由かつ権利において平等なものとして生まれ生存する。社会的区別は、共通の利益の上にしか設けることができない。

第二条　あらゆる政治的結合の目的は、人の自然で時効にかかることのない権利の保全である。これら権利とは、自由、所有、安全および圧制への抵抗である。

第三条　あらゆる主権の源は、本質的に国民（la nation）のうちに存する。いかなる団体もいかなる個人もそこから明示的に派生しない権限を行使することはできない。(43)

当然ながら、これら条項は、七月にムニエ自身が国民議会に提出していた二三箇条からなる草案の一部に含まれていた。つまり、上記修正案の第一条は、七月の草案第三条（「自然は人を自由で権利において平等なものとした。したがって社会的区別は共通の利益にのみ基づいたものでなければならない。」）、第二条は、同第九条（「……あらゆる人に属する時効にかからない諸権利を、すなわち、個人の自由、所有、安全、名誉と生命に対する配慮、思想の自由な伝達、圧制に対する抵抗などの権利を、保障すべきである。」）、そして第三条は、同第二条（「……あらゆる主権の源は国民に存すること、いかなる団体もいかなる個人も、国民から明示的に派生しないいかなる権限も持つことはできない。」）に、それぞれその源をたどることができる。ただし、七月のムニエの草案のこれら条文は、全体として、「幸福の追求」「権利と義務の二重関係」「公正な刑事手続」などを規定する全二三箇条の草案全体の中で表現されているもので、今回のこれら三箇条がここで挿入されたという事実のみから、ムニエの影響力が絶大であったとまで断言できるものか、注意が必要であることは言うまでもない。(44)

(六)　八月二一日

前日に、基本的にムニエが三箇条にまとめた「第六部会草案」の第一条から第六条に引き続き、第七条以下が審議された。まずラメットが、第七条から第一〇条までを二つの条文にまとめることができるとして、二条文を提示した。すなわち、これら条文の「原理をもっとエネルギッシュな方法で発展させる目的で」提示する、と。

1°　自由とは他人を害しないことはすべてなしうることに存する。したがって、各人の自然権の行使は、社会の他のすべての構成員に対してこれらの同じ権利の享有を確保するところの限界以外、明らかに持たない。これらの限界は法律によってのみ決定されうる。

2°　法律は、社会に明らかに有害な行為でなければ禁止することはできない。法律によって禁止されていないすべてのことは妨げることはできず、また何人も法律が命じていないことをなすよう強制されることはない。(45)

この案文の1°は、「第六部会草案第」第七条の主旨とやや似てはいるが、それよりも明らかに、八月四日夜の封建的諸特権廃止決議とその法制化作業に並行して八月初頭にデュポールが提出した草案の第四条「万人の利益は、各人ができるだけ大きな自由を持つこと、またしたがってこの自由が、他の個人に同じ自由の享受を保障するために必要な限界以外の限界を持たないことを、要求する。」および第五条「いかなる個人も、この限界を設定する権利を持たない。この限界は、一般意思によってしか、すなわち法律によってしか、設定されえない。」を直接のモデルにしている。(46)

また、ラメットの案の2°も、実は「第六部会草案」のこれら条文をまとめたのではなく、他の諸草案を総合して提示したと言うべきであろう。参照した可能性のあるものとしては、酷似しているという点では、まずムニエの草案第一二条が挙げられる。これはつぎのように規定する。すなわち、「法律によって禁じられていないすべてのことは、許容されている。また何人も法律が命じていない行為を強制されることはない」と。また、デュポールの草案第五条においては「法律は個人に対し、明らかに他の個人に害ある行為をしか禁止しえず、そして市民秩序の中では、法律が禁止していないことはすべて許される」としており、ムニエの上記草案と同じ主旨に加えて、法律がある個人の自由を規制する権限を有するようになる場合は、「明らかに他の個人に害ある行為」をする場合に限定されることを明確に規定していたのである。ラメットは、第六部会の草案をきっかけに、それまでに提示されていたこれら諸草案における個人相互の関係、個人の自由・権利と法律との関係を明確にしつつ、会議内で全体的に調和的な条文を作成して提示したものと考えられる。なお、「第六部会草案」のうちでこの部分に最も近い条文は、第一四条「いかなる市民も、法律に依拠し、法律が規定する形式に従い、かつ、法律が予め規定する場合でなければ、訴追されえず、その所有の行使について邪魔されえず、その自由の行使について妨害されることはありえない」である。しかし、むしろ法律による禁止において重要なのは、その限界を明確に示すとともに個人の自由を保障することであり、それは「他者を害する行為のみである」ことが、「第六部会草案」では明らかにされていなかったから、その部分をラメットは、上記のようにいくつかの草案を参照しながら巧妙に補ったのである。(47)

さてこのラメットの提示した二箇条について議論が開始され、まずつぎのような点が問題とされた。まず一点目は、カミュ、ブラン（Blin）、ムージャン、ロクフォール（Roquefort）、マルティノ（Martineau）が、上記2°の「明らかに」という限定的な文言は、「明らかに有害な行為」しか法律は禁止できないことを意味し、ある行為を禁止された人はその行為が社会にとって「有害であることは明らかではない」と主張することになり、結局意味のない規定となる、(48)と主張した。これが受け容れられて、「明らかに」の語は、1°、2°両方から取り除かれることになった。

つぎの修正提案は、2°の、立法権は「禁止することはできない」という語であった。「することはできない」を「禁止してはならない」とする旨の提案がマルティノから出され[49]、これについてデュポールが異を唱えた。すなわち、「『できない（peut）』という語にはより多くのエネルギーが見いだされる。権利の宣言は、立法府の権限濫用を防止するためのものである。これを、『してはならない（doit）』に置き換えることは、この府にそれを侵す能力、権限を想定することである[50]」と。その後、別の代表者から別の提案がなされたが、最終的には、マルティノの修正提案どおり、「禁止してはならない」との語が採択された[51]。

つぎに、より根本的な問題、つまりラメット修正案の1°における「自由」の定義は不十分であり、単なる「自由」とするのではなく、「市民的自由（la liberté civile）」についての定義も加える必要がある旨、ラ・リュゼルヌ司教から提案があったが、自然状態の「自由」をラメット修正案1°は定義しているのであり、「市民的自由」は別の概念だからここでの定義はかえって不合理であると、レドンから異議が唱えられた。「社会が存在しないところでは、法律もまたありえない。法律が制定されたときに社会は構成され、またそのときに人は法律の世界（l'empire de la loi）に置かれるのである。……したがってここではまだその自由（＝市民的自由）について語るときではないのである[52]」と。これを受けて議会はラ・リュゼルヌ司教の提案を退けた。その後ダンドレが、二つの条文は必要ないとして、両者を一つにまとめている「五人委員会草案」の該当部分を提示した。また、別の代表がラメットによる自由の定義は、「風俗およびそれに対する指揮」について言及していない点が不十分で、もっと正確かつ高貴な表現があるとしてラテン語の条文を提案した（*Libertas est non solum quod liceat, sed etiam quod honestum sit*）。

最終的には投票によってこれら修正案は退けられて、基本的にラメット提案の二箇条に先のような修正をしたものに、さらにつぎの修正が加えられて採択された。つまり、まず1°については、「社会の他のすべての構成員に対して」の「すべての」が削除されて、「社会の他の構成員に対して」とされ、また、2°について、マルティノの提案により「禁止してはならない」と修正された部分が、「禁止する権利を持たない」と変更され、これらが最終草案とされたのである。(53)

つぎにこの日、議会は「第六部会草案」第一一条を議論の対象とした。つまり、公の仕事に就くことを要求される権利についてである。まず、バレール・ド・ヴィユザック（Barrère de Vieuzac）が、第一一条をもっと「エネルギッシュで広がりのあるもの（plus énergique et plus étendue）」にするべきだとし、特に社会的職（les divers employs de la société）は恣意的であったり排他的であったり（arbitraire ni exclusif）することはできないことを明記することを望んだ。ついでド・ボアルネは、第一一条だけでなく第一五条までの五箇条を一つにまとめることを提案した。これら条項は、法律が一般意思の表現であり、その法律によって市民は同等に義務づけられ、あらかじめ規定された形式および場合にしか訴追や自由の制限は受けず、刑罰においても同様に市民すべてが同等に扱われることを要求するものであった。すなわち、「市民の平等の原則は、法律によって科される刑罰はその違反行為および犯罪に従って、いかなる差別もなく科されねばならず、雇用および地位は、差別なく、能力と特性に応じていなければならず、あらゆる市民は節度と能力に従ってそこに認められる」と。しかしこのド・ボアルネの提案よりも、やはり「第六部会草案」のそれら五箇条を修正して提案したつぎのマルティノの五箇条の方が賛同者を得ることができた。すなわち、「第一条、法律は集合した市民の契約である。それは一般意思によって作られる。彼らは自らまたはその代表によって、法律の制定に協力しない人はいないのと同様に、それに服従することを強制されない人もいない、また法律が命ずることをするよう強制されない人もいない、また法律が禁止することをしないよう強制されない人もいない。第二条、人がそれに（＝強制に）抵抗する場合、彼は法律に背くことになる。第三条、あらゆる市民は、法律の名において、または法律の名において語る裁判官によって、召喚されまたは拘束された場合、法律に服従しなければならない。第四条、あらゆる市民は、法律の名において、法律が規定する場合に、あらかじめ法律が定めた形式でなければ、召喚され、拘束され、または投獄されえない。第五条、あらゆる人は、法律の目には平等である。法律は、能力と徳性の差以外の差別なく、すべての人に同じ刑罰を科し、あらゆる位階と、あらゆる社会の地位と職へと召喚する[54]」と。この提案内容は、非常に正確で論理的であるが、二重否定の文言の多用など複雑さがあり、理解するためにある程度の困難が伴うことは否定できない。

つぎにカミュは、社会契約と法律による制限について、もっと簡素化された条文を提案した。すなわち、「第一条、法律は社会によって作られた契約に過ぎないから、それぞれの市民は、自らまたはその代表者によって、法律の制定に協力しなければならない。第二条、法律の意思は、特殊意思の道理として存在するもの（subsistant）だから、法律が規定していないことに従う必要性を強制することはできない[55]」と。しかし、これら二箇条では不十分であること、また第二条は理解しにくいことから、議会の賛同を得ることはできなかった。

その後、ル・シャプリエが言葉の修正のみを条件に「第六部会草案」第一一条に賛意を表したが、これも議会の賛同を得ることはなかった。

今度はタルジェが、「第六部会草案」第一一から一五条の五箇条をつぎのような三箇条にまとめて提案した。「第一条、法律は一般意思の表現である。裁判官という機関によって法律のみが命令をすることができ、あらゆる市民はそれに服する。第二条、あらゆる市民は直接的にまた間接的にその〔＝法律の〕制定に協力する権利を有する。あらゆる市民はまた、それがもたらす利益を平等に享有しなければならない。こうして彼らはすべて、あらゆる社会的職、聖職および軍職に差別なく召喚される。第三条、いかなる市民も法律によって予め定められた場合にしか、逮捕も、起訴も、処罰もされえない。同じ犯罪で有罪とされたすべての市民は、差別なく同じ刑罰に服する[56]」と。しかしこのタルジェの案も賛同を得ることができなかった。

ついでヴォルネーとピゾン・ドゥ・ギャランは、「第六部会草案」の第一一条と第一二条の位置を入れ替える方が、「考え方の自然の流れ（la série naturelle des idées）」に合致すると主張したが、やはり受け容れられなかった。

ついでマルティノも再度、数箇条をまとめた案を提示し、またヴェルニエ（Vernier）は、市民はその能力と技能および徳性について社会に責任があるから、「第六部会草案」第一一条にある、「あらゆる市民の義務」という表現の維持を主張した。

さらに、ムニエは、社会的な職に就くことを「権利」として認めることに抵抗を示し、もっと柔軟な表現に置き換えることを望んだ。すなわち、「あらゆる市民が〔社会的職に〕召喚される権利を有すると言うことはできない。しかし、出生によって差別されることなく、その才能または能力によって、就きうる（admissibles）」[57]と。

またさらに、貴族の代表であるデシャン（M. Deschamps）は、人それぞれの能力は異なるから、「その能力に従って（selon leur capacité）」社会的職に就くことができるというように、「能力に従って」という表現を維持するよう主張した。

その後も、ド・グイ＝ダレー（de Gouy-d'Arey）が第六部会の五箇条を一つの条文にまとめて提案したり、ドゥランディーヌはそれらを二つの条文にまとめて提案したり、ラングルの司教、ランジュイネ、デュポール、サレ・ド・シュ（Salé de choux）、その他が意見を述べたりした。また、ビュゾーおよびルグラン（Legramd）はそれぞれ別の条文案を提出するなど、「第六部会草案」の第一一条に関する審議は混迷を極めつつあった。その時に、オタンの司教であるタレイラン＝ペリゴールが賛同を得ることのできる修正案を提示し、この修正案を基本にして、「能力に従って」や「就くことができる」という文言修正など、いくつもの修正が加えられていった。そして、つぎのような形ができあがった。

> 法律は一般意思の表現であるから（étant）、すべての市民は、彼ら自身で（personellement）またはその代表を通じて（par représentation）、その作成に協力すべきである（doivent）。法律は、保護する場合でも、処罰する場合でも、すべての者にとって同一でなければならない（doit être la même pour tous）。すべての市民は法律の目からは（à ses yeux）平等であるから（étant égaux）、彼らの能力に従って、あらゆる地位および公の職に就くことができる（susceptibles）[58]。

これに対して強い反対が一部から出されたものの、ラリー＝トランダルがその反対派を一層強く退けるとともに、さらに修正を加えた。すなわち、最後の、「あらゆる地位および公の職に就くことができる」の前に、「彼らの才能と彼らの徳性（leurs talents et de leurs vertus）の差以外の差別なく」を付け加えたのである。その後、それら修正を加えた上で、タレイラン＝ペリゴールの修正案が満場一致で採択されることになった。その最終案は、つぎのようであった。すなわち――

法律は一般意思の表現である（est）。すべての市民は、彼ら自身でまたはその代表者を通じて（par leur représentants）、その作成に協力する権利を有する（ont le droit）。法律は、保護する場合でも、処罰する場合でも、すべての者にとって同一でなければならない。すべての市民は法律の目からは平等であるから、彼らの能力に従って、彼らの徳性と彼らの才能の差以外の差別なく、等しく（également）あらゆる位階（dignités）、地位および公の職に就くことができる（admissibles）[59]。

こうして、「第六部会草案」第七条から一〇条の検討についで、この日の議論は第一一条の検討に及んだが、第一一条からさらに第一二条、一三条および第一五条を優美に一つにまとめたタレイラン＝ペリゴールの巧妙な修正案と、ラリー＝トランダルの強力な指導力によって、最終草案第六条が採択されたのであった。

以上の修正の経緯から理解されるように、国民議会は、詳細な語句の選択についての議論から、「第六部会草案」のいくつかの条項を一つから三つにまとめるという大きな修正の議論まで、多くの提案とそれらについての議論を積み重ね、また党派的な対立を乗り越えて、弁証法的にその時点で最良の条文案一つを作成したのである。

（七）　八月二二日

この日、「第六部会草案」の第一四条について審議が持たれた。同条は、つぎのように、市民に対する刑事訴追についても、また所有権行使の制限を含む自由の制限についても、法律上の確固たる根拠が必要である旨、規定していた。すなわち――

第一四条　いかなる市民も、法律に依拠し、法律が規定する形式に従い、かつ、法律が予め規定する場合でなければ、訴追されえず、その所有の行使について邪魔されえず、その自由の行使について妨害されることはありえない。

これに関してタルジェは、法律による規制の原則を定めるだけでなく、実際にはより多くの場合に用いられるであろう命令が、同様の原則から逸脱することを防止するために、つぎのような二箇条の修正提案を行なった。すなわち――

第一条　いかなる市民も、法律の名において、また法律の規定する形式に従い、また明確な条項（les dispositions précises）に従うのでなければ、訴追され、逮捕され、拘束され、処罰され（accusé, arrêté, détenu, puni）えない。

第二条　自由に反するすべての恣意的な命令（ordre arbitraire）は処罰されるべきである（doit être puni）。そのような命令を求めたもの、発したもの、執行しまたは執行せしめたものは、処罰されなければならない[60]。

ボネー侯爵は、以上の諸条文には法律の不遡及に関する事柄が明記されていないから、これを人権宣言に条文として入れるべきだと主張した。すなわち、ボネー侯爵は「特に、人権宣言のうちに、法律は決して遡及効（effet rétroactif）を持たないということを明らかにする必要があると強調した。彼によれば、これは神聖な原則で、公的自由のすべてはそれに基礎を置かなければならず、すべての法典に先行しなければならない原則である」と。そしてこれを条文化して提案する。

第一条　いかなる法律も遡及効を持つことはできない。しかし法律が公布（promulguée）された瞬間から、それはすべての市民にとって強制的なもの（obligatoire）となる。また市民的平等（l'égalité civile）が存するのは、すべての人にとって平等である共通の法律へのこの服従のうちにこそである[61]。

遡及効の規定を入れるよう主張するボネー侯爵に続いて修正案を提示したのは、デュポールであった。彼は刑事人権についてさらに重要な原則を条文化することを提案した。すなわち、まず重要な原則について、デュポールは、「犯罪者に対する温和で人間的な法律が帝国の栄光と国民の名誉をなすことを知らしめた。彼〔=デュポール〕は、まだ有罪と宣告されていないにもかかわらず犯罪者を罰するための野蛮な慣習がフランスにおいて存在することを提示した。また彼はバスティーユの牢獄を二度ほど、またシャトレの刑務所の牢獄も見たことがあるが、〔シャトレはバスティーユの〕千倍も恐ろしいと言う。しかし犯罪者〔の身柄〕を確保するために取られる用心〔=未決勾留〕が、刑罰の部分となってはならないことは真理だと言う。……そして、同一の犯罪に対する同等の刑罰、および、犯罪者〔の身柄〕確保の手段における温和性（la douceur）という二つの原則がつぎの修正案の基礎にある」と。そして、提案された二つの条文とは、すなわち――

第一条　法律は、厳格にかつ明白に必要であるところの刑罰しか制定することができず、また犯罪者は、事前に制定されかつ合法的に適用される法律によるのでなければ、処罰されえない。

第二条　すべての者は、有罪判決が出るまでは無罪であるから、逮捕することが不可欠であると判断されたとしても、その身柄を確保する（s'assurer de sa personne）ために必要ではないあらゆる厳格さ（toute rigueur）は厳しく抑制されなければならない。[62]

これに続いてラリー＝トランダルは、デュポールの上記二条の重要性と必要性を強く支持して述べる。すなわち、「裁判官に、人間性と正義へ（à l'humanité et à la justice）と立ち戻らせることが、ここで必要ないのだろうか？〔否、ある。〕この国は我々が住んでいる国であるが、同時に、我々が生まれ変わらせる国でもあるのだ」と。[63]

さらにデュポール提案を支持する声がマルティノからも出された。マルティノはそれと同時に、タルジェの修正提案に対して修正を求めた。つまり、まずその一条について、法律が「訴追」するのではなく、人のみが訴追できるのだから、法律によらなければ「訴追され（accusé）」ないとする表現は合理性がなく、したがって、同条の文言からこの語を削除することを提案した。またその二条の「恣意的な命令（l'ordre arbitraire）」に関して、フランスの歴史上長年問題視されてきた、何の手続もなしに身柄を拘束することを認める「封緘逮捕状」の禁止をこのようにして条文にする必要があるか否かについて、「私は、すべての人は法律に服するというだけで十分であると信ずる。というのは、長年実力によって持ち込まれてきた例外〔＝封緘逮捕状〕に、また反対するために手段を取る〔＝条文化する〕ことは、この原則〔＝人身の自由〕を弱めることになるだろうから[64]」と述べ、「封緘逮捕状」を禁止することを条文化した場合に、再度その禁止の例外を権力側が考え出しかねないことを理由に、人権宣言にではなく憲法にタルジェの修正案第二条は付加するべきであると主張したのである。この点はまた後に議論を呼ぶことになる。

また別の代表は、「恣意的な命令」について、責任を取るべきなのは唯一大臣のみであり、下級士官（subalternes）についてはは責任を免れさせるべきであると発言した。しかしこれが、ミラボーの強い反対を招いた。「責任に関する法律が、専制の下士官すべてにまで及ばないのであれば、法律は特に我々の間には存在しないことになる。この大地の上には、我々〔フランス人〕以上に奴隷制のために作られた国民は、存在しないことになるだろう。専制によってこれ以上に侮辱され抑圧された国民もいないであろう。……我々の自由は、官吏（mandataires）のあらゆる階級（hiérarchie）の責任を要求する。すべての下士官は責任を負うのである（responsable）。責任が定められないのであれば、……あなたがたはまったく奴隷でしかないのだ[65]」と。こうしてミラボーは、全官僚および軍人の責任の所在を明確にする制度の必要性を主張したのである。

また、シャトゥレは議論を前に戻し、「封緘逮捕状」を禁止する代わりにイギリスで利用されている、裁判官が発布する「令状（warrant）」をフランスにも導入することを主張し、またマルエは、シエイエス草案の第一九条を挿入することを主張した。シエイエス草案第一九条はつぎのように定める。「法律の名において呼び出されまたは捕らえられるすべての市民は、直ちに服従すべきである。その市民が抵抗すれば有罪とされる」と。これも後に取り上げられて、議論の対象とされる。

このようにしてほかにもさまざまな修正条文が提案され、意見が出されたが、最終的に議会は、デュポールとタルジェの条文案を統合することによって、刑事人権の条文を作成する意思を明確に固めた。[66] しかしその前に、先のマルティノの提案、つまり、タルジェの修正案第一条から「訴追され」という文言を削除するという提案を議論し、一部の支持はあったもののこれは否定され、タルジェの修正提案第一条はそのままにされた。また、恣意的命令を処罰し、それを発した者のみならず発することを命令した者も、またその命令を執行した者も、すべて処罰するとするタルジェの第二条を人権宣言に規定するのではなく憲法にまわすことについて、ド・グイ＝ダルレー侯爵が二つの理由から賛成した。すなわち、「第一に、宣言は明確（précise）でなければならず、封緘逮捕状はまったく関係ないこと、第二に、詳細〔を規定すること〕は時として危険であること。〔つまり〕すべての下級官吏・士官に責任あるか否かをあなた方が調べるのは、憲法の〔誕生した〕ときであろう。疑いの余地なく、大臣に責任はある。……もし各自がこれを〔＝命令の可否について〕議論すれば、決して何も執行されず、無政府状態に再び陥ることになろう」[67]と。

これに対して再びミラボーが異を唱え、タルジェの第二条を強く支持した。すなわち、「法律によらなければいかなる市民も逮捕されえないとする法律は、どこでも知られている〔にもかかわらず、〕封緘逮捕状を防止することはなかった。……〔命令に関係する〕社会上のすべての階級（toute la hiérarchie sociale）に責任があるとしなければならない。もし我々が、特別な、そして公的な自由を強固にしようと望むなら、この原則（maxime）に署名する必要があるのだ」[68]と。

ついでデミュニエは、先にシャトゥレが提示した、「封緘逮捕状」に代えて「令状」を導入するという案に反対し、すでにイギリスでも濫用が起こり使用が極めて限定的であると述べたため、シャトゥレの案は否定された。

つぎにド・ボワジュランが、「封緘逮捕状」に関するタルジェ案第二条の「恣意的な命令」の条文を、つぎの条文に置き換えることを提案した。すなわち、「法律によって予定された（prévus）場合および法律によって定められた（déterminés）場合以外に、恣意的な命令を求め、入手し、執行した者は、処罰されなければならない(69)」と。しかし、内容的にはさほど変化のないこの修正案のために、彼は長時間の演説を行なったため、逆に支持を得ることができず、取り下げることになってしまった。

ついでマルエの、シエイエス案の第一九条をデュポールの提案条文に付加するとする提案が支持を受け、議論された。ダンドレがこれこそ必要だと支持した。「これこそが社会の法（les droits de la société）だ。重要なのは、諸法律が執行され、社会がそれら〔＝諸法律〕を執行させる権利を有することだ」と。これを受けてデミュニエは、デュポールの条文に付加するのではなく、タルジェの条文のあとに付加するべきだと述べ、賛同を得た。

こうして、基本的に、タルジェ、デュポール、シエイエスの条文を織り交ぜて、最終案の第七条から九条までができあがったのである。すなわち――

第七条、何人も、法律により定められた場合で、かつ法律の規定する形式によるのでなければ、訴追され、逮捕され、拘束されえない。恣意的命令を請求し、発令し、執行しまたは執行せしめたものは、処罰されねばならない。しかし法律の名において呼び出されまたは捕らえられるすべての市民は、直ちに服従すべきである。その市民が抵抗すれば有罪とされる。

第八条、法律は、厳格で明白に必要な刑罰しか定めてはならず、何人も、犯罪に先立って制定され公布され、かつ合法的に適用される法律によるのでなければ、処罰されえない。

第九条、すべての人は、有罪と宣言される（été déclaré coupable）までは無罪と推定されるから、逮捕することが不可欠であると判断されたとしても、その身柄を確保するために必要ではないあらゆる厳格さは、法律によって厳しく抑制されなければならない(70)。

続いてこの日の議論で対象とされたのは、宗教上の自由に関する「第六部会草案」第一六、一七、一八条であった。これら条文は、第六部会の構成員中の聖職者から出されたもので、同部会は彼らへの配慮もあって三箇条にわたってこれを定めていた。これら条文をめぐってまず、クレルモンの司教であるボンナル（Bonnal）が、「宗教は諸帝国の基礎である。……わたしはフランス憲法の諸原則が永遠の基礎（une base éternelle）として宗教の上に構築されることを要求する」[71]と述べ、宗教を国家の基本に据えるべきであることを主張した。ついでド・ラボルドは、ボンナルより穏和的に、宗教の「寛容（la tolérance）」こそが重要であると唱える。「寛容が、今現在我々を奮い立たせるに違いない感情だ。宗教的意見に命令を発することを望むということであれば、すべての市民の心の中に最も残酷な専制を持ち込むこととなろう。ここで不寛容が国民の間に流させた血そしてなした惨害を思い起こさせることはしない。……中立（la neutralité）が、疑いもなく、最も賢明な態度である。元首は平和を維持するという関心事以外のものを有しない。そしてそれを混乱させない唯一の方法は、信仰（les cultes）を尊重することである。それを剝奪するために人は権威を用いることはできない。というのは、あらゆる市民に属する神聖な善（un bien sacré）である。……宗教の自由（la liberté de la religion）は、イエス・キリストおよびその使徒は柔和（la douceur）を推奨したからである。人が我々の信仰を尊重するように、我々も異教の信仰（les cultes étrangèrs）を尊重しよう。これ以外の感情を我々は告白することができない。我々の信仰は宗教の実践に対していかなる妨害ももたらしてはならない[72]」と。

しかしミラボーは、このような「寛容」という言葉自体、すでに不寛容な専制を前提としており、また「人権宣言」が宣言するものは権利であるべきで「原則（les principes）」ではないから、「寛容」を宣言に加えることに反対する。すなわち、「私は寛容について説教しに来たわけではない。私の目には最も無制約な宗教上の自由（la liberté la plus illimitée de religion）こそが神聖であり、寛容という言葉はそれを表現しようとするが、それ自身、ある種専制的（tyrannique）に感じられる。というのは、寛容を示す権限を有する権力の存在は、それが寛容を示すのと同じ権力によって、思想の自由に危害を加えるだろうし、また寛容を示さないこともできるだろう。……我々は権利の宣言を作成している。したがって人が提示するのは権利であることが絶対に必要だ。……したがって、提示された条文が権利かどうかを審査しなければならないのだ」[73]と。そして、他者の信仰および礼拝に寛容であるというのは、権利ではなく義務であるから、人権宣言には不適当だとした上で、信仰および礼拝を各自の権利と表現すべきだと主張する。すなわち、「いかなるものであれ信仰の自由な実践（le libre exercice d'un culte）は各自の権利である。したがって人はその権利を尊重しなければならないし、したがって人はその信仰を尊重しなければならないのである。この主題について権利宣言に挿入する必要がある唯一の条文は、これだ。……人はそれ〔＝信仰〕を持つ権利を有する。それ〔＝宗教を信じる権利〕とこれ〔＝信仰の尊重〕とを区別しなければならない」[74]と。

そこでエイマール神父（l'abbé d'Eymar）が、このミラボーの意見に反対を唱える。すなわち、「宗教は人にとって義務である。しかし人がそれを平穏に（paisiblement）信仰することは一つの権利である。……しかし人は宗教を退けようとするかもしれない。したがって議論し、人権宣言に記させなければならない」と。その上で、宗教の法律補完性を唱える第一六条と、宗教上不安にされない自由を定める第一八条とを分けて議論することを主張した[75]。これをカミュが支持し、いよいよ宗教の自由に関する議論が本格化することになった。しかし時間を十分に取る都合上、これについての議論は翌日、八月二三日へと延期されたのであった[76]。

（八）　八月二三日

この日の議論は前日の議論よりもさらに根源的な部分から開始された。まず、ペティオン・ド・ヴィルヌーヴが、「第六部会草案」第一六条、一七条は、宗教の補完性と信仰の尊重を定めているから義務の規定であり、ここで議論するべきではなく、憲法の議論を行なうときに一緒に議論するべきであると主張した。「これら条文〔＝一六条、一七条〕は、義務を告知しているのであり、権利を告知しているのではない。ここでは、フランスだけのために権利宣言を作成しているのではなく、一般的な『人』(l'homme) のために作成しているのである。これら権利は法律ではなく、いつの時代にも、法律以前から存在するものである。したがって、これら二一箇条の審議(l'examen) は、憲法〔審議〕に回すことを要求する[77]」と。

このような先送り提案に対しては、マイヨ (Maillot) がすぐに、宗教は非常に重要なものであり人権宣言に記載するべきであるとして、反対した。すなわち、「宗教は、人権に基づく諸原則のうちの一つであるから、宣言のうちで言及しなければならない。もしも、宗教が礼拝という儀式のみで構成されるのであれば、疑いもなく、憲法を起草するときにしか議論する必要はないだろうが、宗教はあらゆる法律のうちでも最も厳粛、最も厳か、最も神聖なものである」と。そして、カステラーヌの案を少し修正したつぎのような条文を提案する。すなわち——

> 宗教は、あらゆる政治的な善 (tous les biens politiques) のうちで、最も堅実な (le plus solide) ものであるから、何人もその宗教的意見のゆえに不安にされることはない[78]。

マイヨは故意にか、ヴィルヌーヴが問題としていた「第六部会草案」の第一六条、一七条の議論を省き、第一八条の議論へと進もうとしたのである。これを後押しするかのようにつぎのブーシュも、「第一六条と第一七条を削除することに賛成である。今、そこから第一八条へ移る必要がある」と述べ、その上で、宗教の存在しない社会はないことを前提に、一八条の「信仰」という文言に代えて、「あらゆる信仰と宗教的意見 (toutes croyances et opinions religieuses)」を置くことを提案した。同条文は、つぎのようになる。すなわち——

> いかなる社会も宗教なくして存立しえないから、すべての人はその信仰と宗教的意見において自由に生きる権利を有する。というのは、それらは神のみ (la Divinité seule) が判断できる思想に基づくものだからである[79]。

つぎに、前日、「寛容」を宣言に入れるべきでないと主張するミラボーに反対したエイマール神父が、さまざまな意見を考慮して調整することができるはずだと述べ、「第六部会草案」第一六条を基本として、若干の修正を施しただけのものを提示する。すなわち——

法律は秘密のうちに犯された違反行為にまで効力が及ぶわけではないので、宗教のみが法律を補足する。したがって、社会の善良な秩序のために、宗教が維持され、保存され（maintenue, conservée）、尊重されることが本質的であり必要不可欠（indispensable）である[80]。

これが審議に付されると、ミラボー子爵が先のマイヨと同様にカステラーヌの案を修正した条文案を提示した。すなわち、「何人もその宗教的意見のゆえに不安にされてはならない、またその信仰の実践において妨げられてはならない[81]」と。

ついでクレルモン＝ロデーヴも、宗教の自由に関する議論を憲法審議に回すことについて反対し、法律だけで社会秩序を維持するのは困難で、宗教と道徳が補完することが重要であるから、人権宣言に宗教上の自由を挿入することの重要性を強調する。「法律は違反それも証明された違反しか処罰しない。〔しかし〕道徳のみが他者の権利に対する侵害的な欲望を抑圧するのである。権利の平等を維持するために社会に集合する人は、……解くことのできない結び目（un nœud indissoluble）でつながっている。それが宗教である。……宗教なしでは、社会のすべての関係がばらばらになり、それなしでは自らの主人になることがほとんどできないのである。……一言で言えば、宗教なしでは、法律や規則を作っても無駄であり、未だに行き当たりばったり（au hasard）で生きているのでしかない[82]」と。

これに対して今度は司教のタレイラン＝ペリゴールが、「第六部会草案」第一六条、一七条は憲法制定のときの審議へ回すべきであると反論した。つまり、まず第一六条の規定に関しては、「宗教……しかしどの宗教のことか？　すべての宗教のことか？　しかしそれは正確ではない。〔また〕宗教と道徳は尊重されるとするが、それは結果でしかなく、〔むしろ〕原則が必要だ」と。また公の信仰を定める第一七条については、「結果と秘密の違反

(les délits secrets) との間に何の関連もない。信仰はそれら〔違反〕を防止しない」と。そして三つの真実がここにあるが、それらは憲法の審議で議論するべきであるとする。「第一の原則は、宗教である。結果が信仰である。そして法律はその信仰が何であるかを定める。……したがって〔これら宗教の事柄を議論するための〕別の場所を見つけねばならないが、その場所は憲法のうちである。カトリック教の神聖な言葉と聖人 (le mot sacré et saint) が口にされるのは、そこにおいてである。我々が信仰が何であるかを理解するのは、そこにおいてである。まだそれを議論するときではない[83]」と。

こうして信仰をめぐる同様の議論が続いたが、議長が結論を望んだ。その結果、国民議会は、第一六条、第一七条を憲法審議の際に議論することに決定し、論点を「宗教上の意見などのために不安にされない」ことを定める第一八条に限定し、議事を進行させたのである。

まず、先にマイヨは、カステラーヌの案を参考にして作った自分の案を提示したが、今度はカステラーヌ自身が主たる部分が同じである自分の案を提示した。すなわち、「何人もその宗教的意見のゆえに不安にされてはならず、またその信仰の実践において妨げれらてはならない」と。

これに続いてミラボーは、前日に宗教上の「寛容」という言葉に反対して信仰の自由な実践を規定するべきだと主張したのと同様、この日も人権宣言には義務ではなく権利を挿入しなければならないと熱弁を振う。すなわち、宣言に関係する唯一のことは、高らかに宗教の自由 (la liberté religieuse) を宣言することである。……他者を害しないすべてをなすことは、すでにあなたがたによって承認された、明白な権利なのである[84]」と。

ミラボーの支持を得たカステラーヌは、自らの条文案の前段については同意を得られたものとして、後段の重要性について力説する。「信仰を禁止する権利は人にはない。真実は、誰もその宗教的意見のゆえに不安にされてはならないということであり、またその信教の実践 (l'exercice de sa religion) において妨げれらてはならないということである。ここに真実がないと言うのであれば、その反対がそれ〔＝真実〕であるということになる。これ〔＝真実の反対〕をみなさんの宣言のうちに置くことはできないだろうと考える」と。[85] こうして、カステラーヌは、宗教上の意見の自由のみならず、実践の自由についても保障すべく人権宣言に盛り込もうと努力したのであるが、功を奏することはなかった。

その後議会は、このカステラーヌの条文の後段部分を除く前段部分を議論の対象にするか、またはパリ大司教の条文案を議論の対象にするかについて決を採り、前者に決定した。この時点で、「第六部会草案」の第一八条は否定されることになった。要するにそれ以後は、「何人もその宗教的意見のゆえに不安にされてはならない」という一文についてのみ議論されることになった。

これについて非常に長く熱弁をふるったのは、ラボー・ド・サンテティエンヌであった。まず彼は、意見表明の自由が常に「公の秩序（l'ordre public）」という大義名分の下、しばしば抑圧され、監視されてきた事実を根拠に、宗教について同様の抑圧を受ける可能性があることを恐れる。すなわち――

思想表明などを自由に認めることに反対する者は、「思想の表明は極めて危険なものとなりうる、したがって、それ〔＝思想表明〕を監視する必要があり、法律は思想がまったく自由に表明できることを防止するよう取り組まねばならない、そしてこれは新しい宗教の創設についても当てはまる、と述べる。……〔しかし〕このような言い方は、不寛容な者たちによって常に取られてきたもので、糾問（l'inquisition）はこれ以外の原理（maximes）を持たない。……〔また法律は、〕表明しない限りにおいては、思想を攻撃してはならない、各自は意見において自由である、と言うが、しかし、その表明は、公の秩序を乱す可能性があるから、法律はそれを綿密な注意をもって監視しなければならない、とも言うのだ」と。

しかし、これは少数派の宗教に属する信者にとっては大きな恐怖であり、我々代表は、陳情書などによって、礼拝の自由をも含む宗教の自由が人権宣言に保障されることを命じられているから、明文を挿入するべきであるとして述べる。すなわち――

彼らは、「あなた方に、非カトリック教徒にも、信仰の自由を要求している。みなさん、私があなたがたにつぎのような条文を求めるのは、あなたがたの原則の上に根拠を置いている。つまり、『すべての市民はその意見において自由である、彼はその信仰を自由に表明する（professer）権利を有する。また、その宗教のゆえに不安にさせられてはならない』と。あなたがたの原則は、自由は共通善（un bien commun）であり、すべての市民はそれに対して平等な権利を有する、というものである。〔つまり〕自由は、すべてのフランス人に平等に、かつ、同様の仕方で属するものである。……あなたがたの原則は、思想と意見の自由は不可侵かつ時効にかからない、というものである。みなさん、この自由は、すべてのうちで最も神聖なものだ。……これに反することは、不正義だ、それを攻撃することは冒瀆（un sacrilège）である(86)」と。

サンテティエンヌはさらに具体的に、プロテスタントなど非カトリック教徒はこれまでフランス人であるにもかかわらず、迫害されてきたことを示し、人権宣言ではそれを非難し、これからはそのようなことが決して起こらないように、信教の自由および信仰の自由を定めるべきだとする。すなわち――

この一八世紀のフランスにおいて、野蛮な時代の原理を温存し、一つ国民を、好まれるカーストと好まれざるカースト（une caste favorisée et une caste disgraciée）とに分断している。……〔そして〕プロテスタントは、いくつもの社会からの利益を剝奪されているのである。……彼ら〔＝プロテスタント〕は、その思想において弾圧され（proscrits）、その意見において有罪とされ（coupables）、その信仰を公にする自由を剝奪されているのである。……〔であるのに〕彼らの信仰に反対する刑事法は、少しも廃止されていない。……したがって、みなさん、私は、王国のフランス人プロテスタントのために、そして、非カトリック教徒すべてのために、あなたがたがあなたがたのために要求するもの〔と同一のもの〕を要求する。つまり、自由、権利の平等である。そして私は、それをアジアから無理やり連れてこられ、およそ一八世紀にわたって常にさまよい、常に排斥され常に迫害されてきた人々のために要求する。彼らは、法律によって我々に統合されるなら、我々の風俗と我々の慣習に慣れるであろう、また、彼らの道徳について我々は少しも非難する（reprocher）ことはできない、というのは、それは我々の野蛮さと恥辱の結果であり、不正義にもこれまで非としてきた（condamné）からだ。

そしてつぎに、宗教の自由で、どのように保障するべきかについて、具体的に示す。すなわち――

私は非カトリック教徒すべてのために、あなたがたがあなたがたのために要求するもの〔と同一のもの〕を要求する。つまり、権利の平等、彼らの宗教の自由、彼らの信仰の自由、その目的のために聖なる家でそれを実践する自由、あなたがたがあなたがたの宗教に関してそうであるように、彼らが彼らの宗教においてもはや妨害されることのない確実性、あなたがたと同じだけ、あなたがたと同じ仕方で、あなたがたのように、共通の法律によって、保護される完璧な保障である。

この長い演説の最後に、ラボー・ド・サンテティエンヌは、結論として信仰の実践の自由を含む宗教の自由を保障するための条文案を提示した。すなわち――

したがってみなさん、私は結論として、非カトリック教徒に関する法律の廃止をあなたがたが決定し、彼らを他のフランス人すべてに同化させることを待望しつつ、つぎの条文を人権宣言に入れる〔べき〕ことを結論する。すなわち、「何人もその意見において自由である。すべての市民はその信仰を自由に告白する権利を有し、何人もその宗教のゆえに不安にさせられえない(87)」と。

こうしてサンテティエンヌは、「信仰の自由」を人権宣言に盛り込むことを強く提案したが、つぎのゴベル司教（Gobel, évêque de Lydda）は、非カトリック教徒にそれらの自由を認めることは容認できるが、人権宣言ではなく憲法の議論の中で扱うことしかできないとしつつ、しかしつぎのような修正文言を付け加えることによって、人権宣言へ盛り込むことを提案した。すなわち、「その意見の表明が公の秩序を少しも乱さない限りにおいて」と。

このように、議論はサンテティエンヌの演説の最初の部分に戻されてしまい、「公の秩序」の維持を条件に、「礼拝の自由」を明文で示さない「宗教の自由」を、「意見の自由」に包摂されるものとして規定する条文に行き着く。これは、カステラーヌの条文案から「信仰の自由」を除いた後段部分に、明確に「公の秩序」維持の条件を加えたものであった。すなわち——

何人も、その意見表明が法律によって定められた公の秩序を乱さない限り、たとえそれが宗教上のものであったとしても、その意見のゆえに不安にさせられてはならない。(88)

こうしてこの日、最終的に人権宣言第一〇条となる「意見表明の自由」に関する条項が完成したのである。しかし、以上見たように、かなりの紆余曲折を経て、つまり、「第六部会草案」の第一六条から一八条に関する審議から始まったこの日の議論は、その第一六条に規定されていた宗教と道徳の法律補完性に関する議論は省略され、礼拝を明文で認める一七条と実質的に信教の自由を確保しようとする一八条の議論に集約され、そのうちでも信仰を入れることについては強い推進意見もあったが、最終的には一八条の後段部分、つまりカステラーヌの後段部分の議論に集約され、サンテティエンヌの力強く長い演説にもかかわらず、信仰の自由は明文で認められるまでの賛同を得ることはできなかった。むしろ「公の秩序」維持について敏感であったであろう議会の代表の多くは、公の秩序維持を条件とする意見表明の自由を認めるにとどまり、宗教の自由については、「意見表明」のうちに含まれるということが解釈上可能であるような表現をすることで、緩やかに認めるにとどまったのだと言えよう。

（九）　八月二四日

国民議会は続く二四日、「第六部会草案」の第一九条に関して議論を行なった。第一九条は、「思想の自由な伝達(la libre communication des pensées) は市民の権利であるから、それが他人の諸権利を害しない限り制限されてはならない」と規定していた。これに関する議論の中心は、「思想の自由な伝達」の保障が必要か否かについてではなく、その必要性を前提として、その文言が十分理解される程度に具体的であるか、また、それに対する制限のあり方が曖昧ではないかという二点であった。つまり、「第六部会草案」で保障する「思想の自由な伝達」とは思想をどのように伝達することなのか、また、制限原理である「他人の諸権利を害する」とは、「思想の自由な伝達」が他人のどのような権利でも少しでも害するなら、いつでも制限できるというように広範囲に解され、権力による恣意的な制限を許してしまうことを意味するのではないか、とする疑問について、調整が図られたのである。

まず「思想の自由な伝達」についてレヴィ公爵は、すでに前日に採択された第一〇条の「意見について不安にされない」自由に関連づける。つまり、第一〇条は意見表明の三つの方法のうちの「行動」についてのみ規定し、他の二つについては何も規定していないとして、更なる保障を求めた。「意見の表明（manifester）には三つの方法がある。書くこと（écrit）による方法、演説（ses discours）による方法、そして、行動（ses actions）による方法である。……〔そして彼はつぎのような案を提示した〕『あらゆる人にはその思想を行使する自由（le libre exercice de sa pensée）があるから、他人のそれを害しないという唯一の条件の下で、その意見を表明する権利を有する』[89]」と。

さらにラ・ロシュフーコー公爵は、出版の優位性（les avantages de la presse）を保障することは「思想の自由な伝達」において重要であり、専制および狂信を破壊したのはまさに出版であった点を強調た上で、これを盛り込んだつぎのような修正条文を提案した。すなわち、「思想および意見の自由な伝達は人にとって最も貴重な権利の一つである。したがってあらゆる市民は、法律によってあらかじめ規定された場合におけるこの自由の濫用に対して責を負うことはあるが、自由に話し、書き、印刷することができる[90]」と。

こうして「話し、書き、印刷する」ことを保障するとした点で、「第六部会草案」よりもその内容が具体的に明確化されたことを支持する意見が、ラボー・ド・サンテティエンヌから出された。特に出版の自由の重要性を強調するとともに、制限についてあまり細かな規定は避けるべきであるとする。すなわち、「出版の自由の傍らにそれに対して望む限界を規定することは、権利の宣言の代わりに義務の宣言を作成することになる」と。そしてサンテティエンヌは、結論として、ラ・ロシュフーコー公爵の制限原理をレヴィ公爵のそれで置き換え、「他人のそれを害しないという唯一の条件の下で」「あらゆる市民は、自由に話し、書き、印刷することができる」という修正案を提示したのである。(91)

これらを総合する形でタルジェがさらにつぎのような修正条文案を提示した。すなわち、「あらゆる人は、その意見（ses opinions）を、思想、言論および印刷（par la pensée, la parole et l'impression）によって、表明する権利を有する。この権利を行使するに当たり（usant）他人の権利を害する者は、法律によって規定された形式に従ってその責を負わねばならない（doit en répondre）(92)」と。

ついでバレール・ド・ヴィユザックは、人権宣言が立法者にとっても重要であること、また出版の自由は単に思想の伝達という観点から重要なだけでなく、公的自由（la liberté publique）にとって必要不可欠であるから重要だということも表現する必要があると主張する。つまり、立法者は人権宣言を元に諸々の新しい法律を制定することになるから、宣言は彼らにとって重要な指針とならねばならず、「そのためには人権宣言がエネルギーと純粋さ（l'énergie et la pureté）を有することが重要であり、この議会に、破壊的な変更、副次的な議論、権利を弱める卑屈な警戒心、自由を名のみとする狡猾な禁止などの過重な負担を懸けてはならない。今こそ、多年フランスの立法の恥であった不条理を消し去る秋《とき》である。」そのために議会が最優先になすべきは、「思想伝達の自由の不可分の一部である出版の自由を不可侵のものとすること」である。「政治的自由の樹は、印刷の自由の有益な影響によってのみ成長する」と。そしてそのような観点から、ラボー・ド・サンテティエンヌの修正条文案よりもさらに「出版の自由」と「公的自由」の関係を明確化させた案を提示した。すなわち、「あらゆる人は、その思想を伝達し公表する（publier）権利を有する。公的自由に必要な出版の自由は、法律によって定められた場合に定められた形式に従ってこの自由の濫用の責を負うことはあるが、抑制され（être réprimée）えない(93)」と。

続いてロベスピエールは、制限原理について否定的な見解を示す。すなわち、「自由な人がその権利をこのように曖昧な仕方で宣告することは決して認められていない。…専制政治のみがこのような制限を想像できたのだ[94]」と。しかし、このように制限を撤廃することについて強い反対が表明された。アミアンの司教ド・マショー（De Machault）は、自由な出版の危険性を強調する。すなわち、「出版の無制限な自由（la liberté indéfinie）には、宗教と善良な風俗にとって危険が存在する。過度に自由な文筆（la licence des écrits）の攻撃によって、どれだけ宗教が苦しめられたことか！　どれだけ社会の安寧が傷つけられたことか！[95]」と。

このような状況の中、ミラボーが仲裁を試みる。まず「制限（restreindre）」という言葉を「抑制（réprimer）」と修正して語感を緩和し、またこれは事後的抑制のみを問題にすると述べて、自由に対する事前の過度の制限から解放するとする。すなわち、「中傷的文書（une lettre calomnieuse）のための文房具や名誉毀損（un libelle）のための印刷機をあなたがたの自由にしておこう。ただし、違反が行なわれたときには、あなたがたは処罰されなければならない。これが『抑制』であり、『制限』ではない。違反を処罰するのであり、違反を犯そうとしているという口実の下に、人の自由を妨害してはならないのである[96]」と。

結局、出版の自由に対する事前の抑制が行なわれるものではないと理解するに至った議会は、最終的にラ・ロシュフーコー公爵の案を基本にして、個人の自由から市民の自由へと昇華させた出版の自由を、表現の自由の重要な一つとして最終的に採択することとした。すなわち――

第一一条　思想および意見の自由な伝達は、人の最も貴重な権利の一つである。したがって、すべての市民は、法律によって定められた場合にその自由の濫用について責任を負うほかは、自由に、話し、書き、印刷することができる。

続いてこの日の議会は、諸権利の保障のために公の実力が必要であり誰もそれを個人的に利用してはならない旨をつぎのように規定している「第六部会草案」の第二〇条の検討に入った。同二〇条は、「人と市民の権利の保障は公の実力を必要とする。この実力はしたがってすべての人の利益のため設立されるのであって、その実力が委ねられた人々の個別的な有用さのためではない」と規定する。これについてダレー侯爵がまず、実力の維持には租税が必要となるから、課税に同意する市民の権利や行政職員に対する報告を求める権利もあわせて規定するべきだとして修正案を提示し、これをマルグリト男爵（le baron de Marguerites）が支持した。同様の修正案がド・ブロイ（le prince de Brogile）、タルジェ、ド・ラボルドらから提案されたが、要するにそれらすべては、市民自ら公の実力のための租税を決定し承認し期限を定め、使途について検査する権限を求めていた。そこでル・シャプリエが、それら議論を整理しようとする。すなわち、「条文を区別する必要がある。つまり〔第六部会の〕第二〇条は租税の使途（l'imploi des impôts）を規定しており、ほか〔の条文〕がそれら〔租税〕に同意する形式を規定している」と。つまり、議会の議論は先走っており、まず濫用を禁じられた「公の実力」を設定することが必要であるとの認識を確定させ、その上でそのために必要な租税をどのように分担するかの議論をしなければならないとしたのである。そして議会は最初の「第六部会草案」の第二〇条に議論を戻したが、再度多くの提案が提示された。そしてル・シャプリエが再びそれら提案の欠点は、「公務員（agents publics）の責任が十分な正確さをもって規定されておらず、また市民に対する公の実力の濫用が不可能なように[97]」規定されていない点であると指摘した。

そのような混迷を極めた議論の中で、マディエ（Madier）とド・ラリー（de Lally）は、「第二〇条の唯一の欠点は第六部会によって起草されたことだけである[98]」と述べ、その中身についてなんら問題がないことを指摘した。この発言で議会は一気に決を採る雰囲気になり、それまでの紆余曲折のすべてを忘れ去ったかのように満場一致で、「第六部会草案」の第二〇条をそのまま最終草案第一二条として、採択したのである。

さらに議会は、「第六部会草案」の第二一条がつぎのように、「公の実力」のために必要となる経費を市民が能力に応じて比例的に負担することを定めていたが、それも第二〇条と同時に、いくつかの文言修正の上、ほぼそのまま最終草案第一三条として、採択した。すなわち、「公の実力の維持のため、また行政の諸費用のため、共通の分担金が不可欠である。そしてそれは、あらゆる市民の間でその能力に従って（en raison de leurs facultés）平等に配分され（également répartie）ねばならない(99)」と。

以上のようにこの日の議論は、人権宣言に謳われる人権を保障するために公の実力が必要となるが、それは個人の利用に供してはならず、常にあらゆる人々のために利用し、それゆえそのための費用は能力に従って平等に分担されるべきことを、条文化することに費やされた。その際、さまざまな条文案が提示されたが、最終的に落ち着いたところは「第六部会草案」だったのである。

（一〇）八月二六日

つぎに人権宣言について議論されたのは前記最終草案第一二条、一三条を採択した二日後の八月二六日で、この日が人権宣言に関する議論が持たれる最終日となる。この日二四日に続いて、「公の実力」維持などのための諸費用分担に関連する、「第六部会草案」の第二二条が議論の対象となった。同二二条はつぎのように定めていた。すなわち、「公の分担金は各々の市民の所有から取り上げた部分であるから、市民はその必要性を確認し、それに自由な同意を与え、その使用を追及し、分担額、基準、取立および期限について決定する権利を持つ」と。先述のように「第六部会草案」の第二一条は公の分担について比例配分原則を定めていたが、第二二条はその分担に関して市民が有することになるいくつかの権利を定めるものであった。

議会ではこの条文に関して、大きくつぎの二つの問題点について議論された。まず一つは、「公の分担金は各々の市民の所有から取り上げた（retranchée）」という表現が適切なものか否かについてである。もう一つは、市民が分担に関して有することになる「諸権利」が、政府に対して直接的に行使可能なものと解釈できる点である。

これら二点の論点のうち、後者について、つまり分担金に対する同意権およびその他の決定権をそれぞれの市民が持つことになっている点が非現実的であることから、まずデュポールが、「自身でまたはその代表者により」という文言を挿入することにより、直接的または間接的いずれかの方法によって、それらの権利を行使できると修正する提案を行ない、これが全会一致で承認された。要するに、市民の租税に関する同意権等の権限行使を、直接民主制的な方法だけでなく、むしろ間接民主制的な方法を可能とする文言に変更したのである。ついでデュポールは、二つの論点の前者について、つまり「公の分担金は各々の市民の所有から取り上げた」ものであるという表現について、やや不穏当であることを理由に削除することを提案したが、これが大きな議論を巻き起こした。[100]

まずペリス＝ドゥ＝リューク（Périsse-du-Luc）は、「公の分担金」という考えと「所有から取り上げる」という表現とは相容れないばかりか、誤った考え方であると主張する。すなわち、「この表現は市民に対して、租税（l'impôt）の性質に関する誤った、そして危険な考えを提示するものだ。公の安全のために〔政府に〕与えられる、〔市民の〕収入または生産のこの部分は、債務（une dette）であり、返済（un remboursement）であり、または〔政府が提供する〕諸サービスとの交換（un échange）である。……租税（tribut）の支払いは〔市民が〕果たさねばならない正当な債務（une dette légitime）であり、政府組織（le corps national）はすべての人の利益と安全のためにそれを徴収する時効にかからない権利を有するのである」[101]と。

このようにペリス＝ドゥ＝リュークは分担金を市民の「正当な債務」と捉え、いわば近代的な租税概念を主張したのに対し、つぎに意見を述べたロベスピエールは、分担金とは、市民の「所有から取り上げ」られ、したがってもはや市民のものでなくなってしまうものではなく、共通利益のために市民の「共有財産」にされたものであると捉え直す。すなわち、租税は「公の行政官の掌中に、共通のものとして置かれた財産の一部分であると私は主張する。…もしも〔市民の〕財産から取り上げられた部分であるとすれば、それはもはや国民に帰属するものではなく、〔したがって〕国民はそれ〔の支出〕について〔公務員に〕説明をさせる権利を持つものではなくなる」[102]と。

以上のような、租税を「所有から取り上げ」たものと表現する第六部会の原案に対して否定的な意見を受けて、議会は最終的にこの表現を削除した上で、文言を調整して最終草案第一四条とした。すなわち、「市民それぞれは、自身でまたはその代表者により、公の租税の必要性を確認し、それを自由に承認し、その使途を追及し、かつその数額、基準、取立、および期間を決定する権利を有する」と。

この日つぎに議論されたのは、公務員に対して行政上の説明を求める社会の権利を規定する第六部会の第二三条であった。同二三条はつぎのように規定していた。「社会は、あらゆる公務員に対し、彼〔＝その公務員〕の財務管理について会計報告を要求する権利を持つ」と。またそのつぎの第二四条は、「権利の保障が確保されず、権力の分立が確定されていないあらゆる社会は、真の憲法を持つものではない」と規定し、権力分立を基本原理として定めようとしていたが、両者は公権力行使に対する制限を目的にしている点で共通していた。また、すでに決定した「公の分担」に関しても、市民の同意権など、政府の恣意的な課税を禁止するという点において、行政権に対する制限を定めるという側面があり、これについても再度一緒に議論されることになった。

最初にペリス＝ドゥ＝リュークが、議論を「第六部会草案」の第二二条、つまり租税に関する同意権の議論に戻し、それとこの第二三条を一つにまとめる案を提示した。すなわち、「社会は市民にその分担金を支払うよう強制する権利を有し、かつ公務員すべてに対してその財務管理について会計報告を求める権利を有する」[103]と。この案によって、権力に対する制限という観点が喚起され、議会の議論はつぎの「第六部会草案」第二四条が規定する「権力分立」に発展した。ラメットはつぎの提案を行なった。すなわち、「何人も、公権力が区別され分立されておらず、また執行権の職員（les agents du pouvoir exécutif）がその行政について責任を持たないのであれば、自由を享有することはできない」[104]と。

このように「財務管理」およびその「会計報告」を求めるとする条文に関する議論が、ラメットによって一気に「行政についての責任」を意味するまでに飛躍したことに対して、ブーシュは議論を先のペリス＝ドゥ＝リュークの主張に戻すべく、つぎのように述べた。「私にはそのように拡張することはまったく考えられない。ただ単に、

第二二条と第二三条を一箇条に合体させることを提案するのみである」と。そしてこれら二箇条を一つにまとめた自らの修正案を提示した。すなわち、「租税の支払いは保護と安全の対価であるから、社会はすべての市民に対して、あらゆる公務員にその財務管理について会計報告をさせる権利を有するのと同様に、支払いを強制する権利を有する(105)」と。

これらについて議会は、職員が行政について「責任」を持たねばならないことを規定するというラメットの提案を受け入れると同時に、ブーシュらの第二二条を取り込んで同一条文にするべきであるという提案は退けた。つまり、議論は行政に課される「責任」と「説明」をいかに条文化するかという点に集約されることになった。これを受けてデュポールはつぎの条文提案を行なった。すなわち、「執行権のあらゆる公務員は、その行政について責任を負う。また、国民（la nation）は彼に報告を求める権利を有する(106)」と。その後、ここでデュポールが使った「国民」という言葉に関して、「社会」とするべきであると主張する者や、これらは人権宣言ではなく憲法に盛り込むべきであると主張する者が出たり、再度「権力分立」の議論が登場したりと、議論が錯綜した。これをムニエがつぎの条文提案によってまとめようとした。すなわち、「公的自由は、権力の分立が定められ、また執行権の公務員がその行政に責任を負うことを要求する(107)」と。この提案についてもさまざまな意見がさらに噴出し、またその他の論点についても意見が出された。そして最終的に、「権力分立」については別条文とし、執行権の職員に課される「責任」については規定しない条文、つまり「第六部会草案」の第二三条と同一の文言が最終草案第一五条として満場一致で可決されたのである。すなわち、「社会は、あらゆる公務員に対しその行政について報告を要求する権利を有する(108)」と。

このように、最終草案第一四条、一五条とも相当の議論の後、最終的には第六部会の原案が一部削除と微調整を経てほぼそのまま採択されたのである。またつぎの最終的に第一六条となる「権力分立」を規定する「第六部会草案」第二四条についても、公務員の責任をめぐる第二三条の議論経過においてすでに議論され、その結果「第六部会草案」のように別条文でこれを規定するとしていたので、第二三条を「第六部会草案」通り採択した今、さしたる反対もなくほぼそのまま採択されることになる。この「第六部会草案」第二四条はつぎのように定めていた。すなわち、「権利の保障が確保されず、権力の分立が定められていないあらゆる社会は真の憲法を持つものではない」と。

まずラリー＝トランダルは、「権力分立」原理はすでにあまりに有用なもの（trop salutaire）として認識されているから、草案通り採択することに賛成したが、ル・シャプリエは原理というより、指令形式として（en style d'instruction）規定されているから修正すべきであるとして、つぎの条文案を提示した。すなわち、「市民の自由は、異なる権力（les différents pouvoirs）が確定されていることを要求する」(109)と。またロベスピエールは、「権力分立」原理を人権宣言に盛り込むことに違和感を覚えるから、憲法に盛り込むべきであると主張し、規定すべき文書の決定を先決問題として提起したが、結局、「第六部会草案」第二四条の文言を微調整したものを最終草案第一六条として可決したのである(110)。

以上の議論で、「第六部会草案」の全二四箇条に関する逐条審議がすべて終了したが、ここでモンモランシーは、憲法を修正する権利を加えるべきだという提案をしたが受け容れられなかった。ついで、所有権に関する条文を加えるまで審議を終えるべきでないとする提案が何人かの代表によってなされ、所有権の保障に関する条文をデュポールが提案し最終草案第一七条として可決された。すなわち、「所有権は、不可侵かつ神聖な権利であるから、何人も適法に確認された公の必要（la nécessité publique, légalement constatée）が、明白にそれを要求する場合で、かつ、正当かつ事前の補償の条件のもとでなければ、それを奪われえない」と。

ここまでで、人権宣言の議論をすべて終了し、全一七箇条からなる最終草案が採択されたのである。要するにこの日議論の対象となった「第六部会草案」の公的負担を徴収する課税権および公務員に行政について説明を要求する権利また権力分立など、公権力の制限に関する第二〇条以下二四条までについては、基本的に第六部会の草案のまま若干の修正を施したのみで、最終草案の第一二条から一六条までが誕生したのである。

以上第二部においては、一七八九年八月二六日にフランス人権宣言の最終草案がまとまるまでの経緯を、全国三部会開催前夜にさかのぼって概観し、人権宣言がいわゆる付け焼刃の寄せ集め式に作成された文書では決してなく、その当時から長年にわたって全国の全階級において議論されてきた人権と社会および政府に関する諸概念の集大成として、その歴史的流れと運動の中において完成した独自的かつ統一的なものであることを明らかにするべく、その経緯をたどってきた。つぎに、それらを全体としてまとめると同時に、この仮説がいかに検証されたかを確認し結論を導きたい。

〈第二章　第五節　注〉

（1）八月五日から八月一一日までの審議の大まかな概要については、*AP*, 8 : 350-400, Patrick Kessel, *La Nuit du 4 Août 1789*, pp. 181-226, Paris, 1969. ルフェーブル著、高橋幸八郎／柴田三千雄／遅塚忠躬訳『一七八九年―フランス革命序論』（岩波文庫、一九九八年）二七六―二八二頁、など参照。

（2）深瀬忠一「一七八九年人権宣言研究序説（三）」北大法学論集一八巻三号六〇頁以下および同「一七八九年人権宣言研究序説（四）」北大法学論集四〇巻一号一九一―二二一頁に、一定程度まとめてあるので、それも参照のこと。

（3）*AP*, 8 : 399 (M. Desmeuniers). この日の議事録の後に、シャルル・フランソワ・ブーシュ、ラボー・ド・サンテティエンヌ、ムニエ、シエイエス神父、グージュ・カルトゥー、および、第六部会の草案が収録されている（*AP*, 8 : 400-432.）。

（4）*AP*, 8 : 424 (M. le Président). トロンシェはパリの老齢の弁護士で高名であり、穏健かつ慎重であった。また、三部会から国民議会への変更に抵抗した一人であった。レドンも君主制擁護派に属する穏健な弁護士であった（Stéphane Rials, *La déclaration des droits de l'homme et du citoyen*, HACHETTE, 1998, p. 197-98.）。

（5）*AP*, 8 : 424. その結果、三十の部会から三名ずつ選出し、その九十名をさらに三十名まで絞込み二つの委員会に分けるという方法をとることになった。

（6）　*AP*, 8 : 436-437.
（7）　*AP*, 8 : 438 (M. le comte de Mirabeau).
（8）　*AP*, 8 : 438.　ただし、ミラボーは自らの草案を控えめに「きわめて弱体な試案（très-faible essai）」と述べている。
（9）　「五人委員会」の草案は、以下のとおり（深瀬、前出注（2）「一七八九年人権宣言研究序説（三）」六八―七〇頁からの引用。ただし、一部文言付加および修正有。また、辻村みよ子『人権の普遍性と歴史性』（創文社、一九九二年）四〇四-四〇〇頁も参照のこと）。

「国民議会に組織されたフランス人民の代表者は、人間の権利の無知、忘却または軽蔑（l'ignorance, l'oubli ou le mépris）が公共の不幸および統治機構の腐敗の唯一の原因であることを考慮し、厳粛な宣言によって、人間の不可譲かつ神聖な自然権を再建することを決意した。この宣言が、社会体のすべての構成員に絶えず示され（constamment présenté）、彼らに彼らの権利と義務とを絶えることなく想起させるように、また立法および執行権の行為がどの瞬間においてもすべての政治制度の目的と比較されうることによって権利がより尊重されるように、また市民の要求が以後簡潔かつ争いの余地のない諸原則（des principes simples et incontestables）に基づき、憲法の維持とすべての人の幸福とに常に向かうようになるために。

こうして国民議会は、以下の条項を承認し宣言する。

一　あらゆる人間は平等かつ自由に生まれている。彼らのうち何人も他の人以上に、自らの自然的ないし既得の諸能力（ses facultés naturelles ou acquises）を行使する権利を持たない。この権利はすべての人に共通しており、それを行使する者の良心自体（la conscience même）、すなわち彼にその同胞を害するような権利行使を禁ずるところのそれ以外の制限を持たない。

二　あらゆる政治団体は、明示的であれ黙示的であれ、社会契約の存在（l'existence d'un contrat social）を受容しているが、それによって各個人はその身体とその諸能力とを一般意思の至高の指導の下におき（sous la suprême direction de la volonté générale）、また同時に団体は各個人を部分として受容している。

三　国民が服従するところのあらゆる権力は、国民自身から派生したものであるから、いかなる団体もいかなる個人も国民から明示的に由来するのでなければ、権威を持ちえない。あらゆる政治的結合は、憲法すなわち統治機構の形態、それを構成する種々の権力の配分および限界を、確定し修正しまたは変更する不可譲の権利（le droit inaliénable d'établir, de modifier ou de changer la Constitution）を有する。

四　あらゆる政治的結合の源泉（le principe）であり目的であるのは、すべての人の共通善（le bien commun de tous）であって、ある人間あるいはいかなるものであれ人間のある階級の個別的利益ではない。したがって国民は、国民自身によって、または、屡屡更新され、合法的に選出され、常設的であり、頻繁に集会し、憲法によって規定された形式にしたがって自由に行動する、国民の代表者によって、明示的に承認され合意されたところの法律以外の法律を承認してはならない。

五　法律は、一般意思の表現であるから、その目的において一般的でなければならず、あらゆる市民に対して自由と所有と市民的平等（la liberté, la propriété et l'égalité civile）とを確保することを、常に目標とするものでなければならない。

六　市民の自由は、法律にのみ服従すること、法律により設立された権威にのみ従う拘束を受ける（être tenu）こと、処罰を恐れることなく法律によって禁じられていないところの彼の能力のあらゆる行使をなしうること、したがって圧制に対し抵抗すること（résister à l'oppression）に存する。

七　であるから市民は、その身体において自由（libre dans sa personne）であり、法律によって設立された裁判所の前にのみ訴追されうる。彼が逮捕され、拘留され、投獄されうるのは、そのような警戒措置（ces précautions）が違反行為の賠償または処罰を確保するために必要である場合、また法律によって規定された形式にしたがってのみ、なされうる。訴追は公開で、対審は公開で、裁判は公開でなされるべきである。起訴に基づき法律によって〔あらかじめ〕（avant l'accusation）〔定めら〕れた刑罰のみしか〔科〕することはできない。それらの刑罰は常に、違反行為の性質にしたがって段階づけられたものであり、あらゆる市民にとって同等のものでなければならない。

八　であるから市民は、その思想において、またその思想の表明においてすら自由であり、言論により、著作により、出版により、その思想を普及させる権利を、他人の権利を侵害しない（de ne pas donner atteinte aux droits d'autrui）という明示の留保のもとに有する。手紙はとりわけ神聖たるべきである。

九　であるから市民は、その行動において自由であり、旅行し、自らの欲するところに住居を移転し、国の領域から出てゆくことすら、法律によって指定された場合の留保においてできる。

一〇　公共の事項について諮問し、市民の受任者に対し訓令を与え、または市民の苦情の改善（le redressement de leurs griefs）を求めるために、合法的な形式において集会する能力を剥奪することは、市民の権利を侵害することなくしては、できないであろう。

一一　あらゆる市民は、取得し、所有し、製作し、商業を行ない、その能力と勤労を用い、そして自らの欲するままにその所有を自由に処分する（de disposer à son gré de ses propriétés）権利を有する。法律のみがこの自由に対し、一般的利益（l'intérêt général）のために修正をもたらすことができる。

一二　いかなる人に対してであろうと所有を譲渡することを何人も強制されない。犠牲は、全社会に対して（à la société entière）のみ負うものであり、また公共の必要の場合にのみでなければならぬ。そしてその場合社会は所有権者に対し同価値の補償をしなければならない。

一三　あらゆる市民は区別なく公の支出に対し彼の財産の率に応じて（dans la proportion de ses biens）租税を払わなければならない（contribuer aux dépenses publiques）。

一四　あらゆる租税は、もし労働および勤労の意欲を挫き、もし貪欲さを刺激し風俗を腐敗させまた人民に対しその生存の資（ses moyens de subsistence）を荒廃せしめる傾向があるなら、人間の権利を害するものである。

一五　公の収入の徴収は、厳格な会計、確定され理解容易な規則に服すべきであり、それによって納税者が迅速な公正さを獲得し、また公収入徴収人の俸給が厳格に規定されるのでなければならない。

一六　行政における公の支出の経済は厳密な義務である。国家公務員の俸給はかなり高いもの（modéré）でなければならず、報酬は真の奉仕（véritables services）のためにのみ与えられるべきである。

一七　市民的平等は、所有または品格の平等ではない。それは、あらゆる市民が平等に法律に服従することを義務付けられること、および法律の保護に対し平等の権利を有することのうちに存する。

一八　したがってあらゆる市民は、彼らの才能と能力の尺度にしたがって（selon la mesure de leurs talents et de leur capacité）、あらゆる市民的、聖職的、軍事的公職に就任することが平等に可能である。

一九　軍の設立は立法府にのみ所属する。軍隊の数は議会により決定されるべきである。軍隊の任務は国家の防衛である。軍隊は常に文民の権威の下に従属すべきである。軍隊は国内治安に関係したいかなる行動も、法律により指定され・人民に知られ・軍隊に与える命令について責任を持つところの施政官の監察の下において（sous l'inspection des magistrates désignés）でなければ、なしえない。

（10）*AP*, 8 : 451 (M. Crénière).

（11）*AP*, 8 : 451 (M. Crénière). 最終的になぜ「七六箇条」になるのか疑問であるが、議事録によると彼はこのように述べている。

（12）*AP*, 8 : 451 (M. Crénière). クレニエールの案は、以下のようなものである。「最大多数の意思が、一般意思となる（la volonté du plus grand nombre deviant la volonté générale）。各市民は、一般意思に服さなければならない。各市民は、憲法、法律の再生、そして新しいもの〔憲法・法律〕の創造に参加する権利を有する。立法権は人民に属する。国民議会の会期は人民によってしか決定されない。租税は人民の同意なしには創設し得ない。最後に、これら権利は自然のもので、時効にかかることがないから、すべての人の権利となるのは、彼らの集会（leur réunion）によってのみである」と。

(13) *AP*, 8 : 451 (M. Duport).

(14) *AP*, 8 : 451-452 (M. Duport).

(15) *AP*, 8 : 452 (M. le marquis de Bonnay).〔彼は、相当の右派に属する。〕

(16) *AP*, 8 : 452-453 (M. Rabaud de Saint-Etienne).

(17) *AP*, 8 : 453 (M. Rabaud de Saint-Etienne).

(18) *AP*, 8 : 453 (M. le comte de Mirabeau).〔彼は、陸軍士官で右派に属する。〕

(19) *AP*, 8 : 453 (M. le comte de Mirabeau).

(20) *AP*, 8 : 453-454 (M. le comte de Mirabeau).

(21) *AP*, 8 : 454 (M. le comte de Mirabeau).

(22) *AP*, 8 : 457 (M. Pellerin). ナントの弁護士。

(23) *AP*, 8 : 458. リアルスによると、「五人委員会」の草案は、出来が良くなかった。すなわち、それまでに「起草された最良のテキストからは程遠いものであることは十分明白であ」り、「いたるところ重く（lourd）、主たる作者（＝ミラボー）の表現上の伝説的センス（le sens légendaire de la formule）をそこに見ることができない。……もっと深刻なのは、彼の表現のいくつかは、本質的にはそれまでの諸草案のうちにある提案を―多くの場合その形式を台無しにして―集めることに自制したものであったが、〔議会の〕みなを不安に陥れたのに違いない」ところであったと（Rials, *supra* note (4) at 202.）。

(24) *AP*, 8 : 458 (M. de Lally-Tollendal). この演説の中でラリー＝トランダルは、イギリス市民が君主制下で経験的に勝ち取ってきた自由と権利は、イギリス人にとってはすでに自明のものであり、「公理（un axiome）であるから、論理的説明は必要なく、それを議論するものもいない。各人はそれが自分の主人であり、法律のみが自分の自由を縮減（entreprendre）でき、また法律が権限を有するのは、自分の故であることを知っている」とする。そのうえで、正確に原理を定めておくことはとても良いことであるとして言う。すなわち、「確かに、そこから結果を導き出すためにあらゆる原理を開示しておく（exposer）ことは偉大かつすぐれた考えである。……しかし、私が望むのは、この権利の宣言が、できるだけ短く、できるだけ明確で、できるだけ縮小された（réduite）ものであることだ」と。そして、「五人委員会草案」については一般的には「形而上学的微妙さ（subtilités méta-physiques）を排除している」と一方では賞賛し、他方では、いくつかの「条文はあまりに曖昧である。いくつかの原理は、それ自身があまりに一般化されていて、恐ろしい結果を招来しかねない。たとえば第三条（あらゆる政治的結合は、憲法すなわち統治機構の形態、それを構成する種々の権力の配分および限界を、確定し修正しまたは変更する不可譲の権利を有する。）は、予測がつかない危険を引き起こす可能性がある」として、批判をするのである。その結果、議論の対象とするべきものについてつぎのように述べる。彼によると、ラファイエットの影響がみられるムニエの案ほど「明確で、単純、原理に厳格に適合的でありながら、また場所と時間といった都合に合致すべく慎重に作られたものはない」から、これを「縮小し、変更をし、そしてミラボーが昨日提案した草案の初めの部分にこれをつなげると良いと考える。さらに、ピゾン・ドゥ・ギャランの至高存在と人との関係（le rapport de l'homme avec l'Etre suprême）についての一箇条を付加することを特に推奨する。……ドゥ・ギャランの条文は、あらゆるカルト、またあらゆる宗教に適用できる」と。つまり、ムニエ案を基本にすえつつ、「五人委員会」の前文を利用し、またドゥ・ギャランの一条文を追加して議論の対象となる草案とするというのが、ラリー＝トランダルの提案であった。しかしこれが支持されなかった一つの理由は、おそらく、この提案直後に、ミラボーの提案と同様、憲法の採択を急いで先に行うべきで、人権宣言はその後でかまわないとする発言を行なったためであろう。

(25)　これに対してラファイエット案は四五票、シエイエス案は二四五票、ムニエ案は四票のみであった。（デュケノワの記録による。Rials, *supra* note (4) at 212.)

(26)　*AP*, 8: 431-432.　参照、深瀬、前出注（2）「一七八九年人権宣言研究序説（三）」七一—七三頁、および、辻村、前出注（9）三九九—三九二頁。この第六部会に関する研究は希少で、おそらく唯一、Philip Dawson, "Le 6e bureau de l'Assemblée nationale et son projet de déclaration des droits de l'homme. Juillet 1789," *Annales historiques de la révolution française*, 1978 が存在するのみであろう。

(27)　Dawson, *id.* at 169-171.

(28)　Dawson, *supra* note (26) at 176.　引用部分は、ポンセ・デルペ（Poncet-Delpech）という人物の報告書（Bulletins）からである。

(29)　Dawson, *supra* note (26) at 177.　引用は、ロンバール・ド・タラド（Lombard de Taradeau）という人物の発言である。最悪の草案であるということについては、デュケノワも同様に言及している。また、第六部会草案がたたき台として採択されたのはこのような理由以外にも、前の晩にブルトン・クラブでさらに票集めも行なわれていたからだとも言われている（深瀬、前出注（2）「一七八九年人権宣言研究序説（三）」七一頁）。参照、Rials, *supra* note (4) at 215.

(30)　*Id.*

(31)　*AP*, 8 : 461-462 (M. Anson, M. Target).
(32)　*AP*, 8 : 462 (M. Desmeuniers).
(33)　*AP*, 8 : 462 (M. de Laborde).（深瀬、前出注（2）「一七八九年人権宣言研究序説（四）」一九三頁参照。）
(34)　*AP*, 8 : 462 (M. Duquesnoy).
(35)　*AP*, 8 : 462 (M. le comte de Virieu).
(36)　*Id*.
(37)　*AP*, 8 : 462 (M. de Volney).
(38)　*AP*, 8 : 463.
(39)　*Id*. Rials, *supra* note (4) at 220によると、「自然権にかなり強調が置かれているにせよ、原文は実に非常に美しい（le texte est fort beau il est vrai）」もので、それは、おそらく「ミラボーと穏健派〔＝デミュニエら〕の間における妥協の一形式（une forme de compromis）であろう」ということである。（なお、傍線は、「五人委員会草案」からの変更部分を示すために著者が付した。）
(40)　*AP*, 8 : 463 (M. D'André).
(41)　*AP*, 8 : 463 (M. Target).
(42)　*AP*, 8 : 463 (M. de la Luzerne).
(43)　*AP*, 8 : 463 (M. Mounier).
(44)　仮にこれら三箇条が、ムニエの七月草案の核心的な部分であったとしても、これら三箇条がラファイエット草案と密接な関係にあり、そこにアメリカ的なジェファソンの影響が強く見られるとは断定できないと正当にも評価する点は、深瀬、前出注（2）「一七八九年人権宣言研究序説（四）」一九七―一九九頁参照。
(45)　*AP*, 8 : 464 (M. le chevalier Alexandre de Lameth).（傍線筆者）
(46)　Georges Michon, *Histoire du Parti Feuillant, Adrien Duport* (*1789-1792*), Payot, Paris, 1924, pp. 101-103. 訳文は、沢登佳人「デュポールの人権宣言および憲法原理草案（解説と訳文）」白鷗法学創刊号二九四―二九七頁（一九九四年）。以下引用。

一　人はその本性によって、自己の保存に配慮することを強制される。人はそれに必要なものをまかなうために不可欠な諸能力を持っている。

二　社会状態は、人が自然によってそれへと定められているものであるが、人に対して自己の諸能力の使用を容易にしてくれ、確保してくれる。

三　社会はすべて、実在としてのまたは仮定としての一つの契約に基づいており、全構成員の共通利益がその契約の原理と目的とである。

四　万人の利益は、各人ができるだけ大きな自由を持つこと、またしたがってこの自由が、他の個人に同じ自由の享受を保障するために必要な限界以外の限界を持たないことを、要求する。

五　いかなる個人も、この限界を設定する権利を持たない。この限界は、一般意思によってしか、すなわち法律によってしか、設定されえない。しかし法律は個人に対し、明らかに他の個人に害ある行為をしか禁止しえず、そして市民秩序の中では、法律が禁止していないことはすべて許される。

六　人はすべて、往来滞在、出国の権利を有する。

七　かくしていかなる人も、法律があらかじめ定めている諸形式に従い〔行為に〕先立って定められた法律によらなければ、その自由を奪われえない。

八　人からその自由を奪おうとする恣意的または違法な命令はすべて、一つの暴力である。その命令の執行を妨げるための対抗暴力はすべて適法であって、その命令に署名し、それを伝え、執行し、または執行させる者の処罰を妨げない。

九　人はすべて自由に自己の考えを、談話または印刷によって伝達することができる。ただし、法律があらかじめ定めている場合には、その考えを実行したことについて責任を負う。

一〇　何びとも、その点で（à ce sujet）公共の秩序を乱さない限り、自己の宗教上の意見を理由とするいかなる追求にも服されえない。

一一　人はすべて、自己の労力、腕前を、自己にとって善くて有益などんなことにでも、用いる権利を有する。いかなる個人、いかなる法律も、この自然の能力の使用を妨げることはできない。

一二　何びとに対しても、自己の自由を永久に譲渡してしまうような行為を、要求することはできない。

一三　法律は、社会の全構成員の相互協約の結果であるから、全構成員の一人一人に対して強制される。

一四　かくして、法律の名において権限ある裁判所の面前に召喚された市民は、直ちに従うべきである。彼に服従を強制するためには、あらゆる実力〔の行使〕が適法である。ただし、これから実力が行使される旨の明確でわかり易い〔裁判所の〕宣告〔すなわち令状の発布〕が、常に実力の行使に先立つべきである。

一五　一般意思の命令の執行を強制するために、法律は刑罰を定めるべきである。これらの刑罰は、犯罪を予防することと、犯罪者を矯正することとを、目的とし、これら二つの条件を満足させるために充分なものたるべきである。それを超えるような峻厳さはすべて、人々の権利の侵害である。同じ理由により、犯罪の審理は公開たるべきである。
一六　有罪と宣告される前に人を勾留することが必要と〔裁判所によって〕判断される場合であっても、彼の身柄を確保するために必要不可欠である所の警戒措置（précautions）を超える警戒措置は、人々の権利の侵害である。
一七　人はすべて、自己の所有権および自己の労働力を、意のままに処理しうるべきである。人はすべて、自己または自己の代表者によって同意された厳密な法律によってしか、自己の所有権または自己の労働力を分与することを義務付けられえない。しかし、この〔法律の定める〕租税の支払は強制されうる。
一八　ある人の享受する所有権が明らかに公共に有害であって、〔裁判所により〕そう判定された場合には、彼は補償を受けてその所有権を直ちに譲渡することを強制されうる。
一九　法律は、その命令の執行を確保する能力のある公的実力を、設置するべきである。
二〇　裁判所が設置されて、そこで公平、迅速かつ容易な仕方で裁判が行われるのに必要な用意が、なされるべきである。
二一　公務は、それを遂行する能力があると判断される個人に対して、社会によって課された義務である。それゆえ、公務が世襲であることは不条理である。さらに、この種の差別はすべて、ただその資質にのみ従ってあらゆる地位、あらゆる職務およびあらゆる名誉を手に入れる資格を有するべき、各市民の権利と相容れない。
二二　遺産が子たちに不平等に配分されうることは、同じ公的平等の原則に反する。
二三　最後に、すべて法律は公法、市民法および刑事法のいずれであろうとも、全市民を平等に拘束し、全員に対して同形式であるべきである。

(47)　深瀬、前出注（2）「一七八九年人権宣言研究序説（四）」一九九―二〇〇頁は、ラメットの修正案をつぎのように評価する。すなわち、「第六部会案（七―一〇条）の実質的内容の要約と先行の他の諸案中のイデーの集約といえよう。実質的内容における権利と義務の相互関係の巧みな要約であり、すでにムニエ草案に、同文条項が提示されているし、また、後段は、ラファイエト草案三条方式と同じであるから、ラメトの独創というわけではない。A・ラメトは『中間左派に近い三頭政治派の一巨頭』といわれる人物であるが、既提出草案中の最も優れたと考えた方式を編集しえたところに彼の役割があったといえようか」と。しかしもっと正確に言うならば、個人の自由と他人の自由との均衡を図るために、ラファイエット草案は各個人の自然権の行使の限界を他の個人の自然権を侵害しないこととし、ムニエ草案は他人を害さないこととすると共に、法律がその限界を定めるとしてはいるが、法律が定めうることの限界を明定していない。これに対し、ラメットの提案は、デュポール草案の文言を取り入れ、法律が禁止しうることを「有害な行為」に限定することによってその限界を明文化したのである。
(48) *AP*, 8 : 464 (MM. Camus, Blin, Mougins de Roquefort et Martineau).
(49) *AP*, 8 : 464 (M. Martineau).
(50) *AP*, 8 : 464 (M. Duport).
(51) *Ibid.* ただし、すぐ後に見るように、この点がこの日再度議論され、「法律は…禁止する権利を持たない (n'a le droit de défendre)」と変更され最終的に採択された〔注 (53) の本文部分参照〕。
(52) *AP*, 8 : 464 (M. Rhédon).
(53) *AP*, 8 : 464.
(54) *AP*, 8 : 465 (M. Martineau).
(55) *AP*, 8 : 465 (M. Camus).
(56) *AP*, 8 : 465 (M. Target).
(57) *AP*, 8 : 465 (M. Mounier).
(58) *AP*, 8 : 465 (M. de Talleyrand-Périgord).
(59) Ibid. ただし、最終的には、法律の作成に協力する「権利 (le droit)」の定冠詞 "le" が取り除かれた。(下線部分は、変更点を示すために著者が付加。)
(60) *AP*, 8 : 471 (M. Target). (下線部は、後に議論の対象となる部分を示すために著者が付加。)
(61) *AP*, 8 : 471 (M. le marquis de Bonnay). さらに彼は、身柄拘束等に関する法定手続について第二条において規定し、第三条では、宗教上の自由と思想の自由について規定する。
(62) *AP*, 8 : 471 (M. Duport).
(63) *AP*, 8 : 471 (M. de Lally-Tollendal).
(64) *AP*, 8 : 471 (M. Martineau).
(65) *AP*, 8 : 471 (M. le comte de Mirabeau).
(66) *AP*, 8 : 471.
(67) *AP*, 8 : 471 (M. de Gouy-d'Arey).
(68) *AP*, 8 : 472 (M. le comte de Mirabeau).

(69) *AP*, 8: 472 (M. de Boisgelin).
(70) *AP*, 8: 472. (下線部分は、変更点を示すために著者が付加。)
(71) *AP*, 8: 472 (M. Bonnal).
(72) *AP*, 8: 472 (M. de Laborde).
(73) *AP*, 8: 473 (M. le comte de Mirabeau).
(74) *Id.*
(75) *AP*, 8: 473 (M. l'abbé d'Eymar).
(76) *Id.* このような延期の決議に対してミラボーは、不寛容な代表たちが一晩のうちに謀略を計る可能性があるとして延期に反対したが認められなかった。
(77) *AP*, 8: 475 (M. Pétion de Villeneuve). (『』は著者が付加。)
(78) *AP*, 8: 475 (M. Maillot). カステラーヌ案 (第六部会案) を基礎にしていることについて同所。
(79) *AP*, 8: 475 (M. Bouche).
(80) *AP*, 8: 475 (M. l'abbé d'Eymar).
(81) *AP*, 8: 476 (M. le vicomte de Mirabeau).
(82) *AP*, 8: 476 (M. de Clermont-Lodève).
(83) *AP*, 8: 476 (M. de Talleyrand-Périgord).
(84) *AP*, 8: 476 (M. le comte Mirabeau).
(85) *AP*, 8: 476 (M. de Castellane).
(86) *AP*, 8: 478 (M. Rabaud de Saint-Etienne).
(87) *AP*, 8: 478-480 (M. Rabaud de Saint-Etienne).
(88) *AP*, 8: 480.
(89) *AP*, 8: 482 (M. le duc de Lévis).
(90) *AP*, 8: 482 (M. le duc de La Rochefoucauld).
(91) *AP*, 8: 482 (M. Rabaud de Saint-Etienne).
(92) *AP*, 8: 482 (M. Target). しかし、「その意見を、思想、言論および印刷によって表明する」という文言のうち、「思想」によって表明する、とする点は、前に修正提案をした三名のいずれとも合致せず、また当初の「思想の自由な伝達」を保障するという議論から外れていることもあって、最終案にはならなかったと思われる。

(93) *AP*, 8 : 482-483 (M. Barrère de Vieuzac).

(94) *AP*, 8 : 483 (M. Robespierre).

(95) *AP*, 8 : 483 (M. De Machault).

(96) *AP*, 8 : 483 (M. le comte de Mirabeau).

(97) *AP*, 8 : 484 (M. Chapelier).

(98) *AP*, 8 : 484 (MM. Madier et de Lally).

(99) *AP*, 8 : 484. 参考までに、「第六部会草案」第二一条のうち最終的に変更された部分に下線を施す。“Pour l'entretien de la force publique, et les autres frais du gouvernement, une contribution commune est indispensable ; et sa répartision doit être rigoureusement proportionnelle entre tous les citoyens.” そしてこの日の最終案は、つぎのようである。すなわち、“Pour l'entretien de la force publique et pour les dépenses d'administration, une contribution commune est indispensable. Elle doit être également répartie entre tous les citoyens, en raison de leurs facultés.”

(100) *AP*, 8 : 487 (M. Duport).

(101) *AP*, 8 : 487 (M. Périsse-du-Luc).

(102) *AP*, 8 : 487 (M. Robespierre).

(103) *AP*, 8 : 487-488 (M. Périsse-du-Luc). 「第六部会草案」第二三条の原文 “demander Compte à tout agent public de son administration” の下線部分 “Compte” が、ここでは、つぎのように下げられていることに注意しなければならない。つまり、“demander à tout agent public compte de son administration” と。これにより、ここで問題とされているのは、「分担金」に関する「財務管理 (compte)」について「会計報告を求める」ことであることになる。

(104) *AP*, 8 : 488 (M. le chevalier de Lameth).

(105) *AP*, 8 : 488 (M. Bouche). ブーシュの修正案の原文はつぎのようなものである。“Le payement de l'impôt étant le prix de la protection et de la sûreté, la société a le droit de contraindre tout citoyen à la contribution, comme elle a celui de faire rendre compte à tout agent public de son administration.”

(106) *AP*, 8 : 488 (M. Duport).

(107) *AP*, 8 : 489 (M. Mounier).

(108) 最終草案第一五条のフランス語原文が、「第六部会草案」第二三条とまったく同一であるにもかかわらず、両訳文が異なるのは、以上のような議論を経て最終条文が誕生したからである。つまり、「第六部会草案」第二三条の“Compte”が意味したものは、「財務管理についての会計報告」という相当限定されたものであったが、議論の経過によってさらに広く「行政についての報告」も含まれるものと認識されるに至ったため、最終草案の訳文では同じ“compte”という語を広範な意味を有するように訳出した。

(109) *AP*, 8 : 489 (M. Chapelier).

(110) 微調整とは、接続詞 et を、否定形に直し ni とし、「真の憲法を」持たないという表現を、単に「憲法を」とした点のみである。すなわち、最終案原文は、“Toute société dans laquelle la garantie des droits n'est pas assurée, ni la séparation des pouvoirs déterminée, n'a pas de constitution.”となった。

結　論

一　フランス人権宣言の作成の経過のまとめ

本書第二部で明らかにした内容をここで要約し、人権宣言作成の経過をまとめると、以下のようになろう。すなわち——

全国三部会開催のかなり前から、国王とパルルマンを対立させ、国王を全国三部会の召集に追い込み、そこで人権宣言・憲法制定による国家社会体制の根本変革を行おうとする戦略・戦術が、先進的な少数貴族およびかなりの数のブルジョワジーによって練られ、次第に全国的な拡がりを作っていった。その運動の中心となったのは、ラファイエット、デプルメニル、ノアイユ、オルレアン公、そしてデュポールをリーダーとするパリ・パルルマンの同志たちである。

大きな動きは、一七八七年第一回名士会で、ラファイエットが課税決定権の国民代表への帰属を主張し、新たな課税のためには全国三部会以上のものを要求したことに始まる。名士会の反対に直面した国王は、これを解散し、新税制の承認をパリ・パルルマンに求める。ロベール、フレト、デプルメニル、オルレアン公らが強力に反対して、全国三部会の開催を要求する。オルレアン公、ロベール、フレトは追放・監禁されるが、国王は勅令の登録と引き換えに全国三部会の開催を約束する。国王はミラボーにパリ・パルルマンに対抗するための助力を求めるが、ミラボーはこれを断り、その前後に人権宣言案を提出する。

一七八八年、オルレアン公らの追放に対し、デュポールはパリ・パルルマンに、封緘逮捕状に反対する決議と国民の権利に関する宣言とを行なわせる。これに対し国王は、デュポールの盟友で強硬派のデプルメニルとモンサベールを逮捕し、軍隊にパリ・パルルマンを包囲させ、パルルマンにその登録権と建言権の剝奪を承諾させる。

この司法改革に対する反対運動が全国各地で起きる。そのなかで際立ったのが、グルノーブルで弁護士バルナーヴが『勅令の精神 (l'esprit de édits)』と題するパンフレットを発行し、「屋根瓦の日」の暴動を煽り、これをきっかけにグルノーブルの裁判官ムニエはバルナーヴとともに司法制度改革に反対するドーフィネ州の「三身分合同会議」をヴィジルで開催させ、みずからその代表となってフランス各地に、第三身分の定数倍増と頭数投票と多数決による全国三部会の開催を呼びかけたことである。この呼びかけに呼応して、全国に全国三部会開催の要求が拡がる。国王はやむをえずこの要求を容れ、パルルマンを復権させ、全国三部会の開催を決定する。

以上の間に、デュポールは、前出パルルマンの同士のほか、ラファイエット、ル・ペルチエ、コンドルセ、エギヨン公爵、ラ・ロシュフーコー公爵、タルジェ、シエイエスらを含む同志的結合「愛国派」あるいは「国民派」を結成していたが、これを基盤とする「三十人委員会」が、全国的連絡網を通して定員倍増に対する全国の地方パルルマンの抵抗を終結させ、第三身分定数倍増に賛成させる。

一七八八年に再度財務総監となったネッケルは、財政立て直しには第三身分の協力が必要と考え、第三身分の定数倍増を名士会に諮り、前記愛国派の協力を得て承諾させる。

他方、パリ・パルルマンが保守派貴族の主導により、三部会の身分別投票を主張したのに対抗して、デュポールは、前記愛国派のメンバーと重複してデプルメニル、サバチエ、フレト、ユゲ、ル・ペルチエ、エロー、ルイ、メルシイ・アジャントーらパルルマンの仲間、エギヨン公爵、オーモン公爵、ラ・ロシュフーコー公爵、オータン司教タレイラン・ペリゴール、ミラボー伯爵、ノアイユ子爵、ラファイエット、ラトゥール・モブール、ラメット兄弟らの自由主義的貴族、シエイエス、経済学者デュポン・ド・ヌムール、パルルマン弁護士タルジェ、そして、クラヴィエール、パンショー、ラボルド・メレヴィル、ル・シャプリエ、ローザンらの銀行家を結集して、いわゆる

「三十人委員会」[1]を作り、自邸で対策を練り、それに基づいて陳情書の全基本項目を包含するモデルを作成して全国に配布し、それを参考にして陳情書を作ってもらう。さらに、代表者選挙で候補者を推薦し支援する。陳情書のモデルとしては、他にオルレアン公、シエイエスらによるものが知られている。（この間、ミラボーとシエイエスは、デュポールらの主導に反発して三十人委員会を去っている。）

シエイエスは『第三身分とは何か』という著作を著して、全身分合同会議の頭数投票が認められなかった今、第三身分は単独で集まって、国民議会を組織すべきだと説く。全国三部会開会後、事態はその方向に進む。すなわち、ブルターニュ選出の第三身分の代表らと愛国派が手を結び、六月上旬カフェ・アモーリを集会場所とする組織化された政策集団を結成し、ブルトン・クラブと呼ばれ、ミラボー、シエイエス、ムニエ、バルナーヴも参加して一大勢力となる。この組織の力を背景にシエイエス、ムニエらが牽引車となって、球戯場の誓い、他身分の合流へと向かう。[2]

これに対し国王は、一七八九年六月二三日の親裁座で、陳情書、パルルマン、諸身分の要望をかなり取り入れた宣言を行なう代わりに、全国三部会の解散を命ずるが、ミラボー、ラファイエット、ラ・ロシュフーコーらが阻止し、さらにカミュ、バルナーヴ、グレルゼンが猛烈に反抗し、さらにミラボーが提案した代表の不可侵権確認を議会が可決して、ついに国王に国民議会を承認させる。

再開された国民議会の冒頭七月一日、ル・シャプリエの提案により、議会は、不当に投獄されたフランス衛兵に恩赦を求めて成功する。

七月六日、ラリー＝トランダルが国内の食糧事情を改善するための行政命令を発することを提案したのに反対して、ムニエは、国民議会の急務は憲法制定の作業に着手することだと主張する。いくつかの町や村からの要請もあって、七月七日、議会は「憲法を対象とする課題配分委員会」の構成を決定する。七月九日、ムニエは、同配分委員会の報告の形で、憲法制定作業の順序について提案し、人権宣言が用意されるべきことを主張する。七月一一日、ラファイエットが最初の人権宣言案を提出し、ラリー＝トランダルがその採択を熱望し、この案が各部会の審議に付されることになる。

七月一三日、ネッケルらの罷免に続くパリの騒擾に対し、ムニエがネッケルらの再登用を要求することを提案し、タルジェ、ラリー＝トランダルらが支持したが、ひとまず市民の不安の元である国王側衛兵の撤兵とそれに代わるブルジョワ自警団の結成の容認を国王に求める使者を派遣する。国王は拒否したので、ムニエの提案に沿う宣言を国王に送る。

七月一四日、憲法は人権宣言を含むべきことを決め、三身分から比例的に選挙される八名の「憲法委員会」に憲法草案を作らせ、それを基に審議することを決める。ムニエが別案を提出するが受け容れられない。

同日午後五時、ノアイユ子爵、パリ市の使者がバスチーユ襲撃を報告する。国王に派遣された代表が、ブルジョワ自警団結成と同時に、国王はパリ近郊の軍隊に撤収を命じたと報告する。ラファイエットは、議会はさらに軍隊の全面撤収を要求する旨、パリ市に伝えるよう、使者に要請する。七月一五日、国王はその要求を呑む。ブルジョワ自警団は、「国民衛兵」と改称され、ラファイエットがその司令官に任命され、新市長バイイが誕生する。

七月一六日、一七日、ミラボー、バルナーヴ、ラリー＝トランダルらが、ネッケルら罷免された大臣らの復職をさらに請願すべきだと主張し、ムニエ、クレルモン＝トネールらは反対するが、結局代表団を送って請願を国王に届けることを決める。七月一八―二〇日、民衆暴動が続発するのに対処し、ラリー＝トランダルが、地方におけるブルジョワ自警団の構成や憲法制定作業促進の布告の発令を提案するが、全体の支持を得られない。

七月二〇、二一日、シエイエスは、憲法委員会で、社会的結合の目的たる人と市民の権利の認識は不可欠だから憲法に前置されるべきだとの主張に基づく、長大な論文に続いて三二箇条にわたるその権利の宣言案を提出する。七月二三日、ラリー＝トランダル、ムニエ、バルナーヴらの唱導により議論の末、国民主権原理に基づき、新たに陪審制を含む刑事司法体制と、被疑者の人権保障を柱とする布告文を決定する。七月二四日、遅滞している憲法制定と人権宣言作成を促進するため、憲法委員会が委員会報告を行なう日程を決める。これを受けて七月二七日、憲法委員会を代表してシャンピオン・ド・シセ、クレルモン＝トネールから憲法制定と人権宣言作成の基本的方向性に関する説明があり、両者が推奨したムニエの草案を憲法に前置すべきであるとの結論が示された後に、二三箇条のムニエ草案が披露され、これを一六条にまとめたものが議事録に登載される。七月二八日、ヴォルネーとデュポールの提案につき議論の結果、人権宣言や憲法制定以外の事柄につき調査し対策を練る「情報委員会」を設置することが決まり、以後憲法議会は人権宣言作成に集中して議論することになる。

しかし治安対策に追われて、ようやく八月一日と三日に、人権宣言を憲法に前置することの可否につき、活発な議論が行なわれ、デュラン・ド・メイヤンヌ、クレニエール、モンモランシー、タルジェ、カステラーヌ伯爵、バルナーヴ、ドゥランディーヌ、デミュニエ、アントレーグ伯爵、ムニエ、ル・シャプリエ、サロモンらが可、レヴィ男爵、シャンピオン・ド・シセ、ラ・リュゼルヌ、マルエ、ドゥランディーヌ、ビオザ、アルディらが否とする意見を述べ合ったが、結局人権宣言作成を必要あるものと認めて、諸草案を起草する委員会で一つにまとめるという結論が得られる。八月四日、その結論を踏まえて人権宣言に関する議論を再開、デュポン、グレゴワール神父、カミュ、リュベルザックが宣言には権利とともに義務を入れるべきだと主張、クレルモン・ロデーヴは、義務は必要だが権利はもともと他の市民との相互関係を意味するから、宣言に明記する必要はないと主張、議論の後多数決で義務を入れないことと、宣言を憲法に前置することとを決めたので、議長は起草委員会を招集して人権宣言の起草を委ねる。

これより先、第三身分は、バスティーユ襲撃をきっかけに全国に広がった農民の襲撃が自分らの財産に波及することを恐れて、八月三日の会議で領主の城館を襲った者を厳しく罰する布告を採択させると共に、トロンシェ（パリ市第三身分の代表者、弁護士会長）をリーダーとする委員会を任命して、旧来の法律と貢租・夫役は議会の別の決議があるまで維持される旨を盛り込んだ「王国の治安に関する布告」の委員会案を用意した。事前にそれを察知したブルトン・クラブは、これに対して先手を打ち、審議の主導権を握って一挙に封建制度を否定しようと謀議を凝らす。デュポール、ル・シャプリエと並んでクラブの幹部のエギヨン公爵は、この際農民に一部を譲って残りを救うために、封建的貢租を適当な値段で農民に譲ることを提案しようと決める。これをかぎつけたラファイエットの義兄ノアイユ子爵は、エギヨン公爵に先んじて貢租の買戻しに加え領主の夫役その他の人身隷従の無償廃止案を用意し、八月四日夜の会議に、タルジェが委員会案を朗読した直後に提出する。エギヨン公爵がこれに続き、以下同調者が続出して、議会は熱狂のうちに封建的特権全廃の決議を行なう(3)。

この決議を受けての法整備の後、人権宣言の審議が再開される。八月一二―一三日、デミュニエの提案を受け容れて、諸草案を一つにまとめた人権宣言草案を作成提出する「五人委員会」の委員を選出し、八月一七日、「五人委員会」を代表してミラボーが草案を提出する。八月一八日に、まずクレニエールが反対して、代わりにシンプルな草案を提示し、デュポール、ボネー侯爵、ラボー・ド・サンテティエンヌ、デミュニエも反対意見を述べる。八月一九日、「五人委員会」案はほぼ満場一致で否決される。ラリー＝トランダルがムニエ、ミラボー、ピゾン・ドゥ・ギャランらの草案を結合して議会案とすることを提唱するが認められない。議論の基礎とする草案を投票で選択することにした結果、六〇五票で第六部会草案が審議の原案として採用される。(他は、シエイエス案二四五票、ラファイエット案四五票、ムニエ案四票。)

こうして、第六部会草案をたたき台とする最終審議が八月二〇日に始まるや、アンソンとタルジェが、これは単なるキャンバスに過ぎないから、まずはこの案をたたき台として自由に改良して行こうと述べる。ついで、前文は「五人委員会」案の前文を若干訂正して採用する。一ないし六条は、ダンドレ、タルジェ、ラ・リュゼルヌらの提案の後に、結局ムニエの提案が採択されて、宣言一ないし三条となる。八月二一日、草案七ないし一〇条の審議では、ラファイエットとムニエの草案に見られる規定を総合したラメットの提案があり、ラ・リュゼルヌやダンドレの異論が出たが退けられ、文言をすこし修正して採択され、宣言四および五条となる。ついで草案一一条の審理に入り、議論は紛糾したが、結局草案一一、一二、一三、一五条を巧みにまとめたタレイラン・ペリゴールの提案が、反対派を強く退けるラリー＝トランダルの支援もあって、宣言六条として採択される。八月二二日、草案一四条の審議に入り、ミラボーの強力な支援を受けたタルジェの提案に、シエイエスの案の規定を付け加え文言を少し修正して、宣言七条として採択する。さらにデュポールの提案が、ラリー＝トランダルの支援を受け字句を少し修正して、宣言八条および九条として採択される。ついで草案一六条ないし一八条の審議が二三日にかけて熱烈に行なわれ、さまざまな意見が出たが、宗教と道徳の尊重、公的祭式への尊敬を定めた草案一六および一七条の審議は、憲法の審議の際に行なうこととし、一八条は信仰の自由を明文化せよとのサンテティエンヌの熱烈な主張にもかかわらず、「宗教的意見のゆえに不安にされない」というカステラーヌの提案のうち宗教的意見を一般的な意見の自由に包摂する形に直し、「公の秩序を乱さない限りにおいて」というゴベルの提案をこれに付加して、宣言一〇条として採択される。

八月二四日、思想の伝達の自由を規定した草案一九条の審議に入り、この自由は全員が認めるものなので、ラ・ロシュフーコー、ラボー・ド・サンテティエンヌ、タルジェ、バレール・ド・ヴィユザック、ミラボーらが、もっぱら伝達の具体的中身と自由の濫用に対する制限の範囲について議論し、制限を否定するロベスピエールに対しては司教マショーが反対し、最終的にラ・ロシュフーコーの案を基本に、宣言一一条として採択される。ついで、権利保障のための公的実力の必要を定める草案二〇条について、ダレー、マルグリト、ド・ブロイ、タルジェ、ド・ラボルド、ル・シャプリエらがさまざまな修正案を出したが、結局マディエとド・ラリーの意見に従い原案をそのまま宣言一二条として採択する。さらに、公的実力のための必要経費を市民が能力に応じて分担することを定める草案二一条については、文言修正のうえ、宣言一三条として採択される。八月二六日、公的分担金への市民の確認と同意、および使途、金額、取立方法の決定の権利を定めた草案二二条につき、デュポール、ペリス・ドゥ・リュークの意見で、市民にその代表者を付け加え、分担金を市民から取り上げたものという表現を削除して、宣言一四条として採択する。つぎに、公的機関に租税の使途について会計報告を求める社会の権利を定める草案二三条と権力分立を定める二四条につき、両条を一つにまとめるペリス・ドゥ・リュック、ブーシュの提案は斥けられ、二三条は、草案の趣旨を広く行政機関全体の責任と説明義務と解すべきだとするラメット、デュポールの見解を認めて原案のまま、宣言一五条として採択される。草案二四条は、ラリー＝トランダル、ル・シャプリエ、ロベスピエールらの意見が出たが、結局原案を微修正して宣言一六条として採択される。

以上第六部会草案の逐条審議を終了した後、憲法修正権を加えるべきだとのモンモランシーの提案は認められず、ついで所有権に関する条文を加えるまで審議を終えるべきでないという提案が数名の代表からなされ、所有権の保障と公の必要性によるその制限を定めるデュポールの提案がそのまま宣言一七条として採択されて、審議終了となる。

以上のフランス人権宣言の作成経過から、本稿の最初の問題提起がどの程度明確にされたかを検討する。

人権宣言の起草過程に関して最初に確認できるのは、八月二六日に審議を終えた人権宣言の最終案の基礎となったのが、八月一九日に逐条審議のたたき台とすることを決めた第六部会草案であり、例えばラファイエット草案、ムニエ草案、タルジェ草案、シエイエス草案など、個人が提案した一つの草案ではなかった点である。つまり、七月以来数多くの代表者たちが、自己の用意した草案を議会に提示したが、最後に逐条審議の対象となったのは、そのような特定個人が準備した草案ではなく、部会が検討の上用意したものだったのである。また、この第六部会草案を基礎とすることを決定する直前には、ミラボーを長とする「五人委員会」が草案を準備したが不十分であるとしてこれを基礎に議論を進めることを善しとしなかった事実は、代表者の間に、審議のたたき台とする草案として適当であるとするためには、その草案が含むべき一定の内容が共通認識として存在していたことを物語っている。その一定の内容とは、自然権・平等原則の保障、国民主権、一般意思の表現たる法律の制定への全市民の参加、刑事人権保障、さらに、特に宗教の自由に関するものを含む意見および表現の自由、課税同意権の保障などである。そしてこれら条件を満たすものとして、第六部会草案が選択されたのである。

つぎに確認できるのは、そのような部会の草案も、委員会の草案も、また多くの個人の草案も、すでに一七八九年初頭からフランス全土のあらゆる地方三部会や選挙人団また同業組合などから提出された合計六万あまりもの陳情書を参照しながら各部会や個人が、それぞれが特に重要と考える点を強調しつつ総合的に収斂させたものであることである。つまりどの草案も、まったく独立的かつ個別的に起草者の思索のみによって完成されたものではなく、あるいはその選出母体の意思、あるいは合議体構成員の意思、あるいは所属団体の意思を取り込んだ上で、起草者が一定の特色を発揮しているものと思われる。

以上のような、程度の差はあれ諸草案の作成において参照されたであろう多くの陳情書は、実は「三十人委員会」が一七八九年初頭に作成し、全国の地方三部会等に配布した雛形が参照されているのである。したがって、そのようなことの流れに照らすならば、人権宣言の淵源はその雛形に求められることになろう。しかし、それがそのままの形でなく、その後の何段階にも及ぶ陳情書の収斂作業や数多くの草案の提示などを経て、ようやく同年八月四日をすぎて国民議会にできあがった議論の舞台で審議され最終案に至った事実に照らすと、それら陳情書およびその他の多くの草案の共通項または最大公約数を、体系的に条文という簡潔明確な文章に精緻化する作業過程において、具体的には第六部会草案をもとにそれを換骨奪胎しつつ賛否両論を含む多様な意見を国民議会の代表者が弁証法的に発展させた結果、最終草案として結実したと考えられるのである。また、遅々として進まなかった議論が、八月四日の「封建的諸特権廃止決議」の後、非常に集中的に進んで行った事実は、当時の国民議会を取り巻くフランス全土およびパリの情勢の動きが、代表者をして人権宣言の起草のために昼夜を問わず駆り立てたことを示すが、このような状況になければそのまま長引く議論により完成を断念せざるをえなかったかもしれないという意味において、そのような情勢も人権宣言草案完成に貢献していると言えよう。このような意味において、人権宣言の議論はフランス全土において独自の開始と展開をし、幅ある発展をすると同時にすべての無駄を省きながら統一的に収斂し、最終案に結実したものであると考えられるのである。

二　フランス人権宣言の根底にある思想の形成

では、この議論の過程で、提唱され闘わされた諸思想、諸意見は具体的にどのような内容のものであったのか。議論を通じて、また革命情勢の進展の影響を受けて、それらの思想・意見の間でどのような消長があり、取捨あるいは融合が行なわれたのか。そしてその帰結として、人権宣言が、どのような基本理念に基づいて、どのような統一的論理的な構造を持つ一個の独創的かつ普遍的な思想体系として創造されるに至ったのか。つぎにこの点を検討しよう。

(1)　課題の再検証

まず、これまでに明らかにした議論の経緯を観察すると、議論のリーダーであると同時にこの期間の改革運動の中心人物でもあった何人かの名前が浮かんでくる。特に人権宣言の制定に強くかかわった指導者としては、ラファイエット、デュポール、ムニエ、シエイエス、ミラボー、ラリー＝トランダルらが目立っている。

しかしそのなかで、終始議論と改革運動の中心にいた人物は、デュポールひとりであり、改革と議論の大きな節目ごとに彼の指導力が発揮されている。(4) すなわち彼は、当初からラファイエットと組んで、デプルメニル、ノアイユ子爵、オルレアン公、パルルマンの同志たちを結集し、さらにル・ペルチエ、コンドルセ、エギヨン公爵、ラ・ロシュフーコー、タルジェ、シエイエスらを加えて同志的結合、愛国派＝国民派を結成しそのリーダーとして、名士会とパリ・パルルマンを動かし、国王を全国三部会の召集に追い込んだ画策の中心人物であり、召集が決まるや、「三十人委員会」を結成して自邸を根城に、地方に分散していた全国の改革派組織と連絡してこれを結束させ、代表者候補を推薦し、陳情書の雛形を作り全国に配布して陳情書の作成を指導するなど、全国三部会の人員構成と意思統一に絶大な影響力を発揮し、会議が開催されるや、ル・シャプリエと手を結び第三身分の代表者からなるその集団と愛国派とを統合してブルトン・クラブを結成し、ムニエ、シエイエス、ミラボー、バルナーヴらも加えて一大勢力を作り、その団結力を背景にシエイエス、ミラボーらの活躍により三部会を憲法制定国民議会に改組するのに成功し、ムニエを先頭に人権宣言を憲法に前置するという改革の扉を開き、続いてラファイエット、シエイエスの人権宣言案の提出により宣言の審議を軌道に乗せる。しかしバスティーユ襲撃、農民暴動等、事態の混乱が改革の動きを鈍らせ、ブルジョア穏健派が事態の収束と自己財産の防衛のために農民の弾圧と封建制度の維持を組織しようとすると、その動きに機先を制し、愛国派以来の盟友でクラブの大幹部エギヨン公爵を先頭に立てて封建制度廃止決議を成功させ、これによってブルトン・クラブの中核となった急進改革派が一挙に議会の主導権を握るや、停滞していた人権宣言審議を、草案のまとめを作成するという方法で一挙に加速させて、五人委員会草案を否決し、シエイエス、ラファイエット、ムニエらの草案を排して、第六部会草案を最終審議の原案として選定し、最終審議ではデュポールとその仲間ラメット、タルジェらが表に出て審議をリードする。

これに対し、ラファイエットは、つとにデュポールらと組んで愛国派、さらに「三十人委員会」の領袖となり、名士会を動かして全国三部会を開かせるのに絶大の貢献をしたことにより、人権宣言の最初の提案者たる名誉を得た。また、バスティーユ後の政情不安に乗じ、民兵組織を正規の国民軍と認めさせて自らパリ国民衛兵の指揮者となり、軍事力によって王権の策動を封じた功績は大きいが、その結果、そのとき以降議会に対し、したがって人権宣言の審議に対しては、まったく影響力を失う。

ムニエは、イギリスの政治機構を研究し、イギリス憲法を賞賛する自由主義思想を持ち、国王が弾圧によってパルルマンの登録権と建言権を剝奪しようとしたときに、バルナーヴと組んで司法制度改革に反対するドーフィネ州の三身分合同会議をヴィジルで開催し、その代表として全国に全国三部合同会議の開催を呼びかけて世論を先導し、国王を開催に追い込んだ最大功労者として全国三部会に乗り込み、ブルトン・クラブに参加し、真っ先に憲法制定と人権宣言の必要性を主張してその後の人権宣言審議の口火を切り、ラファイエット、シエイエスらに続いて人権宣言の草案を提出して憲法委員会の推奨を受けるが、情勢の過激化につれて王権擁護の姿勢を顕著にして改革派の信望を失い、草案の選定投票ではわずか四票しか得られず、影響力を決定的に喪失する。宣言の基本原理を示す一ないし三条は彼のまとめ、四、五条は彼の草案と同旨の規定が採択されるが、これは主流派と考えが一致したからであって、彼のリーダーシップを示すものとは言えない。この当時彼は、まだ革命と王権を宥和させようと考えていたので、急進派とも可能な限り協力する姿勢を示したのであろう。

シエイエスは、ロック、コンディヤックらの思想を学んで革新理論を身に付け、愛国派に加わり、全国三部会が決まると「三十人委員会」に参加するが、ブルジョワ自由主義思想がデュポールらの理想主義と合わず、地下の陰謀を非難して「三十人委員会」を離れ、一七八九年に『第三身分とは何か』を出版して大きな名声を得、パリ市の第三身分の代表として全国三部会に登場、ブルトン・クラブに参加し、代理権の共同確認を勝利させ、国民議会の名を採用させ、ムニエとともに球戯場の誓いを起草し、親裁座にはミラボーらとともに国王の命令に反対し、ラファイエットについで議会に人権宣言草案を提出するなど、全国三部会の開催、国民議会の結成、人権宣言の審議開始までは、絶大の指導力を発揮するが、状況の過激化、急進改革派の台頭とともに発言を控えるようになり、人権宣言の最終審議原案の選定投票ではかなりの票数を集めたところから見て、主流派以外からはかなりの人気と支持を得ていたようだが、形成を察知して最終審議ではまったく発言せず、宣言七条に彼の草案の規定が採用されたに留まる。

ミラボーは、ケネーの熱烈な弟子で重農主義学派に属する経済学者の子として重農主義の影響を受けるとともに、放蕩ゆえの封緘逮捕状と婦女誘拐の罪とにより監禁されたり、イングランド、オランダ、プロイセンに滞在したりした体験から、感性的に自由主義的改革に共鳴し、オルレアン公と結び、「三十人委員会」のメンバーとなり、一旦はパルルマン派の独裁を非難して会を去るが、全国三部会では、エクスとマルセーユの第三身分の代表に選出され（彼はエクスの議席を選ぶ）、ブルトン・クラブに参加し、親裁座ではシエイエスらとともに国王の解散命令に反対して名を上げる。しかし確固たる思想・信条に基づく改革の理念を持たないので、「五人委員会」では、指導力を発揮して思想や立場を異にする意見を理論的に一貫した形にまとめることができず、委員会案は満場一致で廃案となる。最終審議では、自らが封緘逮捕状によって監禁された苦い体験から、宣言七条の恣意的命令処罰規定について雄弁を揮い、自己の著述・出版の体験から思想伝達に対する事前規制の禁止を提案する。

ラリー＝トランダルは、仏領インド総督の子であった。父は仏英戦争で七百名を率いて二万二千の英軍の攻囲を五ケ月間耐えた後に降伏し、反逆罪として死刑に処される。彼はヴォルテールと謀り、ルイ一六世を動かして枢密院にパリ・パルルマンの有罪判決を破棄させるが、事件の移送を受けたルーアンとディジョンのパルルマンは改めて有罪宣告する。この体験が、パルルマンの司法制度・糾問手続の批判者、進歩的自由主義者として積極的に改革を支持すると同時に、ルイ一六世の恩に感じその忠臣として王権を擁護する立場を決めさせたものと思われる。ラファイエットの人権宣言草案の提出に対しその採択を要望し、ネッケルらの再登用についてはムニエの提案を支持し、ミラボー、バルナーヴらとともに、ネッケルらの復職請願を主張し、治安回復のため憲法制定作業促進の布告を発することを提案し、ムニエ、バルナーヴらと共に、刑事陪審制と被疑者の人権保障の布告を決定させる。このように封建制度廃止決議以前は基本的に改革派に同調し、強い影響力を発揮したが、以後は主流から外れ、「五人委員会草案」に対しムニエ、ミラボーらの草案を統合して原案とすることを提案するが認められない。しかし最終審議では初心に従い、宣言八、九条となるデュポールの提案を支持し、権力分立については宣言一六条となる原案を全面的に支持する。(5)

以上の比較のなかから、注目すべきいくつかの点が浮かび上がる。その一つは、陳情書の多くが、デュポールを中心とする「三十人委員会」によって作られ、地方革新派組織との全国的連絡網を通じて全国に配布された雛形を参考にして作られていることである。したがって、陳情書の多くが人権宣言に載せられることを要求している諸項目は、当時この会に集まった人々、そしてその中心であったデュポールの考えを強く反映していると考えられる。全国的な組織を持たず知名度だけに頼るオルレアン公やシエイエスの陳情書の影響力は限られていたと推定される。

もう一つの注目点は、ラファイエット、シエイエス、ムニエ、「五人委員会」がせっかく提出した草案も、人権宣言の最終審議の原案を選ぶ投票で、前三つは合計しても全体の三分の一に満たぬ票数で、後の一つは満場一致で否定され、これらに代えて第六部会の草案が、三分の二を超える票を集めて採択されたことである。これは、「封建制度廃止決議」後国民議会の主導権を握り、「三十人委員会」以来のメンバーのほか、ラメット、バルナーヴら有能な仲間を加えていっそう強力となったデュポールを中心とする急進派が、ブルトン・クラブの組織力を使って、第六部会草案に票を集める工作をしたためと推測される。ロンバール・ド・タラドが「陰謀によって…最も意味のない最悪の草案を採択させられた」と言ったのは、この工作への反感からであろう。

こうして意のままに書き換えできるキャンバスとして第六部会草案を手に入れた急進派は、最終審議では、それまで裏工作に徹していたデュポール、タルジェ、ラメットらが表に出て審議をリードした。特に四条と五条はラファイエットとムニエの草案から抜粋して編集し、ラメットがあらかじめ用意した案文を提出してすぐさま採択され、七条はタルジェが、八、九条はデュポールが用意した案文を提出し、字句修正の上、採択された。六条はタレイラン＝ペリゴールが錯綜する議論を巧みにまとめた案文が、一〇条はカステラーヌ、一一条はラ・ロシュフーコーの提案を基本にしたものが採択されたが、これらの提案者らはいずれも急進改革派に属していた。一二ないし一六条は原案をそのまままたは字句修正の上、採択されたものだが、一四条の前半はデュポールの修正案、一五条の主旨についてはラメットとデュポールの主張で原案の主旨変更が承認された。さらに原案の審議終了後、数名から所有権に関する条文を加えるまでは審議を終えるべきでないとの主張があり、これを受けて、デュポールの提案した案文がそのまま一七条として採択された。このような経緯によって作り上げられた人権宣言は、当然、デュポールら急進改革派中枢の考えを主軸に構成されているはずだと推定される。

そして、以上二つの推定が正しいとすれば、陳情書に載っている人権宣言の内容についての各要求項目と人権宣言の各条項とは、指導者と中心メンバーの多くを同じくする集団の考えを強く反映しており、したがって両者の間には、主旨においてあるいは文言において、広範な一致あるいは近似が見られるはずである。それゆえ、推定の成否を確かめるためには、直接陳情書の要求項目を調べて人権宣言各条項と比較しなければならない。これが、これから調査すべき第一の課題である。

ラファイエットらの四草案が代表者の圧倒的多数によって拒否されたことについては、さらに考えるべき問題がある。それは、全国三部会の開催と国民議会への改組の最大功労者であるラファイエット、シエイエス、ムニエが、改革派全体の輿望を担って提出した草案と、同じ最大功労者の一人ミラボーが苦労してまとめた「五人委員会」の草案を、いかに彼らを抑えて主導権を握ったとは言え、もともとは四人と共に同じ改革のために戦った同志であるデュポールら急進派が、なぜ陰謀と罵られるような票集めまでして、徹底的に叩き潰す必要があったのかという点である。単に主導権を失った政敵への露骨な見せしめに過ぎなかったのか、それとも四草案には、人権宣言の根本的理念・基本構造と相容れない何らかの要素が含まれていたからか。

これを明らかにするには、四草案の各条項と人権宣言の各条項とを逐一比較し、その異同を明らかにしなければならない。その結果、もし四草案に人権宣言と相容れない要素がまったく含まれていなければ、四草案の拒否は、デュポール一派の狭量、四者への対抗意識ないし敵愾心によるものと判断される。もし相容れない要素が含まれているならば、その要素とどこがどう相容れないのかを深く考えることを通して、人権宣言の思想構造全体に照明を当て、その統一性と独自性を浮かび上がらせることができるかもしれない。これがつぎに調査すべき第二の課題である。

(2) 主要四陳情書

まず、第一の課題の調査からはじめよう。先に代表的なものとして取り上げた四つの陳情書のうち、「ルーアン市の貿易商人の陳情書」には、税に代えて「国民分担金」という用語を用いるべきだという要望がある。これは人権宣言一三、一四条の用語と一致する。また、国民分担金に対する国民の同意権と負担の平等の要求があるが、これはそれぞれ宣言一四条および一三条後段と同主旨である。

「パリ市の第三身分の陳情書」はより網羅的に、国政の基本原理として「国民主権」(これは人権宣言三条と同主旨である)、権利の宣言において「人間はすべて権利において平等である」(宣言一条前段と同主旨)、「一般意思が法を作る」(宣言六条一段と同主旨)、法の目的は市民の所有権と人民の安全の保障にあること(宣言二条と同主旨)、出版の自由と著書・印刷人の責任(宣言一一条と同主旨)、所有権の不可侵(宣言一七条と同主旨)、負担金を承認し、分担額、期間、配分、使途を定め、決算報告を求め、その公表を命令する国民の権利(宣言一四条と同主旨)、立法権の国民への帰属(宣言六条二段と同主旨)を要求している。さらにこれら諸権利の宣言が国民の憲章となるべきこと、および補償なき対人隷従と補償つきの対物的隷従の廃止を要求しているが、前者は人権宣言が憲法の基礎として憲法に前置されるという国民議会冒頭の提案・決定を、後者は封建的隷従の無償廃止と封建的公租の有償買戻しを決議した八月四日夜の改革を先取りしており、その指導力によってこの方策を実行し成功させた愛国派・三十人委員会の当初からの改革目標を示したものと思われる。パリ市は彼らの根城であり、画策の中心地であり、パリ市の第三身分の陳情書の作成にはその仲間たちが多くかかわったはずだからである。

「ヌムール・バイヤージュの第三身分の陳情書」は、はじめに「時効によって消滅することのない人の権利の享受を保障する」こと(宣言二条一段のあらゆる政治的団結の目的の内容と同主旨)、人権宣言の作成を要求することを代表者に委任し、その権利の内容として「何人も他の者を害しないことを自由になす権利を有する」こと(宣言四条一段と同主旨)、遺産や財産の譲渡を強制されない権利と「道路または公的事業」のために国または社会全体が個人財産を収容する権利（宣言一七条と同主旨）、自由、所有、安全に対する攻撃から個人を保護する社会全体の義務（宣言二条と同主旨）、被告人は、「法律によって予定され規定されている条件の下でその形式に従ってしか、投獄されない権利を有する」こと（宣言七条一段と同主旨）、「自由、財産および安全を保障するために必要な公的費用」に当てるために、収入のある者は税を納めねばならず、ない者からは収めさせえないこと、税の徴収は比例的たるべきこと（宣言一二、一三条と同主旨）、他者に対する侵害や中傷を除く表現の自由の保障（宣言一〇、一一条と同主旨）を要求する。なお、この陳情書は導入部分で、「無知と渇望」が全国で混乱を引き起こしているので、その一掃方法を提示すると述べているが、この表現は、人権宣言前文の「人権の無知、忘却または蔑視が公共の不幸と統治の腐敗の原因」なので、人権宣言を提示するという書き出しを連想させる。

さらに、「マントとミューランのバイヤージュの貴族身分の陳情書」は、代表者に対し、「偉大かつ永遠の格言」および「消去できない性質を有する自然の真理」に他ならない人権の保障（宣言一条前段、二条前段と一部同主旨）を提示して皆の心に刻むこと、すなわち人権宣言起草を推進することを命令委任し、「他者または社会に対する重大な違反によるのでなければ、誰も、いかなる刑罰にも処せられない」こと（宣言五条前段と同主旨）、「またその違反に対する刑罰は、正確かつ合法的に制定された法律により予め定められていなければならない」こと（宣言八条と同主旨）、他者の権利を侵害しない限り、発言・出版または配布は自由であること（宣言一一条と同主旨）、裁判所の判決によらぬ限り、財産を奪われない権利（宣言一七条と一部同主旨）、公共の一般的支出への拠出に対する国民ないしその地方の代表者多数の同意の必要（宣言一四条と一部同主旨）、公共の用に供される支出への拠出に対する同様の同意と正当補償または合意若しくは通常判決によって決められた金額の支払いの必要（宣言一七条に定める所有権を奪いうる条件と一部同主旨）、労働と住居を選択し購入または売却する自然の自由は、他者の権利を害しない限り、法律によって保全されること（宣言四条と一部同主旨）を要求している。また、土地に縛られた農奴、黒人奴隷売買などの制度の廃止方法を検討するよう要求することを代表者に命じて、封建制度の廃止を目指している。

以上のように、つぶさに調べると、わずか四つの陳情書の要求項目の中にさえ、人権宣言の全一七箇条のほとんどすべての条文と同文または同主旨の項目を見出すことができる。第一六条の権力分立と同主旨の項目は、人権宣言に関する要求項目としては見出しえないが、第一六条の「権力分立を定めていない社会に真の憲法は存在しない」という意味は、権力分立を直接人権として規定しているというよりも、憲法のなかに権力分立を定めることを要求しているものと解され、陳情書では憲法に関する要求項目として登載されているのである。

ということは、人権宣言の内容は、結果的には、単に陳情書が人権宣言を作って必ずこれを入れよと要求している主要な項目を、網羅的に、しかし手際よく簡潔にまとめたものにすぎない、と言っても良さそうである。それなのに、その内容を巡って憲法議会で戦わされたあの激論はいったいなんだったのか。

(3) 最終草案

振り返ってみると、議会ははじめ不穏な状況への対処に追われ、八月一日と三日にようやく内容の審議に入るや、保守派や中間右派の代表者らがいっせいに人権宣言に反対の声を挙げ、推進派がこれを抑えて人権宣言は必要であると決議し、ラファイエット、シエイエス、ムニエの草案を起草委員会でまとめるよう委任する。そこで八月四日にようやく実質的な審議に入ろうとすると、今度は反対派が、人権宣言のなかに権利と共に義務を入れるべきだと主張し、推進派は人権宣言に義務は入れず、また人権宣言を憲法に前置することを多数決で決め、起草委員会に起草を委ねる。ところがその夜、突如「封建的諸特権廃止決議」が行なわれて、またも人権宣言審議が停止される。これは、前に説明したようにブルジョワ穏健派の功利主義と急進改革派貴族の理想主義との路線対立が原因で起きたものだが、後者の勝利で決着したことによって、同じ人権宣言推進派の間でも議会の主導権が大きく後者に傾いたと思われる。そこで八月一四日に人権宣言の実質審議がようやく始まるや、前述のように後者の主導下に、まず最終審議原案の選定が行なわれ、続いて最終審議がパタパタと進んだのである。つまり、原案選定には八日を要したが、それが決まると最終審議はわずか七日で完了する。

この経過を見ると、原案をどれにするかが人権宣言の基本方向を決める勝敗の分かれ目であって、ラファイエット、シエイエス、ムニエ、「五人委員会」の草案が拒否され、書き換え自由なキャンバスに過ぎないと公言する者さえいる第六部会草案が採択されたことにより、デュポールら急進改革派が目指す方向で、つまり雛形を介して陳情書に盛り込んだ彼らのもともとの方針に沿って、人権宣言各条を採択することが決まったと考えられる。

しかし、一見したところ、陳情書や人権宣言の各条と同主旨、なかにはまったく同文の項目を数多く含んでいるラファイエットらの草案のどこに、それらを絶対に拒否しなければならない要素が含まれていたのであろうか。それを突き止めるために、まずかれらの草案と人権宣言との各条項の内容を一つ一つ綿密に比較することによって、一致するものと一致しないものとを篩い分けて、後者に就きさらに対立ないし矛盾の内容を検討する。

まず七月一一日に議会に提出されたラファイエット案は、「自然は人々を自由かつ平等なものとして作った。」(宣言一条前段と同主旨)、「社会秩序に必要不可欠な差別は一般的効用にのみ基づく。」(宣言一条後段と同主旨)、「すべての人は、不可譲で時効にかからぬ諸権利を持って生まれる。」(宣言二条前段と一部同主旨)とし、その権利の内容を「意見表明の自由」(宣言一〇条と同主旨)、「可能なあらゆる手段による自己の思考の伝達」(宣言一一条一、二段と同主旨)、自己の名誉と「生命への配慮」「所有権」「自己の身体」「全能力の完全な自己処理」「圧制への抵抗」(以上宣言二条後段の自然権の内容と同主旨および同文)とする。さらに「自然権の行使は、社会の他のメンバーに自然権の享受を確保する制限以外の制限を持たない。」(宣言四条後段とほぼ同文)、「何人も、その人またはその人の代表によって同意され、予め公布され、かつ適法に適用された法律にしか、服従させられえない。」(宣言八条後段と一部同主旨)。「その人またはその人の代表によって同意された法律」という文脈は、宣言六条二段を前提とする主旨と解される。「全主権の原理は国民のなかに存する。」(宣言三条前段とほぼ同文)、「いかなる団体、いかなる個人も、国民から明示的に発したものでない権威を持ちえない。」(宣言一三条後段とほぼ同文)、「立法、執行および司法の三権が区別されかつ限定される」こと(宣言一六条の一部と同主旨)、「法律は明晰で正確ですべての市民に対して一様であるべきである。」（宣言六条三段と同主旨）、「租税は自由意思により同意され、かつ（能力に）比例して割り当てられるべきである。」（宣言一四条の一部と一三条後段と同主旨）として、人権宣言各条項の全体を不完全ながらカバーしているのみか、文言まで、ほとんどそのまま宣言の条文に踏襲されたものがいくつかあるのである。

しかしその反面、人の自由と平等を謳う宣言一条および国民主権原理を闡明する宣言三条と並ぶ、人権宣言の基本的な理念・原理を明示する宣言六条「法律は一般意思の表現である。すべての市民は自分自身で、または彼らの代表者によって、法律の形成に協力して携わる権利を有する。」という項目が存在しない。また、同じように基本的原理を明示する宣言二条「あらゆる政治的団結（tout association politique）の目的は、人の自然で時効にかからない権利の保全である。」の代わりに、「すべての統治（tout gouvernement）」は共通福祉（共通善＝le bien commun）を唯一の目的とする。」という項目が置かれている。

つぎに七月二〇日と二一日とに憲法委員会においてシエイエスによって読み上げられた三二箇条の草案は、「すべての人は自己の個人的能力の行使において自由である。但し、ただ一つ他人の権利を害さないことを条件とする。」（宣言四条前段と同主旨）、自己の思考・感情について責任を問われないこと（宣言一〇条と同主旨）、自己の思考・感情を公表する自由、書き印刷し印刷させる自由、但しただ一つ他人の権利を侵害しないことを条件とすること（宣言一一条と同主旨）、自己の財産を処理する自由（宣言一七条と同主旨）、「市民の自由、所有、安全は、すべての侵害に打ち勝つ社会的保障の上に存するものである」こと（宣言二条と一部同主旨、同文）、「すべての市民は平等に法律の下におかれる」こと（宣言六条四段と一部同主旨）、「法律の名において呼び出されまたは捕らえられるすべての市民は、直ちに服従すべきである。その市民が抵抗すれば有罪とされる」こと（宣言七条但書と同文同主旨）、「何人も法律によって予見された場合にしか、かつ法律によって限定された形式においてしか、裁判に呼び出され捕らえられおよび収監されてはならない」こと（宣言七条一段と同主旨）、「恣意的な命令または法律によらない命令はすべて無効である。そのような命令を要求した人または人々、そのような命令に署名した人または人々は有罪である。そのような命令を携行する人々、そのような命令を執行しまたは執行させる人々は有罪である。それらすべての人は処罰されるべきである」こと（宣言七条二段と同主旨）、租税は代表者の賛成投票によって決められるべきこと（宣言一四条と一部同主旨）を定めている。ラファイエット案に比べて人権宣言の諸条項と同主旨あるいは同文の項目はやや少ないが、宣言全体のかなりの部分をカバーしている。

しかし、宣言の基本的な理念・原理について見ると、まずラファイエット案には欠けていた「法律は一般意思の表現である」という項目があるにはあるが、それに続いて「法律は公共のことに関心と能力を持つ全市民により、直接または間接に、短い期間について選ばれた代表者の団体の作品たるべきであり、関心と能力の資格は憲法により実定的かつ明確に定められるべきである。」（二六条）とされていて、宣言六条のように、全市民または全市民の代表者による法律の制定を認めていない。また、宣言二条が政治的団結の目的を「自然で時効にかからぬ権利の保全」としているのに対して、「政治社会（une société politique）の目的は万人の最大福祉（le plus grand bien de tous）以外にはあり得ない。」（二条）とする。そして前者を受けて、宣言三条が、「いかなる団体、いかなる個人も、国民から明示的に発したものでない権威を行使し得ない。」とするのに代えて、シエイエス案は「すべての公権力は人民に由来し、人民の利益（l'intérêt du peuple）のみを目的とする。」（二八条）としている。

七月二七日憲法委員会に提出された一六箇条のムニエ草案は、自由と平等の自然権と社会的区別は共通の利益のみに基づくべきこと（宣言一条と同主旨）、主権の原理・権力の源泉がすべて国民にあり、いかなる団体も個人も国民から明示的に派生しない権限を持ちえないこと（宣言三条と同主旨）、統治機関が保障する権利として「自由、所有、安全、自己の名誉と自己の生命への配慮、自己の思考の自由な伝達、圧制への抵抗のような、すべての人に属する時効にかからない権利」（宣言二条と一部同主旨、一一条一段と同主旨）、画一的な法律による権利の保護（宣言六条三段と同主旨）、ラファイエット草案に欠けていた「法律は一般意思の表現である」こと（宣言六条一段と同主旨）、シエイエス草案では公共のことに関心と能力のある市民のみに与えられるとされた法律の制定権を「市民または自由な選挙による市民の代表者の同意による」としていること（宣言六条一段、二段と同主旨）、「自由は他人を害さないすべてのことをなしうるにある。すなわち、法律によって禁止されないことは阻止されえず、また何人も法律が命じないことをなすように強制されない」こと（宣言四条一段、五条後段と同文）、「専制を予防し法律の支配を確保するためには、立法、執行および司法の権力は区別されるべきであって、結合されえない」こと（宣言一六条の一部と同主旨）、「何人も、法律により法律の定めた形式を持って、かつ法律が予見した場合においてしか捕らえられまたは収監されえない」こと（宣言七条一段と同主旨）、「刑罰はいささかも自由裁量的（arbitraire）であってはならず、法律によって限定され、全市民に対して、その位階と人物がどんなであろうとも、絶対に同質たるべきである」こと（宣言八条、六条二段と同主旨）、各社会構成員の平等な納税義務（宣言一三条と同主旨）、信教の自由（宣言一〇条と一部同主旨）、出版の自由とその濫用の処罰（宣言一一条と一部同主旨）を定め、宣言の諸条項をかなり広くカバーしている。

しかし、宣言の基本的な理念・原理を明示した宣言二条「あらゆる政治的団結の目的は、人の自然で時効にかからない権利の保全である。」に対し、「あらゆる統治（tout gouvernement）は一般福祉（みんなの最大幸福＝la félicité générale）を目的とすべきであって、統治する人たちの利益のためではなく、統治される人たちの利益のために存在する。」とし、それを受けて「統治機関は人の能力の自由な行使に対して、公共の福祉（人民の幸福＝le bonheur public）のために明らかに必要不可欠である限界以外の限界を置いてはならない」としている。

八月一七日の本会議でミラボーによって読み上げられた「五人委員会」の草案は、一応、人は生まれながらに平等で自由であること（宣言一条前段と同主旨）、国民が服従する権力はすべて国民自身に由来すること（宣言三条と同主旨）、法律は一般意思の表現であること（宣言六条一段と同主旨）、圧制に対して抵抗する市民の自由（宣言二条の一部と同主旨）、「市民はその身体において自由であって、法律によって設置された裁判所の前にしか弾劾されえず、犯罪の補償または処罰を確保するために警戒措置が必要である場合にしか、そして法律によって定められた形式に従ってしか、捕らえられ拘禁され収監されえない」こと（宣言七条一段、九条の一部と同主旨）、市民には、弾劾に先立って法律により定められた刑しか科されえないこと（八条後段と同主旨）、思考および思考の表明の自由、他人の権利に打撃を与えないことを条件に、自己の思考を話し書き印刷することにより流布する権利（一〇条の一部、一一条と同主旨）、自己の財産の譲渡を強制されず、社会は公共の用に供するため同価値の補償の下にのみ所有の犠牲を求めうること（宣言一七条と同主旨）、市民は区別なく自己の財産に比例して公的費用に寄与すべきこと（宣言一三条と同主旨）、市民的平等は法律に服従する義務と法律に保護される権利の平等であること（宣言六条一段と同主旨）、すべての市民はその才能・能力に応じてすべての市民的・宗教的・軍事的公職に就きうること（宣言六条二段と一部同主旨）を定めている。

このように、人権宣言の諸条項のかなりの部分と同主旨の規定を含んでいるが、多くの代表者に批判されたとおり、どの条項も他の雑多な異質の観念や条項と混ざり合っていて、人権宣言そのものとはもちろん、ラファイエット、シエイエス、ムニエの草案と比べても、簡潔性・明瞭性においてかなり劣っている。さらに、基本的理念・原理として宣言二条は「あらゆる政治的団結の目的は、人の自然で時効にかからない権利の保全である」とするのに対し、「ある人あるいはある階級の人々ではなく、万人の共通福祉（le bien commun du tous）があらゆる政治的団結（toutes les associations politiques）の原理と目的である」とする。そのため、自然権の自由な行使の限界として、宣言四条のように、他の社会構成員の自然権の確保という客観的で明瞭な基準を定めることができず、（自己の自然のまたは生後に得た能力を他者と平等に使用する）「万人に共通のこの権利は、自己の同胞を害してこれを行使することを禁ずる行使者の良心自体（la conscience même）以外の限界を持たない。」という曖昧で非法律的な観念でごまかしている。

（4）主要四草案排除と第六部会草案採択の理由分析

さて、完成した人権宣言と同主旨・同文の項目にデュポールらが反対であるわけはないから、彼らが以上の諸草案を拒否した理由は、各草案がそれぞれ人権宣言と異なる二、三の項目を含んでいたからに違いない。そこで、各草案の人権宣言と異なる項目を並べてみると、そこには明らかな共通性が認められる。すなわち――

　第一に、人権宣言二条が「あらゆる政治的団結の目的」を「人の自然で時効にかからない権利の保全」としているのに対して、上記四草案は、政治的団結に当たる言葉は多少違うが、その目的を「共通福祉」(ラファイエット草案)、「万人の最大福祉」(シエイエス草案)、「一般福祉」あるいは「公共の福祉」(ムニエ草案)、「万人の共通福祉」(五人委員会草案)としている。そして、そのことから論理必然的に、シエイエス草案は「すべての公権力は人民に由来し、人民の利益のみを目的とする」とする。ムニエ草案は、人権宣言四条が「各人の自然権の行使」の限界を「社会の他の構成員に自然権の享受を確保すること」としているのに対して、「人の能力の自由な行使」の限界を「公共の福祉のために明らかに必要不可欠である限界」とし、「五人委員会草案」は「人の能力の平等な使用権」の限界を「その使用により自己の同胞に損害を与えまいとする自己の良心」としている。

　「共通善」や「公共の福祉」は、中・近世ヨーロッパの王権の政治理念として伝統的に用いられてきた言葉であり[6]、「最大幸福(the greatest happiness or greatest felicity)」は、市民革命により政治権力を掌握したイギリス・ブルジョワジーの政治理念として登場した政治理念であるが[7]、人民全体の最大利益ないし幸福を意味することは同じであり、言葉の素性としては、その人民全体が封建的身分によって区別された人民か、身分区別のない人民かの違いがあるが、アメリカのバージニア権利章典でも、政府を改良・変改・廃止する権力の行使方法に対する制限原理として「公共の福祉(the public weal)」、最善の政府がもたらしうるものとして「最大幸福」に当たる語(the greatest degree of happiness)が用いられており、王権の政治理念を借り用いたラファイエット、ムニエ、ミラボーも封建的身分廃止を目標に戦ってきた同志であり、いずれもアメリカやイギリスの憲法・権利章典・政治システムに学ぶところのあった人々なのだから、封建的身分から解放された人民の福祉を想定して「共通福祉」「公共の福祉」という語を用いたことは確かである。

　これに対してシエイエスの考える人民(万民)とは、他の三人が考えていたであろうような単に封建的身分区別がないという点だけで他は白紙の抽象的な人民・万人ではなくて、明白にブルジョワジー、それもかなり富裕で教養が高く公共の問題に理解と関心を持ちそれについて自分自身の意見を立てて表明する能力を備えたブルジョワであった。つまり、市民革命によって政治権力を握ったイギリスのブルジョワジーと同じ意識だったと考えられる。だからこそ、その著『第三身分とは何か』で、「聖職者・貴族とは利害がまったく異なるので、歩み寄りの余地はなく、第三身分こそ国民そのものなのだから、第三身分だけで国民議会を構成すればよい。」と主張したのであり、また人権宣言草案で、「法律は一般意思の表現だが、その制定に参加できるのは公共のことに関心と能力を有する人に限る。」としたのである。そして人権宣言では認められなかったが、宣言成立直後この主張に基づいて、代表者の被選挙資格を直接税の支払額を基準にして一握りの資産家に限る法案を提出し、一〇月二二日に採択させるのに成功した。(8) 名を捨ててしたたかに実を取ったのである。反対者は四名、人権宣言の精神に反すると主張したデュポールとロベスピエール、金持ちの貴族制になってしまうと述べたグレゴワールとドゥフェルモン（Defermon）であった。

「公共の福祉」や「万人の最大福祉」を政治理念に掲げれば、富裕者が政権をほしいままにしてこれを彼らの私益にすり替えることは目に見えている。彼らは、自分の利益を守るためなら日ごろの主義主張は棚上げにして、農民の弾圧でも封建制度の維持でも、法律を一般意思ではなくて自分たちの私欲の表現に変えてしまうことでも何でもやる。デュポールが仲間に説いて四草案、特に評判の高かったシエイエス草案を絶対に拒否した第一の理由はここにあったと考えられる。

つとにルソーはこの現実を直視し、これを改める方策として、万人が共有する一般意思を、万人が合議によって確認しこれを法律として表現し、各人がそれに従うならば、実は自分自身の意思に従うことに他ならないから、一部の人の特殊意思に服従を強いる圧制したがって不自由不平等から完全に解放されて、自然権を他者のそれと抵触しない限りにおいて心のままに享受できる、と考えた。そしてこれこそが、革命の発起人としてデュポールらが実現しようとした理想であり、人権宣言を志した初心であった。だから、「法律は一般意思の表現であり、全市民が平等にその制定に参加し、平等にそれに従うべきである」とする第六条こそ、人権宣言という思想的建築物の大黒柱なのである。ところが、ラファイエット案にはそもそもそれがない。シエイエス案は法律制定への参加者を一握りの富裕者に限ろうとする。ムニエと「五人委員会」の草案は、一般意思が万人平等に保全しようとする自然権の行使の限界を、他者の自然権の享受の確保ではなくて、それぞれ「公共の福祉のための明白な必要不可欠性」、「自己の同胞に損害を与えまいとする自己の良心」とすることにより、各市民の自然権の享受を、公共の福祉のための必要性、自由権の行使者の良心、その実は権力を握る富裕者たちの共通利益確保のための必要性、言い換えれば政治的良心の仮面を被った彼らの欲望によって制限されうるものとする。これでは一般意思という大黒柱が異質の政治理念の白蟻に食い荒らされ、人権宣言という思想的建築物は、統一的構造を失って崩壊するであろう。これが四草案絶対拒否の第二の理由であったと考えられる。

では、デュポールら主流派が、四草案に代えて「第六部会草案」を最終審議の原案に選んだ理由は何だったのか。タルジェとポンセ・デルペの言葉を借用すれば、この草案は四草案のように「異議をさしはさむような原理を含んでおらず、単純正確」で「表現に関しては修正の余地がある」から、自分たちの本来の構想に従って「変更、訂正、修正することによって良い宣言となりうるであろう」と考えたからである。

三　結　論

さて、以上の考察に基づいて、本稿冒頭で提起した「人権宣言は諸思想の単なるモザイクではなくて、統一的意思による働きかけにより独自性を持った統一的な体系として創造されたものではないか」という問いかけに対して、明確に肯定を以て答えることができる。すなわち――

その統一的意思とは、全国三部会開催のかなり前から、愛国派＝国民派、「三十人委員会」、そしてブルトン・クラブに結集した人々の思索、議論、そして実践を通して形成され、陳情書の作成、国民議会の人権宣言審議を一貫して主導した意思であるが、その間絶えずその組織の形成・結束・強化と意思の形成・統一に中心的・指導的役割を演じたのは、アドリアン・デュポールであった。そして、彼らの努力と闘いの果実として、人権宣言は以下のような統一的論理構造を持つ思想体系として創造されたのである。すなわち――

人は本来自由で権利において平等な存在である（一条）[9]。それゆえ各個人は、本来持っているその自然で時効にかからない権利（自然権）すなわち自由、所有、安全および圧制への抵抗の権利（二条）を、他のすべての人と平等に行使しようとする意思を持っている。それが万人が共通して持っている一般意思である。各人の自然権の自由な行使は、他者の自然権を侵害せず確保する限界を超えないことによって平等でありうる（四条）。それゆえ一般意思は、他のすべての人と共に、この限界を超えまいとする意思である。しかし人は特殊意思に妨げられて、このことを知らず、忘れまたは蔑視しがちであり、その結果、権力者が人民の権利の自由な行使を抑圧しがちである（前文）。これを防ぐために、すべての人は自らまたは代表者の合議によって自己とすべての他者とが共有する一般意思を確認しこれを法律に表現し、その法律に平等に従うべきである（六条）[10]。それゆえ法律が禁止しうるのは、自然権行使の限界を超えて他者の自然権を侵害し、社会を害する行為のみであり、命令しうるのは、他者の自然権を侵害せず確保する行為のみであり、したがって法律に禁止されない行為をすること、命じられない行為をしないことは自由である（五条）。このような関係の下に法律すなわち一般意思に従って結合した人々の団体が国家を構成し、その人々すなわち国家の構成員が国民である。このように国家の統治権とその意思のあり方は法律すなわち一般意思に従って決められるが、一般意思は国民の合議によって確認され表現されてはじめて法律となるのであるから、国家の統治権とその意思のあり方を最終的に決める権力すなわち主権の原理は、国民のなかにある（三条前段）。またしたがって政府は、国民によって選任されることにより国民から明示的に発する権威を行使し（三条後段）、人民の一般意思である法律に従って各個人の自然権の保全を目的として権力を行使する（二条前段）。行使の濫用を防ぐために、権力は三権に分離され（一六条）、市民（各個人としての国民）には、抵抗権のほか、七条以下に定める各種の刑事上の人権、思想・意見の表明と伝達の自由、所有権の不可侵性、諸権利の保障のために必要な公的実力の維持と行政の費用として負担するべき分担金の公平な割り当て、同意権、行政の報告を求める権利が保障される。

このように、人権宣言は、市民革命・独立革命を達成した英米ブルジョワジーが絶対主義王政から借用して自己の政治理念とした「公共の福祉」および英米ブルジョワジーの生粋の政治理念として生まれた「人民の最大幸福」という功利論的な政治理念を断固として斥ける一方、英米権利章典の「代表による議会政治」の原理を立法手続に結合して、「法律の形成」には必ずしも市民全員の参加を要せず、代表によることも可として、左翼的政治理念を誘引しがちな「一般意思は代表できない」というルソー理論の基本命題をも斥け、左右に偏せぬ中道を貫いたことによって、その時点まで別々の道を歩んできた人権思想の二つの潮流を一つに合流させ綜合止揚することに成功した。そして、こうして、およそ人間ならその本性＝自然として普遍的に有している一般意思を理念的支柱とし、その表現である法律を道具として、かつてどこにもどの時代にも存在しなかった政治的結合体の構成原理と基本構造を提示したことによって、フランス人権宣言は、単に独自であるというにとどまらず、国や民族や階級や時代を超えて人類を導く永遠普遍の道標となった。デュポールが、我々は「すべての人、すべての国民に適合的な宣言を望んだ。ヨーロッパ（全土）を目の前にしてこれを約束した。」と言ったとき、彼の念頭にあったのはこのような宣言であった。そして彼はその約束を果たしたのである。

〈最終章　注〉

（1）「三十人委員会」のメンバーについては、諸書により異同があるが、ここでは、Géorges Michon, *Adrien Duport, essai sur histoire du parti feuillant*, 1924 の記述によった。

（2）河野健二・樋口謹一『世界の歴史15　フランス革命』（河出書房新社、一九八九年）六四頁など参照。

（3）　Michelet, *Histoire de la révolution française*, édition établie et commentée par Gérard Walter, Bibliothéque de la Pléiade, 2 tomes, 1961.　その抄訳は「フランス革命史」『世界の名著37』（中央公論社、一九六八年）。その他、八月四日の夜については、Patrick Kessel, *La Nuit du 4 Août 1789*, Arthaud, 1969, フランソワ・フュレ「八月四日の夜」、フュレ、モナ・オズーフ著、河野健二他訳『フランス革命事典1　事件』（みすず書房、一九九八年）二三四―二三八頁、特に二三八頁の記述によると、封建制廃止令最終案文はデュポールによって準備されたのである。すなわち、「デュポールを主な起草者とする最終の案文は、八月一一日火曜日の夜の会議で採択された。その冒頭の文章は、はためくのぼりの文句のようだ。『国民議会は封建制を全面的に廃棄する。』その後に四日以降に決定された事項の明細がつづく」と。また、Michon, *supra* note (1) at 56-61.

（4）　Michon, *supra* note (1). これの紹介は、沢登佳人「アドリアン・デュポール」『刑事法学の綜合的検討（上）』（有斐閣、一九九三年）五五二―五六二頁。

（5）　これら四人の略歴、活動、エピソードは、以下の諸文献を総合的に簡略にまとめたものである。*Grand Dictionnaire Encyclopédie Larousse*, Marvidal et Laurent, *Archives Parlementaires*, *1re série*, t.VIII, Michelet, *supra* note (3), G. Lenôtre et A. Cstelot, *Les grandes heures de la Révolution Française*, *1968-69*, A. Esmein, *Histoire de la procédure criminelle en France et spécialement de la procédure inquisitoire depuis le XIIIe siècle jusqu'à nos jours*, *1882*, 桑原武夫編『フランス革命の指導者（上）（下）』（創元社、一九五六年）、桑原武夫編『フランス革命の研究』（岩波書店、一九五八年）、山本有幸訳『物語　フランス革命1～3』（白水社、一九八三年）、柴田三千雄「フランス革命とヨーロッパ」『岩波講座世界史18　近代5』（岩波書店、一九七〇年）、吉田静一「ナポレオン大陸体制」同前書、伊東冬美『フランス大革命に抗して―シャトーブリアンとロマン主義』（中公新書、一九八五年）、「フランス革命とナポレオン」『世界の歴史10』（中央公論社、一九六五年）ジャック・ゴデショ、瓜生洋一他訳『フランス革命年代記』（日本評論社、一九八九年）。

（6）　Thomas Aquinas, *Summa Theologiae Ia IIae qu.90*, *art.2*, *art. 4*（稲垣良典訳『トマス・アクイナス神学大全13』（創文社、一九七七年）五、一二頁）、*De Regimine Principum*, 1, 3, 750（稲垣良典『トマス・アクイナスの共通善思想』（有斐閣、一九六一年）七〇―七八、一六七頁）。ジョン・ロック、鵜飼信成訳『市民政府論』（岩波文庫、一九六八年）九頁。また、井口文男「『公共の福祉』論―その登場と意味―」小林武・三並敏克編『21世紀日本憲法学の課題』（法律文化社、二〇〇二年）二一頁以下参照。モンテスキュー、野田良之他訳『法の精神（下巻）』（岩波書店、一九八八年）六四頁。

（7）　ベンサム「道徳と立法の諸原理序説」『世界の名著38』八一―八四頁。

（8）　*AP*, 9 : 479.

(9) ソブールは、第一条後段「社会的区別(les distinctions sociales) は、共通の効用(l'utilité commune) にしか基づきえない。」を、「平等は宣言されたが、『社会的効用』に従属させられている。」と解し、ブルジョワジーの所産である宣言のブルジョワ的特質を示すものとしている(ソブール、小場瀬卓三・渡辺淳訳『フランス革命一七八九—一七九九(上)』(岩波新書、一九六二年)一二八頁)。しかし、この条項の主旨は、身分、縁故、権力者の恣意などによる差別を排し、社会構成員全員にとって等しく有益な社会分業上の区別のみを許すことにあり、むしろ平等原理をいっそう具体的に示したものである。宣言第一二条が、人権保障の必要上公的実力を設けて、その被委託者を他の人々と区別するのは、すべての人の利益のためであって、被委託者の特定の利益のためではない、と述べているのは、第一条後段の系である。効用や利益などの語があることを以て、ブルジョワ功利論のように人民の最大多数の最大幸福のために平等に反する区別を容認するものと解するのは誤りである。

(10) ルソー自身は「一般意思は代表できない」(『社会契約論』第三編第一五章「代議士または代表者について」参照) としているから、人権宣言第六条が代表を認めたことによって一般意思は自己矛盾に陥ってしまったという考え方もある。しかし、代表不可の教条にやみくもに従うと、公安委員会や共産党こそ人民の真の意思の具現者であることになり、歴史上の実例が示すように、代表者の議会を無視して暴走し凶暴な人権弾圧を行なうという人民民主主義独裁に陥ってしまうかもしれない。そこで一般意思を「全人民の人権の平等保障の意思」と捉えて、代表制の陥りがちな腐敗の歯止めとすることにより、一般意思と代表制とを両立させ、空想的で危険なルソー思想の教条主義的解釈を明確に否定した点に、むしろ人権宣言の独創性を認めるべきである。

事項索引

〈け〉

〈こ〉

〈さ〉

〈し〉

〈す〉

〈り〉

〈る〉

〈れ〉

〈ろ〉

著者紹介

澤登文治（さわのぼり　ぶんじ）

1961年　名古屋市に生まれる

1989年　新潟大学大学院法学研究科修士課程修了

1992年　東北大学大学院法学研究科博士後期課程単位取得

同　年　南山大学講師

2004年　同教授、現在に至る

主要著書

『近代刑事法の理念と現実』（共著、立花書房、1991年）

『正義の守護神』（訳書、現代人文社、2001年）

『法曹の倫理』（共著、名古屋大学出版会、2005年）

フランス人権宣言の精神　南山大学学術叢書

2007年3月31日　初版第1刷発行

著　者　澤　登　文　治

発行者　阿　部　耕　一

〒162-0041　東京都新宿区早稲田鶴巻町514番地

発行所　株式会社　成　文　堂

電話　03(3203)9201(代)　Fax　03(3203)9206

http://www.seibundoh.co.jp

製版・印刷　シナノ印刷　　製本　弘伸製本　　検印省略

☆乱丁・落丁本はおとりかえいたします☆

ISBN978-4-7923-0419-5 C3032

定価（本体6000円＋税）